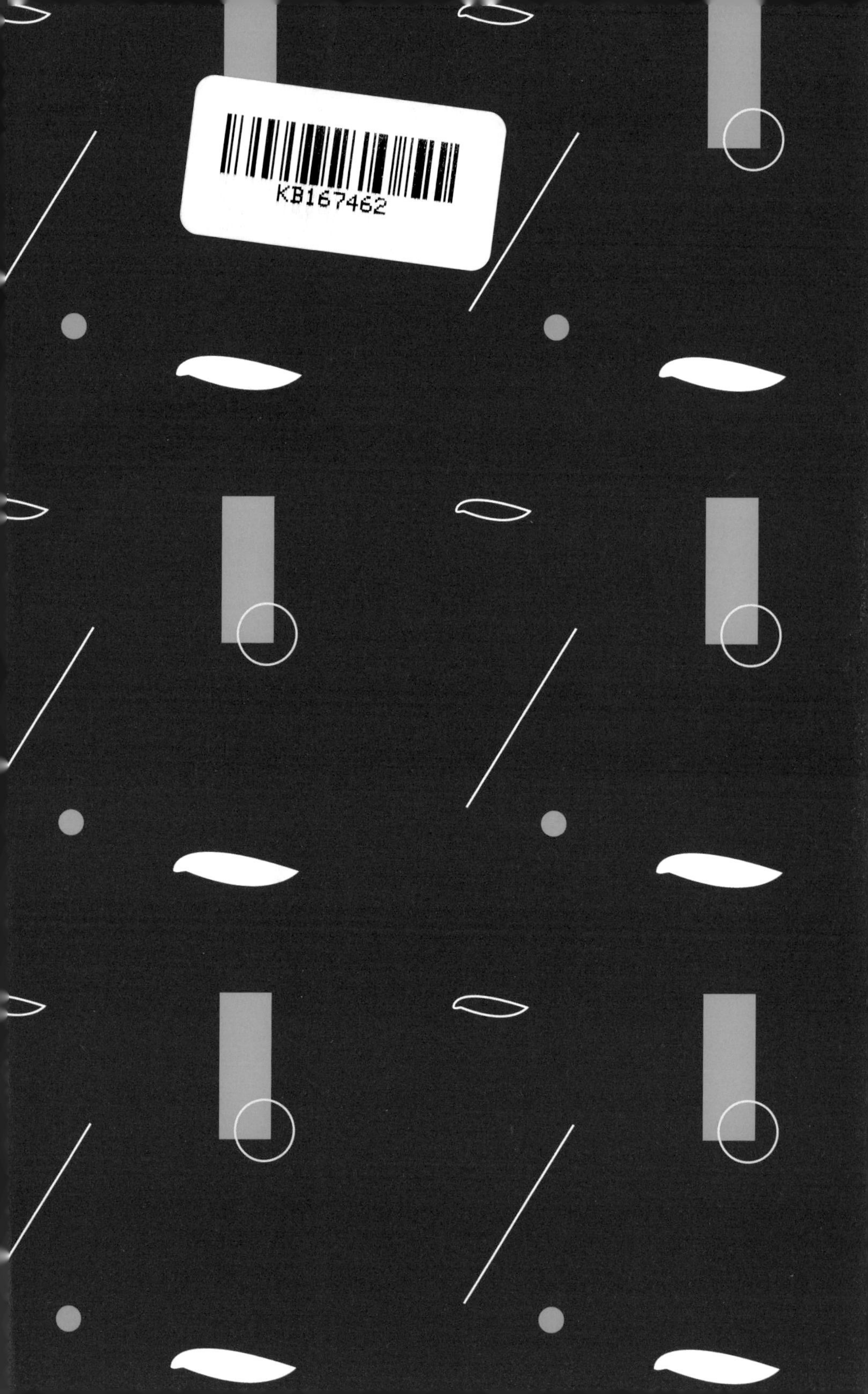

시네페미니즘

주유신

여성의 시각으로 영화를 읽는 13가지 방법

CINE FEMINISM

들어가며

영화를 본격적으로 공부하기 시작한 게 25살 때쯤이라면, 페미니즘을 공부하기 시작한 건 29살 때쯤이었다. 그렇다면 모두 다 20여 년이 지났건만, 몇 권의 공동저서 후 이제야 부끄럽게도 단독 저서를 내놓게 되었다.

1980년대 후반, '영화공간 1895'라는 곳에 몇몇이 모여 소박하지만 진지하게 영화이론을 공부하기 시작했는데, 나도 그 멤버 중 한 명이었다. 여기에서는 영국의 〈스크린 Screen〉이나 프랑스의 〈시네띠크 Cinetique〉와 같은 진보적 영화잡지들, 앙드레 바쟁 André Bazin이나 크리스티앙 메츠Christian Metz와 같은 영화이론가들의 책 등을 중심으로 할리우드 영화와 그 정치적·미학적 대안들을 둘러싼 논쟁 혹은 영화 리얼리즘론이나 영화 기호학 등을 공부했다. 1990년에는 〈파업전야〉라는 독립영화 한 편이 세상을 강타했다. 해방 이후 최초로 노동운동을 정면으로 다루었다는 평가를 받았던 이 영화는 전국의 대학들에서 앞다투어 상영되었고, 노태우 정권은 전경들과 헬리콥터까지 동원하여 그 상영을 극력 저지했다. 그러자 몇몇 영화운동 단체들이 '<파업전야> 공동투쟁위원회'를 구성해서 정권의 탄압에 맞섰고, '노동자문화운동연합'의 영화분과 '11월 13일'의 멤버였던 나는 '<파업전야> 공투위' 산하의 '연구위원회'에서 러시아 몽타주Montage 영화, 이탈리아 네오리얼리즘Neo-realism 영화, 제3세계 영화론 등을 공부했다. 아카데믹한 동기와 운동적 실천이라는 서로 다른 경로를 통해서였지만, 나의 영화연구 입문은 이렇듯 조금은 드라마틱한 20대 삶의 후반부를 장식했다.

물론 여기에 실린 글들은 2006년에 뒤늦게 교수가 된 이후에 쓴 것들이다. 체계적으로 기획된 것들이 아니라, 그때그때의 개인적 관심사나 학술적 요구 등에 따라 쓴 글들인 만큼 한 권의 책으로 일목요연하게 묶어내기가 쉽지 않았다. 하지만 '시네페미니즘Cine-feminism'이라는 '퍼스펙티브perspective'를 갖고 다양한 영화적 대상을 바라보고 비평한다는 일관성은 있다고 여겨진다. 그래서 그 층위와 맥락 등은 다기하더라도, 개별 텍스트에서 여성과 남성 혹은 다른 소수자 주체들이 재현되는 방식, 장르적 텍스트들이 젠더이데올로기와 맺는 관계 그리고 특정 시기의 한국영화가 드러내는 정치적·성적 무의식 등이 주로 검토, 분석되고 있다.

스스로 '시네페미니스트'라는 정체성과 책임감을 갖고 적극적으로 활동하기 시작한 것은 30대 중반부터였는데, 당시에 선배로서 도움을 주거나 '롤 모델'의 역할을 해줄 수 있는 존재는 없었다. 그래서 '어쩌면 나를 비롯하여 당시에 함께 했던 동료들은 한국의 '시네페미니스트 1세대'가 아닐까?'라는 생각이 들기도 한다. 그런 점에서 '페미니즘'이 가장 뜨거운 사회적 아젠다 중의 하나가 되고, 후배들이 '시네페미니스트'로서 활발하게 발언하는 지금의 현실이 한편으로는 매우 반갑기도 하고, 다른 한편으로는 '나는 지금 어떤 위치에서, 무엇을 하고 있나?'라고 스스로를 돌아보게도 된다. 종종 "나는 올드 시네페미니스트!"라는 자조 섞인 농담을 하기도 하지만, 이러한 자성과 이 책의 출판을 계기로 '영 시네페미니스트들'과 적극적으로 소통하고 뒤처진 인식과 감각을 부지런히 업데이트해야겠다는 다짐을 해본다. 지금까지 '시네페미니스트'로서의 삶과 길에 함께 해온 동료들, 지켜봐 준 지인들에게 감사와 신뢰를 보내며, 앞으로의 여정도 더 든든하고 더 내밀하게 함께 해 나갈 수 있기를 바란다.

2017년 겨울. 주유신 씀

Contents

No. 1

시네페미니즘

여성의 눈으로 영화보기

I.

영화와 여성의 관계,
그 애증의 드라마

19세기 말에 등장한 영화는 20세기 들어 가장 커다란 영향력을 지닌 예술 장르이자 대중 매체의 하나로서 대중적인 감수성과 상상력을 가장 잘 포착하고 표현할 수 있는 장이 되었다. 특히 영화는 이미지, 음향, 서사와 같은 다양한 층위들을 이용해서 무궁무진한 기표들의 전치나 종합을 이루어냄으로써, 사회적 환상 내의 긴장과 모순들을 가장 다채로우면서도 유혹적으로 형상화해낼 뿐만 아니라 대중들의 감각과 의식에 가장 직접적으로 다가가고 설득력 있게 수용될 수 있는 문화적 텍스트이다. 그런 점에서 한 사회의 '정치적 무의식'을 지도 그려볼 수 있게 해주는 "영화는 사회적 무의식의 환타스마고리아이자 징후"라면, "영화 스크린은 집단적인 환상, 불안감, 두려움과 그 결과물들이 투사되는 장"[1]인 셈이고, 그만큼 '징후적 재현으로서의 영화'에 대한 정치적이고 심리적인 분석과 비판이 요구된다고 볼 수 있다.

또한 영화는 남녀 관계를 둘러싸고 존재하는 문제들이 어떻

1. Laura Mulvey, 'Introduction', *Fetishism and Curiosity*, London: Indiana UP, 1996.

게 형성되고 또 작동하는가를 가장 잘 읽어볼 수 있게 해주는 영역 중의 하나이다. 여성과 남성이 가부장제 사회에서 차지하는 서로 다른 사회적, 경제적, 문화적 위치라는 문제들과 사랑, 섹스, 결혼과 같은 소재들은 영화를 통해서 그 안에 내포된 갈등이나 모순의 지점들을 풍부하게 드러내게 되면서, 남성이 여성에 대하여 갖고 있는 불안감이나 환상 등을 포함하여, 궁극적으로는 우리 사회에 존재하는 '성적인 무의식'을 건드려주기 때문이다.

우선 영화는 이미지와 스펙터클에 크게 의존하는 매체이자 장르이고 문화산업으로서 불가피하게 상업성을 추구할 수밖에 없다는 점에서, '성적 표현'을 자주 동원하는 것은 물론이고 여성의 육체 이미지와 뗄 수 없는 연관을 맺고 있다. 따라서 일반적으로 남성들의 육체는 노골적으로 전시되거나 성애적인 시선의 대상으로 놓이는 것이 기피되는 반면, 여성들의 육체는 끊임없이 성애적인 스펙터클과 물신적인 이미지로 재현되는 동시에 이에 대한 남성들의 관음증적인 엿보기는 당연한 것으로 여겨진다.

또한 내용의 차원에서 대부분의 영화들은 여성을 성적으로 순결한 존재나 과잉된 성욕의 소유자로 묘사하고, 과도한 폭력의 대상이나 남성이 주도하는 구원의 대상으로 만들며, 비극적인 희생자이거나 위험한 위반자로 위치 짓는다. 이것은 여성에 대하여 남성들이 갖고 있는 관념론적인 이분법의 결과이자, 여성의 성과 육체에 대하여 한편으로는 착취적이면서 다른 한편으로는 무의식적인 두려움에 휩싸인 남성들의 반응으로 해석될 수 있다.

이런 사실들은 영화에서 수많은 여성들이 등장하고 또 다양한 방식으로 다루어짐에도 불구하고 '여성의 진정한 모습'과 '여성 자신의 목소리'는 찾아보기 힘들다는 역설을 드러내는 동시에 여성들은 바로 남성이 만들어낸 자신의 이미지를 소비하는 관객의 위치에만 주로 머물러왔음을 암시한다. 따라서 영화의 역사를 놓고 보자면, 여성들은 영화 속의 이미지나 영화 관객이라는 측면 모두에서 소외나 대상화 그리고 수동적인 소비자의 역할을 벗어나기 어려웠다.

II.

시네페미니즘적 비평의 전개 과정

1970년대 이후 활발해진 시네페미니즘은 여성들이 영화와 맺어온 이런 식의 타자화된 관계를 변화시키고자 노력해왔고, 그 결과 영화 이론과 비평은 물론이고 영화 제작에 있어서도 새로운 시도와 획기적인 변화들이 이루어졌다.

시네페미니즘의 첫 번째 단계는 주류 대중영화를 중심으로 해서 그 안의 여성 이미지의 유형과 이것이 갖는 이데올로기적 함의를 분석하는 '이미지 비평'에서 출발한다. '이미지 비평'은 영화(특히 할리우드 영화)에 등장하는 여성 이미지의 유형들을 분석하면서, 그 이미지들이 어떻게 남성 관객의 욕망과 보수적 이데올로기를 위한 도구로 기능하는지를 밝혀낸다.

우선 대부분의 영화들은 성적으로 순진하고 남성에게 의존적인 '처녀형'의 여성과, 성적으로 매력적일 뿐만 아니라 흔히 여성이 갖지 못한 권력이나 지성을 소유한 '요부형'의 여성을 반복해서 등장시킨다. 이런 두 가지의 여성 이미지는 신화의 형태로 영화 속에서 이용되고, 단지 보수적인 사회 이데올로기와 시대상에 따라서 약간씩 변형될 따름이다.

그런데 이것들은 여성의 실제적인 삶과는 동떨어진 비현실적인 이미지들일 뿐만 아니라, 사랑과 결혼을 위해 모든 것을 포기하는 처녀형이든, 궁극적으로는 남성에게 위협적이고 자신도 파멸되기 마련인 요부형이든 결국은 여성에 대하여 부정적인 함의를 지닐 뿐이다. 더구나 이런 이미지들은 남녀 간의 성역할을 고정된 것으로 그려냄으로써 성차별 이데올로기를 강화하게 된다.

이러한 '이미지 비평'은 텍스트 내의 수많은 요인들 중의 하나에 불과한 이미지에다 과도한 해석을 집중시켰을 뿐만 아니라, 여성 이미지에 대한 평가 역시 '부정적이냐 긍정적이냐', '보수적이냐 진보적이냐' 라는 식으로 단순한 이분법의 한계를 벗어나지 못해 왔다. 따라서 그 분석은 '영화 속에서 재현되는 여성의 이미지가 현실 속의 여성들의 삶을 제대로 반영하는 것이 아니라 왜곡한다'거나 '그 이미지에 담긴 이데올로기는 여성에게 가해지는 억압을 재생산하는 데에 일조한다'는 식의 소박한 비판으로 귀결될 뿐이었다.

그 결과 1970년대 중반 이후 페미니즘 영화비평과 이론에 도입된 것이 기호학과 정신분석학이었다. 기호학은 영화의 이미지뿐만 아니라 서사 구조와 시선 구조에 대한 분석을 통해서 텍스트에 담긴 가부장제적 무의식과 성차별 이데올로기를 구조적이고 미학적인 차원에서 밝혀내게 된다면, 정신분석학은 재현을 규정하는 문화적 요인들을 설명해줄 뿐만 아니라 남녀의 상이한 성심리, 욕망, 쾌락, 동일화 등과 같은 문제들을 심도 있게 해명하는데 도움이 되었다.

따라서 이제는 '재현되는 여성들의 이미지' 자체에서부터 '여성들이 재현 체계 속에서 어떻게 여성으로 구성되는가'라는 과정의 문제로 그리고 '그 과정은 특수한 사회역사적 맥락 속에서 어떤 의미를 갖게 되는가'의 문제로 나아가게 된다. 즉 재현된 여성의 이미지는 그 자체로서가 아니라, 그러한 이미지를 빚어내는 전반적인 재현 체계 속에 내포된 성차별주의 이데올로기 그리고 위계화된 남녀 관계라는 문제와 더불어 분석되고 비판된다.

1975년에 로라 멀비가 쓴 『시각적 쾌락과 극영화 Visual Pleasure and Narrative Cinema』는 정신분석학의 주요 개념들(거세 공포, 외디푸스 콤플렉스, 관음증, 물신주의 등)을 갖고서, 가부장제 사회의 무의식이 영화의 시선 체계looking system와 서사narrative에다가 어떻게 성차를 새겨 넣는지를 설명한다. 그녀에 따르자면 영화, 특히 할리우드 고전 영화들은 여성의 노골적이고 성애적인 육체 이미지에 깊이 의존하는데, 이것은 불가피하게 남성의 '거세 공포'를 불러일으킨다. 따라서 할리우드 고전 영화는 이런 거세 공포를 완화시키기 위한 방식을 발전시켜 왔고, 그것이 바로 관음증과 물신주의이다.

대부분의 영화에서 시선의 주체의 위치를 차지하는 남성들은 관음증을 통해서 여성을 시각적으로 지배하고 이는 서사 상의 지배로 이어진다. 즉 시선의 주체인 남성에게는 능동적으로 행위하고 영화적 환상을 맘껏 표출시킬 수 있는 권력이 동시에 부여되는 셈이다. 이처럼 '시선'과 '행위'라는 두 가지 차원에서 이루어지는 남성의 지배는 여성이 환기시키는 거세 위협을 효과적으로 무력화시키게 된다. 이와 반대로 물신주의는 여성 육체의 특정 부분을 과장하거나 미화해서 숭배하는데, 이것은 페니스를 대체하는 역할을 함으로써 여성이 페니스를 지니고 있지 않다는 사실 자체를 부인하는 결과를 낳는다.

그런데 멀비의 이런 설명은 오로지 외디푸스 시나리오에만 입각해서 영화를 분석하고 있고, 그 결과 영화의 시선 구조에는 이분법적 대립만이 존재하게 된다. 즉 항상 보는 자의 위치를 차지하는 남성과, 항상 보여지는 자의 위치를 차지하는 여성이 있을 뿐이다. 또한 영화 관람을 통해 얻을 수 있는 쾌락에 대해서도, 그녀는 남성 관객의 쾌락만을 논의하고 있기 때문에 여성 관객이 쾌락을 얻기 위해서는 남성적 위치를 채택해야 한다는 결론이 내려진다. 결국 멀비에 따른다면 여성들은 남성의 시각적 대상인 '성적 구경거리'의 위치를 차지할 뿐이며 따라서 여성의 '주체적인 시선'이나 '능동적인 쾌락'이라는 것은 불가능한 것이 된다.

이런 관점은 영화를 관람하는 과정에서 여성들이 영화가 전달하는 의미나 이데올로기에 대해 저항하거나 협상하는 것은 불가능하다고 보면서 여성 관객의 '수동적인 위치'만을 강조하기 때문에 다수의 페미니스트들은 이를 비판하거나 극복하고자 노력해왔다. 그 결과 1980년대에 다수의 시네페미니스트들은 영화의 의미는 단순히 텍스트에 의해서만 생겨나는 것이 아니라, 관객들 내에 존재하는 젠더, 인종, 계급 그리고 섹슈얼리티 등의 다양한 차이에 의해서 생겨나고 또 달라질 수도 있음을 밝혀내게 된다.

따라서 가부장제 사회와 그 이데올로기의 희생자로서만 여성을 바라보는 정신분석학적 접근보다는, 특정한 권력 관계에 저항하는 여성 수용자에 대한 문화론적인 접근이 1980년대에 영국을 중심으로 해서 시작된다. 문화연구**cultural studies**는 '무의식적이고 개별적인 주체로서 고정된 위치를 지닌' 정신분석학적 '관객**spectator**' 개념 대신에 '살과 피를 지닌 역사적이고 집단적인 주체'로서의 '수용자**audience**' 개념을 채택한다. 영화연구 역시 텍스트 분석에만 치중하던 입장에서 벗어나, 영화의 제작 및 소비과정을 아우르면서 한 편의 영화를 설명하고, 영화 관객을 수동적인 반응자로 바라보는 대신에 그들이 영화 수용과정에서 행하는 독해, 동일화, 전복, 이데올로기들과의 협상 등에 주목하게 된다.

그 결과 여성 수용자는 자신의 사회적 정체성에 따라 텍스트를 서로 다르게 독해하며 여기에서 대중영화의 쾌락이 가능해진다는 것이 논의될 수 있게 되었다. 즉 이제 여성들은 영화가 전달하는 가부장제 이데올로기를 수동적으로 받아들이는 대상이 아니라, 일상 속에 존재하는 저항과 투쟁의 과정을 통해서 영화 텍스트에 대하여 능동적이면서 비판적으로 개입할 수 있는 존재임이 분명해지게 된다.

III.

여성에 의한,
여성을 위한 영화 만들기의 역사

시네페미니스트들은 이처럼 영화라는 매체 자체의 표현 방식과 역사를 비판적으로 재검토하는 동시에 여성의 시각과 경험을 담아낼 수 있는 새로운 이론적, 실천적 모델을 수립하고자 했다. 이는 당연히 여성 자신이 카메라의 주체가 되어 여성의 시각으로 여성의 살아 있는 현실을 담아내는 영화들을 만들어 내거나, 남성적인 영화 언어를 거부하면서 새로운 영화 언어나 미학을 실험하는 영화들을 만들어내기에 이른다. 이는 1970년대에 '페미니스트 다큐멘터리 운동'과 '페미니스트 아방가르드 영화'라는 두 가지 흐름으로 이어진다.

우선 페미니스트 다큐멘터리 운동은 1960년대 이후 광범위하게 조직되었던 다양한 페미니스트 운동 단체들과 소모임들의 발전에 기반하고 있다. 이런 조직 기반 위에서 페미니스트 다큐멘터리는 기획, 제작되었을 뿐만 아니라 그러한 조직들이 또한 상영과 토론의 장소가 되었기 때문이다. 따라서 이 영화들은 여성의 눈으로 여성과 삶과 현실을 기록하는 수단이자 여성들의 의식 고양을 위한 프로그램의 교재 역할을 하게 된다.

페미니스트 다큐멘터리는 '다이렉트 페미니스트 시네마' 라고도 불리는데, 그 이유는 상황의 진실성을 그대로 전달하기 위해 감독의 개입이나 영화 기법의 사용을 최대한 억제했던 1950년대와 1960년대 초의 '다이렉트 시네마direct cinema'의 정신을 많은 부분 따르고 있기 때문이다. 〈제니의 제니Janie's Janie〉(1971), 〈론다의 여성들Women of the Rhondda〉(1972) 그리고 〈노동조합 여성들Union Maids〉(1972)을 비롯한 영화들은 가정이라는 영역에서의 여성의 일상이나, 자신이 소속된 사회 집단 내에서 여성들이 벌이는 정치적 시위들을 자서전적이거나 선동적인 방식으로 기록해나갔다.

이러한 움직임과는 대조적으로 '전복의 미학'을 추구하는 '페미니스트 아방가르드' 영화들은 영화 언어에 대한 급진적인 실험과 페미니즘이라는 전망을 결합시켜냄으로써, 한편으로는 '영화가 현실을 투명하게 반영한다'는 리얼리즘 미학의 환영주의를 해체하는 동시에 다른 한편으로는 기존의 남성 중심적 영화들과는 다른 여성 욕망의 언어, 여성 고유의 시각적 쾌락을 수립하고자 한다.

〈스핑크스의 수수께끼Riddle of the Sphinx〉(1976), 〈스릴러Thriller〉(1979)를 비롯한 페미니스트 아방가르드 영화의 이러한 시도들은 여성을 남성의 '타자'나 '대상'으로만 위치지우는 가부장제 문화 속에서 억압받고 침묵당하는 여성의 욕망과 목소리를 전혀 다른 방식과 기법을 지닌 영화 언어를 통해서 되찾으려는 태도에서 비롯된다. 그러나 그 영화들은 남성 중심의 시각에 대한 비판에 지나치게 초점을 맞추고 영화 형식이 갖는 대안성이나 전복성에만 의존함으로써, 실질적으로 새로운 영화 언어를 수립하는 성과에 이르지 못했을 뿐만 아니라 그 난해함과 형식주의로 인해서 여성 대중에게 널리 수용되지 못한다는 한계를 지적받게 된다.

따라서 1980년대 이후 여성 영화(여성들이 제작의 주체가 될 뿐만 아니라 여성의 시각으로 페미니즘적 이슈를 제기하는 영화들을 총칭한다)는 위의 두 가지 흐름이 지니고 있는 한계에 대한 반성에서 출발한다. 우선 그 흐름들은 운동의 차원에서 대중성을 현저하게 결여하고 있을 뿐만 아니라, 소박한 리얼리즘 이데올로기에 대한 매몰이나 엘리트주의적인 형식중심주의로 인해서 대안적인 영화의 수립이나 여성 운동과의 결합이라는 측면 모두 충분한 성과를 거두지 못했기 때문이다. 그 결과 시네페미니스트들은 여성 관객과 더 폭넓고 다양하게 만날 수 있는 방식을 적극적으로 모색하게 되는데, 이는 한편으로는 많은 여성 영화 인력들이 주류 영화산업에 진출하는 결과를 낳았다면, 다른 한편으로는 영화의 내용과 형식 모두를 더 생산적이고 창의적인 방식으로 대중화시키려는 노력으로 이어지게 된다.

마를린 고리스Marleen Gorris의 〈침묵에 대한 의문A Question of Silence〉(1982)은 침묵과 웃음을 통한 전복적 수사학을 통해서 가부장제 사회에서 여성이 경험하게 되는 모순과 고통에 따른 긴장감을 날카롭게 묘사한다. 리찌 보르덴Lizzi Borden의 〈불꽃 속에 태어나Born in Flame〉(1983)는 공상과학 장르라는 틀 속에서 여성 군대나 여성의 폭력 사용과 같은 이슈를 도발적으로 제기한다.

1990년대 이후에 여성 영화는 유례없이 다양한 얼굴과 폭넓은 지형을 보여준다. 지금의 여성 영화는 더 작고 낮지만 더 힘 있고 구체적인 현실성에 발 딛은 여성의 이야기들을 펼쳐 보이고 있다. 이것은 여성 영화가 하나의 미학이나 영화적 유형에서 벗어나, 점차 문화적 이미지들과 대중적 서사에 개입하여 다양한 방식으로 이를 전유하고 재구성하는 과정을 거쳐 가고 있음을 말해준다.

호주가 낳은 세계적인 여성 감독인 제인 캠피온Jane Campion의 〈피아노Piano〉(1993)는 칸영화제 그랑프리를 수상한 작품으로 19세기 말의 뉴질랜드를 배경으로 해서 여성의 억압된 욕망과 섹슈얼리티를 문명과 야만, 관음증, 여성적인 언어와 같은 중요한 토픽들과의 관계 속에서 풀어나간다면, 고리스의 〈안토니아스 라인Antonia's Line〉(1996)은 할머니에서 어머니에서 딸과 손녀로 이어지는 여성들의 가계도 그리고 온갖 종류의 피억압자들로만 구성된 유토피아적인 공동체의 모습을 통해서 가부장제 사회를 지탱시켜온 원리들을 전면적으로 거부한다.

그런데 우리 사회의 경우에는 남녀 간의 관계라는 젠더의 모순은 물론이고 계급, 지역, 연령, 성 정체성 등에 따른 여성들 간의 차이와 여기에서 파생되는 여러 가지 모순들이 여전히 제대로 짚어지지 않았거나 해결을 위한 공동의 노력도 극히 부족한 상태이다. 따라서 이제 단순히 하나의 매체나 장르에 머무르는 것이 아니라, 가장 중요한 사회적 테크놀로지의 하나이자 가장 대중적인 재현 체계의 하나로 기능하고 있는 영화가 이런 현실 속에서 여성의 시각에서, 여성의 경험을 말해야 하는 역할은 대단히 중요하다.

한국 최초의 여성 감독인 박남옥은 아직 전쟁의 상흔이 채 가시지 않은 1955년에 아기를 등에 업은 채 촬영 현장을 진두지휘

하며 〈미망인〉[2]을 만들었다. 그러나 그녀에게 이 영화는 처음이자 마지막 영화였고, 홍은원이 그 뒤를 이어받아 당시 장안을 떠들썩하게 한 여판사의 죽음을 소재로 한 〈여판사〉(1962)를 비롯하여 세 편의 영화를 만들었다. 배우로 유명한 최은희 역시 1965년 자신이 배우로도 직접 출연한 〈민며느리〉를 연출한 뒤 〈공주님의 짝사랑〉(1967), 〈총각선생님〉(1972)을 만들었다. 네 번째로 등장한 황혜미는 〈첫 경험〉(1970)을 발표해 흥행과 비평에서 좋은 점수를 얻었고, 이미례는 〈수렁에서 건진 내 딸〉(1984)로 데뷔한 후 〈영심이〉(1990)에 이르기까지 여섯 작품을 연출했다.

1990년대 이후에는 여성 감독들의 활약이 이전에 비해 두드러진 편이었는데, 〈세 친구〉(1996)와 〈와이키키 브라더스〉(2001)의 임순례와, 〈미술관 옆 동물원〉(1998)과 〈집으로...〉(2001)의 이정향이 물꼬를 트고 난 후에, 이서군의 〈러브 러브〉(1998), 이미연의 〈버스, 정류장〉(2001), 정재은의 〈고양이를 부탁해〉(2001), 변영주의 〈밀애〉(2002), 모지은의 〈좋은 사람 있으면 소개시켜줘〉(2002), 이수현의 〈4인용 식탁〉(2003) 등이 남성과는 다른 시각과 감수성의

---

2. 한국 전쟁이 낳은 수백만 미망인들의 존재와 삶은 전후의 한국 사회에서 한 동안 사회적 이슈였는데, 바로 박남옥 감독은 한 미망인 여성을 소재로 해서 흔들리는 전통적 가치관 속에서 분출되는 여성들의 성적 욕망을 섬세하게 묘사한다. 전쟁미망인인 '신'은 남편의 친구인 이사장의 도움을 받게 되고 이 과정에서 이사장은 '신'에게 애정을 느끼게 된다. 그러나 '신'이 젊고 매력적인 청년 '택'을 사랑하게 되면서, 그녀는 현실과 이상, 여성성과 모성 등의 사이에서 윤리적 딜레마와 심리적 갈등에 빠져들게 된다. 이 영화는 오랫동안 사람들의 뇌리에서 사라져 있다가, 1997년 제1회 서울국제여성영화제에서 필름의 마지막 부분과 일부의 사운드가 손상된 채로 새롭게 복원되어 상영되었다.

영화들을 선보였다.

이와는 다른 맥락에서 1997년에 시작되어 해마다 전 세계에서 여성들이 만들어낸 다양한 영화들을 소개하는 '서울국제여성영화제'와, 2000년에 한국의 거의 모든 여성영화인들이 망라되어 창립된 '여성영화인모임'은 이런 맥락에서 중요한 의미를 지닐 뿐만 아니라 앞으로도 많은 역할이 기대되는 부분이다. 이 두 집단을 포함하여 우리 모두의 과제는 현실 속에서는 항상 존재하지만 공적인 영역에서는 제대로 재현되지 못한 여성의 목소리를 영화 매체 속에 새롭게 담아내면서 정치화하고, 여성에 대한 새로운 종류의 이미지와 언어를 창조하며, 이를 기반으로 여성이라는 젠더를 굳건하게 묶어내고 더 나아가 여성의 역사를 다시 쓰는 작업으로 나아가는 것일 것이다.

Ⅳ.

사례 분석: 여성의 시각으로 〈나쁜 남자〉(김기덕, 2001) 읽기

〈나쁜 남자〉는 남자 깡패 '한기'와 그에 의해 성매매 여성이 되는 '선화'에 대한 이야기이다. '선화'에 대한 어긋난 사랑으로 그녀를 성매매 여성으로 만든 '한기'는 몸을 파는 그녀를 고통스럽게 바라보고, 각각 삶의 극단에 다다른 두 남녀는 전국을 유랑하며 여자는 몸을 팔고 남자는 손님에게 돈을 받는 '기이한 커플'로 살아간다.

이런 내용에서도 알 수 있듯이, 그의 전작들과 마찬가지로 〈나쁜 남자〉에서도 '밑바닥 인생'을 사는 '아웃사이더' 남성의 분노는 여성에게 집중되고, 협박, 구타, 강간 등을 포함하여 여성을 향한 폭력적 지배 역시 빠짐없이 등장한다. 그러나 이 모든 것은 남성에게는 보상과 치유 그리고 초월을 가져다줌으로써 '나쁜 남자의 자기완성'에 이르게 하는 반면 여성에게는 무력감과 자포자기를 강제함으로써 '평범한 여성의 자기 절멸'로 귀결된다.

그렇다면 왜 그의 영화에서 남녀 관계는 폭력으로 점철될 수밖에 없고, 또 여성들은 왜 성매매 여성 아니면 그와 비슷한 여성으로 등장할 수밖에 없을까? 그 이유는 우선 남자 주인공에게 있어서 여성은 그가 사회에 대해 갖고 있는 분노를 가장 손쉽게 표출시킬 수 있는 대상이자, 자기 자신도 통제하지 못하는 그가 유일하게 통제할 수 있는 대상이기 때문이다. 그리고 이를 가능하게 하기 위해서는 그 여성이 애초에 그보다 낮은 지위, 아니 남성 지배 사회에서 사회의 가장 밑바닥 역할을 하는 성매매 여성이거나 그렇지 않은 경우에도 그에 상응하는 지위로 낮아져야 하는 것이다.

여기에는 물론 무조건 폭력적인 것이 '남자다운' 것이고, 여성은 근본적으로 남성의 소유물이라는 일련의 이데올로기적인 믿음이 전제되어 있으며, 이는 여성을 포함하여 모든 비남성적인 것에 대한 극도로 혐오증적이고 가학적인 태도와 맞물리게 된다. 따라서 김기덕의 거의 모든 영화들은 여성을 비롯한 타자들과의 왜곡되고 폭력적인 관계 속에서 어떻게 '문제적인 남성성'이 구성되는가를 극단적으로 보여주게 있고, 그 과정에서 여성은 예외 없이 강간과 폭력의 희생자가 되고 만다.

그러나 그의 영화들은 이러한 남성의 폭력을 정당화시키는 두 가지 기제를 항상 마련해 놓는데, 그 하나는 남성 주인공을 둘러싼 세계 자체의 모순성과 악함이라면, 다른 하나는 그 자신이 직접 당하게 되는 어마어마하고 지속적인 폭력성이다. 즉 우리 사회 자체가 부도덕한 권력과 부패한 자본이 지배하는 '약육강식'의 세계이기 때문에 남자 주인공의 '위악성'은 오히려 자기 보존 본능에서 비롯된 불가피한 것임이 역설되고, 그가 당하게 되는 수많은 육체적, 심리적 폭력과 손상들은 오히려 그에게 죄 없고 힘없는 희생자의 위치를 부여하는 기능을 한다.

또한 김기덕의 영화 속에서 여성에게 가해지는 끊임없는 폭력은, 여성을 다름 아닌 섹슈얼리티와 육체를 중심으로 해서 무력하고 텅 빈 주체로 만드는 과정을 수반한다. 성매매와 강간이라는 모티브가 빠짐없이 등장한다는 사실에서 알 수 있듯이, 김기덕의 영화들에서 여성의 육체는 '남성의 욕망과 정액을 담아내는 그릇'이라면, 여성이라는 존재는 '성기' 그 자체로 환원된다. 따라서 섹스는 상호성이 배제된 난폭한 성기적 결합이자 동물적인 배설 행위로 그려지면서, 남성에게 자신의 존재감과 여성에 대한 우월감을 확인시켜주는 역할을 한다. 또한 여성은 일관되게 육체로 환원되고 성적 존재로 본질화되는 한편, 남성과 여성은 각각 지배와 종속으로, 주체와 대상으로 양극화된다.

그럼에도 불구하고 그의 영화들은 사회적 약자들에 대한 일관된 관심이라는 주제적 측면이나, 시각적인 탁월성과 같은 스타일의 측면에서 '작가 영화' 또는 '예술 영화'의 지위를 누려왔다. 그러나 그의 영화들이 갖는 호소력과 차별성은 다름 아니라 '여성에 대한 극도로 착취적인 상상력과 혐오증적인 태도' 그리고 위험하기 짝이 없는 '페니스 파시즘'에 기반하는 것이다. 아무런 사회적, 문화적, 경제적 자원이 없는 남자주인공이 여성에 대해서 갖는 절대적인 우월성과 지배력은 오로지 그가 '남성'이라는 사실에서 기인하고 그 지배의 수단은 강간과 폭력 같은 '성적 공포 정치sexual terrorism'이다. 그러니 '페니스 파시즘'이 아니고 무엇이겠는가.

따라서 김기덕의 영화들은 남녀 간의 불평등과 적대성, 여성의 섹슈얼리티와 육체에 대한 극단적인 공격과 침해를 끈질기게 정당화하는 것일 뿐만 아니라, 타자들에 대한 어떤 성찰도 담고 있지 않은 무책임한 사회적 배설 행위에 다름 아니다. 그렇다면 이를 정치적, 미학적으로 지지하는 것은 공식적으로는 감히 표현할 수 없는 남성적 무의식에 대한 동조이자, 여성에 대한 억압과 가학적인 폭력을 통해서 남성 주체성을 재확립하고자 하는 유혹에의 굴복이라고 밖에 볼 수 없을 것이다.

V.

영화와 페미니즘의 생산적인 만남을 기대하며

오래 전에 <씨네21> 지면에서 '페미니즘 비평'을 둘러싼 논쟁이 진행된 바 있다. 그러나 그 과정에서 드러난, 한국 영화를 둘러싼 비평의 지형도는 한국 영화 자체의 흐름과 거의 마찬가지로 남성중심적인 시각과 서사가 끊임없이 반복, 확장되는 모습을 띠고 있다. 그래서 한편으로는 서구인들(특히 서구 남성들)의 원형적인 무의식을 구성하는 '외디푸스 콤플렉스'가 '한국형 블록버스터'를 구조화하는 근본적인 무의식적 기제로 정의되는가 하면, 다른 한편으로는 이와 맞물려 '외디푸스 콤플렉스'의 성공적인 극복에 실패한 '소년성'이 21세기 이후 한국 영화의 성공을 이끈 또 다른 주역으로 해석되기도 한다.

그런데 이런 식으로 한국 영화의 '정치적 무의식'에 대한 설명이 오직 남성 주체의 아버지와의 관계 그리고 아버지되기 과정의 문제로만 환원되는 것은 영화를 둘러싼 담론들이 완고하게 '남성중심적 패러다임'으로 퇴행하는 일이자 자본주의적, 이성애적 가부장제 사회에 존재하는 여성을 비롯한 수많은 타자와 소수자들을 한 번 더 주변화하거나 비가시화시키는 결과를 낳을 뿐이다.

더더구나 1990년대 후반 이후 한국 영화가 '신르네상스'를 맞이하여 양적 성장과 질적 전환을 이루어온 과정과 그 의미를 어떻게 평가할 것인가가 중요한 시점에서 이런 편향된 시각으로 영화를 바라보는 것은, 다원화의 흐름을 거스르는 반시대적인 것이자 한국 영화의 내적 경향을 잘못된 방식으로 총체화하는 오류에 빠져버리고 만다.

이런 맥락 속에서 영화와 페미니즘의 관계는 더 생산적이고 적극적일 필요성이 제기되는데, 가부장제적 질서 속에서 여성에게 강제되는 주변적인 위치는 오히려 모든 것들을 다르게 바라보고 평가할 수 있는 타자적인 시선은 물론이고 다른 소수자들과 연대할 수 있는 정치적 가능성을 제공해주기 때문이다. 그만큼 현재 남성의 목소리로만 일방적으로 울려 퍼지는 주류 영화 담론에 저항하고 균열을 내면서 그 안에 억압되어 있는 것들에 목소리를 부여하고, '차이'를 '차별'이 아닌 창조적인 화해의 원천으로 작동하게 하는 작업, 그것이 바로 '지금의 한국적 맥락에서' 페미니즘에 요구되는 역할이자 과제일 것이다.

No. 2

서구 페미니스트
성 정치학의 쟁점과 지형들

I.

여성에게 있어서 '성'이라는 전쟁터

여성은 성[1]에 대하여 항상 불편하거나 위험하다고 여겨지는 관계만을 맺어 왔다. 여성의 성은 경제적, 사회적 종속에 의해, 성을 정의하는 남성 권력에 의해, 결혼이라는 제약에 의해, 반여성적인 남성 폭력에 의해 항상 제한된다. 이것은 여성의 성이라는 것 자체가 결코 젠더 중립적으로 존재할 수 없음을 보여준다. 젠더는 가부장제 이데올로기나 남녀 간의 권력관계라는 사회적, 문화적 요인들과 분리될 수 없는 것이라면, 섹슈얼리티는 가부장제가 여성에 대하여 제도적이고 강제적인 권력을 강화시키고 상징화하는 데에 있어서 필수불가결한 수단이기 때문이다.

---

1. 우리말로 '성'이라고 번역될 수 있는 영어 단어는 섹스(sex), 젠더(gender), 섹슈얼리티(sexuality) 세 가지가 있다. 일반적으로 섹스는 생물학적 성, 젠더는 사회문화적 성 그리고 섹슈얼리티는 담론적 실천으로서의 성으로 정의된다는 점에서, 이 용어들은 성이 갖고 있는 함의 및 성이 존재하고 작동하는 층위들을 서로 달리 지시한다고 볼 수 있다. 여기에서 '성'은 섹스, 젠더, 섹슈얼리티를 모두 포함한 포괄적 의미로 사용되고, 성의 서로 다른 측면들을 지시할 때는 맥락에 따라 세 가지 개념 중의 하나를 선택적으로 사용할 것이다.

따라서 페미니스트들의 성 논의는 여성과 남성 간의 관계에 대한 비판적 분석에서 출발하여 여성의 성에 가해지는 물리적, 심리적 폭력, 여성 육체의 대상화나 상품화 등에 집중되었다. 1960년대에 페미니스트들이 여성 해방의 중심 문제로 성 정치학을 전경화하면서, 미인대회 반대, 브래지어 불태우기 운동, 낙태권을 둘러싼 투쟁, 포르노·성매매·성폭력에 대한 반대 운동 등을 포함하여 성과 육체의 문제가 주된 이슈로 떠오르게 된다. 이는 여남 관계에 내포된 불평등한 권력을 가장 압축적으로 가시화시키는 영역이 바로 여성의 성과 육체를 둘러싼 영역이므로, 젠더와 섹슈얼리티를 정치적으로 쟁점화하는 것이 권력관계를 은폐하는 섹슈얼리티에 대한 본질론적 담론에 반대하는 유효한 수단임을 발견한 결과라고 할 수 있다.

역사적으로 볼 때, 여성의 경우에는 성적 행동이 안정적인 감정적 관계와 더 연관된다고 보는 반면, 남성의 경우에는 캐쥬얼한 성적 경험이 관용되고 오히려 부추겨지는 경향이 존재해왔다. 따라서 최근에 여러 가지 비생식적 섹슈얼리티에 대한 금지가 상당히 약화되었음에도 불구하고, 남녀의 섹슈얼리티에 대하여 불균등하게 위계화된 통념들은 여전히 섹슈얼리티를 둘러싼 이데올로기에 있어서 강력한 요소로 작용할 뿐만 아니라 여성과 남성에게 전혀 다른 방식으로 영향을 미친다. 여성/남성이 된다는 것은 서로 다른 시대에 서로 다른 것들을 의미했을 뿐만 아니라 욕망에 따른 육체적 경험들을 복잡한 방식으로 틀지어 왔다. 다양한 성적 실천들 역시 '생산적, 일탈적, 죄악적, 건강한, 해방적' 등, 다양한 의미들을 부여받아 왔다.

그만큼 섹슈얼리티는 철저하게 관계적인 것으로서, 오직 특정 관계 내에서 행위하는 사람들만이 섹슈얼리티를 창출한다. 육체와 그 행위들은 지배적 의미 약호에 따라서 이해되고 그 의미들은 역사적으로 변화하기 때문에 섹슈얼리티 역시 역사와 문화라는 층위 그리고 개인사라는 맥락에 따라 유동적이고 가변적이며 애매하게 전개된다. 따라서 섹슈얼리티의 역사는 불가불하게 섹스와 젠더 간의 변화하는 관계의 역사이고, 섹슈얼리티에 대한 연구는 사적 경험과 공적 논쟁이라는 두 가지 모두를 포함하는 것으로 보아야 한다. 즉 섹슈얼리티는 사회적/공적/역사적인 것과 개인적/사적/경험적인 것이 교차하고, 행위와 사고, 환상과 실천이 연결되는 지점의 의미를 갖기 때문에[2] 섹슈얼리티에 대한 연구는 한 영역과 다른 영역 간의 비교를 반드시 필요로 하는 셈이다.

하지만 1960년대 이래 전개된 페미니즘의 두 번째 물결은 젠더 정체성에 대한 이중적, 가부장제적, 이성애적 기준을 비판해왔음에도 불구하고, 결국 젠더 개념이 갖는 이론적 한계와 정치적 소박함으로 인해서 영어권 페미니즘을 중심으로 하여 인식론적 딜레마와 정치적 곤경에 빠지는 위기를 초래하게 된다. 엘리자베스 그로츠 **Elizabeth Grosz**가 지적했듯이, 이미 섹스 자체가 담론의 산물이거나 수행의 결과이므로 섹스/섹슈얼리티 구도에 문화적 구성물로서

---

2. Carol Vance, "Pleasure and danger: Exploring Female Sexuality", C. Vance, ed, *Pleasure and Danger: Exproring Female Sexuality*, Boston: Rotledge & Kegan Paul, 1984, p. 16

의 젠더를 추가할 필요가 없었던 셈이다.[3]

그 결과 생물학적 범주인 섹스에서 시작하여 점차 사회, 문화, 역사적 특징을 지니는 젠더로 페미니스트들의 관심사가 이동해왔지만, 정작 중요한 것은 '성, 정체성, 행동 배후의 행위자'이기 때문에 페미니스트들은 이 모든 것을 포괄하는 동시에 기존의 '섹스/젠더 이분법'이라는 곤경에서 벗어날 이론적, 정치적 가능성을 제공해주리라 기대되는 '섹슈얼리티'라는 이슈에 집중하게 된다. 또한 성에 대한 사회구성주의적 관점이 설득력을 얻고 또 이론적으로 보편화되면서 섹스/젠더 간의 구분은 유용성을 잃었다는 주장이 거세지고 섹슈얼리티와 성차 개념으로 정치적 초점이 넘어가게 된다. 그 결과 이제 페미니스트들은 점차 섹스/젠더의 축으로부터 젠더/섹슈얼리티의 축으로 그 이론적, 실천적 강조점을 옮겨가게 된다.

여성을 단일한 젠더 범주로 동질화시키던 페미니즘 정치학은 이제 '자율적이고 자기규정적인 성'과 '쾌락으로서의 성'에 대한 담론들을 통해서 이전과는 달리 성을 여성의 자기 해방과 권력부여의 중요한 계기로서 사고하기 시작하면서, 생물학적 섹스와 사회문화적인 젠더 그리고 성적 실천은 물론이고 성을 둘러싸고 존재하는 관념과 환상, 이데올로기와 담론까지를 포괄하는 섹슈얼리티 개념들을 구별하는 동시에 그들 간의 관계를 더 이론화,

3. Elizabeth Grosz, *Space, Time and Perversion: Essays on the Politics of Bodies*, NY: Routledge, 1995, pp. 213-4

정치화시켜간다.

특히 성적 급진주의의 입장을 취하는 페미니스트들은 전반적으로 성에 대한 '확장적이고 탐구적인 입장'에서 여성의 증가된 성적 자율성과 남성이 주는 보호의 거부를 추구하게 된다. 그들은 위험에 대한 과잉 강조는 성적 쾌락에 대한 말하기를 금기로 만들 위험이 있고, 쾌락의 박탈은 권력과 에너지의 박탈로 이어질 수 있다고 보면서 여성이 더 가시적이고 대담한 방식으로 성적일 수 있어야함을 주장한다.[4]

페미니스트들 사이에서 포르노, S/M Sadism/Masochism, 부치butch[5]/펨femme[6] 역할 그리고 딜도dildo[7]의 사용을 둘러싸고 벌어졌던 논쟁들은 섹스에 대한 더 개방적인 태도와 더 발전된 분석이 필요함을 보여준다. 그럴 때에만 여태까지 여성 섹슈얼리티에 대한 논의에서 반복되어온 과도한 일반화와 도덕주의적인 태도를 피할 수 있을 뿐만 아니라, 여성들을 성적 주체이자 성적 역사의 작인들로 위치지울 수 있기 때문이다. 결국 페미니즘은 젠더와 섹슈얼리티를 통합시킨 관점으로 나아가면서 여성들의 성적 억압의 차이를 드러내는 동시에 여성들의 성적 쾌락에 대해 발언하면서 여성들의 성적 주체성을 확보하고자 한다.

4. Vance, pp.1-2
5. 레즈비언 관계에서 남성의 역할을 하는 여성.
6. 레즈비언 관계에서 여성의 역할을 하는 여성.
7. 고무나 라텍스 등의 다양한 재료를 사용해서 남성의 성기 모양을 본 뜬 것.

이 모든 논의들을 통해서 볼 수 있듯이 페미니즘과 성의 관계는 항상 복잡하고 양가적이었으며, 다양한 이슈들(포르노, 정치적으로 올바른 성politically correct sex, 이성애와 동성애, 레즈비어니즘 등)을 둘러싸고 첨예한 논쟁들이 벌어짐으로써 성 논의는 페미니즘 정치학에 있어서 가장 치열한 이론적, 실천적 각축장이 되었다. 그리고 그 과정에서 섹스/젠더/섹슈얼리티라는 개념들과 그들 간의 관계는 페미니즘의 역사적 발전 단계에 따라서 각기 달리 조명받거나 해석되어 왔다.

페미니즘의 두 번째 물결 초기에 페미니스트들은 '섹스와 젠더의 관계'를 중심으로 해서, 생물학적 성에 불과한 섹스가 어떤 과정과 구조에 의해서 사회문화적으로 위계화되고 차이지어진 젠더로 성립되는지를 파악하는 동시에 그 과정 내에 존재하는 억압과 모순, 불평등의 요소들을 밝혀내고 제거하는 데에 관심을 두었다. 이후에 포르노 논쟁을 시작으로 해서 십 여 년이 넘게 페미니스트들 사이에 전개된 '성 전쟁'은 여성의 섹슈얼리티가 남성의 섹슈얼리티와 어떻게 다른지 그리고 여성의 섹슈얼리티가 어떻게 여성의 종속을 재생산하는가에 초점을 맞추게 되면서, 논의의 중심을 '섹스와 젠더의 관계'에서 '젠더와 섹슈얼리티의 관계'로 변동시키게 된다. 그런데 성적 급진주의가 등장하여 여성의 성적 수동성과 비자율성을 비판하면서 성애적 실천과 쾌락의 문제에 집중하게 되자, 그 때까지 성에 대한 페미니스트들의 고민과 탐구를 규정짓던 '젠더-섹슈얼리티'의 축은 이제 '섹스-섹슈얼리티'라는 새로운 축으로 옮겨가게 된다.

따라서 서구, 그 중에서도 특히 미국에서 전개된 페미니스트 성 정치학에 초점을 맞추고 있는 본 논문은 각각 '섹스/젠더', '젠더/섹슈얼리티', '섹스/섹슈얼리티'라는 세 가지 틀을 중심으로 해서 여성이라는 '젠더'가 갖는 사회문화적 함의가 여성의 섹슈얼리티에 대한 이해와 재현방식에 어떤 영향을 미치는지 그리고 이에 대항하여 여성의 자율적인 성적 주체성과 여성 고유의 성적 쾌락과 환상의 문제는 어떻게 이론화시킬 수 있는지를 살펴본다. 그리고 1990년대 이후에 본격적으로 등장한 한국 사회의 다양한 성 담론들의 지형 및 한계들과 관련하여 서구의 페미니스트 성 정치학이 갖는 정치적, 문화적 의미를 현재화시킬 수 있는 방식에 대한 모색해보고자 한다.

II.

섹스/젠더: 성차와 육체성의 해체와 재구성

생물학적으로 여자, 남자라는 차이를 사회문화적으로 차별화시켜 우월한 남성과 열등한 여성으로 위계화시키는 가부장제의 이념과 체계에 도전하기 위해서 페미니스트들은 본질로 주어진 섹스와 구성된 것으로서의 젠더를 대립시키면서 사고해왔다. 페미니즘 이론이 분석의 도구로서 섹스와 젠더를 구분하는 것은 사회적인 것에서 생물학적인 것을 분리해내고 이 둘이 구분되는 범주라고 주장함으로써 여남 간의 차이와 여성 억압의 문제에 관해 페미니스트 이론이 발전하고 정교해지는 기반이 되었다.

크리스틴 델피Christine Delphy에 따르자면, 젠더 개념의 등장은 세 가지의 상호 연관된 진보를 가능하게 했다. 첫째, 사회적이고 임의적인 것으로 보이는 섹스들 간의 모든 차이들이 하나의 개념 속으로 모아졌다. 둘째, 복수의 섹스들 대신에 단수의 젠더를 사용하는 것은 강조점이 두 개의 분리된 부분에서 분리의 원리 그 자체로 옮겨간 것으로서, 페미니스트들은 이런 분리가 구성되고 강화되는 방식에 초점을 맞출 수 있었다. 셋째, 젠더 개념은 위계와 권력 관계를 생각해볼 수 있게 해줌으로써 성 간의 분리를 다른 시각에서 고찰하게 되었음을 의미한다.[8]

'젠더가 무엇인가'라는 문제는 언제나 상대적이며 여남 간에 구성된 관계에 따라서 결정된다. 따라서 젠더는 실체적 존재를 의미하는 것이 아니라 맥락에 따라 변화하는 현상이자 문화역사적으로 특정한 관계들의 조합이다. 예를 들어 여성이라는 젠더의 경우, 관습적인 표상 체계 내에서 여성은 결코 이해될 수 없기 때문에 여성은 바로 차이의 관계이며 이 차이에 의해 경계선 밖으로 배제된

---

8. Christine Delphy, "Rethinking sex and gender", eds, D. Leonard & L. Adkin, *Sex in Question: French Materialist Feminism*, London: Taylor & Francis, 1996, p. 33

다. 즉 여성은 언제나 이미 남성으로 설정되는 주체의 단순한 부정이나 타자에 해당되는 '차이'에 불과한 것이다.

여성만이 배타적으로 젠더의 이름을 부여받는 것 역시 동일한 맥락을 갖는다고 할 수 있다. "젠더는 양성 사이의 정치적 대립관계의 언어적 지표이지만 남성이 젠더가 되지 않는 이유는 남성은 남성이 아니라 일반이기 때문이다"[9] 따라서 "젠더는 비판적이기보다는 순진하게도 섹스와 혼동되어 육체를 갖춘 자아의 통일 원리로서 작용하고 반대의 섹스에 대항해서 통일성을 유지하게 된다"[10] 그 결과 젠더는 "전복적인 다양성의 소재로서의 여성적인 것을 침묵시키는 남성적인 것의 단성적이고 지배적인 담론, 즉 남근이성중심주의를 효과적으로 은폐하는 이원론의 함정에 빠지게"[11] 되므로, 페미니스트들의 원래의 의도와는 달리, 여성의 종속과 타자화를 전제하는 여남 간의 불평등한 위계화를 생산하고 지속시키는 지배적인 이분법적 인식에 기여한다는 비판을 받게 된다.

테레사 드 로레티스**Teresa de Lauretis** 역시 성차에 대한 최근의 강조가 결과적으로 페미니스트적 사고를 가부장제 자체에 묶이게 함으로써 페미니즘에 장애가 되는 방향으로 나아가고 있다고

---

9. Monique Wittig, "The point of view: univeral or particular?", *Feminist Issues*, 3:2, 1983, p.64

10. Judith Butler, *Gender Troble: Feminism and the Subxersion of Identity,* NY: Routledge, 1990, p.22

11. Luce Irigaray, "Any Theory of the 'subject' has always been appropriated by the masculine", *Speculum of the Other Woman*, Ithicai Cornell Up, 1985, p.141

비판한다.[12] 남성과의 차이의 관점에서만 여성을 바라보는 것은 우선 페미니스트의 비판적 사고를 보편적인 성 대립의 개념적 틀 안에 가두게 될 뿐만 아니라 여성들 간의 차이 역시 무화시키기 때문이다. 주체는 성차로만 구성되는 것이 아니라 언어와 문화적 재현들을 통과하며 구성되므로, 통합된 것이 아니라 다중적이며 모순적이다. 따라서 드 로레티스는 젠더를 성차가 아니라 푸코Foucault의 이론을 따라 '성의 테크놀로지'로 생각하자고 제안한다. 이 때 젠더는 재현인 동시에 자기 재현으로서 다양한 사회적 테크놀로지의 생산물이자, 육체, 행위, 사회적 관계들 안에서 생산된 일련의 '효과들'이다. 결국 젠더는 재현의 생산물이며 과정, 그 양자인 것이다.[13]

그러나 다른 무엇보다도 1980년대 이후 페미니스트들에게 젠더 개념이 정치적 장애물로 작용했던 이유는 여성이라는 범주를 일관되게 통합적이고 동질적인 방식으로 묶어두게 됨으로써 '여성 간의 차이'를 질문하거나 논의할 수 없게 만드는 것이었다. 육체적 경험의 생생한 구체성이라는 면에서 여성들 간에 얼마든지 차이가 있을 수 있을 뿐만 아니라, 여성들 내부에도 성적 정향과 기호의 차이가 분명히 존재한다. 그러나 젠더 개념이 전제하는 보편주의와 전체주의는 여남 간의 비대칭적 관계를 토대로 한 배타적인 범주화를 통해서 여성을 정의하기 때문에 이처럼 여성들 내부에 존재하는

---

12. Teresa de Lauretis, *Technologies of Gender,* Bloomington: Indiana Up, 1987

13. de Lauretis, p.12-13

차이들을 부차화시키거나 아예 상상하기 어렵게 만들어왔다.

또한 섹스/젠더 이분법은 종종 사회가 섹스를 구성하는 방식, 즉 '자연적인 몸 그 자체'를 질문하지 못하게 한다. 섹스는 그릇으로, 젠더는 내용물로 파악되면서 젠더는 변화할 수 있지만 섹스라는 그릇은 자연적이기 때문에 보편적이고 불변의 것으로 여겨지기 때문이다. 따라서 일부 페미니스트들은 섹스가 젠더보다 더 자연적으로 선행하는 것이라는 관점에 반대하면서, "섹스 역시 사회적 구성물일 뿐이며 여남을 분리하는 것은 자연이든 생물학이든 어디에도 근거가 없는 사회적 권력관계의 산물"[14]에 지나지 않으므로 생물학적인 섹스 그 자체도 사회적 구성물이라고 주장하게 된다.

기존에 페미니스트들은 '해부학적 차이를 지니고 있는 육체 위에 젠더 의미가 새겨진다'는 식의 결정론을 지지했고, 프로이트Freud에게서 '해부학이 운명'이었듯이 이런 관점 속에서는 '문화가 운명'이 된다. 그러나 최근의 몸 이론들이 논증해내고 있듯이, 육체는 단순히 담론 이전의 해부학적 사실성이 아니며 그 위에 문화적 의미가 새겨지는 수동적인 매체나 도구도 아니다. 즉 육체는 이미 준비를 갖추고 의미화를 기다리는 표면이 아니라 정치적으로 의미화되고 유지되는 인간적, 사회적인 일련의 경계인 것이다.

이런 관점은 생물학적 토대로서의 섹스를 가정하고 그 위에 첨가된 이데올로기적 상부구조로서 젠더를 설명해온 페미니즘

14. Wittig, "The Cathegory of sex", *Feminis Issues*, 2:2 1982, p.65

이론들을 거부하면서 '생물학적 몸의 탈자연화'를 추구한다. 주디스 버틀러는 물론이고 줄리아 크리스테바Julia Kristeva, 줄리엣 미첼Juliet Michell, 낸시 초도로우Nancy Chodorow와 같은 정신분석학적 페미니스트들 그리고 그로츠와 같은 '육체적 페미니즘corporeal feminism'의 지지자들을 포함하여 '사회구성주의적' 입장을 취하는 페미니스트들은 사회 체계가 생물체를 조직하고 의미를 부여한다고 보면서, 실재하는 생물학적 몸과 재현의 대상으로서의 몸을 구분하고, 이데올로기의 변형을 통해 여성성과 남성성이 변화될 수 있다고 본다. 따라서 순수한 생물학적 성이란 애초에 존재할 수 없는 것이 된다.

그로츠와 버틀러는 물질화 과정으로 몸의 구성을 설명한다는 점에서는 유사하지만, 몸의 물질성의 동학에 대해서는 다른 입장을 보인다. 몸의 물질성을 권력의 효과로만 설명하는 버틀러에게 몸의 육체성은 억압적이나 생산적인 규범들의 반복에 내재된 단지 소극적인 힘일 뿐이지만, 그로츠에게 인간의 생물학적 몸은 의식, 문화, 사회성을 생산할 수 있는 적극적인 힘을 갖는다. 버틀러는 수행하는 몸이 수행성 그 자체에 의해서 생산된다고 주장하지만, 그로츠는 몸은 그러한 수행성의 총합을 훨씬 넘어 존재하며 수행들 사이에 남아있다고 본다.[15]

페미니즘 내부에 당연한 전제로 자리잡았던 섹스/젠더 이

15. 임인숙, 「엘리자베스 그로츠의 육체 페미니즘」, 『여성이론』 4호, 2001, 193쪽

분법을 가장 근본적이고 설득력있는 방식으로 해체한 사람은 바로 버틀러이다. 그녀는 섹스/젠더의 구분이 레비-스트로스Levi-Strauss의 설명처럼 자연/문화, 날 것/익힌 것, 존재/생성 등의 이분법을 반복하는 것에 불과하고, 남자는 육체라는 구체성을 희생시켜 남성성이라는 추상적인 초월성을 획득하는 반면 여성은 주체성의 상실과 자기 육체 속에 유폐되는 대가를 치룬다고 지적한다.[16]

무엇보다도 버틀러가 섹스/젠더 이분법에 공격을 가하는 이유는 젠더 개념이 갖는 정치적 함정을 피하기 위해서이다. 우선 페미니스트들은 페미니즘의 주체인 '여성'이라는 범주를 수립하기 위해서 여남 간의 사회문화적, 정치적 대립에 기반한 젠더 개념에 의존해왔는데, 젠더 개념은 기존의 권력 구조를 통한 해방을 모색할 수밖에 없도록 만들기 때문에 '여성'이라는 범주 자체가 그 권력 구조에 의해 생산되고 규제될 수 있는 가능성이 있기 때문이다. 또 하나는 기존의 젠더 개념을 자연화시켜온 토대가 바로 이성애적 모형이라는 사실이다. "강제적이고도 자연화된 이성애 제도는 여성의 항으로부터 남성의 항이 차이화되고, 그 차이화는 이성애적인 욕망의 실천을 통해서 달성되는 그런 이원적 관계로서의 젠더를 요구하고 또 젠더를 그런 관계로서 관리한다"[17]

버틀러에 따르자면 섹스는 담론화 이전의 해부학적 사실

16. Butler, p.37

17. Butler, p.22-2

성으로 남아 있는 것이 아니다. 여성의 경험 자체가 이미 가부장적 상징질서에 의해 오염된 경험이라면 그런 경험에 의해 만들어진 여성성이 투명할 수는 없으며, 현실에 존재하는 구체적인 여성과 상징질서에 의해 재현된 여성이 엄격하게 구분될 수 없다. 자연적인 섹스가 문화적인 젠더로 변형된다는 사고는 젠더가 섹스를 위한 알리바이로 작용할 수 있도록 만든다는 것이다. "만약 섹스를 가진 신체가 가정하는 문화적 의미가 젠더라면, 어떤 한 가지 방식으로 섹스에서 젠더가 비롯된다고 말할 수 없다. 이 논리를 극단으로 밀고 나가면, 섹스와 젠더의 구별은 섹스를 가진 신체와 문화적으로 구축된 젠더 사이에 근본적인 불연속성을 함축하게 된다"[18]

따라서 버틀러는 가부장제적 법 이전에 존재하는 '유토피아적 섹스'를 거론할 것이 아니라 자연적으로 주어진 것처럼 보이는 섹스가 사실은 어떻게 젠더에 의해서 '구성'되고 있는가에 주목한다. "젠더는 섹스화된 자연, 자연적인 섹스를 생산하고, 이런 자연이나 섹스를 '담론 이전의 것'이자 문화보다 앞선 것으로, 문화가 작용하는 정치적이고 중립적인 장으로 확립하는 역할을 하는 담론적, 문화적 수단"이므로, "섹스 자체가 젠더화된 범주인 것"[19]이다. 따라서 섹스를 담론 이전의 것으로 생산하는 것은 젠더라고 불리는 문화적 구축 장치의 효과이고, 그 결과 자연으로 주어진 섹스가 없다고

18. Butler, p.6

19. Butler, p.9

한다면 '없는 기원'을 모방하는 젠더 개념 역시 성립할 수 없게 된다. 버틀러가 이처럼 섹스/젠더의 이분법을 이론적으로 해체할 수 있었던 것은 첫째, 젠더를 구축시키는 토대라고 할 수 있는 '해부학적 차이를 갖고 있는 육체로서의 섹스'라는 개념 속의 육체 개념에 대한 비판과, 둘째, 근본적으로 젠더 개념이 갖는 '관계적' 속성에 대한 그녀의 설명을 통해 가능해진다.

하지만 페미니즘의 두 번째 물결 당시에 대부분의 페미니스트들은 섹스/젠더 이분법은 물론이고 여성/남성이라는 젠더 이분법에서 자유롭지 못했고, 더구나 젠더가 섹슈얼리티를 결정한다고 봄으로써 여성의 성을 본질화시키는 동시에 취약하고 위험한 것으로만 바라보는 경향을 보이게 된다. 이런 사고 속에서 젠더와 섹슈얼리티는 구분할 수 없는 것이라면, 남성과 여성이라는 두 개의 젠더는 각각 지배와 복종의 성애화 바깥에 존재할 수 없는 것이 된다. "섹슈얼리티는 권력의 한 형태이자 젠더 불평등의 요체"[20]이고, "남성의 성적 지배는 이데올로기와 형이상학을 갖춘 물질적 체계이다. 여성들의 몸에 대한 성적 식민화는 물질적 현상이다. 즉 남성들은 여성들의 몸에 대한 성적, 재생산적 사용을 통제"[21]하기 때문이라는 것이다. '젠더의 섹슈얼리티화'이자 '섹슈얼리티의 젠더화'라고 할 수

20. Cathrine MacKinnon, "Feminism, marism, method and the state: an agenda for theory", *Signs*, 7:3, 1982, p.533

21. Andrea Dworkin, *Prnography; Men Possessing Women,* London: Women's Press, 1981, p.48

있는 이런 관점은 1980년대 이후 페미니스트들 사이에게 격렬하게 진행된 '포르노 논쟁'에서, 특히 반포르노 페미니스트들의 주장 속에서 가장 분명하게 가시화된다.

III.

젠더/섹슈얼리티:
페미니스트 포르노 논쟁

섹슈얼리티는 젠더 간의 관계를 규정하는 중심축이자 여성에 대한 억압의 많은 부분을 매개하고 구성해왔다. 성적 체계의 발전 역시 젠더 관계라는 맥락(남성=욕정, 여성=순결성)에서 이루어지면서 여성을 배제해왔고, 젠더는 성적 체계의 작동에 영향을 미친다. 또한 젠더와 섹슈얼리티 양자 모두 권력의 체계 속에서 구성되고 여성의 입장에서 '억압의 벡터'[22] 역할을 한다는 점에서는 동일하다. 따라서 양자는 연관되기는 하지만 동일한 것은 아니고 사회적

---

22. Gayle Rubin, "Thinking Sex: notes for a radical theory of the politics of sexuality", C. Vance, ed, *Pleasure and Danger,* 1984, p. 293

실천의 서로 다른 두 가지 영역의 토대를 이루고 있기[23] 때문에, 어느 하나로 환원하거나 어느 하나를 부차적 범주로 보아서는 안 된다.

그럼에도 불구하고 1980년대 이전까지 섹슈얼리티를 둘러싼 페미니스트들의 논의는 '여성의 성이 어떻게 젠더와 섹슈얼리티라는 정치적 과정 속에서 구성되는가'라는 시각을 결여한 채로, 섹슈얼리티를 젠더의 하부 구성물로 간주하거나 젠더와 섹슈얼리티를 문화적으로 융합시킴으로써 섹슈얼리티 이론을 직접적으로 젠더 이론에서 끌어오고자 했다. "장기적인 안목에서 젠더 위계화에 대한 페미니즘의 비판은 급진적 성이론으로 통합되어야 하고 성억압에 대한 비판은 페미니즘을 풍부화시켜야 함"[24]에도 불구하고, 페미니스트들은 여성 섹슈얼리티를 '젠더의 권력 작용'과 '이성애중심주의'의 관점에서만 파악함으로써 여성은 섹슈얼리티의 피해자나 희생자의 위치를 벗어나지 못하게 된다.

여성의 섹슈얼리티가 철저하게 젠더화된 형태로 존재하고 작동한다는 사실에 대한 인식과 비판은 포르노그래피를 둘러싼 페미니스트들의 논쟁 속에서 가장 두드러지게 수행되었다. 이 논쟁 속에서 섹스에 대한 페미니즘적 사고는 양극화된 모습들을 띠어 왔다. 한쪽은 성 해방이 단순히 남성의 특권을 확장시킨 것에 불과하다고

23. Rubin, p.308

24. Rubin, p.309

보는 반 섹스적anti-sex 담론으로서, 그 주체들은 포르노, 성매매, 동성애, 성교육, 낙태나 피임 등에 대한 반대 캠페인을 주도했다. 다른 한쪽은 여성의 성행위에 대한 제약과 성적으로 능동적인 여성에게 강요되는 대가를 비판하고 성 해방을 주장하면서, 성교육, 성 노동자와 동성애자의 조직화운동 등을 전개했다.[25] 한쪽은 반포르노anti-pornography 페미니스트로, 다른 한쪽은 반반포르노anti-anti pornography 또는 반검열anti-censorship 페미니스트로 불리웠던 두 입장은 '도덕적 교조주의'와 '자유주의적 다원주의'로 나뉘어진다.[26]

1960년대와 70년대 초에 걸쳐 진행된 성해방은 포르노 장르의 대중적 등장을 초래했는데, 미국 전역에 포르노 전용 상영관이 생겨나고 포르노 잡지들이 앞다투어 발행된다. 또한 1977년에 성교육, 동성애, 포르노, 낙태, 혼전관계 등에 반대하는 우파의 성적 보수주의가 정치적 승리를 거두게 되고, 1979년에는 페미니즘, 동성애, 비전통적 가족, 십대의 성적 사생활을 광범위하게 공격하는 '가족보호법'이 통과된다. 이런 정치적 배경 속에서 대부분의 페미니스트들은 격렬한 반포르노 캠페인으로 결집된다.

"포르노는 이론, 강간은 실천"(Morgan), "포르노는 성적인 것에 대한 것이 아니라 여성에게 가해지는 폭력에 대한 것"(Dworkin), "포르노는 지배와 종속을 성애화하는 것으로서, 남성우월적인 섹슈

25. Rubin, p.301

26. 자나 소위키, 「정체성 정치와 성적 자유」, 『미셸푸코; 섹슈얼리티의 정치와 페미니즘』, 미셸 푸코 외 지음, 황정미 편역, 새물결, 1995, 152쪽

얼리티를 제도화”(MacKinnon)한다는 반포르노 페미니스트들의 대표적인 슬로건에서 알 수 있듯이, 반포르노 페미니스트들은 체계적이고 편재적이며 초역사적으로 실행되는 가부장제의 여성에 대한 억압과 혐오증이 포르노에서도 예외 없이 관철된다고 전제한다. 그들에 따르자면 성이란 것이 이미 불평등한 젠더 체계가 각인된 일련의 실천들이기 때문에 성애적인 것 역시 불평등하게 구조화될 수 밖에 없다. 따라서 쾌락 역시 불평등하고 폭력적인 권력 관계 자체를 성애화하는 데에서 나오는 것이 되고, 이것은 또한 반대로 여남 간의 권력 관계를 더 공고화하고 지속시키는 데에 기여하게 된다는 것이다. 이런 입장은 여남의 섹슈얼리티에 대한 본질론적이고 생물학적인 시각에 입각하고 있을 뿐만 아니라 섹스, 섹슈얼리티, 성차를 젠더의 범주로 환원시킨다는 비판을 받게 된다.

또한 ‘여성 신체의 상품화’라는 성매매 패러다임과 ‘성적 위협’이라는 강간 패러다임, 두 층위에 걸쳐서 전개되는 그들의 입장은 “성은 추하고 부끄럽고 반여성적인 것이기 때문에 억압되고 규제되어야 한다”는 보수적인 도덕적 가정들에 기반함으로써, 기독교나 정치적 우파와 같은 전통적으로 반페미니즘적인 보수적인 세력들과의 연합이나 논리적 동일성에 빠져든다. 여기에서 여성은 주체가 아니라 대리인이나 희생자로 설정되고 성에 대한 감정은 ‘공포’에 의해서 지배되는데, 이것은 1980년대의 신우익이 낳은 ‘도덕적 공황’을 그 근원으로 하고 있다.

그러나 무엇보다도 반포르노 입장이 내포하는 가장 심각한 문제점은 포르노에 대한 검열과 금지를 끌어내고자 했던 그들의 노력이 포르노 자체보다는 오히려 페미니스트나 동성애 예술가, 실험적 예술가 등을 포함하여 성적, 정치적으로 급진적인 예술가들의 창작과 표현의 자유를 억압하고 후퇴시키는 결과를 낳게 된다는 점이다. 포르노 논쟁에서 중요했던 또 하나의 지점은 문화적 재현과 여성의 삶이 맺는 관계에 대한 것이었는데, 반포르노 페미니스트들이 허구적 차원의 재현과 이것을 수용하는 관객의 심리를 지극히 무매개적으로 사고함으로써 포르노에 재현된 폭력을 실제적 폭력과 등치시킨 결과이다.

여성 섹슈얼리티를 상호적이고 전체적이며 부드럽고 관능적인 것으로 정의했던 그들은 포르노와 에로티카Erotica를 구분하면서, 후자를 남성중심적인 포르노에 대한 여성들의 대안으로 제시한다. 에로티카는 부드러움, 전체성, 감상성, 관능성과 같은 전통적으로 '여성적인' 특질들을 강조하면서 '낭만적 사랑'을 재현의 약호로 한다. "포르노가 권력과 무기로서의 섹스에 관한 것이라면, 에로티카는 섹슈얼리티에 관한 것"(Steinum)이라든지, "포르노는 빠른 시간 안에 도달하는 사정을 목표로 하고 만족을 강조한다면, 에로티카는 전희를 목표로 하고 욕망을 강조한다"(Williams)는 식의 에로티카에 대한 정의에서 이를 읽어볼 수 있다. 그러나 단지 재현의 내용을 '나쁜 섹스'에서 '좋은 섹스'로 바꾼다고 해서 포르노의 젠더 정치학이 달라지는 것은 아니며, 오히려 중요한 것은 시각적 재현을 조직화하는 보기와 응시의 구조 자체를 개혁하는 일이다. 그런 점에서 에로티카 모델은 '여성적 섹슈얼리티는 원래 다른 것'이라는 본질론에서 자유롭지 못할 뿐만 아니라 성적 기호의 차이들을 배제하는 '성애적 쇼비니즘'에 불과하다는 비판을 받게 된다.

이들과는 달리 반반포르노 또는 반검열 페미니스트들의 입장에서 중심을 차지하는 것은 섹슈얼리티, 성적 실천, 성 정치학이라는 틀 내에서의 '성적 자유'의 문제였고, 이들은 모든 위계화된 성적 체계에 반대하면서 성적 쾌락과 성애적 공정성을 옹호하는 '찬섹스pro-sex' 입장을 표방한다. 이들의 핵심적인 주장은 두 가지로 요약될 수 있다.

우선 섹슈얼리티와 젠더의 구분이다. 성적 환상과 욕망의 경제는 젠더 구분과 고정된 관계를 맺고 있는 것이 아니므로 섹스, 섹슈얼리티, 성차는 단순하게 젠더 범주 위에 그려질 수 없고 다양한 성적 기호와 하위문화의 가변성이 인정되어야 한다. 따라서 섹스를 섹슈얼리티와 성 정체성이라는 두 가지 차원 모두에서 이해해야만 포르노를 성차별주의가 아니라 '환상과 욕망의 구현체'로 볼 수 있게 된다는 것이다.[27]

둘째, 다원주의라는 전통적인 자유주의적 가치와, 최근에 영향력이 커져가는 '해방적liberatory' 상상력과 '방탕아적libertinist' 상상력을 구분한다. 자유주의자들이 '부정의 자유'를 주장하는 것과는 달리, 서로 다른 쾌락과 실천들을 지지하고 생산하고자 하는 해방적 상상력은 '긍정의 자유', 즉 개인이 자유와 평등을 추구할 권리에 대한 인정을 주장한다. 이것은 자유주의적 실용주의를 넘어선 급

27. Lesley Stern, "The body as exidence", *Sexual Subject: A [Screen] Reader* in sexuality, London: Routledge, 1992, pp. 199-200

진적 민주주의로서, 차이의 표현, 개인 및 집단의 차별화된 욕구와 이해를 인정한다. 복합적인 쾌락을 향해 열린 문화적 영역들을 증진시키고자 하는 방탕아적인 상상력은 사회적 한계를 위반하고 시험하는 것으로 사회적 금기에 대한 모더니즘적 위반을 통해서 일상의 자본주의적 인성 구조를 부정하고자 한다. 사드Sade의 유산을 따르는 쥬네Genet, 바르뜨Barthes, 바따이유Bataille, 크리스테바, 시수Cixous가 그 계보를 이루는 사람들로서, 이들은 제한되고 세속적인 리비도 경제pleasure 대신에 고급스러운 위반 경험jouissance을 추구한다.[28]

결국 반반포르노 페미니스트들은 반포르노주의자들이 보여주는 섹슈얼리티에 대한 본질론적이고 환원론적인 시각, 도덕주의, 우익의 논리와 동일한 검열 주장 등을 거부하면서, 여성의 섹슈얼리티를 위험이 아니라 쾌락으로 바라보는 '쾌락의 정치학'을 지향한다. 즉 포르노에서는 현실과는 달리 여성의 성적 쾌락과 만족이 관건이 되고, 이것은 포르노를 불안정한 재현 형식으로 만들어낸다는 것이다. 이러한 시각은 포르노의 텍스트적 특질들과 그 의미작용에 대한 고찰을 통해서 재현의 복합적인 구성과 포르노의 소비 속에서 작용하는 환상들 간의 상호작용을 논의할 수 있는 이론적 전제들을 마련함으로써, 기존의 남성중심적인 포르노와는 다른 페미니즘적이고 대안적인 포르노를 생산하려는 노력과, 포르노를 즐기는 여성들이나 성 노동자들의 경우를 적극적으로 설명하려는 노력으로

---

28. Andrew Ross, "The popularity of pornography", S. During, ed, *The Cultural Studies Reader*, London: Routledge, 1993, p.231

이어진다.

이러한 포르노 논쟁을 거치면서 페미니즘적 성 정치학을 포박하고 있던 '젠더화된 섹슈얼리티' 개념은 여성들의 좀 더 적극적이고 다양한 성애적 실천과 이를 통한 권력부여의 가능성을 이론화시킬 수 없다는 사실이 드러나게 되면서, 여성 고유의 섹슈얼리티와 성적 자율성을 새로운 시각에서 재고하고 정의내리고자 하는 시도가 일어나게 된다. 페미니즘 진영 내에서 등장한 성적 급진주의자들이 주도했던 이러한 시도들은 한편으로는 여성 섹슈얼리티 내에 존재하는 다양한 차이들에 대한 인정과 설명으로, 다른 한편으로는 여성의 좀 더 적극적이고 대안적인 성적 쾌락과 환상에 대한 정치적 주장으로 이어지게 된다.

IV.

섹스/섹슈얼리티:
성적 급진주의의 등장과 성적 주체로서의 여성

전반적으로 성적으로 급진적인 입장의 페미니스트들은 '이성애적 구축에서 자유로운 섹슈얼리티'라는 유토피아적 관념에 대한 상상력을 키워가게 되는데, 이제 여성의 섹슈얼리티와 육체는 권력관계의 장소이자 표현으로 사고되면서 여성, 육체, 섹슈얼리티의 문화적 관계에 대한 기존의 전통적 이해와 분석은 해체되고 재구성된다.

그 첫 번째 단계는 기존의 남근적 섹슈얼리티와는 근본적으로 다른 것으로서 여성 고유의 섹슈얼리티를 발견하고 이론화하고자 하는 시도였다. 여기에는 여성 고유의 해부학적 구조로부터 여성 섹슈얼리티의 특수성을 끌어내고자 했던 루스 이리가라이[29]에서부터, 라캉Lacan을 끌어들여 프로이트의 섹슈얼리티 이론에 내재해있는 남근중심성과 본질론을 극복하면서 여성 섹슈얼리티에 접근하고자 했던 재클린 로즈Jacqueline Rose와 미첼같은 정신분석학

29. 루스 이리가라이, 『하나이지 않은 성』, 이은민 옮김, 2000, 동문선.

적 페미니스트[30] 그리고 순수하게 전략적인 이유에서 생물학적 담론을 통해 여성 섹슈얼리티를 표현하고자 했던 다이애나 퍼스 Diana Fuss[31] 등에 이르기까지 다양한 입지점과 방법론을 통해서 여성 섹슈얼리티에 대해 말을 걸고 문제제기하고 그 개념화를 교정하고자 했던 시도들이 포함된다.

두 번째 단계는 위와는 약간 다른 방향에서, 여태까지 여성 섹슈얼리티에 대한 논의에서 반복되어온 과도한 일반화를 피하는 한편 여성을 성적 주체이자 성적 역사의 작인agency으로 위치짓기 위해서 기존의 젠더 개념에 대한 이중적, 가부장제적, 이성애적 기준을 비판하는 동시에 젠더 개념에서부터 섹슈얼리티를 분리시키는 작업이었다. 이를 위해서는 우선 탈본질화되고 복합적이며 다층화된 여성 이해가 요구된다. "여성 주체성의 사회적, 상징적 재구성의 일부로서 페미니즘적 주체위치를 맡은 현실의 여성들은 그 자체로 다중적이고 분열되어 있고 파편화되어 있으며 교차하는 경험의 수준들을 가로질러 구성되어 있기"[32] 때문에, 여성들은 크리스테바의 말처럼이나 '더 장구하고 선적인 역사의 시간과 더 깊고 불연속적

30. Juliet Mitchell and Jacqueline Rose, eds., *Feminine Sexuality: Jacques Lacan and the ecole freudienne,*London: Macmillan, 1982

31. Diana J. Fuss, *Essentially Speaking,*NY: Routledge, 1989

32. 로지 브라이도티, 「로지 브라이도티와 쥬디스 버틀러의 대담」, 오수원 역, 『여/성이론』 창간호, 1998, 280쪽

인 시간 인식과 관련된 복합적인 실체'[33]로서 파악될 필요가 있는 것이다.

1982년 4월에 뉴욕의 바나드Barnard 대학에서 여성 학자들과 페미니스트들이 "섹슈얼리티 정치학을 향하여 Towards a Politics of Sexuality"라는 주제로 개최했던 학술대회는 여성의 입장에서 좀 더 급진적인 방식으로 섹슈얼리티를 논의하는 동시에 여성들 내의 성적 차이를 가시화시키는 역사적인 계기를 마련한다. 9개월 여의 준비과정을 거치고 800명이 넘은 여성이 참여했던 이 대회의 참가자들은 여성들의 삶 속에 항상 존재해왔던 성적 위험과 성적 쾌락 간의 긴장에 차고 복잡한 관계를 탐구하는 동시에 '위험'에 대한 비판도 늦추지 않으면서 '쾌락'에 대하여 강력하게 발언한다. 그 과정에서 그들은 역사적, 문화적 구성물로서의 성, 욕망하는 성적 주체로서의 여성 그리고 여성들 간의 성애적 다양성 등을 페미니즘의 성 논의 속으로 끌어들이면서, '젠더 중심'의 성 논의를 '섹스와 섹슈얼리티 중심'의 성 논의로 힘차게 전환시켜낸다.

그들에 따르자면 성적 욕망이나 성 정체성은 주체의 맥락적 위치에 따라 구성되는 일련의 과정이므로, 여성/남성, 이성애/동성애, 게이/레즈비언과 같은 성적 범주의 경계는 유동적일 수 밖에 없다. 따라서 그들은 성적 억압의 문제를 여성/남성 구도로 풀기보다는 성적 위계화 자체에서 비롯되는 것으로 바라보면서, 성적으

---

33. Julia Kristeva, "Women's time", Toril Moi, ed., *The Kristeva Reader*, NY: Columbia UP, 1986

로 주변화된 집단이 받는 억압을 정치적으로 이슈화화는 데에 초점을 맞춘다. 예를 들어 러빈은 성적 체계는 성 행위의 정의, 평가, 배열, 특권, 대가를 둘러싸고 지속적인 투쟁이 벌어지는 장이기 때문에 대부분의 사회에서 이성애, 결혼, 생식과 같은 특권적 섹슈얼리티는 보호와 보상을 받아온 반면 '더 낮은 성적 질서들'은 오명과 비가시성으로 고통당해왔음을 지적한다.[34] 이런 섹슈얼리티 위계화는 오늘날까지도 반복되면서 모든 사람들을 '성적 자민족중심주의자sexual ethnocentrist'로 만들기 때문에,[35] "지금 필요한 것은 성애적 부당함이라는 개념을 더 구성주의적인 틀 속에서 재정식화하고 성적 배열을 급진적으로 비판하는 일"[36]이라는 것이다.

따라서 이제 섹슈얼리티에 대한 페미니즘적 연구는 특수성과 일반화 간의 변증법을 받아들여 여성이 쾌락을 얻는 방식들 속의 차이들을 중시함으로써 '성적 위계화'를 극복해야 한다면, 개별 여성들의 삶 속에서 섹슈얼리티와 관련된 경험들은 침묵을 벗어나서 이름을 부여받아야 한다. 여성들은 무지와 불안을 넘어서서 발견의 쾌락, 복합성의 향유 그리고 서로가 줄 수 있는 즐거움으로 나아가야 하고, 이런 과정은 급진적이고 혁명적인 것이며 여성들의 삶을 실질적으로 변화시킬 것이라는 믿음이 팽배해지게 된다.

34. Rubin, p.294

35. Vance, pp.19-20

36. Rubin, pp.277-8

이를 위해서 전제되어야 할 것이 바로 '여성의 성적 주체성'을 수립하는 것이었는데, 성적 주체란 욕망하는 인간을 의미하고 여기에서 중요한 것은 개인이 스스로를 성의 주체로 인식하고 실천하는 양식에 대한 문제이다. 따라서 성적 급진주의자들은 점차 여성에게 실질적인 쾌락을 가능하게 하는 구체적인 경험이자 대안적인 실천으로서 섹스라는 이슈에 집중하면서, '찬 섹스'의 입장과 성애적 평등과 다양성에 대한 논의로 넘어가게 된다. 이제 페미니스트나 레즈비언들은 '섹스는 죄가 없음이 입증될 때까지 유죄'라고 생각하는 대신에 '섹스는 나쁘다는 것이 입증되기 전까지는 근본적으로 좋은 것'이라고 가정[37]하게 되고, 성적인 쾌락 역시 파괴적이고 인간을 쇠약하고 타락하게 만드는 것이 아니라 삶의 긍정과 권력 부여, 바람직한 인간 관계를 가능하게 하는 것으로서 이해하게 된다.

페미니즘 내에서 이루어진 섹스에 대한 이런 강조는 1960년대 말과 1970년대 초에 서구 사회를 휩쓴 '성 해방'에 대한 비판과 거리두기에서부터 출발한다. 페미니즘의 두 번째 물결은 1960년대 이후 전개된 성 해방과 학생 혁명의 영향을 받았고 그 일부분으로서 성장해갔다. 하지만 성 해방은 남성이 주도한 것이었고 성차별주의적인 방식으로 전개되었었기 때문에 여성에게 결코 도움이 되지 않았다는 진단이 페미니스트들 사이에 공유되었기 때문이다.

성 해방은 우선적으로 청년들의 반란이었고, 특히 남성성

---

37. Deirde English, et. al,"Talking sex: a conversation on sexuality and feminism", Feminist Review, ed, *Sexuality: A Reader*, 1987, p.63

과 난교에 대한 허용이자 남성 섹슈얼리티에 대한 경배라고 할 수 있다.[38] 물론 성 해방의 물결 속에서 여성들은 좀 더 고양된 성적 기대감과 다양한 종류의 성적 경험을 통해서 남성과 나누던 사랑의 방식들을 바꾸어나갈 수 있었다. 그러나 성 해방은 섹스와 재생산의 분리를 추구했음에도 불구하고 여성의 원치 않는 임신을 방지할 수 있는 대안에 대한 고민이 부재했고 여성에 대한 성적 책임으로부터 남성들을 면제시켜주기에 바빴다. 무엇보다도 성 해방이 갖는 성차별주의적인 면모는 원래 부추겨지고 관용되던 남성의 성적 자유를 한 단계 더 나아가 무제한으로 추구하는 과정에서 단지 여성은 그에 필요한 파트너로서 동원되었기 때문에, 그 해방과 실험의 과정에서 여성의 성적 주체성이 개입하거나 인정받을 수 있는 여지가 결코 없었다는 점이다.

따라서 성적 급진주의자 여성들은 섹스와 쾌락을 성차별주의와 분리시키기는 한편, 여성의 성적 욕망과 욕구를 적절하게 표현해줄 수 있는 언어를 풍부화시키고자 노력한다. 성적인 행위만큼 학습과 같은 사회적 과정에 의해 전수되는 것도 없다. 그 안에는 다양한 정의, 의미, 학습된 행동이나 환상과 같은 것들이 존재할 뿐만 아니라, 이것들에 의해 성적인 것이 매개되기 때문이다.[39] 그 결과

---

38. Beatrix Campbell, "A feminist sexual politics: now you see it, now you don't", Feminist Review, ed, *Sexuality: A Reader*, London: Virago Press, 1987, p.21

39. Robert A. Padgug, "Sexual matters: on conceptualizing sexuality in history", K. Peiss and C. Simmons, eds., *Passion and Power: Sexuality in History*, Philadelphia: Temple Up, 1989, p.20

이제 섹스는 단지 소수의 편협하고 특권적인 집단이 관심을 갖는 영역이 아니라 다양한 집단들 간의 투쟁의 장이고, 페미니즘은 여성들이 받는 성적 억압과 희생화에 저항하면서 성적인 무지와 권리 박탈 그리고 차이에 대한 두려움과 맞서 싸워야 하는 것으로 인식된다.

그만큼 성적 급진주의의 논의는 섹스에 대한 탈신비화에서 시작된다고 할 수 있다. 기존에 우리가 섹스라는 개념을 통해서 육체적, 직접적 지각이라고 믿어 왔던 것들, '해부학의 운명' 또는 '신의 섭리'라고 명명되며 정밀하게 구축되어온 신화들이 역시 하나의 이데올로기에 불과하다는 사실이 지적되면서, 이제 "섹스란 제도화된 이성애에 의해서 붙여진 표시이며, 이 표시는 그 제도에 효과적으로 대항하는 실천을 통해서 지워지거나 불투명해질 수 있는 것"[40]이 된다. 즉 섹스라는 언어적인 허구는 이성애적인 욕망의 축을 따라서 정체성의 생산을 규제하고자 하는 강제적인 이성애 체계에 의해 만들어지고 유포된 범주라는 것이다.

또한 여성의 성적 기관과 쾌락 및 실천을 표상하는 적절한 성애적 언어는 부재하기 때문에 오르가즘, 육체적 만남, 성적 교환에 대한 모든 용어들은 남성의 시각에서 전달되고 변화된다. 문화와 가치 체계, 지식의 형식과 재현의 체계는 여성 섹슈얼리티를 남성 섹슈얼리티와의 관계에서 대상적인 것, 외적인 것, 이질적인 것으로 이름붙이거나, 통제가 불가능한 과잉 또는 재현할 수 없는 것으로서

---

40. Wittig, "One is not born a woman", *Feminist Issues*, 1:2, 1981, p.48

회피하거나 얼버무려버린다.

여성 섹슈얼리티를 이처럼 원래 미스테리한 것이나 해독 불가능한 수수께끼가 아니라 이해가능한 것으로 설명해낼 수 있는 다른 지식과 담론이 필요한데, 새로운 성적 욕구와 욕망의 언어가 가능하기 위해서는 사회적, 도덕적 다원주의가 증대되면서 성적 다원성과 자유로운 선택의 미덕을 감싸 안아야 한다. 따라서 성적 급진주의자들은 다양한 성적 기호와 정향을 지닌 개인들의 자유와 자율성을 인정하면서, 여성과 남성 모두를 아우르는 '정치적으로 지지받는 성적 실천'을 상상하고 이론화하는 성 정치학을 추구하고자 한다. 그럴 때에만 여성들이 기존의 정교하고 수많은 성적 억압의 방식들과 싸워나가면서 '성애적 창조성'을 통해서 자유롭고 모험적인 태도로 성적 관계와 실천 속으로 나아갈 수 있다고 믿었기 때문이다.

그러나 이런 시도들은 한편으로는 이전의 고정되고 이분법적인 젠더라는 틀로 성을 연구하던 한계들을 극복하고 여성 억압과 성적 억압을 중층적으로 다룰 수 있게 해주기는 하지만, 다른 한편으로는 남성 중심 사회에서 여성이라는 변수를 강조하지 않고 젠더중립적으로 나아갈 경우 결국 남성들만의 이해를 관철시킬 수도 있다는 점에서 페미니스트들의 우려를 사기도 한다.[41] 젠더에 대한 고려가 빠져 있는 성적 해방은 남성적인 욕망과 권력 그리고 자본의

41. 조영미, 「한국 페미니즘 성 연구의 현황과 전망」, 한국성폭력상담소 엮음, 『섹슈얼리티 강의』, 동녘, 1999, 25쪽

유착을 경계하지 못함으로써 남성적인 욕망과 환상의 표현에 머무르기 쉽기 때문이다. 또한 그들이 주장하는 성의 자유화와 민주화는 어느 정도 성에 대한 본질주의적 사고방식과 중산층 계급에 기반한 이성애 중심주의의 로맨티시즘을 바탕에 깔고 있다는 비판에서 자유롭지 못한 것도 사실이다.[42]

42. 김은실, 「지구화 시대 한국 사회 성문화와 성 연구방법」, 『섹슈얼리티 강의, 두 번째』, 변혜정 엮음, 동녘, 2006, 21쪽

V.

나가면서

우리 사회의 경우에 성이 진지한 연구의 대상과 급진적 정치학의 영역으로 사고되기 시작한 것은 비교적 최근의 일일 뿐이다. 그 이전까지 성 담론들은 한편으로는 성 자체에 대한 말초적인 호기심에 의해서, 다른 한편으로는 성적, 도덕적 위기에 대한 과장된 진단들에 의해서 이루어져왔을 뿐이다. 또한 성을 둘러싼 담론들은 여전히 남성의 시각과 언어에 의해 주도되는 반면, 대부분의 페미니스트들은 성의 문제에 대해 침묵하거나 소극적으로 대응했고 주로 여성의 '희생자적 위치'만을 강조하는 전략으로 일관하는 태도를 보여왔다. "성 담론에 관한 한 한국의 페미니스트들은 성을 다룰 수 없는, 보수적이거나 무성적인 존재로 간주"[43]될 정도였다. 그러나 성에 대한 금기와 위선 그리고 엄숙주의적 경건함이 지배하는 한국 사회에서 여성들이 성에 대해 관심을 갖고 공개적으로 토론하기 시작한 지가 십여 년이 조금 넘었고, 더구나 섹슈얼리티라는 문제가 여

43. 김은실, 『여성의 몸, 몸의 문화정치학』, 또 하나의 문화, 2001, 45쪽

성은 물론이고 남성 또한 억압과 통제의 대상으로 삼고 있을 뿐만 아니라 남성 역시 섹슈얼리티에 대한 지배적인 담론의 희생자일 수 있다는 인식은 극히 최근에야 제출되기 시작했다는 점에서, 그런 한계들이 어느 정도는 불가피했다고 볼 수 있다.

어떻든 여성 억압과 섹슈얼리티 문제 간에 존재하는 강한 연관성은 페미니스트들로 하여금 '성 정치학'을 당대적 관점에서 항상 새롭게 접근하고 치열하게 고민할 수 밖에 없도록 만들었다. 더구나 기존에 성 담론의 중심을 이루었던 성에 대한 성기중심적인 이해는 남성의 입장에 기반한 것으로서 여성의 성을 이해하는 데에 한계가 있었다면, 성에 대한 본질론적 시각은 여성과 남성의 성적 차이를 불변하고 또 위계화된 것으로 바라본다는 점에서 여성의 성적 경험의 특수성이나 고유성을 전혀 설명할 수 없었다. 따라서 페미니스트들에게는 감정과 행위 등을 포함하여 인간 간의 관계성이라는 문제 그리고 성적 쾌락이나 환상 등을 포함하여 성을 좀 더 폭넓고 맥락적으로 이해하고, 여성의 정체성과 육체는 물론이고 일상적이고 구체적인 경험에 이르기까지 섹슈얼리티가 갖는 정치적 의미를 지속적으로 밝혀내야 하는 과제를 안게 되었다.

그런 점에서 섹스/젠더/섹슈얼리티는 세 가지 핵심적인 개념들과 그 관계성을 축으로 해서 20여년 가까이 여성들 간에 치열하게 전개된 서구의 페미니스트 성 정치학과 그 논쟁의 역사는 우리에게 여러 가지 면에서 참조와 성찰의 계기를 제공한다. 그 과정에서 섹슈얼리티가 갖는 정치적, 역사적 의미가 재발견되었고 여성이라는 젠더가 섹슈얼리티와 맺는 관계가 심도있게 논의되었으며 여성의 성적 주체성과 쾌락의 가능성이 탐구되었기 때문이다.

하지만 성 자체가 불가불 역사적, 문화적 맥락 속에 놓여 있는 것이고 또한 젠더 정치학과 성 정치학의 관계가 중층적이고 가변적인 것인 만큼 성에 대한 서구의 경험과 이론은 우리의 그것과 많은 격차를 안고 있다. 더구나 식민지 및 파시즘의 경험, 수구적 민족주의, 유교적 가부장제와 같은 역사적 특수성과 모순을 지닌 한국 사회에서 여성 운동 자체가 엄청나게 복잡한 전략을 필요로 한다면,[44] 여성의 성 정치학에 있어서 그 전략의 복잡성은 더 배가될 수 밖에 없을 것이다. 따라서 서구의 페미니스트 성 정치학을 전유, 현재화해야하는 우리의 과제는 비판적인 거리두기에 기반한 비교 연구와 창조적인 재구성을 통한 매개 작용을 요구하는 것이라고 할 수 있다.

---

44. 김은실, 2006, 30쪽

김은실, 『여성의 몸, 몸의 문화정치학』, 또하나의 문화, 2001

김은실, 「지구화 시대 한국 사회 성문화와 성 연구 방법」, 변혜정 엮음, 『섹슈얼리티 강의, 두 번째』, 동녘, 2006

딘 맥카넬 & 줄리엣 플라워 맥카넬, 「폭력, 권력, 쾌락: 피해자의 관점에서 다시 읽은 푸코」, C. 라마자노글루 외, 『푸코와 페미니즘』, 최영 외 옮김, 동문선, 1997

로지 브라이도티, 「로지 브라이도티와 쥬디스 버틀러의 대담」, 오수원 역, 『여/성이론』 창간호, 1998

루스 이리가라이, 『하나이지 않은 성』, 이은민 옮김, 동문선, 2000

미셸 푸코, 『성의 역사 I: 앎의 의지』, 이규현 역, 나남, 1990

임인숙, 「엘리자베스 그로츠의 육체 페미니즘」, 『여/성이론』 4호, 2001

제프리 윅스, 「섹슈얼리티: 성의 정치」, 서동진, 채규형 번역, 현실문화연구, 1994

자나 소위키, 「정체성 정치와 성적 자유」, 미셸 푸코 외, 『미셸 푸코: 섹슈얼리티의 정치와 페미니즘』, 황정미 편역, 새물결, 1995

제인 프리드먼, 『페미니즘』, 이박혜경 옮김, 서울: 이후, 2002

조영미·「한국 페미니즘 성 연구의 현황과 전망」, 한국성폭력상담소 엮음, 『섹슈얼리티 강의』, 동녘, 1999

Butler, Judith, *Gender Troble: Feminism and the Subversion of Identity*, NY: Routledge, 1990

Campbell, Beatrix, "A feminist sexual politics: now you see it, now you don't", *Sexuality A Reader*, Feminist Review, ed., London: Virago Press, 1987

De Lauretis, Teresa *Technologies of Gender*, Blooningtom: Indiana UP, 1987

Delphy, Christine, "Rethinking sex and gender", D. Leonard & L. Adkins, eds., *Sex in Question: French Materialist Feminism*, London: Taylor & Francis, 1996

D'Emilio, John, *Sexual Politics, Sexual Communities: The Making of the Homosexual Minority in the United States, 1940-1970*, Chicago: University of Chicago Press, 1983

Dworkin, Andrea, *Pornography: Men Possessing Women*, London: Women's Press, 1981

English, Deirdre, Amber Hollibaugh and Gayle Rubin, "Talking sex: a conversation on sexulaity and feminism", ed., Feminist Review, *Sexuality: A Reader*, London: Virago Press, 1987

Fuss, Diana J., *Essentially Speaking*, NY: Routledge, 1989

Grosz, Elizabeth, *Space, Time and Perversion: Essays on the Politics of Bodies*, NY: Routledge, 1995

Irigaray, Luce, "Any theory of the 'subject' has always been appropriated by the masculine", *Speculum of the Other Woman*, Ithca: Cornell UP, 1985

Kristeva, Julia, "Women's time", Toril Moi, ed., *The Kristeva Reader*, NY:

Columbia UP, 1986

Lorde, Audre, *Uses of the Erotic: The Erotic as Power*, NY: Out & Out Books, 1979

MacKinnon, Catherine, "Feminism, marxism, method and the state: an agenda for theory", *Signs*, 7:3, 1982

Mitchell, Juliet and Jacqueline Rose, eds., *Feminine Sexuality: Jacques Lacan and the ecole freudienne*, London: Macmillan, 1982

Padgug, Robert A., "Sexual matters: on conceptualizing sexuality in history", Kathy Peiss and Christina Simmons, eds., *Passion and Power: Sexuality in History*, Philadelphia: Temple UP, 1989

Rich, Adrienne, "Compulsory heterosexuality and lesbian existence", Ann Snitow, et. als., eds., *Power of Desire: The Politics of Sexuality*, NY: Monthly Review Press, 1983

Ross, Andrew, "The popularity of pornography", Simon During, ed., *The Cultural Studies Reader*, London: Routledge, 1993

Rubin, Gayle, "Thinking sex: notes for a radical theory of the politics of sexuality", Carole S. Vance, ed., *Pleasure and Danger: Exploring Female Sexuality*, Boston: Routledge & Kegan Paul, 1984

Stern, Lesley, "The Body as Evidence", Sexual Subject: A [Screen] Reader in Sexuality, London: Routledge, 1992

Vance, Carole, "Pleasure and danger: towards a politics of sexuality", C. Vance, ed., *Pleasure and Danger: Exploring Female*

Sexuality, Boston: Routledge & Kegan Paul, 1984

Walkowitz, Judith, *Prostitution and Victorian Society*, Cambridge: Cambridge UP, 1980

Weeks, Jeffrey, *Coming Out: Homosexual Politics in Britain from the Nineteenth Century to the Present*, NY: Quartet, 1977

Wittig, Monique, "One is not born a woman", *Feminist Issues*, 1:2, 1981

Wittig, Monique, "The category of sex", *Feminist Issues*,2:2, 1982

Wittig, Monique, "The point of view: universal or particular?", *Feminist Issues*, 3:2, 1983

No. 3

'천만 관객 시대'를 맞이한 한국영화의 성 정치학

I.

'한국형 블록버스터' 안의 남성적 무의식

'꿈의 기록'이라고도 불리는 '관객 천만 시대'는 어떻게 해서 가능한 것이 되었을까? 그 고지에 이르는 길의 이면에는 어떤 종류의 좌절감과 보상 심리가 자리 잡고 있는 것일까? 그 과정에서 과연 어떤 시각은 가시화되는 반면 어떤 목소리는 침묵당하는 것일까? 이에 대한 대답은 한국 영화를 둘러싼 다양한 산업적, 사회적, 문화적 맥락들이 고려되어야 가능한 것이겠지만, 여기에서는 특히 그 표면적인 지형과 전개 과정의 이면을 구성하고 있는 한국 사회의 집단적 무의식을 1990년대 이후 한국 영화가 재현해온 '젠더 정치학'을 통해서 읽어보고자 한다.

1960년대에 등장한 '페미니즘의 두 번째 물결' 하에서, 시네페미니스트들은 영화가 젠더를 둘러싼 억압과 무의식의 기제를 어떻게 형성하고 또 작동시키는지, 여성과 남성 간의 성차 및 사랑, 섹스, 결혼과 같은 서사적 모티브들이 영화를 통해서 어떻게 하나의 문화적인 재현의 효과로 자리 잡게 되는지, 그리고 이 모든 것의 결과 남성의 시각에서 여성을 대상으로 하여 전개되는 불안, 거부, 왜

곡과 같은 여러 가지 '징후들'을 펼쳐 보임으로써 영화가 결국 어떤 방식으로 주체의 성적 심리상에 존재하는 심층적인 난점들을 드러내게 되는지를 질문하고 탐구해왔다.

이런 관점에서 보았을 때, '관객 천만 시대'의 견인차 역할을 한 '한국형 블록버스터'가 얼마나 완강하게 남성 중심적인 역사쓰기를 수행하고 있는지를 먼저 지적할 수 있다. 인구가 오천만도 안 되는 나라에서 무려 천 만 명이 같은 영화를 보게 되는 현상. 여기에는 세계에서 할리우드에 맞서 거의 유일하게 성공을 거둔 '지역 영화'로서의 '한국형 블록버스터'에 대한 더해가는 집단적 기대감이 수많은 한국인들을 〈실미도〉(강우석, 2003)와 〈태극기 휘날리며〉(강제규, 2004)의 스크린 앞으로 불러낸 효과도 있을 것이고, 조국애나 형제애라는 '보편적인 이념'에다가 남북의 대치 상황이나 국가 권력의 부도덕성이나 폭력적인 권위주의와 같은 '한국적 현실'을 교묘하게 절합시킨 내러티브의 울림도 한 몫 했을 것이다.

그러나 무엇보다도 그 영화들이 갖는 설득력과 소구력은 최첨단 테크놀로지에 힘입은 박진감 넘치는 화면 위에서 펼쳐지는 무섭도록 남성 중심적인 무의식과 욕망에서 기인한다. 세기 전환기에 그 모습을 본격적으로 드러내기 시작한 '한국형 블록버스터'는 남성중심적 소영웅주의의 서사를 가동시키면서 남성성의 경연장이 되는 동시에 여성들은 주변화[1]되거나, 대단히 비성찰적이고 단순논리

1. 권은선, 「'한국형 블록버스터'에서의 민족주의와 젠더」, 『여/성이론』 4, 2001, 104-5쪽

적인 차원에서 남성이 돌아가야 할 '고향'으로 은유화[2]될 뿐임이 이미 지적된 바 있다. 특히 1990년대 말 이후 투기적인 금융자본과 영화 산업 내부의 '대박 문화'를 향한 욕망이 조우하게 된 이래로, 한국 영화는 강박적으로 남성성을 중심으로 한 서사와 스펙타클을 생산해내게 되고, 바로 '관객 천 만 시대'를 연 <실미도>와 <태극기 휘날리며>에 이르면 일관되고 배타적인 남성성에 대한 집중은 절정에 이르게 된다.

이는 현재 전개되고 있는 '한국 영화의 신르네상스'가 한편으로는 개인의 취향보다는 절대적 다수에 속하지 않으면 불안감을 느끼는 한국 사회의 '방어적 집단주의'와 "우리도 할리우드만큼 할 수 있다"는 맹목적인 열기 이면의 문화적 민족주의를 원동력으로 하고 있다면,[3] 다른 한편으로는 여성을 재현하는 방식은 물론이고 젠더 관계나 성차를 정의하는 데에 있어서도 '여성적인 것'이 만들어내는 '차이'와 '위협'을 타자화하거나 무력화시킴으로써 '남성적 환타지'를 철저하게 충족시키는 경로를 취하고 있음을 보여준다. 글래드힐 Gledhill이 "젠더 재현이 문화적 협상의 중심을 차지"[4]한다고 했듯이, '한국형 블록버스터'의 텍스트적 무의식은 온갖 종류의 역사적 시련

2. 권은선, 「'김치 블록버스터' 속에 그녀들은 없었다: <실미도>와 <태극기를 휘날리며>를 지지할 수 없는 이유」, <씨네21>, 444호.

3. 남재일, 「<실미도>, <태극기 휘날리며> 흥행 돌풍에서 읽어내는 전체주의와 오이디푸스 콤플렉스」, <씨네21>, 441호.

4. Christine Gledhill, "Pleasurable negotiation", E. Deidre Pribram, ed., *Female Spectator: Looking at Film and Television*, London & NY: Verso, 1988, p.76

과 그에 따른 개인적인 상처에도 불구하고 남성에게는 행위와 앎 그리고 전능함과 주체의 위치를 부여하는 반면 여성에게는 주변화와 사소화 그리고 무력한 희생자와 대상의 위치를 부여하는 '텍스트 전략' 속에서 핵심적으로 드러나기 때문이다.

그러나 한국 영화가 가시화시키고 있는 이러한 사회심리학은 한 순간에 등장한 것이 아니다. 1990년대 이후 양적, 질적 성장을 거듭하면서 산업, 텍스트, 수용 양상 전반에 걸쳐 확장, 다양화, 가속화 국면에 접어든 한국 영화는 그러한 외형적 변화와는 달리, '젠더 재현'의 측면에 있어서는 여성혐오증적인 상상력 그리고 여성의 성과 육체에 대한 가부장제적 영토화에 점점 더 의존해왔다. 따라서 지금 필요한 작업은 한국 영화를 둘러싼 산업적, 담론적 이상열기와 거리를 두면서 이것이 가능해지는 과정에서 침묵당하거나 배제당한 것이 무엇인지를 질문하고, 더 구체적으로는 그 텍스트들이 혹시 타자들에 대한 '착취적인 재현'에 기반하고 있지는 않은지를 분석하면서, '관객 천만 시대'에 대한 비판적 고고학을 시도하는 일일 것이다.

II.

1990년대 이후
한국 영화의 젠더 재현

한국 영화는 1960년대에 이미 제작편수나 작품의 수준에서는 물론이고 영화가 대중에게 갖는 영향력이라는 측면에서 르네상스를 경험한 바 있다. 그러나 1970년대에는 점차 강화되기 시작한 국가 권력의 통제와 검열로 인해서 한국 영화와 그 산업은 침체와 쇠락의 과정을 거치게 된다. 80년대 역시 전두환 정권의 '3S(sports, sex, screen) 정책'의 결과 전사회적으로 섹스 산업은 번창해가고 극장에는 성애적 이미지로 뒤범벅된 에로 영화들이 넘쳐났지만, 정작 한국 사회를 규정짓는 사회적 모순이나 역사적인 사건들에 대한 영화적인 재현을 화면 위에서 찾아보기는 힘들었다.

1980년대 말에 박광수, 장선우, 정지영 등의 감독들이 주도한 '코리안 뉴 웨이브Korean New Wave'가 등장한 이후에나 비로소 한국 영화들은 기존의 진부한 장르적 문법이나 도피주의적인 태도에서 벗어나 현실과 대면하고 숨겨진 역사를 다시 쓰는 작업에 도전하게 된다.

1990년대 이후 한국 영화는 산업, 텍스트, 수용 양상 전반에 걸쳐 확장, 다양화, 가속화 국면에 접어든 것으로 보인다. 영화에 투여되는 자본의 성격도 대기업 자본에서 금융자본으로, 최근에는 거의 투기적 성격이 강한 핫머니에 이르기까지 변모해왔고, 신진 감독들의 대거 수혈을 통해서 영화는 서사와 시각적 스타일은 물론이고 주제의식과 감수성에 이르기까지 다변화되었다. 또한 수많은 국내외 영화제들을 통해서 한국 영화 자체가 더 폭넓은 국제적 지형 속에서 자리매김되고 있을 뿐만 아니라 최근의 한국 영화 상승세를 통해서 영화가 갖는 사회적, 산업적, 문화적 영향력 또한 날로 확장되고 있기 때문이다.

그러나 무엇보다 1990년대의 한국 영화는 '80년 광주'에서 비롯된 역사적 부채감과 1980년대를 규정짓던 정치적 충동들을 영화 화면 위로 불러낸 '코리안 뉴 웨이브'에서 새롭게 출발했다고 할 수 있다. "상업 영화 속에 정치적 제재를 귀환시켰고, 정치 영화 속에서 예술을 부활"[5]시킨 그들의 영화는 영화적 형식과 감수성의 측면에서 기존의 '충무로 영화들'과의 단절을 추구했을 뿐만 아니라, 1980년대 한국 영화들 속에서는 우회로를 선택할 수밖에 없었던 사회 비판을 좀 더 과감하게 추구하거나, 억압받고 침묵당해왔던 저항과 반역의 시간들에 대한 또 다른 역사쓰기를 시도했다는 점에서 '뉴 웨이브'라는 이름에 걸맞는 '새로움'을 영화적으로 보여주었다.

---

5. Kim Kyung-hyun, *The New Korean Cinema: Framing the Shifting Boundaries of History, Class and Gender*, dissertation of University Southwestern California, 1998, p.20

그러나 그 영화들은 종종 지나치게 지식인중심적인 시각을 벗어나지 못했고, 타자들에 대한 착취적인 재현의 전통과 완전하게 단절하지도 못했다. 따라서 그 속에서 역사는 모호한 알레고리나 무책임한 감상주의 사이에서 다시 한 번 길을 잃어버리기도 하고, 사회적, 정치적 위기에 직면한 남성 주체성을 재구성하는 데에만 몰두함으로써 여성들은 여전히 타자화의 위치에 머무를 수밖에 없었다. 그만큼 '코리안 뉴 웨이브'의 '새로움'이라는 것은 이미 그 출발에서부터, 변화와 단절의 충동들이 자기 한계와 중층적으로 상호 규정하는 모순적인 것이었고, 이는 1990년대 한국 영화의 자기 분열적인 모습 속에서 확인해볼 수 있다. 한편으로는 〈그들도 우리처럼〉**(박광수, 1991)**에서 〈꽃잎〉**(장선우, 1995)**을 거쳐 〈박하사탕〉**(이창동, 2000)**에 이르기까지 '코리안 뉴 웨이브'의 사회정치적 문제 의식과 역사적 시각을 추구하고 계승하는 영화적 흐름이 존재했지만, 다른 한편으로 〈결혼 이야기〉**(김의석, 1992)**에서 시작된 '코리안 포스트 뉴 웨이브'[6]

---

6. 문재철, 『영화적 기억과 문화적 정체성에 대한 연구: Post-Korean New Wave Cinema를 중심으로』(중앙대학교 첨단영상대학원 영상예술학과 박사논문, 2002)에서 제기된 개념으로, 이 개념을 제기한 필자 자신도 동질화의 위험과, 현재도 진행 중인 흐름이므로 객관적 거리를 취하기 어렵다는 점 그리고 무엇보다도 과연 과거 영화들과의 실질적인 차이가 존재하는가 등의 문제로 아직까지는 '잠정적인 개념'임을 지적한다. 그러나 80년대의 한국 영화를 규정짓던 내적 충동과 90년대의 그것이 사회문화적으로 달라질 수 밖에 없고, 이를 반영하듯 새로운 세대의 감독과 관객층 그리고 새로운 감수성과 컨셉에 기반한 영화들이 등장하기 시작했다는 점에서, 물론 앞으로의 더 진전된 연구와 정의가 한층 요구되기는 하지만, 분명하게 가시적인 '차이'를 지닌 영화 흐름이 실재하고 또 진행 중이라는 사실을 부정할 수는 없다. 오히려 문제는 '코리안 뉴 웨이브'와 유사한 정치적 충동과 영화적 스타일을 여전히 1990년대에도 고수하는 영화들과, 이와는 달리 탈역사, 탈정치의 경향이 두드러지

는 영화와 현실의 관계나 영화의 사회역사적 역할에 대해서 전혀 다른 시각을 드러내면서 '이미지를 통한 유희' 그리고 현실과 역사보다는 '장르적 상상력'[7]에 기반한 영화들이 등장했기 때문이다.

큰 틀에서 보자면 이 두 가지의 흐름은 '1990년대성'이라는 사회문화적 특수성에 대한 두 가지의 영화적 반응이라고 해석할 수 있다. 그러나 중요한 것은 이 두 가지 흐름의 영화들이 각각 젠더 간의 역학이라는 측면에서 어떤 정치학을 전개시켰는지 그리고 특히 1990년대 중반 이후에 왜 좀 더 섹슈얼리티라는 이슈에 주목하는 영화들이 집중적으로 등장하기 시작했는가의 문제이다. 남성 주체의 시각에서 민족의 비극적인 근현대사를 절합해내고자 하는 '코리안 뉴 웨이브'의 경향은 1990년대의 영화들 속에서도 발견할 수 있지만, 그 역사적 과정을 개인의 경험이라는 '주관적인 기억'의 과정을 통해서 재현해내고 또 그 비극의 기원을 좀 더 내부에서 찾고자 한다는 점에서 이전과 차이의 지점을 빚어낸다고 할 수 있다.

〈은마는 오지 않는다〉(장길수, 1991)와 〈아름다운 시절〉(이

면서 일상적인 이야기나 환상과 스펙타클에 치중하는 영화들 중에 어떤 흐름에다 그 개념을 적용할 것인지, 아니면 두 가지 흐름이 '1990년대성'이라는 새로운 기표 내지는 시대 정신에 대한 '서로 다른 영화화'라는 점에서 양자 모두에게 그 개념을 적용할 것인가라는, 시대 구분(periodizing)과 범주화(categorizing)라는 쟁점이 교차하는 지점이라고 할 수 있다.

7. 김영진, 「허구 속에서 길찾기: 1990년대 한국 영화의 새로운 흐름」, 김지석 외, 『한국영화 읽기의 즐거움』, 책과 몽상, 1995, 247쪽. 여기에서 김영진은 1990년대 초입부터 시작된 '장르적 상상력에 대한 경도'의 원인으로 대기업 중심으로 재편되기 시작한 한국 영화 산업의 추세 그리고 전세대와는 달리 영화적 지식의 세례를 충분히 받은 감독 세대의 등장을 꼽는다.

광모, 1999)은 가부장제의 잠재적인 계승자라고 할 수 있는 어린 소년의 눈을 통해서 '한국 전쟁'이 한민족이라는 공동체에 끼친 파괴적인 영향을 묘사한다. 그런데 두 작품 사이에 존재하는 시간적인 격차만큼이나, 여전히 치유되지 않은 채 '외상'으로 남아 있는 전쟁 자체에 대한 기억과 이후의 역사적 전개과정을 규정짓는 사회적 모순에 대한 시각은 두 작품 속에서 서로 다르게 드러난다.

〈은마는 오지 않는다〉는 외국인 점령군을 마치 '한민족이라는 육체에 끼어든 바이러스'처럼 이질적이고 타자적인 존재로 묘사하면서, 타락하고 오염되어 가는 여성의 육체를 통해서 이상적인 민족적 동질성이 훼손되어가는 과정을 직접적으로 알레고리화하는데, 그 과정은 당연히 민족을 순진하고 무기력한 희생자로 위치지운다. 그러나 〈아름다운 시절〉은 민족이 더 이상 순수한 희생자가 아니라 식민주의자와 결탁한 공모자이며 이 공모자에 의해 현재의 고통과 외상이 지속된다는 관점을 제시함으로써, 식민주의 대 민족주의의 대립 구도를 민족주의 내부의 갈등이라는 탈식민주의적 의제로 전환시킨다.[8]

〈박하사탕〉은 한편으로는 1960년대 이후의 산업화 과정 그리고 IMF 이후의 신자유주의적 경제 이데올로기가 빚어내는 냉혹하고 비인간적인 결과 속에서, 다른 한편으로는 '80년 광주'라는 민족-국가의 부끄러운 과거에 의해서 결국은 자기파괴적인 절멸에 이

8. 김선아, 「신 르네상스 시기 한국영화에서의 성별/성에 대한 재현」, 중앙대학교 영화학과 학회지 〈movieng〉2, 2000, 35쪽.

르는 한 남성 주체를 통절하게 보여준다. 그의 죽음은 부정한 권력과 역사에 대한 저항의 의미를 지니는 상징이라면, 자신의 순수성을 스스로 배신하는 순간마다 절룩이게 되는 김영호의 다리는 한 개인의 육체에 각인된 역사적 외상을 보여준다.

여전히 현재를 떠돌고 있는 유령과 같은 비극적인 기억들을 이런 식으로 역사쓰기하는 것은 '근대화를 이끌던 남성적 가치의 실패, 상실과 패배의식, 자기학대와 같은 우울의 정서'[9]와도 연관되겠지만, 결국 수치와 오욕 그리고 자기 배반과 부정으로 점철된 민족-국가의 역사가 아버지와 아들 간의 불연속적이거나 갈등에 찬 관계로 전치된 것으로서, "남성성/현재/아들의 관점에서 국가-민족/과거/아버지와의 애증 관계에 대한 해결책"[10]이라고 할 수 있다. 즉 자신이 동일시함으로써 남성으로서의 정체성을 구성해나갈 자아 이상을 박탈당하게 된 아들은 "아버지를 증오하면서도 연민과 위무의 감정을 앞세워서 자신보다 약자의 위치에 아버지를 놓고 증오를 위장하든지 아니면 자신의 자학과 급기야는 자살을 통해서 아버지에 대한 증오를 철저하게 드러내는 두 가지 중의 하나를 선택"[11]할 수 밖에 없는 것이다.

반면에 1990년대에 한국 영화 속에서 여성은 ＜베를린 리포트＞(**박광수, 1991**)의 '영희'에서 ＜서편제＞(**임권택, 1993**)의 '송화'를 거

9. 문재철, 24쪽.

10. 김선아, 30쪽.

11. 김선아, 30쪽.

쳐 〈꽃잎〉(장선우, 1995)의 '소녀'에 이르기까지 여전히 타자와 무기력한 희생자에 머물면서 무력한 민족-국가의 알레고리로 작동[12] 하거나, 세기 전환기에는 〈쉬리〉(강제규, 1998)에서 〈공동경비구역 JSA〉(박찬욱, 2000)으로 그리고 다시 〈친구〉(곽경택, 2001)로 이어지는 한국 영화의 흥행 돌풍 속에서 남성들의 관계와 액션에 가려진 채 부차화되거나 인지될 수 없는 그 무엇으로 전락하거나 사라진다.

반면에 액션이나 코메디와 같은 장르의 우세 속에서 그리고 멜로드라마나 느와르의 변주 속에서, 여성에 대한 재현은 킬러, 디아스포라, 엽기녀, 조폭, 총을 든 여성, 여성 버디 등 센세이셔널한 소재적 확장을 보여주고 있고, 그들에게는 종종 상당한 공간적 가동성과 물리적 위협력, 자율적인 관계성이 허용되기도 한다. 영화 재현 상에 있어서의 이런 여성 이미지의 변화는 어떤 의미에서는 한국 사회에서 1980년대 이후 목소리를 내기 시작한 페미니즘이 1990년대 들어 실제로 여성 대중들의 의식에 가져온 변화를 반영하기도 하지만, 좀 더 근본적으로는 1990년대 이후 한국 영화가 채택하게 되는 '재현의 시스템' 자체가 변화하게 된다는 사실에 의해서 규정된다. 즉 이런 변화는 상당 부분 앞서 지적했듯이, '포스트 뉴 웨이브'의 '장르적 상상력'이 요구하고 또 허용하는 틀 속에서 제한적으로 그리고 현실적 개연성과는 약간 동떨어진 채로 진행된 '허구적인 차원'의 것이었다.

12. 김선아, 34-35쪽.

따라서 1990년대 후반 이후 한국 영화가 보여주고 있는 젠더 정치학은 은밀하면서도 폭력적인 양상을 띠고 전개되는데, 이는 우리 사회에서 젠더 관계 및 성 역할 상에서 벌어지고 있는 사회적, 문화적 동요와 변화를 반영하는 동시에 그에 대한 반응 양식들로 해석될 수 있다. 특히 1997년의 IMF를 거치면서, 여성을 둘러싼 착취적 상상력의 정도, 장르적 핍진성이냐 현실주의적 핍진성이냐, 호전적인 영웅주의냐 성찰적인 역사주의냐에 따라서 영화의 흥행 성적과 비평적 평가가 서로 극명하게 엇갈리면서 양극화되는 지형을 보여준다.

1997년의 IMF를 중심으로 한 경제 위기는 신자유주의라는 이데올로기의 주도 하에서 '자본의 합리화'를 가속화시키게 되는데, 그 과정은 중산층의 몰락과 빈부 격차의 심화 등의 결과를 낳으면서 그 어느 때보다도 대중의 심리를 불안과 분열 상태로 몰아갔다. 이런 맥락에서 대중들 자체는 물론이고 그들의 심리를 반영하는 매체 이미지와 서사들은 경제적 몰락과 계급 강등 그리고 가족의 해체에 대한 불안감을 젠더 간의 유동하는 관계와 점점 더 욕망의 주체가 되어가는 여성에게 집중적으로 투사하게 된다.

가부장제적 무의식 속에서 여성은 원래 남성들의 상실감과 결핍이 투사되는 장소로서 남성 정체성이 성립하게 만드는 조건에 해당되는 데에다가, 가족적인 가치가 위협받는 시대에는 어김없이 젠더 정체성과 성 역할을 원래의 위치로 되돌리려는 경향이 강해진다. 또한 성의 문제는 일반적인 인간 관계의 문제와 분리될 수 없는 것이기 때문에, 젠더 간의 관계의 문제는 개인 간의, 여성과 남성 간의 힘의 구조에 의해 규정되지 않을 수 없다. 더더구나 가족적인 가치가 위협받는 시대에는 어김없이 젠더 정체성과 성 역할을 원래의 위치로 되돌리려는 경향이 강해진다는 점에서, 1997년 이후의 이런 변화 과정은 예견된 것이기도 하다.

이를 반영하듯, 특히 1997년을 기점으로 해서 한국 영화에서는 두 가지 흐름이 두드러지게 되는데, 하나는 위기에 빠진 남성성을 필사적으로 재구성하거나 재절합하고자 하는 흐름이라면, 다른 하나는 여성 섹슈얼리티를 중심으로 해서 '성적 상상력'에 집중하는 영화들의 등장이다. 따라서 이러한 전개 과정들은 우리 사회에서 젠더 관계 및 성 역할 상에서 벌어지고 있는 사회적, 문화적 동요와 확장을 반영하는 동시에 그에 대한 반응 양식들로 해석될 수 있다.

우선 허약하고 불안정해진 남성성은 〈편지〉**(이정국, 1997)**, 〈약속〉**(김유진, 1998)**, 〈8월의 크리스마스〉**(허진호, 1998)** 등의 '남성 멜로'를 통해서 남성적 비극의 형식으로 등장한다. 전통적으로 멜로가 '여성적 장르women's genre'로서 여성이 겪는 고통과 상실을 통해서 통절함을 불러 일으켰던 반면 새롭게 등장한 남성 멜로는 비극적 운명이나 물리적인 죽음을 무기력하게 받아들일 수 밖에 없는 남성의 고통과의 동일화를 추구한다.

다른 한편 〈친구〉에서 시작된 '조폭 영화'의 행진은 마초적인 남성성과 남성 연대male bonding에 대한 찬미 그리고 이에 대한 맞짝으로서의 여성성의 부재와 여성 혐오증, 성공과 패배라는 신화에의 몰두, 공격적인 액션과 정서들의 난무를 통해서 완강하게 '남성적 서사'를 펼쳐 보임으로써, 현실 속에서 와해된 남성적 가치를 영화 화면 상의 '과잉 남성성hyper-masculinity'으로 보상하고자 하는 충동을 강하게 드러낸다. 이런 흐름의 영화들은 갱스터 장르에다 코미디와 멜로를 이합시키고 주무대로서의 공간들을 전치시켜가면서 장르 영화 자체가 갖는 허구적 핍진성을 극대화시키는 동시에 장르의 빠른 진화 과정 자체를 보여주고 있다. 여기에서 여성은 부재와 사라짐, 물신적 대상과 혐오의 대상 사이를 오갈 뿐이고, 다른 영화들에서 보다 더 강한 폭력과 모욕에 직면할 뿐이다.

1990년대 후반 이후 흥행에 크게 성공을 거둔 영화들의 목록만 보더라도, 남성들은 친구와 같은 개인적 관계 그리고 학교나 폭력조직과 같은 공동체를 불문하고 위계와 유대, 충성과 배신, 우정과 의리와 같은 지극히 남성적인 드라마를 다채롭게 펼쳐보인다. 정신분석학에 따르자면 남성은 상징계, 법, 아버지의 이름과의 동일시를 통해서 남근을 소유하는 양식으로 나아간다. 이는 최근의 '조폭영화'들에서 볼 수 있듯이, 아버지, '형님', 심지어 라이벌 관계인 동료와의 수직적인 관계 속에서 권력을 이어받거나 폭력적인 방식으로 권력을 빼앗는 서사가 반복되도록 만든다.

그 곳에는 맹목적인 싸움 아니면 복종만이, 패권적인 삶 아니면 치욕적인 죽음만이 존재할 뿐이다. 경쟁이 치열해지고 예정된 패배자의 수가 늘어날수록, '음경'을 '남근'으로 전환시키고자 하는 남성들의 쟁투 역시 가속화될 수 밖에 없다. 나날이 '대박문화'로 치닫는 한국 영화산업 자체나, 남성들을 '호전적인 패거리 집단'으로만 재현하는 한국 영화 텍스트들이 바로 그 대표적인 징후들이라고 할 수 있다.

〈조폭마누라〉(**조진규, 2001**) 정도가 여남의 성역할 전도와 그에 따른 긴장과 웃음을 통해서 자연화된 관습을 잠시 비틀기도 하고, '사회가 정해준 자리로 돌아가는 여성'이라는 결말을 따르지 않음으로써 나름대로의 전복성을 지니고 있다는 평가를 받기도 하지만, 결혼이라는 사회적 제도와 출산이라는 재생산적 역할에서 결코 자유로울 수 없는 여성을 전제하고 여성성에 대한 온갖 진부한 수사학을 동원한다는 점에서 그 전복성은 지극히 제한적인 것일 수 밖에 없다.

따라서 〈해피엔드〉(**정지우, 1999**)에서 중산층 가정 내의 여성에 대한 최소한의 보호도 폐기처분한 한국 영화는 〈쉬리〉에서 민족적 비극을 은유하는 분열체로 여성을 나누어버린 후에 결국은 마음대로 여성을 강간하고 때리고 팔아먹는 식으로 여성을 향한 온갖 너저분하고 가학적인 환상들을 거침없이 풀어놓는 김기덕의 영화를 정전화하는 지경에까지 이르는 여정을 밟아가고 있는 셈이다.

그에 비하면 '상업영화의 옷을 입은 예술영화'들은 역사와 일상, 기억과 정체성과 같은 다양한 이슈들에 대한 진지한 성찰들을 담고 있을 뿐만 아니라, 시간과 공간의 층위들을 새로운 영화적 어법들로 형상화해내고 있다. 그러나 비록 '증후적 독해'를 요구하는 것이기는 하지만, 그 영화들의 재현이 담고 있는 '성의 정치학'은 젠더 간의 관계에 대하여 더 정교하고 복잡한 차별과 불균등을 담고 있다.

"한국 상업영화계가 배출할 수 있는 가장 균형 잡힌 작가주의 영화", "많은 연애에서 약자였으나 그 패배의 기억을 좀처럼 스크린에서 볼 수 없었던 남성의 입장에서 이별의 뒤안을 살핀다"는 평가를 포함해서 <봄날은 간다>(허진호, 2001)는 비평적 찬사와 영화제 수상을 기록한 영화이다. 홍상수에 이어서 한 두 편을 만든 감독에게 쏟아진 이러한 예외적인 비평적 주목과 찬사들은 <아름다운 시절>의 경우와 유사하게 그 영화에 대한 어떤 식의 비판도 허용하지 않는 분위기를 만들어냈다. 그러나 <봄날은 간다>는 한마디로 '아들의 영화'[13]이다.

무기력하고 창백하고 선량해보이는 한 남성의 '사랑을 통한 성장과 치유'를 주제로 하고 있는 이 영화는 허진호 감독의 장편 데뷔작인 <8월의 크리스마스>에 이어서 그 진지함과 섬세함 때문에 누구도 부정할 수 없는 무게감을 담고 있는 남성을 묘사한다. 그의 영화들 속에서 영원히 동심원의 중심을 차지하는 남성은 그 어떤 남루한 일상이나 보잘 것 없는 욕망에도 불구하고 결코 빛바랠 수 없는 성찰과 묵묵함을 통해서 자기 초월과 구원을 거듭해나간다. 따라서 그들에게는 죽음이든 실연이든 어떤 것도 위협이, 초라함이 되지 않는다.

---

13. 루비 리치는 「페미니스트 영화비평의 이름으로」라는 글에서, 지배적인 영화를 '아버지의 영화'로, 'post '68 혁명'이라는 정치적 맥락 속에서 출현한 실험적이고 개인적인 형식주의적 남성 감독의 영화들을 '아들의 영화'로 명명한다. B. Ruby Rich, "In the name of feminist film criticism", Diane Carson, et. all., eds., ***Multiple Voices in Feminist Film Criticism***, London & Minneapolis: University of Minnesota Press, 1994

반면 여성은 예외적으로 그를 동요시키는 존재이지만, 그녀를 향한 욕망은 결국 남성 주인공의 자기 내부로만 반향하고 돌아와앉는 어떤 것이고, 그녀의 존재는 결국 그의 '기억의 사슬'을 연결하는 하나의 고리에 불과한 채 영화 내에서 점차 사그러드는 것이 되고 만다. 특히 〈봄날은 간다〉에서 '할머니'라는 모티브는 남성 주인공에게 시간성과 죽음, 사멸과 허무에 대한 성찰을 가능케하는 '기원'이자 이 모든 것에도 불구하고 살아가게 만드는 힘과 깨달음을 가져다주는 '대상'이다. 그러나 누군가가 지적했듯이, 〈고양이를 부탁해〉**(정재은, 2001)**의 총각 김치를 씹기 힘들어하는 할머니와 비교해볼 때, 〈봄날은 간다〉의 할머니가 얼마나 남성 주체의 시각을 통해 관념화되고 추상화된 존재에 불과한가를 느낄 수 있게 된다.

〈소름〉**(윤종찬, 2001)**은 '자식을 남겨두고 죽은 어머니'와 '자식을 죽이고 살아남은 어머니'라는 운명을 이어받은 모녀 관계의 두 여성을 '괴물'로 설정하고 그로 인한 공포를 낡고 음산한 아파트라는 공간과 연결시킴으로써, 이미 서구의 고딕소설을 통해 이루어진 '여성성과 공간의 유비' 그리고 '괴물스러운 여성'[14]이라는 상상력을 유감없이 발휘한다.

이 영화가 자아내는 독특한 공포는 바로 뫼비우스의 띠처럼 뒤엉킨 악연의 운명적 사슬과 이 운명을 물질화시켜내는 하나의 공간으로서의 여성 육체와 물리적 공간 자체의 끝없는 중첩과 유비

---

14. Barbara Creed, *The Monstrous-Feminine: Film, Feminism, Psychoanalysis*, London: Routledge, 1993

이다. 마치 거대한 자궁처럼 아들을 끊임없이 불러들이고자 하는 죽은 어머니는 바로 공포스러운 아파트 자체이고 그 곳은 온갖 탐욕과 부정, 죽음과 부패의 기운으로 가득찬 곳이다. 줄리아 크리스테바의 '비천한 육체abject body'[15]라는 개념을 연상시키는 이런 설정은 바로 수수께끼이자 일탈적이고 위험한 것으로서의 여성성, 남성 주체의 자기충족성과 주체성의 발전을 위해 극도의 혐오감이 투사되는 어머니의 육체라는 가부장제의 뿌리깊은 상상적 공간 관계, 환영적 지형학을 보여주는 것에 다름 아니다.

일종의 '로드무비'의 형식을 띠는 〈나비〉(문승욱, 2001)와 〈꽃섬〉(송일곤, 2001)은 이국적이고 낯선 땅들을 떠돈다. 그러나 두 영화는 〈삼포가는 길〉(이만희, 1975)이나 〈서편제〉와 같은 리얼리즘 양식이 아니라, SF나 우화와 같은 '환상적 장치들'을 통해서, 후기 자본주의와 신자유주의 이데올로기가 지배하는 가혹한 착취적 현실을 한참 우회하여, 삶과 죽음, 존재와 의미, 죄와 구원의 문제들을 질문한다.

남성의 주체성을 '시선'과 '액션'을 통해 표출하는 기존의 영화적 관습과는 달리, 이 영화들은 여성의 존재감을 '목소리'와 '정적 이미지'를 통해 표현하고 고통과 상처라는 인간의 근원적 문제를 성찰하고 치유하는 힘으로써의 여성성을 형상화함으로써, 여성들을 신화적인 차원이나 물신의 지위에서 끌어내려 '고통받는 근대적 주

15. 줄리아 크리스테바, 『공포의 권력』, 서민원 옮김, 동문선, 2001

체들'로 자리매김한다. 그러나 서구 모더니즘 영화의 여주인공들을 연상시키는 그 '고통받는 여성들'은 실존적인 불안감이나 묵시록적인 혼돈에 대한 은유로서의 정형화된 서사적 역할을 크게 벗어나지는 못한다.

특히 <꽃섬>의 경우, 감독은 현실과 환상의 두 층위를 더욱 더 풍부하고 생산적인 방식으로 절합시키기보다는 자의적이고 거친 방식으로 이어 붙이고 있다는 느낌을 주는데, 이것은 근본적으로 여성들 각각의 고통과 상처가 도식적으로 정형화되고 있고, 이에 기반한 여성들 간의 유대와 자매애를 감독이 깊이있게 이해한 채로 묘사하고 있지 못하다는 사실에서 기인한다.

따라서 1990년대 한국의 영화 문화, 특히 주류 영화 텍스트들이 가부장제 이데올로기와 남성 중심적 시각 문화 간의, 남성의 주체성과 욕망 간의 더없이 긴밀한 동맹을 보여주고 있다는 혐의를 거두기 힘들게 만든다. 이와 맞물려서 한국 영화의 경우에 성을 하나의 급진적, 비판적 담론의 맥락 속에 위치지우거나 성을 통한 상상력의 확장을 보여주는 작업 역시 거의 이루어진 적이 없다. 대부분의 한국영화들이 섹슈얼리티를 재현해온 방식들은 섹슈얼리티를 부인하면서 스크린에서 배제하거나 반대로 잘못 이해된 섹슈얼리티를 과장되게 드러내고 또 강박적으로 반복하는 식이었고, 이것은 바로 텍스트로서의 한국영화들이 섹슈얼리티와 불편하거나 부자연스러운 관계만을 맺어왔다는 사실을 보여준다. 우리는 성 문제를 다룸에 있어서 '욕망의 드라마'를 진지하고 솔직하게 극화한다든가 정치적으로 해석한다든가 일상의 윤리학의 일부로 매끄럽게 통합해내는 한국영화들을 거의 목격하지 못해온 것이다.

그렇다면 왜 1990년대 이후 한국 영화에서 주된 화두가 '섹슈얼리티'이고, 그 안에서 섹슈얼리티는 주로 어떤 방식으로 재현되어 왔는가? 즉 어떤 섹슈얼리티는 허용되고 어떤 섹슈얼리티는 금지되었으며, 섹슈얼리티를 둘러싼 욕망과 권력의 관계 그리고 주체성의 문제들은 어떻게 형상화되었는가?

III.

1990년대 이후 한국 영화의 섹슈얼리티 재현

여성은 성에 대하여 항상 불편하거나 위험하다고 여겨지는 관계만을 맺어 왔다. 여성의 성은 경제적, 사회적 종속에 의해, 성을 정의하는 남성 권력에 의해, 결혼이라는 제약에 의해, 반여성적인 남성 폭력에 의해 항상 제한된다. 그리고 수많은 대중문화들에서 반복되어 드러나듯이 성에 대한 은유 자체도 남성의 성과 관련된 행위나 환상에 기반하는 반면에 여성의 성은 남성에 의해 주도되고 통제되는 단지 '반응'의 차원에 불과한 것으로 그리고 끊임없이 '생식'이라는 자연적 의무와 연관되어서만 이해되어 왔다. 이것은 여성의 성이라는 것 자체가 결코 '젠더 중립적gender neutral'으로 존재할 수 없음을 보여준다. 젠더는 가부장제 이데올로기나 여남 간의 권력 관계라는 사회적, 문화적 요인들과 분리될 수 없는 것이라면, 섹슈얼리티는 가부장제가 여성에 대하여 제도적이고 강제적인 권력을 강화시키고 상징화하는 데에 있어서 필수불가결한 수단이기 때문이다.

따라서 한국의 페미니스트들은 1980년대 중반 이후 한국 사회에서 성을 권력의 한 형태로 문제 제기하면서, 여성의 성을 정치적, 사회적 이슈로 만들고 연구 주제로 부상시켰다. 그들은 여성의 성적 억압이 여성 억압의 핵심 기제라는 사실을 강조하면서 여성의 섹슈얼리티가 어떻게 억압적으로 구성되었는지를 드러내고, 그 억압성을 벗어나기 위해 여성의 성적 주체성을 어떻게 재구성해야 하는지를 고민했다.

그런데 수많은 개별 영화들과 영화라는 장르 자체는 여성에 대해서 섹슈얼리티가 갖고 있는 불편하고 억압적인 특성을 가장 통속적이면서도 노골적인 형태로 가시화시켜내는 동시에 섹슈얼리티에 대한 새로운 이해와 표현을 앞서 선보이는 중심 영역이다. 특히 영화가 이미지와 스펙타클에 크게 의존할 뿐만 아니라 문화산업으로서 상업성을 강제당한다는 측면은 성적 표현은 물론이고 여성의 육체 이미지와 영화 간의 밀접한 연관을 불가피한 것으로 만든다. 영화 속에서 여성들은 과도한 폭력이나 남성이 주도하는 구원의 대상으로, 성적으로 순결한 존재나 과잉된 성욕의 소유자로, 비극적인 희생자나 위험한 위반자로 재현된다. 이것은 여성성에 대하여 남성들이 갖고 있는 관념론적인 이분법의 결과이자, 여성의 성과 육체에 대하여 한편으로는 착취적이면서 다른 한편으로는 무의식적인 두려움에 휩싸인 남성들의 반응으로 해석될 수 있다.

1990년대에 성 문제에 대하여 대중들의 관심이 집중되고 성적 표현이 다양화, 급진화된 데에는 무엇보다도 IMF를 전후한 경제적 위기와 이데올로기적인 동요 그리고 인터넷을 비롯한 매체의 발달로 인해 성적 이미저리 자체가 더 이상 낯설거나 은밀하거나 위험한 것으로만 제한될 수 없는 문화적 환경이 영향을 미쳤다고 할 수 있다. 즉 한 마디로 1990년대의 한국 사회는 말 그대로 생활 경제와 성 경제, 사적인 관심사와 공적인 행위 간의 경계가 그 어느 때보다도 모호해지는 동시에, 외설스러움과 미풍양속 그리고 욕망의 표현과 억압의 정치 간의 균형이 심각하게 위협받게 된 시기라고 할 수 있다.

특히 1990년대 후반 이후 한국 영화는 동시대의 폭발적인 성 담론을 반영이라도 하듯이, 성적으로 적극적인 여성, 성욕 과잉의 여성, 욕망의 주체로서의 여성 등, 한마디로 '성애화된 여성 주체'의 재현에 몰두했다. 그 여성들은 때로는 자신들을 둘러싼 반여성적, 가부장제적 환경으로부터의 일탈을 시도하기도 하면서 한국 영화사에서 전례없는 전복적인 의미와 해방적 제스츄어를 만들어내기도 했다. 그러나 이로 인해서 그녀들이 야기하는 텍스트 내의 긴장감과 에너지는 이를 봉쇄하려는 또 다른 힘들과 끊임없이 길항할 수 밖에 없었고, 그 결과 더 강력하고 효과적인 반격의 대상이 되기도 했다. 이는 영화 속에서 더 다양한 서사와 캐릭터들을 통해서 이전에는 보기 힘들었던 '욕망'과 '차이'의 정치학들을 펼쳐짐에도 불구하고, 대다수 남성 감독들의 태도는 가부장제적 성 정치학, 파시즘적 태도와 폭력에의 동조, 남성다움의 이데올로기에서 여전히 자유롭지 못했기 때문이다.

따라서 이런 텍스트들에 대한 비평은 이데올로기 비판의 성격을 띠지 않을 수 없는데, 여기에서의 이데올로기는 다름 아니라 여남 간의 성분업과 서로 다른 성역할을 자연화시키고 여성에게 가해지는 억압과 차별을 재생산하는 데에 기여하는 '젠더 이데올로기'로서, 이는 담론적 효과들의 수사학 그 이상의 것이다. 즉 1990년대 후반 이후 생산된 몇 편의 영화들은 철저하게 여남 간의 불균등성과 남성 중심적 욕망의 재현을 토대로 해서, '현실 속의 성차별주의'를 '재현 내의 젠더 위계화'로 끌어올리고 확장시킨 결과에 다름 아니라고 단언할 수 있다. 즉 여성의 섹슈얼리티는 남성의 불안감을 잠재우기 위해 물신화되고 여성의 육체는 남성의 시각적 쾌락을 위해 스펙타클화된다면, 여성의 주체성은 전치가능한 몰역사적인 기표나 그저 '징후'에 불과한 공백이나 부재가 됨으로써 사라지거나 살해되기 때문이다.

자기 한계에 갇힌 플롯과 억지스러운 결말 속에서 오로지 남성 관객의 관음증적 충동을 충족시키기 위해 여성의 성적 욕망을 과장하고 여성의 적나라한 육체를 전시하기에 바빴던 80년대의 '에로 영화'는 1990년대 후반에 들어서면 〈정사〉**(이재용, 1998)**처럼 중산층 가정주부의 미묘한 성 심리를 절제된 스타일과 정교한 서사 속에 담아내는 세련되고 쿨한 '불륜 드라마'로 바뀐다. IMF 시기를 배경으로 해서, 실직한 남편과 일하는 아내라는 성 역할 전도와 아내의 부정에 대한 남편의 복수를 보여주는 〈해피엔드〉는 치밀하고 끔찍한 '마누라 죽이기'라는 점에서 철저하게 '반여성적'이라는 반발을 불러일으켰다. 그러나 이 영화는 변화된 젠더 관계가 빚어낼 수 밖에 없는 사회적, 심리적 긴장감을 놓치지 않고 있을 뿐만 아니라, 불륜에 빠진 여성의 심리와 일상을 현실주의적으로 묘사한다는 점에서 기존의 '불륜 드라마'와는 차별성을 지닌다. 더구나 '보수적인 시각에 입각한 지나친 처벌'이라는 평가를 받은 결말은 오히려 아내를 살인한 후에 남편이 느끼는 죄의식과 상실감을 극대화시키는 반면, 여주인공의 죽음은 실제적이기보다는 징후적인 것으로서 결코 완전하게 억압되거나 사라질 수 없는 '여성의 욕망'이 지닌 위협성을 강조하는 효과를 낳는다는 점에서 그 평가의 일면성을 드러내준다.

〈나쁜 영화〉**(장선우, 1997)**와 〈눈물〉**(임상수, 2000)**은 성에 대한 호기심과 충동들, 기성 세대에 대한 터지기 일보 직전의 거부감과 분노 그리고 아직도 자기 정체성에 대한 혼란에 휩싸인 채, '그들만의 하위문화'를 만들어나가는 십대들을 그려낸다. 각각 〈거짓말〉**(장선우, 1999)**과 〈처녀들의 저녁식사〉**(임상수, 1998)**로 우리 사회의 섹슈얼리티 담론에 '영화적으로 딴지를 걸었던' 두 감독이 십대들의 문제에 주목했던 이유는 아마도 위에서 지적했듯이, 또 하나의 저항적 하위문화, 일탈적인 섹슈얼리티 그리고 무엇보다도 우리 사회의 권위주의와 억압성에 대한 대립점으로서 십대들의 세계와 감수성을 바라보았기 때문일 것이다.

물론 이런 영화들이 단지 십대들의 삶을 또 하나의 성인의 시각에서 소재주의적으로 또는 선정주의적으로 착취하는 것에 불과하다는 '십대 오리엔탈리즘'이라는 비판도 가능하고, '공감과 관음증 사이의 어딘가'에서 머무르는 영화의 정치학도 문제삼을 수 있다. 그러나 두 편의 영화는 디지털 카메라로 담긴 거친 입자의 화면만큼이나 우리 사회의 또 다른 불모 지대 그러나 다른 어떤 영역보다 모순적인 생명력으로 꿈틀대면서 그 불모성이 저항과 일탈의 에너지로 잠재화되는 십대들의 삶과 문화를 나름의 진정성을 갖고 '기록'해낸다는 점에서, 80년대 인기를 끌던 '하이틴물'과는 완전히 다른 맥락에 놓여지는 것이 사실이다. 그리고 십대들에게 허용되는 경계에 놓여진 시공간, 소비주의나 지배적 담론들과 길항 관계를 맺고 있는 그들의 저항적 에너지 그리고 무엇보다도 새로운 세대의 등장을 예고하는 하위문화적 스타일에 대한 포착을 통해서, 두 편의 영화는 또 하나의 타자들인 십대의 자리를 한국 영화의 표상 안에 불안정하지만 위협적인 방식으로 안착시킨다.

한국 영화의 섹슈얼리티 재현 속에서 동성애자나 동성애 성애homosexuality는 이성애중심주의heterosexism에 의해 주변화되거나 모호한 상징과 희화화된 정형stereotype의 수준을 벗어나지 못해 왔다. 그런데 1999년에 '여성들 사이에 순환하는 욕망의 경제'를 다루는 세 편의 영화가 우연찮게 동시에 등장하게 된다. 〈노랑머리〉**(김유민, 1999)**와 〈텔 미 썸딩〉**(장윤현, 1999)**은 '연쇄 살인'이라는 범죄자의 형상으로 레즈비언을 영화 화면 위로 소환했다면, 〈여고괴담 두 번째 이야기: 죽음을 기억하라〉**(민규동, 김태용, 1999)**는 '학교'라는 제도화된 공간

을 뒤흔드는 귀신의 모습으로 레즈비언 섹슈얼리티가 지닌 위협성을 가시화시켜낸다.[16]

<노랑머리>와 <텔 미 썸딩>처럼 레즈비언 섹슈얼리티가 영화적 재현 속에서 범죄라는 모티브와 겹쳐진다는 사실은 근본적으로 여성성 자체를 열등한 생물학적 구성물로 바라보면서 타락, 신경증, 민감성과 연결짓는 가부장제적 상상력의 극단화라고 할 수 있다. 즉 한 명의 여자가 지닌 이런 경향들은 두 명의 '문제적인' 여자가 만났을 때 더 극대화되는 셈이다. 그런데 <노랑머리>의 경우에는 근본적으로 '포르노'라는 장르적 틀 속에서 레즈비언 섹슈얼리티를 남성의 시선에 의해 식민화된 볼거리로서 전시하는 데에 치중한다면, <텔 미 썸딩>은 여성들 간의 사랑과 욕망을 범죄의 공모로 전치시키고 살인에 대한 물신으로 대체하는 한계를 드러낸다.[17]

반면에 학교라는 억압적인 제도 속에 가두어져 있는 동시에 '소녀와 성인 여성' 간의 경계에 놓여 있는 십대 여성주체들을 주인공으로 삼고 있는 <여고괴담 두 번째 이야기>는 레즈비어니즘을 '공격성'이 아니라 '비범함과 저항'의 표식으로 연결시키면서 거기에다가 평범하거나 획일화된 질서를 흔들고 교란하는 힘을 부여한다.[18] 이는 나아가 이전까지 한국영화에서 단지 암시적으로 등장하거나 부정

16. 김선아, 「레즈비언, 싸이코 킬러, 여괴: <노랑머리>, <텔 미 썸딩>, <여고괴담 두 번째 이야기>」, 『여/성이론』3, 2000, 참조.

17. 김선아, 「레즈비언, 싸이코 킬러, 여괴」, 220쪽.

18. 김선아, 「레즈비언, 싸이코 킬러, 여괴」, 226-27쪽.

적으로 묘사되던 레즈비언의 존재와 섹슈얼리티를 여성에게 있어서 더 근본적이고 자연스러운 것으로 암시함으로써 궁극적으로는 레즈비언 섹슈얼리티를 신화화하고 여성성을 찬양하는 차별성을 지닌다.[19]

남성 동성애에 대한 재현은 〈내일로 흐르는 강〉(박재호, 1996)에서 나름의 진정성을 띠고 등장했지만, 이 영화는 동성애적 성향의 기원을 아버지의 과도한 억압과 부성적 권위의 부재로 환원시킨다는 점에서 동성애자 정체성에 대한 '본질론'적인 시각을 드러내고, 게이 섹슈얼리티에 대한 전면적인 묘사를 회피하고 있다는 비판을 받았다. 전반적으로 여성 동성애보다는 남성 동성애에 대한 거부감이나 혐오감이 더 크다는 현실을 반영하듯 영화 속에서 게이 섹슈얼리티의 재현은 더더욱 금기시되면서, 남성성의 부족 내지는 여성화된 남성성을 부정적으로 그려내거나 레즈비어니즘의 경우와 유사하게 범죄나 폭력성과의 밀접한 연관성 속에서 동원되는 경우가 대부분이었다.

그래서 많은 경우 남성 간의 이끌림이나 욕망은 두 남성의 모험과 우정 그리고 삶과 죽음을 넘나드는 깊고 강력한 유대감을 담아내는 '버디 영화buddy film'라는 틀 속에서 환유적으로 표출될 뿐이었다. 〈지상만가〉(김희철, 1997)는 그런 의미에서 전형적인 경우라고 할 수 있는데, 실패한 외디푸스 드라마에서 동성애의 잠재적 가능성

19. 김선아, 「레즈비언, 싸이코 킬러, 여괴」, 228쪽.

을 찾고, 서사 내에서는 도저히 설명불가능한 남성들 간의 동일화 방식을 보여주며, 대부분의 주류 영화들과는 달리 남성의 육체를 끊임없이 성애화하기 때문이다. 반면에 <로드무비>(김인식, 2003)는 사회의 지배적 질서에서 밀려난 두 남성의 아웃사이더 정체성을 토대로 해서, 제목이 암시하듯이 길 위를 떠도는 두 남성의 정처없는 여정의 풍광 속에다 심리적으로 상처받고 사회적으로 거세된 두 남성의 욕망이 서로를 향할 수밖에 없음을 새겨 넣는다.

그런데 두 편의 영화들은 모두 남성 동성애자를 성적인 가족으로부터 배제된 자들, 고통과 상실 속에서 사회적 남성성을 훼손당한 희생자들로 제시함으로써 역시 게이 정체성이 갖는 고유성과 독자성을 좀 더 좁은 틀의 사회적, 문화적 의미 속에다 고정시키고자 하는 경향을 여전히 벗어나지 못하고 있다. 그러나 <지상만가>는 동성애적 성 심리의 미묘함을 포착하면서 남성들 간의 거부할 수 없는 이끌림이 실재함을 보여준다면, <로드무비>는 난교로 단죄받거나 무절제하고 공격적인 육체적 욕망으로 환원되던 게이 섹슈얼리티를 어느 정도 '감정적 사실주의'에 입각해 그려냄으로써 남성 간의 욕망이 지닌 성애적인 차원을 덜 착취적인 방식으로 화면 위에다 재현하게 된다.

<거짓말>은 '포르노인가 아닌가'를 둘러싸고 지루한 논쟁이 이어질 만큼 그 과도한 성적 표현이 주로 문제가 되었지만, 오히려 이 영화가 불러일으킨 격렬한 반응들은 자본주의적 가부장제 이데올로기에 대하여 이 영화가 가한 '영화적 테러'의 결과물이라고 할 수 있다. <거짓말>은 'SM'이라는 낯설고도 극단적인 성 도착 행위

들을 묘사함으로써 급속한 현대화, 산업화 과정이 빚어낸 우리 사회의 '생산력중심주의'라든지, 가부장제를 지탱시키는 두 개의 축인 '남녀 간의 그리고 세대 간의 위계화된 관계'와 같은, 자본주의적 가부장제의 핵심 원리들을 근본적으로 조롱하면서 해체하고 있기 때문이다.

IV.

페미니스트 비평과 해석의 정치학

한국 영화를 둘러싼 비평적, 이론적, 역사적 담론들은 아직 그 외적인 현상은 물론이고 이를 가능케하는 내적인 힘 그리고 이 양자를 아우를 수 있는 다층적인 맥락들을 설명할 수 있을 만큼 충분히 성장하지 못한 게 사실이다. 이는 문학으로 치자면 '주례사 비평'의 수준이라고 할 수 있는 '저널 비평'이 비평 담론을 주도하다시피 하는 현실이나, 영화학계의 폐쇄구조적인 소통 구조 그리고 무엇보다도 한국 영화에 대한 역사쓰기 작업의 미비함이 큰 몫을 차지한다고 할 수 있다.

이런 상황에서 다양한 시각을 통한 한국 영화에 대한 통시적, 공시적 횡단이 요구된다고 할 때, 여기에서는 한국 영화를 둘러싼 객관적 환경이나 이에 대한 주관적 대응으로서의 한국 영화의 다변화가 두드러진 1990년대, 특히 그 후반 이후의 몇몇 영화 텍스트들을 대상으로 해서 특히 여성의 성과 육체를 둘러싼 재현이 갖는 의미와 한계들을 페미니즘 성 정치학의 시각으로 분석하고 진단해 보는 데에 초점을 두었다.

여성의 사회적, 경제적 불리함은 여성에게 가해지는 손쉬운 성적 착취로 이어져왔고, 여성의 불안정한 주체성은 남성중심적인 성적 담론과 환상의 대상이자 교환의 기표라는 '여성의 성적으로 취약한 지위'로 이어져왔기 때문이다. 따라서 페미니즘적 시각에서 보았을 때 성은 남성이 여성에게 가하는 폭력과 억압, 만연된 여성혐오증이 가장 첨예하게 가시화되는 장이자 여성의 욕망에 대한 억압과 이에 대한 투쟁이 가장 치열하게 전개되는 장이기도 하다.

여성이 처한 이러한 일반적인 현실은 여성을 둘러싼 재현의 층위에 있어서도 동형구조적인 불평등함과 착취적인 양상을 부추기게 된다. 재현은 주체성의 표현이기 때문에, 재현의 역사는 자신을 자신에게 재현하는 남성의 역사이고 문화는 바로 가부장제의 자기 이미지이다. 즉 문화적, 역사적 시각에서 보자면 주체의 위치를 차지하는 것은 '남성 전체'이다. 남성은 문화의 창조자로서 여성에 관하여 목소리를 내고 영화를 만들고 소설을 써온 것이다.

이는 남근이성중심주의phallogoscentrism 지배 속에서 여성의 성과 육체에 대하여 이루어지는 문화적 표상이 예술, 교육, 종교, 정치 등의 사회적 영역에 대한 남성들의 식민화라는 물질적 과정과 구분될 수 없음을 보여준다. 그 결과 가부장제 사회의 문화적 구조 속에서 여성들은 자신의 욕망 자체는 물론이고 욕망을 표현할 가능성을 박탈당한다. 남성중심적인 언어와 재현 체계가 그 욕망을 '번역'할 수 없기 때문이다.[20] 따라서 "남성들은 여성에 대해 그들이 갖고 있는 이미지와 섹스한다"[21]고 캐서린 맥키논은 지적한 바 있지만, 젠더 간의 관계성 역시 무엇보다도 의미화 작용을 통해 사회역사적으로 생산되는 것이기 때문에 성적 주체성 역시 지배적인 섹슈얼리티 담론 속에 존재하는 '젠더 차별적인 권력' 속에서 생산, 재생산된다.

한국 사회가 파행적이고 급속한 근대화 과정이 내포한 모순으로 인해서 한 순간에 내파하는 듯이 보이던 IMF를 전후로 해서, 한국 영화는 젠더 간의 역학이나 섹슈얼리티의 전개라는 면에서 더 복합적이면서도 다층적인 재현을 선보이게 된다. 이는 근본적으로 한국 사회에 밀어닥친 정치경제학적 위기로 인해서 성 역할이나 가족 제도 등을 둘러싸고 지배 이데올로기는 좀 더 보수적인 방향으로 선회하게 되지만, 동시에 그 위기는 계급, 지역, 세대 간의 갈등을 새

20. "Woman's exile: interview with Luce Irigaray", Couze Venn, trans., *Ideology and Consciousness 1,* May, 1977, p.71. 데이비드 노먼 로도윅, 『현대 영화 이론의 궤적: 정치적 모더니즘의 위기』, 김수진 옮김, 한나래, 1999, 325쪽에서 재인용.

21. 캐서린 맥키논, 「포르노, 민권, 언론」, 『세계의 문학』 83, 1997, 411쪽.

롭게 점화시키고 특히 젠더 간의 관계를 크게 변동시키는 등, 지배 이데올로기가 봉합할 수 없는 간극과 파열들이 더 가중된 결과라고 할 수 있다.

이를 반영하듯 1990년대 후반 이후 한국 영화들은 여성과 관련된 재현에 있어서 반동적인 방향으로 선회하게 되는데, 여기에서 등장하는 반여성적인 이미지와 수사학들은 단순히 IMF와 같은 사회적 현실이나 남성성의 약화와 같은 문화적 현상으로만 환원될 수 없는 더 깊고도 근본적인 층위를 아우르게 된다. 총체적인 위기나 국면 전환의 순간에, 한국 사회의 가부장제가 자기 통합성과 정체성 그리고 남성적 주체성의 특권을 유지하기 위해 더 첨예하고 강도높게 여성성을 억압하거나 부재하게 만드는 '사회적 무의식'을 드러내고 있다고 여겨지기 때문이다. 특히 여성을 둘러싸고 벌어지는 불륜, 매매춘, 동성애, 범죄 등의 모티브가 화면을 심심치 않게 장식하게 되면서, 여성성이라는 이슈 자체는 다양한 의미작용과 서로 경쟁하는 사회 세력들이 각축을 벌이는 격전장이 되어 간다.

하지만 "무의식적 과정들이 초역사적이고 결과적으로 변화하기에는 시간이 필요하다. 이는 효과적인 정치적 선택을 하기 위해서는 무의식의 특정한 시간성을 감수해야 한다는 의미"[22]이듯이, 성적으로 급진적인 재현들이 가능해지고 또 이데올로기적 승인을 얻는 일은 전반적으로 사회심리가 변화하고 대중적인 상징 체계 자

---

22. 오수원 역, 「로지 브라이도티와 주디스 버틀러의 대담」, 『여/성이론』 1, 1999, 296쪽.

체가 새로운 틀로 재구성되는 기나긴 과정을 요구한다. 그 과정에서 특히 젠더 관계와 성 역할 그리고 섹슈얼리티의 재현을 둘러싼 의미화실천에 페미니즘적 개입이 요구되는 것은 당연한 일이다.

따라서 여기에서는 남성의 입장에서는 '재현의 파괴이자 상징계에 대한 장애물'[23]에 불과한 여성성이 다른 한편으로는 남근적인 상징화에 저항하거나 상징적 경제를 원심적인 힘으로 해체하는 위협적인 무의식일 수 있다는 관점에서, 그 여성성이 지닌 힘과 위협성을 남성 감독들이 어떻게 봉쇄하고 더 나아가 여성의 육체와 성을 중심으로 해서 이에 대한 지배의 욕구를 가시화시키고 있는지를 '텍스트적으로' 평가해보고 했다.

---

23. 로도윅, 330쪽.

김선아, 「신 르네상스 시기 한국영화에서의 성별/성에 대한 재현」, 중앙대학교 영화학과 학회지『movieng』 2, 2000

김선아, 「레즈비언, 싸이코 킬러, 여괴: <노랑머리>, <텔 미 썸딩>, <여고괴담 두 번째 이야기>」, 『여/성이론』 3, 2000

김영진, 「허구 속에서 길찾기: 1990년대 한국 영화의 새로운 흐름」, 김지석 외,『한국영화 읽기의 즐거움』, 책과 몽상, 1995

권은선, 「'한국형 블록버스터'에서의 민족주의와 젠더」, 『여/성이론』 4, 2001

권은선, 「'김치 블록버스터' 속에 그녀들은 없었다: <실미도>와 <태극기를 휘날리며>를 지지할 수 없는 이유」, <씨네21>, 444호

남재일, 「<실미도>, <태극기 휘날리며> 흥행 돌풍에서 읽어내는 전체주의와 오이디푸스 콤플렉스」, <씨네21>, 441호.

데이비드 노먼 로도윅, 『현대 영화 이론의 궤적: 정치적 모더니즘의 위기』김수진 옮김, 한나래, 1999

문재철, "영화적 기억과 문화적 정체성에 대한 연구: Post-Korean New Wave Cinema를 중심으로", 중앙대학교 첨단영상대학원 영상예술학과 박사논문, 2002

오수원 역, 「로지 브라이도티와 주디스 버틀러의 대담」, 『여/성이론』 1, 1999

줄리아 크리스테바, 『공포의 권력』, 서민원 옮김, 동문선, 2001

캐서린 맥키논, 「포르노, 민권, 언론」, 『세계의 문학』 83, 1997

B. Ruby Rich, "In the name of feminist film criticism", Diane Carson, et. all., eds., ***Multiple Voices in Feminist Film Criticism***, London & Minneapolis: University of Minnesota Press, 1994

Creed, Barbara, ***The Monstrous-Feminine: Film, Feminism, Psychoanalysis***, London: Routledge, 1993

Gledhill, Christine, "Pleasurable negotiation", E. Deidre Pribram, ed., ***Female Spectator: Looking at Film and Television***, London & NY: Verso, 1988

Kyung-hyun, Kim, ***The New Korean Cinema: Framing the Shifting Boundaries of History, Class and Gender***, dissertation of University Southwestern California, 1998

No. 4

초민족 시대의 민족 영화 담론

I.

한국영화에서 '민족'이라는 문제틀

최근 독도를 둘러싼 한일 간의 갈등, 센카쿠 열도를 둘러싼 중일 간의 갈등 등, 영토를 둘러싼 국가 간의 분쟁과 이로부터 촉발된 제노포피아적 사건들이 줄을 이으면서 '민족'[1]이라는 이슈가 21세기에도 여전히 화약고임이 분명해지고 있다. 20세기 초에 60여개에 불과하던 민족국가의 수가 1990년대에는 세 배 가까이 증가하여 170여개에 이르렀다는 사실 역시 '자본주의 경제의 팽창으로 단일한 세계 체제 속으로 세계의 모든 지역이 편입되는 과정에서 이에 대응하여 각 지역의 민중이 민족으로서의 정체성을 충전하여 그 독자성을 표현하는 역동성을 지닌 정치적, 사회적, 이념적 운동으로서의 민족주의'[2]가 점점 강화될 수 밖에 없는 국제적 현실을 말해준다.

---

1. 이 글에서 'nation'은 민족, 'nation-state'는 민족 국가, 'the national'은 민족적인 것, 'transnational'은 초민족적, 'nationality'는 민족성으로 번역되었다.

2. 이민호, 「우리에게 민족주의란 무엇인가?」, 한국서양사학회 편, 『서양에서의 민족과 민족주의』, 까치, 1999, 324쪽.

문화예술 분야도 예외가 아니라서, 한국의 경우 K-POP을 중심으로 한 한류열풍과 최근 김기덕 영화 〈피에타〉의 베니스국제영화제 그랑프리 수상 등이 불러일으킨 반향들은 문화 수출이라는 산업적 욕망은 물론이고 서구의 시선을 경유한 주체성 구성이라는 무의식적 욕망에 이르기까지, 민족주의적 충동 혹은 민족 담론과 분리되어 설명될 수 없다.

최근의 역사 연구는 공식적 기록으로서의 역사만이 아니라 개인적, 주관적인 기억과 집단적 기억의 중요성을 강조한다. "민족은 기억의 영토화의 산물"[3]이라는 말에서도 알 수 있듯이, 민족의 역사는 공유된 집단적 기억을 통해 끊임없이 서사화되고 있다면, 영화와 같은 대중적 서사의 양식들은 바로 그 기억들의 현재화와 형상화를 통해서 '상상의 공동체'인 민족의 정체성을 절합하고 재구성하는 역할을 한다. 특히 대중의 정서와 욕망을 효과적으로 포착하고 재현하는 시청각적 매체인 영화는 민족의 기억을 전유하여 성찰하거나 미학화함으로써, 민족의 역사를 증후화하고 민족의 외상에 말을 걸며 민족의 위기를 탐사하는 대표적인 장이 되어가고 있다.

한국의 영화사 서술 역시 오랜 기간 동안 '민족'과 '리얼리즘'이라는 두 개의 화두에서 벗어나지 못했다. 영화 매체가 처음 수입되었던 시점이 일제 식민 시기였다는 점에서 한국영화사는 초창기부터 민족주의의 굴레를 벗어날 수 없었고, 해방 이후의 영화 담

3. Susan Hayward, "Framing National Cinemas", Matte Hjort & Scott MacKenzie, eds., *Cinema and Nation,*, Routledge, London&NY, 2000, p.89.

론 역시 '새로운 민족영화건설'에 집중되었다. 또한 식민지 현실을 극복하기 위한 담론적 실천의 일환으로 좌파 영화인들이 리얼리즘론을 적극적으로 도입한 이후 한국영화사는 민족이 처한 비극적 현실을 엄밀하게 그려내는 동시에 비판적으로 인식하는 도구로서, 즉 민족을 재현하는 데에 있어서 핵심적인 방법론으로 리얼리즘을 추구해왔다.

특히 유럽의 대표적인 민족 영화운동인 이태리 네오리얼리즘을 핵심적인 준거이자 참조틀로 삼아 1950년대 후반에 등장한 '코리안 리얼리즘론'은 "위기의 시대에 영화가 대중을 위무하는 오락거리의 하나로 전락하지 않기 위한 미학적 전략이었고, 이념적 억압의 시대에 영화가 있는 그대로의 현실을 고발할 수 있기 위한 정치적 전략이었으며, 나운규의 〈아리랑〉(1926)에서부터 비롯되는 한국영화의 정통성을 보장받기 위한 담론적 전략"[4]이었다. 그러나 이처럼 민족적 리얼리즘의 전통을 강조하면서 영화의 전근대성을 극복할 유일한 대안이자 구원의 이념으로 간주되었던 한국영화의 리얼리즘론은 때로는 민족 영화론과, 때로는 작가나 예술 영화론과 겹쳐지면서 그 형식과 내용 자체가 불분명했을 뿐만 아니라, '인간성 회복'이나 '저항정신' 등을 강조하는 관념적 휴머니즘으로 인해서 "판

4. 김소연, 「전후 한국의 영화담론에서 '리얼리즘'의 의미에 관하여: 〈피아골〉의 메타비평을 통한 접근」, 김소연 외, 『매혹과 혼돈의 시대: 50년대 한국영화』, 소도, 2003, 58-9쪽.

타지적 구성물"이자 "일종의 욕망의 미끼(소문자 대상 à)"[5]라는 비판을 받기도 한다.

그런 점에서 한국 영화와 민족 담론의 본격적인 조우, 즉 민족이라는 이슈를 통한 한국 영화 정체성의 수립과 재정의는 '코리안 뉴 웨이브'와 '한국형 블록버스터'를 둘러싼 논의를 통해서 좀 더 진전된 형태로 이루어진다고 볼 수 있다.

1996년 제1회 부산국제영화제가 발간한 책자를 통해서 선언되고 명명된 코리안 뉴 웨이브 담론은 1980년대 이후 등장한 '민족민중영화'를 '코리안'이라는 민족국가의 경계로 제한하고 이를 '뉴 웨이브'라는 예술영화와 절합[6]함으로써, 초민족적 시대에 국민국가의 경계를 옹호하는 한편 국제적인 영화 서킷에서 민족적 차이와 전통을 지역 영화로 특수화하고 승인받고자 하는 시도였다. 코리안 뉴 웨이브 영화들은 한편으로는 1980년대 민주화 투쟁에서 비롯된 정치적 저항의 충동을, 다른 한편으로는 한국 영화를 옥죄고 있던 낡은 감수성과 미학에 대한 단절의 의지를 그 추동력으로 삼았고, 그만큼 한국 영화 역사상 최초로 집단적으로 등장한 '영 시네마Young Cinema'이자 민족의 역사와 운명에 대한 비판적이고 지적인 알레고리라는 의미를 부여받았다.

---

5. 문재철, 「한국 영화비평 담론의 타자성과 콤플렉스: 50년대 후반에서 70년대까지 리얼리즘 담론의 '상상성'을 중심으로」, 연세대 미디어아트센터 엮음, 『한국영화의 미학과 역사적 상상력』, 소도, 2006, 54-5쪽.

6. 김선아, 『한국영화라는 낯선 경계: 코리안 뉴웨이브와 한국형 블록버스터 시대의 국가, 섹슈얼리티, 번역, 영화』, 커뮤니케이션북스, 2006, 서문

그러나 코리안 뉴 웨이브 영화들이 젠더 정치학의 측면에서 근본적인 한계를 안고 있었다면, 주로 '민족 영화론자'들이 주도했던 그 담론은 시기와 세대 구분 등에서 모호할 뿐만 아니라 국가와 민족을 등식화함으로써 손쉽게 민족 영화를 민족적 주체로 가정하는 무리수를 두게 된다. 우선 코리안 뉴 웨이브 영화들은 여성의 육체와 주체성을 묘사하는 데에 있어서 1980년대를 지배했던 에로 영화의 시각 체제나 상상력을 크게 벗어나지 못했고, 부재한 가족과 약화된 남성성을 주로 고통과 위기의 근원으로 제시하는 그 서사들은 가부장제적 환상을 벗어나지 못하는 남성중심적 시각으로 비판받을 수 있기 때문이다. 또한 민족의 비극적 운명을 여성에게 가학증적인 서사와 여성의 오염된 섹슈얼리티를 통해 재현하는 코리안 뉴 웨이브 영화의 전략과 이에 대한 평론가들의 암묵적 동의는 '반식민지 민족주의는 자기 정체성을 여성적 타자로 설정함으로써 존립 가능하다'[7]는 명제를 분명하게 입증해준다.

1990년대 중반 이후 도래한 '한국 영화의 두 번째 르네상스' 속에서 한국형 블록버스터를 둘러싼 담론은 할리우드와의 경쟁 속에서 자국 영화에 문화적 정당성과 산업적 추동력을 부여하기 위한 시도로서 등장한다. 〈퇴마록〉(박광춘, 1998)을 홍보하기 위해 처음으로 사용되었던 이 용어는 IMF 등을 비롯한 복잡한 사회적, 경제적 상황이 발생하게 되면서 언론은 물론 관객들에게 놀라운 정서적 호

7. 최정무, 「한국의 민족주의와 성(차)별 구조」, 일레인 김, 최정무 편저, 『위험한 여성: 젠더와 한국의 민족주의』, 삼인, 2001, 42쪽.

소력을 갖게 됨으로써, 단숨에 한국 영화산업의 부흥을 주도할 수단이자 할리우드에 대항할 대표선수로 간주되면서 민족 영화로 등극한다.

그러나 한국형 블록버스터라는 용어 자체에서도 알 수 있듯이, 이는 그 태생에서부터 모순과 분열을 내포할 수 밖에 없다. 한편으로는 할리우드의 대체물이 되기 위해서 보편성과 유사성을 지향하는 동시에 다른 한편으로는 국내 관객에게 다가서고 말걸기 위해서는 민족 고유의 역사와 경험에 의존할 수 밖에 없다는 점에서 특수성을 띠게 되기 때문이다. 더더구나 심각한 문제는 그 영화들이 내용적으로는 비판의 기능을 멈추고 형식적으로는 현실을 가리는 가상의 이미지들로 넘쳐날 뿐만 아니라 제작, 배급, 상영의 모든 측면에서 독점적 지위를 차지함으로써 영화 산업의 구조를 기형화하고 궁극적으로는 영화적, 문화적 다양성을 저해하게 된다는 사실이다.

김경현에 따르자면 "각 민족의 역사는 영화사 자체의 궤도를 결정하면서, 영화적으로 미학화되고, 반성적으로 특정화된다."[8] 특히 대부분 식민지 경험을 갖고 있는 비서구의 경우, 자국의 영화들이 주로 서구에 의해서 전유되는 불평등한 이미지 체제를 벗어나 민족 영화를 구축하고 이를 통해 자민족되기를 실천하고자 하는 충

8. Kyung Hyun Kim, ***The New Korean Cinema: Framing the Shifting Boundaries of History, Class, and Gender***, dissertation of the Graduate School, University of Southern California, 1998, p.7.

동에서 자유롭지 못하다. 앞서 설명된 코리안 뉴 웨이브와 한국형 블록버스터 담론들이 외부와의 동일시를 통한 민족 영화 선언이라는 점, 즉 하나는 지역성을 표지하는 예술영화로서, 다른 하나는 산업적 경쟁력을 갖춘 상품으로서 한국영화를 추구하고 승인받고자 하는 욕망의 표현이라는 사실 역시 이런 비서구의 현실을 자명하게 보여준다.

그럼에도 불구하고 국내에서 민족 영화를 둘러싼 담론은 아직까지 성긴 모습으로 진행 중인데다가 급속하게 진전되는 전지구적 자본주의 현실은 초민족성이라는 아젠다를 추가 제기함으로써 영화가 문화적 경계 그리고 민족적 정체성의 구성에 있어서 어떤 역할을 하는가에 대한 대답을 더 어렵고 복합적인 것으로 만들어내고 있다. 따라서 이 글에서는 서구에서 민족 영화 담론이 등장한 이후 민족 영화의 정의와 민족 영화의 주체 문제, 초민족적 시대에 전지구적 주류영화인 할리우드 영화와 여타 민족영화들 간의 역학 그리고 민족 영화와 초민족 영화의 관계 등의 이슈들을 비판적으로 검토해봄으로써, 한국 영화의 정체성을 포함하여 민족 영화 논의의 생산적 전개에 작은 기여를 해보고자 한다.

II.

서구 영화 연구에서 민족 영화 담론의 등장 배경

영화 연구가 대학을 중심으로 한 아카데미와 비평적, 학술적 영화 잡지들을 기반으로 해서 제도화되고 급진 정치학으로의 선회를 통해 고전적 영화 이론과 결별을 고하던 1960년대에 민족 영화 연구는 중요한 이론적, 비평적 범주이자 영화 관련 학과들의 커리큘럼을 구성하는 주요 요소로 등장한다. 그러다가 80년대 후반에 이르면 베네딕트 앤더슨, 에른스트 겔너, 에릭 홉스봄 등에 의한 민족 형성 및 민족주의와 관련된 이론에 힘입어 민족 영화에 대한 역사적 개념화와 좀 더 진전된 비판적 연구가 이루어진다. 이 과정에서 영화의 제작과 수용에서 민족 국가가 수행하는 역할, 영화가 민족 국가의 형성과 유지에 필요한 이데올로기와 맺는 관계 등이 이슈가 되었고, 이는 결국 영화라는 매체가 민족, 민족 정체성, 민족 문화의 구성에 있어서 어떤 역할을 하는가에 대한 것으로 집중되었다.

무엇보다도 영화 연구의 영역에서 민족 영화 담론이 중요성을 띠게 된 것은 근대 이후 등장한 민족주의 이데올로기 자체와 1980년대 이후 가속화된 전지구화 과정에 내포되어 있는 양가성이 민족 단위 내에서 생산되는 영화에 대한 평가와 수용에 끼친 모순적인 영향 때문이라고 할 수 있다. 우선 민족주의는 오랜 기간 동안 지배 권력의 통치, 정권 유지, 국민 동원을 위한 이데올로기이자, 민족 내부의 이질적이고 소수적인 목소리를 억압하고 규제하는 장치로 작동해온 역사를 갖고 있다. 하지만 민족 국가의 경계를 위협하면서 초민족적인 세계질서를 중심으로 작동하는 전지구화는 동시에 각 민족 내부에서의 정체성의 강화를 야기함으로써, 급진적인 비판과 해체의 대상이었던 민족주의에 힘을 실어주는 역설적인 현상을 낳게 된다. 즉 전지구화가 촉발시킨 경계에 대한 인식이 민족적 통합성을 통해 경계를 더욱 견고히 하고 자기 정체성을 확고히 하려는 문화적 투쟁을 강화시키게 되면서, 바로 민족 정체성 구성과 승인의 중요한 장으로 기능해온 민족 영화가 주목을 받게 된 것이다. 역사적으로 보았을 때 영화는 민족의 문화적 절합으로 기능하면서, 민족을 텍스트화하고 지속적으로 국가, 시민, 타자의 개념을 둘러싼 일련의 관계들을 구성해왔기 때문이다.[9]

두 번째로 민족 영화는 할리우드 영화의 세계 시장 지배에 대한 문화적, 산업적 대응 논리로서 중요한 역할을 해왔다. '민족 영화는 할리우드의 세계 시장 지배에 저항하는 지역 영화산업의 전략'이라는 기존의 정의에서도 드러나듯이, 많은 경우에 민족 영화는 할리우드 영화의 자국 시장 지배라는 현실을 문화적 위협이나 민족적

---

9. Susan Hayward, *French National Cinema*, London: Routledge, 1993

침해로 간주하면서 자국 문화의 오염을 막고자 하는 '문화적 방어주의'와 자국 영화를 세계 시장에 진출시키기 위한 산업적 논리의 핵심 기제로 기능해왔다. 특히 할리우드 영화를 대표로 하는 문화 제국주의에 대한 경계와 두려움은 많은 국가들의 영화 정책에 영향을 미치면서, 민족의 통일된 이미지를 제공함으로써 민족적 상상계를 유지시킬 수 있는 영화와 국내는 물론이고 국제적인 경쟁력을 갖춘 영화들에만 지원이 집중되는 결과를 낳는다. 민족을 폐쇄적이고 통일된 공동체로 설정하는 이런 영화들은 당연히 민족 내부의 다양성과 차이들을 억압하게 되지만 해외에서는 한 민족의 특수한 정체성과 고유한 본질을 대표하는 것으로 소통되는 역설을 빚어낸다.

세 번째로 민족 영화는 유럽과 미국 중심의 영화 연구가 지닌 인식론적 한계에 대한 이론적 대안으로서 그 의미를 지녀왔다. 그러나 민족 영화를 서구 영화의 대안 영화로 구성하려는 이러한 시도들은 종종 서구 영화 연구의 성과들을 지역의 특수성과는 무관하게 기계적으로 적용하려는 조급증으로 인해서 본래의 의도를 퇴색시키는 한계를 보여준다. 이런 한계들은 복합적이고 중층적인 전지구화 과정에서 서구 영화 연구의 성과들이 경계를 넘어 적용될 때 일종의 변형의 과정이 요구되는 동시에 민족 영화 연구에서 민족적 경계와 특수성의 강조가 여전히 필요하다는 사실을 간과한 결과라고 할 수 있다.

III.

민족 영화의 정의를 둘러싼 논쟁들

앤드류 힉슨Andrew Higson은 민족 영화의 상상적 응집성이나 특수성을 정체화하는 두 가지 중심적 개념 수단으로서 내향적 시선look inward과 외향적 시선look outward을 제시한다. 전자는 민족 자체와 민족의 과거, 현재, 미래 그리고 민족의 문화적 유산, 토착 전통, 공통의 정체성과 연속성에 대한 감각을 반영하면서 내부를 바라보는 것이라면, 후자는 다른 민족 영화들과 구별되고자 하고 타자성의 의미를 강조하면서 경계들을 가로 질러 밖을 바라보는 것이다.[10] 여기에서 특히 문제를 안고 있는 것은 전자라고 할 수 있는데, 이런 시선은 민족적 정체성과 전통이 이미 형성되어 있고 어떤 자리에 고정되어 있다는 가정뿐만이 아니라, 이 경계들이 정치적·경제적 발전, 문화적 실천과 정체성을 담아내는데 효과적이라는 가정에 입각하고 있기 때문이다. 그리고 이는 민족 영화를 민족 고유의 특성

10. Andrew Higson, "The Limiting Imagination of National Cinema", Matte Hjort & Scott MacKenzie, eds., p.67.

이나 본질의 구현으로 정의하는 민족 영화에 대한 전통적인 개념화로 이어지게 된다. 영화와 같은 문화적 인공물을 민족에 묶여진 것으로 영토화하는 것은 영화를 역사적 주체로 만들면서 민족이 스스로를 (주체로서의) 스스로에게, 그리고 (대상으로서의) 주체에게 재현하게 함으로써 민족 영화에 대한 자기애적, 자기반영적, 자기충족적 관점을 생산한다.[11]

소위 '민족 영화의 낡은 모델'이라고 부를 수 있는 이런 관점은 하나의 민족적 경계 내에서 생산된 영화들이 통일성과 응집성을 갖고 있으며 따라서 그 영화들의 저자는 민족이라는 두 가지 전제에서 출발한다. 이런 전제 내에는 민족을 영구적이고 근본적인 실체로 바라보는 '민족에 대한 본질론적 관념'과 민족이 이미 존재하면서 강하고 통일되고 완전한 민족 국가의 형식으로 실현되기를 기다리고 있다는 '근대적인 민족 내러티브'가 함축되어 있다. 그러나 민족에게 있어서 가정되는 통일된 집단성은 권력의 네트워크에 의해 집중과 결속이 위조되고 유지된 결과이므로 '민족이 본질적 실체'라든지 '민족 영화가 한 민족의 일원론적인 문화적 표현'이라는 식의 사고들은 잘못된 것이다.

따라서 민족 영화에 보다 생산적으로 접근하기 위해서는 민족에 관한 협소한 개념화를 피하고 또 그것을 비판할 수 있는 '민족적인 것the national'에 주목하게 된다. 이는 물론 베네딕트 앤더슨

---

11. Hayward, 2000, pp. 91-2.

Benedict Anderson을 비롯한 반본질자들에 의하여 민족 국가와 민족 정체성이 구성적, 비본질적, 모순된 것으로 재개념화되면서 '민족이란 무엇인가?'에서 '민족은 어떻게 구성되는가?'로 문제틀이 변동되고, 그 영향 하에서 민족 영화 담론 역시 '영화와 민족의 관계는 무엇인가?'에서 '영화에서 민족적인 것은 어떻게 구성되는가?'로 전환된 결과이기도 하다. 영화와 민족적인 것을 다차원적 문제틀로 보는 접근만이 민족적인 것에 대한 통찰을 잃지 않으면서 민족 영화에 대한 접근을 넘어설 수 있으며, 그 과정에서 초민족적인 시대에 민족적인 것이 지닌 복잡성을 획득할 수 있다는 인식이 등장한 것이다. 또한 민족 정체성과 민족 문화를 공고하게 만드는 과정을 추적해보고 그런 과정을 탈안정화시키고 해체함으로써 민족 영화 공간에서 민주적이고 공정한 재현이 이루어지게 하기 위해서도 '민족적인 것'으로의 초점 이동이 요구되게 된다.

'민족 영화'에서부터 '영화와 민족적인 것'으로의 이러한 전환은 민족 영화 담론에 있어서 전망이나 패러다임의 변화라고까지 할 수 있다. 이런 전환을 이론적으로 뒷받침하고 주도한 것은 '폴 윌먼Paul Willeman과 크리스 베리Chris Berry이다.' 윌먼은 영화 연구에서의 민족주의, 민족 정체성, 민족의 특수성을 분리함으로써 '민족적인 것'을 구성하는 특수성의 문제를 밝혀낸다. 베리는 수행성 이론에 입각하여 민족을 주체가 아니라 '작인'으로 정의함으로써, 영화에서 민족적인 것을 더 이상 민족 국가라는 영토에 제한된 것이 아니라

다중적, 중식적, 경쟁적, 중첩적인 것으로 파악한다.[12]

윌먼은 우선 기존에 영화 연구가 '보편화하는 종족중심성 **universalizing ethnocentricity**'이라는 개념에 의해 지배되어 왔는데 이와 반대로 문화적 특수성 개념이 중요하며, 영화 연구에서 특수성이라는 이슈는 일차적으로 민족적인 것에 해당[13]함을 강조한다. 그런데 영화에서 문화적 특수성을 말하기 위해서는 민족적인 사회문화적 구성체가 특정한 의미화 실천과 제도를 결정한다는 사실이 인식되어야 함에도 불구하고, 기존의 민족 영화 연구는 민족주의 담론과 민족적 특수성을, 민족 정체성과 문화구성체의 특수성을 제대로 구별하지 못함으로써 혼란에 빠져왔다. 민족 정체성은 문화구성체의 사회정치적 특수성과 관련된 일부분으로서 문화적 특수성을 지배적으로 등기하는 일시적 구성요소이다. 반면 문화구성체의 특수성은 항상 표지되고 민족 정체성을 결정하는 것이 바로 민족의 특수성이다. 따라서 중요한 것은 민족 정체성이 아니라 특수성이고, 이런 특수성에서 비롯되는 민족적인 것은 민족주의와 양립불가능한 타자들의 것으로 정의된다. 그렇다면 민족 영화는 이런 타자들의 영화이자 민족적 특수성을 다루는 영화로서 반드시 반민족주의적이거나 최소한 비민족주의적이게 된다. 이 영화가 민족주의의 동질화 프로젝트

---

12. Chris Berry, "From National Cinema to Cinema and the Nation: Chinese-language Cinema and Hou Hsiao-hsien's 'Taiwan Trilogy'", Valentina Vitali & Paul Willeman, eds., ***Theorizing National Cinema,*** London: BFI, 2006, p.149.

13. Paul Willeman, "The national revisited", Valentina Vitali & Paul Willeman, eds., p.33.

에 공모할수록 사회구성체의 문화적 배치의 특성을 결정하고 모양짓는 다차원적이고 다방향적인 긴장을 비판적으로 다룰 수 없기 때문이다.[14]

베리는 중국의 사례를 예로 들면서, 민족적 작인으로서 중국을 만드는 것은 진행 중이고 역동적이며 경쟁하는 기획이고 따라서 중국은 담론적으로 생산되고 사회, 역사적으로 우연적인 집단적 전체이므로, 영화를 만드는 것이 중국이 아니라 중국을 만드는데 도움을 주는 것이 영화임을 주장한다.[15] 그가 '작인'을 강조하는 것은 기존에 민족 영화 논의에서 동원되던 '민족적 상상계'나 '민족적 주체'와 같은 정신분석학적 용어들에 내포된 위험을 피하는 동시에 민족 영화를 민족의 정체성이 아니라 민족의 특수성으로 기술하고 국가 단위를 뛰어 넘는 민족적 수행성으로 설명하기 위한 것이다. 이럴 때 민족과 국가의 불일치, 파열, 모순 등이 드러남으로써 민족 공동체의 형성 과정이 역동적이고 가변적인 수행적 실천으로 정의될 수 있고, 민족이라는 집단적 작인과 영화와 관련해서 그것이 동원되는 방식이 분석됨으로써 민족이 영화를 말하거나 만든다는 환상이 깨어질 수 있기 때문이다. 따라서 베리는 민족 영화를 서로 다른 개인, 집단, 제도가 다양한 의도를 갖고 만들어내는 다중적 기획이자,

---

14. Willeman, p.36.

15. Chris Berry, "If China Can Say No, Can China Make Movies? or Do Movies Make China?: Rethinking National Cinema and National Agency", Ray Chow, ed., *Modern Chinese Literary and Cultural Studies in the Age of Theory: Reimagining a Field: Durham*, Duke UP, 2000, p.131.

구축된 전체로서의 민족적 작인과 집단적 주체성의 정치학에 결부된 다중적 기획으로 새롭게 정의내린다.

민족 및 민족 영화에 대한 이런 재개념화를 통해서 민족 영화에서의 민족적인 것이 단순히 민족주의로 환원될 수 없으며 민족 영화는 민족적 집단성을 조직하는 정치적 프로젝트와 광범위하게 연결된 것[16]임이 분명해진다. 따라서 민족 영화가 민족 내부의 다양한 집단성의 구성에 참여하는 방식에 대한 분석과 민족주의 영화로부터 민족 영화를 구분하는 일이 중요해진다. 이제 이상적인 민족 영화 담론은 민족을 문제화하면서 지식의 대상으로 만들고, 민족주의의 동화주의적이고 통합주의적인 명령에 저항하며, 민족 국가 내에서 그리고 다양한 초민족적이거나 탈민족적인 배열 속에서 영화적 생산의 다문화적 경향을 반영해야 한다[17]는 과제에 직면하게 되는 것이다.

---

16. Philip Schlesinger, "The Sociological Scope of 'National Cinema'", M. Hjort & S. MacKenzie, p.29.

17. Hayward, 2000, p.101.

IV.

전지구화, 초민족 시대의 민족 영화

다국적 자본의 전지구적 확산, 전지구적 시장의 공고화, 다국적 공동제작의 증가, 전통적인 영화의 약화, 미국 영화의 전지구화, 분열증적인 초민족적 관객의 등장은 또 다른 방향에서 민족 영화를 재개념화할 것을 요구한다. 전지구화라는 현상 속에서 민족 국가 자체의 주권은 약화되어 가는 반면 초국가적 세력과 동시에 하위민족적, 지역적 세력의 압력이 증가하고, 다문화주의, 즉 민족 국가의 문화적 잡종성에 대한 인식이 높아지는 시대에 민족이나 국가 개념에는 어떤 변화가 일어나게 되는가? 또 이런 변화는 영화라는 매체가 민족적, 문화적 경계를 구성하는 데에 어떤 영향을 미치는가? 영화가 민족 경계를 가로질러 정기적으로 생산, 순환, 소비될 때 말걸기의 위치성에는 어떤 일이 일어나는가?

우선 이민, 소수 민족, 이산된 세계의 디아스포라 공동체가 증가함에 따라 세계는 '탈민족적'이거나 '초민족적'인 모습으로 전환 중이다. 또한 제작과 수용의 차원 모두에서 국경을 넘는 영화의 이동이 빈번해지는 현상은 이국적 요소의 소개를 통해 지역 문화의 민주화에 기여하고 문화적 레파토리를 확대하는 동시에 외래 상품이 지역 관객들에게 이국적인 것으로 취급되지 않고 토착적인 참조틀에 따라 해석되는 경향을 낳게 된다.[18] 이런 맥락들 속에서 민족영화의 운명과 역할에 대한 논의는 문화 간의 번역, 교차, 혼성화에 대한, 지역적인 것과 지구적인 것의 관계에 대한 복합적이고 역사적인 시각을 요구받게 되면서, 이제 민족 영화는 변화하기 쉽고 영구적이지 않은 개념이자 초경계적인transboundary 과정으로서 다시 모습을 갖추어 가게 된다.[19]

여기에서는 이런 전환의 과정을 대표적인 초민족적 영화인 할리우드 영화와 여타 민족 영화들 간의 관계성, 제3영화, 초아시아trans-Asian 영화라는 세 개의 틀을 통해서 살펴보고자 한다.

할리우드와의 관계 속에서 민족 영화는 할리우드 영화의 영토화에 대한 반응이자 저항으로서 탈영토화를 모색하는 민족적 기획으로 정의될 수 있다. 그러나 이 때 민족 영화에 부여되는 '대안성'과 '새로움'은 양가성을 띠게 되는데, 민족 영화가 추구하는 전략이 할리우드의 지배에 대한 저항과 세계 시장에서의 소통과 판매를 위한 것이라는 양면적 의도를 내포하고 있기 때문이다.

이로 인한 한계를 보여주는 대표적인 사례가 바로 '예술 영화의 유럽 모델'이라고 할 수 있는데, 이는 텍스트적으로 할리우드와

---

18. Higson, p.69.

19. Ulf Hedetoft, "Contemporary Cinema: Between Cultural Globalization and National Interpretation", M. Hjort & S. MacKenzie, eds., p.282.

변별되고 토착적 생산을 주장하며 '예술영화관'이라는 특화된 배급 채널과 상영 통로를 통해 국내외 시장에 접근하는 유럽의 예술 영화들을 대상으로 한다. 이 모델을 지지하는 담론들은 민족적 긍지, 고향, 민족 문화의 정체성을 확고하게 주장하고 민족 문화 및 문학적 전통과 질을 주장하는 전형적인 부르주아 민족주의 이데올로기라면, 민족 영화를 1960년대부터 1970년대까지 번성하던 유럽 예술 영화 속으로 붕괴시키는 설명이라고 할 수 있다.[20]

그렇다면 이제 할리우드 영화를 각 민족의 적대 개념으로서가 아니라 영화적 경험에 의한 전지구적인 근대성의 일환으로 보는 관점이 요구된다. 즉 할리우드를 그 자체가 하나의 연결점으로서 다양한 관객들을 연결시켜 하나의 집합적 단위를 구성하게 하는 이른바 초민족적 대중성으로 바라보면서, 기존의 중심 대 주변의 이분법을 넘어서서 할리우드의 헤게모니를 다른 방식으로 개념화하고 또 탈중심화할 필요성이 제기된다.

우선 할리우드의 세계 영화시장 지배와 초민족적 대중성은 할리우드를 단순히 민족 영화의 타자로 보기 어렵게 만든다. 할리우드 영화는 단순히 미국의 영화가 아니라 영화와 관련된 제작시스템, 미학, 이데올로기를 전지구화, 보편화해온 일종의 '모듈'로서, 이는 전지구적 시장에서 독과점 체제를 유지하기 위한 보편주의 전략이 성공을 거둔 결과이다. 즉 할리우드는 철저하게 미국적인 이익

---

20. Stephen Crofts, "Reconceptualizing National Cinema/s", Valentina Vitali & Paul Willeman, eds., p.45.

과 문화, 정체성의 성공적인 표현과 전달에 기반한 대중성을 전지구적 차원으로 확대시켜 그 의미, 효력, 수용에 있어서 초민족성과 탈민족성을 획득함으로써 민족적 예외주의를 넘어서고 민족적 기원에서 시공간적으로 몇 차례 멀어지면서 자연화된 참조틀이자 표준으로 자리 잡게 된 것이다.[21] 이런 역사적 과정에 대한 인식 속에서 헤이워드는 할리우드의 헤게모니를 '패러-민족주의para-nationalism' 형식으로 개념화할 것을 제안한다. 그녀는 '근접near', '초월beyond', '결점 있는defective/비정상abnormal'이라는 'para'의 의미 중에서 세 번째의 것으로 할리우드의 헤게모니를 정의하면서 할리우드가 경제적인 측면은 물론이고 문화적인 측면에서 어떻게 식민주의적인 영향을 끼쳐왔는가를 분석한다. '식민주의는 식민화된 타자에게 식민주의적 담론과 이미지를 부과하는 자기애적인 실천'이라는 파농의 지적과 마찬가지로, 패러-민족주의적인 할리우드 영화 역시 식민화된 사람들이 할리우드의 산물을 모방하게 만든다. 그런데 식민주의 내의 이런 자기 반영성은 민족주의에서 시작된 인종, 젠더, 섹슈얼리티 등에 대한 '무지blindness'들을 만들어내면서 타자의 문화를 '덜 떨어진 것less-than'으로 간주하는 병리학을 낳게 된다는 것이다.[22]

1960년대 이후 라틴 아메리카를 중심으로 한 급진 정치학과 결합되어 민족 해방 및 탈식민을 위한 문화적 투쟁의 일환으로

21. Hedetoft, p.280.

22. Hayward, 2000, pp.96-7.

등장한 제3영화는 할리우드 및 유럽 예술영화와 구별되는 또 하나의 민족 영화 모델로 발전해왔다. 문화적인 것과 정치적인 것의 관계에 대한 질문을 재설정하기 위해 제안된 용어로서 제3영화는 다양한 문화적 전통들과의 만남을 새롭고 정치적이며 예지적인 영화적 담론 속으로 재공식화한다.[23] 민족적 정체성 혹은 문화적 진위성에 대한 고민을 식민지적 혹은 제국주의적 형성체들의 다면성을 인식하는 것으로부터 출발하는 제3영화 담론들은 제1세계 민족 영화 개념들과 민족적 문화 주권의 개념들을 무효화시키는 동시에 제3영화를 종족적 배경 및 본토와 일치시키는 서구의 손쉬운 가정도 단호하게 거부한다.[24] 우선 그 담론은 부르주아 개인주의에 대한 비판에 기초하여 제1영화(할리우드)와 제2영화(유럽의 작가 및 예술영화)를 동일한 것으로 보았고, 제3영화가 '역사적으로 분석적이면서 문화적으로 특정한 영화 담론 양식'[25]과 관계될 때 그 급진적 날카로움은 대부분의 제3세계 영화 생산과 구분되기 때문이다.

그러나 제3영화는 그 이름 하에서 다양한 역사와 문화정치학을 지닌 제3세계 영화들을 끊임없이 동질화시키고자 하는 시도들에서 자유롭지 못했을 뿐만 아니라, 최근 들어 예술 영화의 범주와

---

23. Jim Pines & P. Willeman, "Introduction", Jim Pines & P. Willeman, eds., *Questions of Third Cinema*, London: BFI, 1989.

24. Crofts, pp.48-9.

25. Willeman, "The Third Cinema Question: Notes and Reflections", *Framework* 34, 1987, p.8.

상당 부분 겹치고 또 예술 영화와 같은 국제적 배급과 상영 채널을 추구하게 되면서 전투적인 지하 관객들을 잃어가고 있다.[26] 그럼에도 불구하고 제3영화가 민족 영화 범주의 하나로 여전히 유효할 수 있는 것은, 불균등한 전지구적 경제학과 문화 권력의 초국적 탈중심성이 역설적이게도 주변부가 스스로를 위해서 말할 수 있는 권력의 공간을 생산해내는 과정[27] 속에서 제3영화야말로 바로 주변부가 재현되기 위해서 갈등하는 대표적인 공간으로 남아 있기 때문이다.

1990년대 이후 영화 연구에서 '민족 영화' 모델과 일반적으로 민족과 관련된 이슈들에 대한 관심이 줄어드는 반면 이에 상응하여 초민족적인 것에 대한 관심이 증대된다. 이는 물론 문화의 세계화를 통해 유럽과 미국 중심의 문화적 기획과 거대 서사가 탈중심화되는 동시에 경계를 넘는 문화 이동 현상들이 민족주의적 헤게모니를 약화시킨 결과 중의 하나이다. 이런 맥락 속에서 종종 초민족적인 것은 민족 정체성이라는 고정된 경계에 대항하고 가로질러 작동함으로써 지역적인 것과 동맹 가능한 것으로서 주목받게 된다.[28] 그렇다면 민족적인 것이 이전과는 달라졌지만 완전히 사라지지도 않은 시대에 '초민족적 영화'는 어떤 모습과 방식으로 등장하게 될 것인가?

---

26. Crofts, p.47

27. Julianne Burton, "Marginal cinemas and mainstream critical theory", *Screen* 26(3-4), 1985

28. 롭 윌슨, 「세계화를 향한 길 위의 한국영화: 세계/지역적 역학을 추적하기, 혹은 왜 임권택은 이 안이 아닌가?」, 김소영 기획, 『한국형 블록버스터: 아틀란티스 혹은 아메리카』, 현실문화연구, 2001, 263쪽.

현재 민족 영화에서 초민족 영화로의 이론적 전환이 일어나면서 초민족 영화가 민족 영화라는 이론적 틀의 대안으로 사용되기 시작하고는 있지만, 이런 전환이 실제로 일어난 시기가 과연 언제부터인가 그리고 이런 변화를 뒷받침할만한 텍스트로 과연 어떠한 것들이 있는가와 관련해서 논란의 여지가 많은[29]것도 사실이다. 그렇다면 '초민족적'이라는 개념을 국가를 가로질러 사람과 제도를 연결짓는 전지구적 힘이라고 정의했을 때, 영화에서 초민족적이라는 것은 무엇이고, 초민족 영화라는 틀은 민족 영화를 넘어선 어떤 차이를 갖고 있는가? 여기에서는 이런 질문에 대한 대답을 '초아시아 영화'라는 개념적 틀을 경유해서 찾아보고자 한다.

1980년대 말과 1990년대 초에 영화 연구에서 '역사주의적' 관점이 중요해지고 민족 영화의 위상에 대한 문제제기가 일어나면서 또한 경제적 전지구화 과정에서 동아시아가 중요한 경제지역으로 부상하면서 '아시아 영화'라는 비평적 개념이 등장하게 된다. 이때 아시아 영화는 단순히 할리우드의 부정적 거울 반사가 아니라, 세계 영화를 할리우드와 그 나머지 민족 영화로 구분하던 기존의 시각의 대안이자 그 자체로서 미학적 새로움과 영화의 미래를 담보하는 긍정적 차이로 찬양된다.

하지만 아시아 영화라는 개념이 민족 영화 연구에서 생겨

29. 미츠요 와다-마르시아노, 「블라디보스톡에서 생각하는 일본: '초민족적' 영화에서 민족 찾아내기」, 김소영 편저, 『트랜스: 아시아 영상문화 컨퍼런스』, 현실문화연구, 2006, 288쪽

난 문제들을 자동적으로 해결해주지 못할 뿐만 아니라 아시아 영화에 대한 관심과 이론화 자체가 서구에 의해 주도되면서 결국 영화 연구의 분야에서 서구의 헤게모니를 유지시켜 주는 역할을 하게 된다. 이는 결국 할리우드의 경제적 침략과 문화적 식민지화의 위협에 대항하기 위해 하나의 일관된 정체성으로 지역 영화를 고안하려는 시도는 필연적으로 실패할 수 밖에 없다[30]는 사실을 보여주며, 나아가서 아시아 영화에 조급하게 긍정적인 정체성을 부여하는 대신에 비판적 개념으로 재절합할 필요성을 제기한다.

이에 미츠히로 요시모토Mitsuhiro Yoshimoto는 아시아 영화가 할리우드에 대한 상상적 대안이나 할리우드의 단순한 지역적 변형 또는 본질화된 문화적 패턴이나 문명적 특징들의 발현과 등치될 수 없는 비판적 개념으로 재형성되어야 하지만 '초국적 아시아 영화trnasnational Asian cinema'라는 개념 역시 다국적 자본과 전지구적 문화의 흐름을 단순하게 재강화할 위험이 있음을 지적한다. 따라서 그는 그 개념들 대신에 '초-아시아 영화trans-Asian cinema'라는 새로운 개념을 제안한다.[31] 그에 따르자면, 진보적 비평 행위로서의 초-아시아 영화는 아시아 영화의 독특함이나 아시아 내의 다양한 민족 영화들을 아무 문제없이 옹호하는 태도나 다문화주의의 이름으로 차이를 탈역사화하고 탈정치화하는 다국적 자본의 논리를 거부한다.

---

30. 미츠히로 요시모토, 「민족적/국제적/초국적: 트랜스 아시아 영화의 개념과 영화비평에서의 문화정치학」, 김소영 편저, 284쪽.

31. 요시모토, 288쪽.

대신에 초-아시아 영화는 아시아라는 개념의 모순에 근거해 질문을 던지고 대안적인 연합을 만들어내면서 자본, 정보, 권력의 신자유주의적 네트워크를 분열시킴으로써 새로운 대항 영화의 형성을 주도하는 역할을 한다.

여기에서 한 단계 더 나아가 헤마 라마샨드란Hema Ramachandran은 '영역과 경계를 관통해서 넘어설 수 있음'과 '경계, 균열, 주변부, 이산적인 제3의 공간'이라는 '트랜스'의 의미를 더욱 강조하면서 '초-아시아 영화' 개념을 '아시아 디아스포라 영화'로 확장시킨다. 그녀에 따르자면, 디아스포라 영화는 민족, 나아가 민족 정체성과 민족 문화에 관한 확실하고 지배적인 정의 자체를 문제시하는 동시에 안정된 정체성과 경계지어진 공간의 탈영토화를 명백하게 보여준다.[32] 따라서 탈식민성, 혼종성, 번역, 제3영화, 소수의 문화적 생산 등을 특징으로 하는 디아스포라 영화를 통해서 기존에 민족 영화 담론의 지배적인 공식이었던 '영화=민족=정체성'은 불신임과 해체의 위기에 직면하게 되는 것이다.[33]

32. 헤마 라마샨드란, 「'트랜스 아시아' 영화(들)이라는 문제에 대하여」, 김소영 편저, 333쪽.

33. 라마샨드란, 335쪽.

V.

민족 영화 담론의 과제들

민족 영화 담론이 걸어온 이와 같은 과정을 통해 민족 영화 개념이 현대의 문화구성체들이 지닌 내적 다양성이나 다른 문화구성체들 간의 중첩과 상호 침투를 온당하게 평가하지 못하고 있을 뿐만 아니라 문화적 특수성이 민족 관계에서 가장 잘 이해되고 전달된다고 볼 수 없음이 분명해졌다.[34] 그렇다고 해서 영화 연구에서 민족 범주를 단순하게 폐기해서도 안 될 것이다. 대신에 민족 영화 연구는 이제 근대 이후 세계 질서와 구조를 지배해온 가장 강력한 힘 중의 하나였던 민족주의 이데올로기는 물론이고 현재 막대한 탐식증을 통해 모든 생산적인 차이들을 위협하고 있는 전지구적 자본주의를 경계하고 비판하면서 정치적, 미학적으로 새로운 대항 영화를 생성해내야 한다는 과제에 직면해있다.

이는 한편으로는 '대문자 민족Nation'에 대해, 다른 한편으

---

34. Higson, p. 72.

로는 '대문자 영화Cinema'에 대해 문제제기하면서 각각을 비판적으로 재구성하는 과정을 요구한다. '민족'은 '민족적인 것' 혹은 '초민족적인 것'과의 관련 속에서 유동적이고 열린 의미로 재개념화됨으로써 그 허구적 동질화에서 벗어나야 한다면, '영화'는 특수한 사회문화적 맥락 속에서 작동 중인 지배적인 담론의 헤게모니를 침해하고 안정된 정체성과 경계지어진 공간들을 탈영토화하는 역할을 해야 하기 때문이다. 그럴 때 민족 영화는 대중적인 기억을 순환하고 절합할 수 있는 그리고 새로운 정치적, 문화적 정체성들의 생산에 참여할 수 있는 텍스트가 되면서 민족 문화구성체들의 다양성과 민족의 삶이 지닌 살아 있는 복합성들을 재양식화[35]하는 중요한 통로가 될 수 있을 것이다.

민족 영화 연구는 비교 연구의 중요한 장이 될 수 있다. 비교 연구를 통해 개별적인 민족 영화가 환원불가능한 자기만의 특수성을 소유하기 어렵다는 것 그리고 할리우드 영화를 비롯한 어떤 민족 영화도 대문자 영화와 등치될 수 없다는 것이 드러나게 되고 궁극적으로는 특히 비서구의 영화 연구를 포박하고 있던 식민성이 해체될 수 있기 때문이다. 예를 들어 할리우드와 다른 민족 영화 간에 존재하는 불평등한 경제적, 문화적 교환이라는 맥락 속에서 토착 장르의 생성이나 생존이 어떻게 이루어지고 있는가, 이런 토착 장르들은 민족 영화의 범위와 내용에 어떤 영향을 미치는가와 같은 이슈들

35. John Hill, "The issues of national cinema and British film production", Duncan Petrie, ed., *New Questions of British Cinema*, London: BFI, 1992, p.16.

에 대한 검토는 흥미롭고 유의미한 작업일 수 있다. 이를 통해 보편적 장르라는 틀이 각각의 특수성을 지닌 민족적인 것들과 교차하는 과정이 분석될 수 있기 때문이다.

또한 앞서 언급된 '초-아시아 영화'나 '디아스포라 영화'는 물론이고 민족 공간의 변방을 전경화하는 '변방 영화marginal cinema'와 같은 개념들은 세계화와 동시에 일어나는 지역적인 것의 가치증가라는 역설 그리고 이로 인해 민족주의 담론 내에서 국지적parochial인 것과 주변적인 것peripheral이 새롭게 타당성과 중요성을 갖게 된다는 사실을 입증한다[36]는 점에서 좀 더 이론화되어야 할 필요성을 제기한다. 그러나 이런 개념들이 내포하고 있는 일련의 차이들을 '다르지만 하나인' 다문화적인 것multicultural으로 볼 것인지, 바바가 '문화적 미결정성undecidability'의 장소라고 부른 '서로 분리된 문화들'을 의미하는 잠재적으로 복수문화적인 것pluricultural으로 볼 것인지가 중요하고, 특히 '초-아시아 영화'와 같은 개념의 경우에 문화의 혼종성, 트랜스적 흐름에 대한 연구가 민족적인 것, 국제적인 것, 초민족적인 것의 구성 내에서 지리적 위치와 물리적 경계의 중심성을 아무런 문제 제기 없이 재강화하는 경향을 가질 수 있음[37]을 경계할 필요성이 지적되어야 할 것이다.

---

36. Hayward, 2000, p.94

37. 요시모토, 「민족적/국제적/초국적: 트랜스 아시아 영화의 개념과 영화비평에서의 문화정치학」, 김소영 편저, 285쪽.

참고 문헌

김선아, 『한국영화라는 낯선 경계: 코리안 뉴웨이브와 한국형 블록버스터 시대의 국가, 섹슈얼리티, 번역, 영화』, 커뮤니케이션북스, 2006

김소연, 「전후 한국의 영화담론에서 '리얼리즘'의 의미에 관하여: <피아골>의 메타비평을 통한 접근」, 김소연 외, 『매혹과 혼돈의 시대: 50년대 한국영화』, 소도, 2003

롭 윌슨, 「세계화를 향한 길 위의 한국영화: 세계/지역적 역학을 추적하기, 혹은 왜 임권택은 이 안이 아닌가?」, 김소영 기획,『한국형 블록버스터: 아틀란티스 혹은 아메리카』, 현실문화연구, 2001

문재철, 「한국 영화비평 담론의 타자성과 콤플렉스: 50년대 후반에서 70년대까지 리얼리즘 담론의 '상상성'을 중심으로」, 연세대 미디어아트센터 엮음,『한국영화의 미학과 역사적 상상력』, 소도, 2006

미츠요 와다-마르시아노, 「블라디보스톡에서 생각하는 일본: '초민족적' 영화에서 민족 찾아내기」, 『트랜스: 아시아 영상문화 컨퍼런스』, 트랜스: 아시아 영상문화 연구소, 2006

미츠히로 요시모토, 「동아시아와 영화의 정치학」, 『부산국제영화제 10주년 기념 국제학술대회-아시아 영화 연구』, 제10회부산국제영화제, 2005

미츠히로 요시모토, 「민족적/국제적/초국적: 트랜스 아시아 영화의 개념과 영화비평에서의 문화정치학」, 김소영 편저, 『트랜스: 아시아 영상문화』, 현실문화연구, 2006

이민호, 「우리에게 민족주의란 무엇인가?」, 한국서양사학회 편, 『서양에서의 민족과 민족주의』, 까치, 1999

최정무, 「한국의 민족주의와 성(차)별 구조」, 일레인 김, 최정무 편저, 『위험한 여성: 젠더와 한국의 민족주의』, 삼인, 2001

헤마 라마샨드란, 『'트랜스 아시아' 영화(들)이라는 문제에 대하여」, 김소영 편저, 트랜스: 아시아 영상문화』, 현실문화연구, 2006

Berry, Chris, "If China can say no, can China make movies? or do movies make China?: rethinking national cinema and national agency", Ray Chow, ed., *Modern Chinese Literary and Cultural Studies in the Age of Theory: Reimagining a Field*, Duke UP, Durham, 2000

Berry, Chris, "From national cinema to cinema and the nationa: Chinese-language cinema and Hou Hsiao-hsien's 'Taiwan Trilogy'", Valentina Vitali & Paul Willeman, eds., *Theorizing National Cinema*, BFI, London, 2006

Burton, Julianne, "Marginal cinemas and mainstream critical theory", *Screen* 26(3-4), 1985

Crofts, Stephen, "Reconceptualizing national cinema/s", Valentina Vitali & Paul Willeman, eds., *Theorizing National Cinema*, BFI, London, 2006

Hayward, Susan, *French National Cinema,* French National Cinema, Routledge, London, 1993

Hayward, Susan, "Framing national cinemas", Matte Hjort & Scott MacKenzie, eds., *Cinema and Nation*, Routledge, London&NY, 2000

Hedetoft, Ulf, "Contemporary cinema: between cultural globalization and national interpretation", M. Hjort & S. MacKenzie, eds., 2000

Higson, Andrew, "The limiting imagination of national cinema", Matte Hjort & Scott MacKenzie, eds., 2000

Hill, John, "The issues of national cinema and British film production", Duncan Petrie, ed., *New Questions of British Cinema*, London: BFI, London, 1992

Kyung Hyun Kim, *The new korean cinema: framing the shifting boundaries of history, class, and gender*, dissertation of the Graduate School, University of Southern California, 1998

Pines, Jim & P. Willeman, "Introduction", Jim Pines & P. Willeman, eds., *Questions of Third Cinema*, BFI, London, 1989

Schlesinger, Philip, "The sociological scope of 'national cinema'", M. Hjort & S. MacKenzie, eds., 2000

Willeman, Paul, "The third cinema question: notes and reflections", *Framework* 34, 1987

Willeman, Paul, "The national revisited", Valentina Vitali & Paul Willeman, eds., 2006

No. 5

1950년대의 근대성과 여성 섹슈얼리티

<자유부인>한형모 1956, <지옥화>신상옥 1958

I.

1950년대 한국사회와 근대적 주체로서의 여성의 등장

1950년대 후반의 한국 사회는 서구적 제도와 가치의 무분별한 유입과 폭력적이고 비인간적인 산업화의 경험을 통해서 근대화와 서구화라는 것을 한편으로는 거부할 수 없는 매혹이자 다른 한편으로는 자기 정체성에 대한 심각한 위협으로 인식하던 시대였다. 그런데 이 시기의 한국영화들 속에서 여성과 관련된 것들은 흥미롭게도 끊임없이 소비주의, 상품물신주의, 과도한 섹슈얼리티, 성적 스펙터클 등과의 연관 속에서, 또는 그것들의 매개를 통해서 재현된다. 그 과정에서 여성의 섹슈얼리티는 한국사회의 전통적 위계질서를 위협하거나 성차라는 문제틀을 재구조화하는 힘을 갖기도 하고 당대적 욕망과 불안감을 가장 직접적으로 표현해주는 증후적 기호가 됨으로써, 근대화와 서구화가 맞물리면서 빚어내는 문제의 지점들을 환기시키는 가장 강력한 은유이자 상징이 된다.

이런 결과는 대부분, 영화 텍스트 내에서 여성의 욕망이 역동적으로 표현되는 동시에 그녀가 서사적 행위자이자 이미지로서 하는 역할이 모순적으로 의미작용하게 되면서 중층적으로 재현을 구성하기 때문에 가능해진다. 즉 영화 속에서 여성들은 근대화 과정 자체를 상징하거나 재현하는 동시에 그 과정 안에 존재하는 역학과 모순을 표현하고 협상하는 담론 속에 위치지워진다.

따라서 1950년대의 한국 사회가 안고 있던 구체적인 사회경제적 모순과 그 안에서 당대 여성들에게 강제되었을 위치는 50년대의 영화적 재현에 접근할 수 있는 출발점의 역할을 한다면, 자본주의화 과정, 도시 문화, 소비주의를 매개로 해서 형성되어갔던 당시의 한국적 근대성이라는 것이 영화 속에서 여성 섹슈얼리티를 어떤 방식으로 규정짓고 또 규제하고자 했는가 라는 것이 분석의 주된 내용이 될 것이다.

여기에서 1950년대 후반의 한국사회가 안고 있는 정치적이거나 사회경제적인 상황을 개략적으로 살펴보고자 하는 것은 두 가지 의도를 지닌다. 하나는 스크린의 '외부에서' 50년대의 영화적 재현을 직간접적으로 규정하고 있는 현실의 역학을 상상해내기 위한 것이라면, 다른 하나는 특히 당시의 영화들 속에서 여성들이 처하게 되는 주객관적 조건과 위치들을 이해하기 위한 것이다.

여성 주체들 역시 50년대 한국 사회구성체의 성격과 이것이 배태하고 있던 모순구조로부터 자유로울 수 없었고, 오히려 가부장제 사회에서 일종의 '하위 주체subaltern subject'로서 여성이 점하는 위치는 더 억압적이고 가중된 모순의 작용점일 수 밖에 없었을 것임을 충분히 추론할 수 있다. 더구나 50년대의 멜로 텍스트들은 당연히 여성 주인공이 처한 딜레마와 비극적 운명을 통해서 서사적 긴장과 위기를 발생시키는데, 그 과정은 너무나 많은 유사성과 반복을 보여준다. 경제적 곤궁 때문에 그들에게 강제되는 정체성의 전환이나 사회적 지위의 하락이라든지, 집이라는 물신화된 장소나 가문이라는 유교적 명예를 지키기 위한 그들의 고투와 희생이라든지, 성적인 일탈이나 타락으로 인해 그들이 직면하게 되는 도덕적 비난이나 처벌 등을 예로 들 수 있다.

위의 두 가지 경로를 따라가 보고자 하는 것은, 전쟁의 상흔과 경제적 궁핍, 분단의 급속한 정착과 반공이데올로기, 민족국가 수립과 탈식민성의 과제 등으로 정의될 수 있는 50년대에 가부장제 이데올로기와 근대성의 경험 그리고 자본주의의 원리가 맞물린 지배적인 담론이 어떤 방식으로 여성의 현실을 의미화하고 '여성적인 것'의 함의를 재배치시키고 있는가를 엿보기 위한 것이다. 권력의 지배적인 담론은 당대의 사회구성체와 그를 지탱시키는 이데올로기의 차원에서 '상상적으로 합의된 동일시'를 지속적으로 끌어내고자 하는데, 50년대의 한국사회처럼 위기와 혼란으로 점철된 시기에 그러한 동일시의 전제로서 요구되는 '분리와 배제의 역학'은 여성에게 집중되기 때문이다.

무엇보다도 50년대를 살아간 사람들에게 가장 직접적으로 영향을 끼친 것은 거의 모든 생산 기반과 생활 기반을 파괴한 한국전쟁의 여파였고, 이후의 전후 복구과정이 안고 있는 구조적 모순이었을 것이다. 단순한 국지전이 아니라 국제적 대리전의 양상을 띠고 삼 년이 넘게 동족 간에 치열하게 진행된 전쟁은 엄청난 물리적 피해만이 아니라, 오랜 기간 동안 한국 사회구성체의 성격과 대중들의 심리에 깊이 각인되는 비가시적인 상흔들 역시 남기게 된다.

그런데 50년대의 영화들에서 거듭 서사화되는 여성의 위치나 운명과 관련해서 볼 때, 가장 두드러지는 모순의 지점은 바로 전후에 한국 사회를 지배했던 '물질주의'와 미국을 중심으로 한 '외래문화에 대한 동경'에 의해 빚어진다. 전후의 원조 경제가 범람시킨 소비물자들과 미군들을 통해 유입된 서구적 라이프스타일은 미국이 상징하는 부와 물질문명에 대한 동경과 문화적 모방심리를 대중들 사이에 유행시키게 되면서, 또다른 욕망의 무늬를 50년대에 새겨넣게 된다. 미군부대를 통해 흘러나온 PX 물품들은 사람들의 눈과 혀를 유혹했다면, 홍콩이나 일본 등을 통해 밀수입된 눈부신 서구적 상품들은 물신적 욕망 속으로 사람들을 밀어 넣었다. 서울을 중심으로 들어서기 시작한 댄스홀을 비롯한 대중문화적 공간들은 새로운 종류의 육체적 감각과 결합된 서구식 자유연애 사상을 문화적 이상으로 유행시키면서 대중들을 근대적 주체로 빠르게 변모시켜 나갔다. 또한 미군과 양공주가 어우러져 빚어내는 기치촌의 풍광들은 비천함에 대한 혐오와 이국성에 대한 동경을 동시에 불러일으켰을 것이다.

50년대의 이러한 사회문화적 조건들은 그 안에서 살아가던 당시의 여성들의 현실적인 지위와 욕망들을 구성해내었을 것이고, 바로 그들에게 말걸고 있는 50년대의 멜로 영화들은 따라서 그러한 여성들의 지위와 욕망들을 반영하고 있는 동시에 재구성하는 기능을 하고 있다고 볼 수 있다. 이는 근대성-자본주의-가부장제를 축으로 해서 연동하고 순환하는 사회적, 심리적 원리들 속에서 그 구체적인 내적 전개과정을 상징하거나 표현할 표상이 요구되었고,

그 역할을 담당한 여성들은 그 과정 내에 존재하는 역학과 모순을 표현하는 동시에 그것들과의 협상을 드러내주는 담론의 기호가 된다. 따라서 당시의 멜로영화들이 구현해내는 허구의 세계, 특히 화면을 장악하거나 수놓고 있는 스펙터클과 독특한 텍스츄어의 대부분은 여성들이 생산해내거나 여성들을 둘러싸고 모순적으로 의미작용하는 것들이었다.

당대의 한국사회는 자본, 화폐, 상품 등에 대한 '경제적 물신주의'와, 직업여성, 유엔마담, 양공주, 빠걸 등의 이름으로 불리던 새로운 여성 사회세력을 대상으로 한 '성적 물신주의'에 끊임없이 빠져들게 된다. 특히 '여성'이라는 젠더와의 관계에서 볼 때, '물질주의'는 한편으로는 사회적, 경제적 자율성과 독립성을 갖기 어려운 여성들을 이성애적 성애, 결혼이라는 제도 그리고 가정이라는 공간 안으로 환원시키고 집중시키지만, 다른 한편으로는 전쟁이 남긴 혼란과 빈곤 그리고 남성들의 부재나 무력화 속에서 여성들이 다양한 층위에 걸쳐서 공적 영역으로 진출하도록 만드는 역설을 빚어낸다. 이런 과정에서 여성들은 상품자본주의에 매혹당하고 근대적 성애를 경험하게 되면서 스스로 '근대적 물신'이 되어가는 동시에 '근대적 욕망의 주체'가 되어가는 이중적 과정이 발생한다.

그러나 공적 영역에 진출한 여성들이 처한 곤경과 그들에게 가해지는 다양한 층위의 비난과 처벌은 그들이 가부장제가 추구하는 여성의 성적 대상화와 자본주의의 가혹한 원리라는 이중의 덫으로부터 결코 자유롭지 못함을 보여준다. 또한 급속한 서구화와 미국문화에의 종속은 남성민족주의자들에게 '또 다른 식민성'으로 비추어지면서 불안감을 자아냈을 것이고, 그 불안감을 현실적으로 예증하고 또 가속화시키는 역할을 바로 여성이 수행하고 있음을 우리는 당대의 영화들 속에서 거듭 확인할 수 있다. 그 결과 여성들은 가부장제의 타자, 민족의 알레고리 이외에도 근대적 모순에 대한 은유로서의 지위를 부여받으면서, 재현의 층위에서 가장 심층적이면서도 역동적인 작인이 되는 것이다.

II.

1950년대적 욕망의 패러다임으로서의 물신주의

여기에서 무엇보다도 물신주의를 문제 삼고 1950년대 영화 텍스트에 대한 비평적 도구로 끌어들이고자 하는 것은 두 가지 근거를 지닌다. 우선 그 텍스트들의 서사 자체를 직간접적으로 규정하는 사회심리학이라는 측면에서 '물신주의적 욕망'이라는 문제틀이 다른 어떤 것보다 두드러지기 때문이다. 50년대 영화들을 보면서 가장 먼저 들었던 의문은 왜 영화 속에서 그렇게 돈에 대한 이야기가 반복해서 등장하고, 서사적 갈등이나 위기를 구축하는 데에 있어서 경제적 관계들이 왜 그렇게 중요한 의미를 지닐까 라는 것이었다.

이것은 가장 강력한 힘으로 개인들의 삶을 규제하는 동시에 가장 깊은 층위에서 주체들의 무의식을 구성하던 50년대적인 문제틀 중의 하나가 '경제적 물신'과 관련된 것임을 보여준다.

둘째, 당연히 여성 주인공의 시선과 목소리에 초점이 두어지는 멜로 영화들에서 그러한 물신주의적 욕망을 표현하고 매개하는 것은 대체로 여성 주체성을 둘러싸고 전개되기 때문이다. 많은 페미니스트들이 지적했듯이, 물신주의는 성적 약호의 역사와 인식론에서 항상 중요한 역할을 해왔는데, 이 때 물신주의라는 욕망의 경제는 '남성적인 것'으로서 배타적으로 이론화되어왔다. 하지만 50년대 영화들에서 볼 수 있듯이 그 욕망의 주체가 남성에서 여성으로 전치될 때, 여성들의 유동적이면서도 능동적인 욕망은 가부장제에 대한 그 위협성으로 인해서 텍스트에다 말로 다할 수 없는 긴장을 새겨 넣는 동시에 자본주의와 근대성 담론 내부에 존재하는 모순들을 강력하게 노출시키는 결과를 낳게 된다. 특히 '자율적 민족국가 수립'이라는 과제는 근대와 전통, 서구의 것과 우리의 것, 자아와 타자 간의 간단없는 길항 속에서 민족과 개인의 정체성을 (재)구성하는 과정을 진행시키는데, 이 과정에서 여성에 대한 성적 억압 그리고 희생화와 단죄의 서사가 반복적으로 등장하기 때문이다.

김소영도 김기영의 영화를 분석하는 글에서 물신주의를 도입한다. 그녀에 따르자면, "김기영의 영화는 정신분석학적 각도에서의 물신주의라는 틀만이 아니라, 정치경제학적이고 비판적인 물신주의, 즉 마르크스주의적 접근을 요구한다. 현실보다 과장된 중산층 가정의 미장센에 즐비하게 널려있는 상품들은 관객들에게 윈도

우 쇼핑과 같은 눈요깃거리를 제공하고 이런 상품자본주의의 전시장으로서의 김기영 영화의 스크린은 당대 관객들의 일상생활에 결핍된 상품에 대한 페티시fetish로 기능"[1]하기 때문이다.

그녀는 원시종교와 관련된 주물, 맑스주의적 관점에서의 물신, 정신분석학적인 개념인 연물이라는 물신주의의 세 가지 기원 내지는 역사적 측면을 나누면서, 김기영 영화의 분석에서 주로 '주물과 물신의 관계와 그 역동성'에 주목한다. 그런데 그녀의 이러한 시도는 하나의 텍스트를 분석하는 데에는 유용성이 있을지 모르겠지만, 일단 그녀가 물신이 지닌 세 측면에 대한 구분에 지나치게 의존하고 있을 뿐만 아니라, 종교적 의미의 주물과 정치경제학적 의미의 물신 간의 관계성을 '전통 대 근대'라는 이분법을 통해서만 접근한다는 한계를 보인다.

맑스가 〈자본〉을 통해서 궁극적으로 의도했던 것이 자본주의가 지닌 주술적 힘을 해체하는 일이었고, 상품 물신화의 핵심 역시 생산관계로부터 소비자를 소외시키는 주술효과라는 데에서도 알 수 있듯이, 물신의 세 측면은 결코 분리가능하지 않다. 한국영화 텍스트들이 물신주의와 관련하여 거듭해서 논증해주는 것 역시, 영화 속에 등장하는 물신주의적 욕망이나 물신적 이미지들에 있어서 물신주의의 그러한 세 가지 측면은 분리하기 힘들만큼 연동되어 있고, 오히려 그 욕망과 이미지들이 서로 다른 의미와 위치들 사이를

1. 김소영, 「김기영과 쾌락의 영역」, 『근대성의 유령들』, 씨앗을 뿌리는 사람, 2000, 92쪽

모호하게, 미끄러지듯이 움직여나가는 데에서 의미론적 힘이 나온다고 볼 수 있다.

이것은 많은 이론가들이 지적하듯이, 물신주의가 그 자체 내에 모순과 양가성 그리고 아이러니를 담고 있다는 사실에 의해서도 뒷받침될 수 있다. 우선 "물신은 항상 단일한 사건의 의미 있는 고정화이다 … 이런 물화되고 영토화된territorialized 역사적 대상은 또한 그 집단적인 사회적 대상으로서의 지위를 넘어서서 개인들로부터 강렬하게 개인적인 반응을 야기시킨다는 의미에서 '개인화'되기도 한다"[2]는 지적에서 알 수 있듯이, 물신주의적 현상 내에서 격렬한 개인적 애착과 집단적으로 가치평가된 사회적 대상에 대한 집착 간에 끊임없는 충돌이 존재할 수밖에 없다.

그런데 50년대 영화들에서 물신주의가 자체 내에 담지하고 있는 이런 모순성을 가장 역동적으로 가시화시키는 주체 역시 여성들이다. 때로는 화폐자본을, 때로는 성적 쾌락을, 때로는 소비 상품을 대상으로 하는 여성들의 물신적 욕망은 분명히 당대의 사회적 욕망을 반영하고 있음에도 불구하고, 영화 속에서 철저하게 개인화된 형태로 묘사되는 여성들의 욕망은 서사 내에서 줄곧 사회적 질서를 위협하거나 위계화된 젠더 체계를 무화시키려는 것으로 의미화되면서 비판적으로 가치평가 받고 결국은 그 부정성의 힘을 순응성

2. William Pietz, "The Problem of Fetish", Res 9(Spring 1985), pp. 12-13, Emily Apter, "Introduction", eds. E. Apter & W. Pietz, *Fetishism as Cultural Discourse*, Ithaca & London: Cornell UP, 1993, p.3에서 재인용

으로 치환시키려는 시도들에 직면하게 되기 때문이다.

또한 물신주의는 시공간적인 측면에서도 고정성과 미끄러짐이라는 모순된 위치 사이를 오간다. 물신주의는 남자아이가 어머니에게 페니스가 없다는 사실을 알게 되면서 거세 공포를 느끼는 심리적 외상의 '첫 순간'을 기념하고, 반복될 수 없는 '최초의 형식'으로 되돌아간다는 점에서 시간과 공간 속에 고정된다. 반면 성기 부위를 연상시키는 모피나 머리카락 또는 아직 성기를 바라보기 전 단계의 여성의 다리 등이 대표적인 물신적 대상이라는 데에서 알 수 있듯이, 어떤 대상도 남근적 대체물들로 이루어지는 '환유적 연쇄'에 들어오는 순간 물신화의 후보자가 될 수 있다는 점에서 물신은 동시에 고정된 위치를 점하지 않기도 한다.

50년대 영화 속의 여성 주인공들은 물신적 욕망의 대상이자 주체라는 두 가지 모순된 위치 사이를 빠르게 오가거나 동시적으로 점유하기도 하고, 애인의 소비나 상품의 소비라는 형태로 그들의 물신적 욕망의 대상이 끊임없이 전치되는 과정이 강박적으로 상세하게 묘사된다는 사실은 바로 이처럼 물신주의가 갖고 있는 또 다른 종류의 모순성을 예시해준다. 특히 이후에 분석될 50년대 후반의 영화들에서 두드러지게 여성들의 삶을 규정지으면서 위기로 몰고 가는 동시에 그들에게 새로운 정체성과 사회적 가동성을 가능하게 하는 것의 많은 부분들은 당대의 사회 전반을 심층적인 차원에서 구조화하는 자본주의적인 물신 관계와 근대성의 스펙터클이 열어 보이는 물신주의의 유혹적인 황홀경phantasmagoria이다. 따라서 여성이 과연 물신주의적 욕망의 주체가 될 수 있는가, 이것이 가능할 때 그것은 어떻게 남성과는 다른 욕망의 경제를 보여 주는가 그리고 더 나아가 이는 재현의 정치학 상에서 어떤 의미를 갖는가가 중요해진다.

프로이트에 따르자면, 물신주의는 남자아이가 어머니에게 페니스가 부재하다는 사실에 대한 지각이 가져다주는 거세 공포를 피하기 위해 그 사실을 부인**disavowal**하는 데에서 비롯되는 것이므로, 소녀의 경우에는 어머니의 거세를 부인할 이유가 없다는 점에서 여성의 물신주의는 불가능한 것으로 이론화된다.[3] 로라 멀비는 이러한 전제에 입각하여, 남성적 시선과 여성의 이미지 간의 관계를 설명하기 위한 축의 하나로 물신주의를 끌어들인다. 남성적 시선이 담고 있는 '거세 위협의 회피'라는 욕망의 경제는 한 편으로는 대상에 대한 시각적 지배와 무력화로 귀결되는 관음증을, 다른 한 편으로는 대상에 대한 과도한 이상화를 통하여 여성의 결핍된 페니스를 부인하는 물신주의를 기제로 삼게 된다는 것이다.[4] 메리 앤 도앤**Mary Ann Doane** 역시 물신주의는 여성에게 페니스가 없음을 발견하고 남성이 느끼게 되는 거세 공포와 남근 보존 욕망에 의해 생겨나고 여성 육체 이미지에 의존하는 것이기 때문에, 여성이 물신주의자의 위치를 상정하는 것은 불가능하지 않다면 극히 어려운

---

3. 지그문트 프로이트, 「절편음란증」,『성욕에 관한 세 편의 에세이』, 열린 책들, 1996. 이 책에서 번역자는 '물신주의'를 '절편음란증'으로 옮기고 있다.

4. 로라 멀비, 「시각적 쾌락과 극영화」, 김명혜 외 공편, 『성, 미디어, 문화』, 나남, 1994.

일이라고 보았다.[5]

그러나 프로이트와 라캉의 이론 내에서도 여성적 물신주의의 이론적 가능성을 찾아낼 수 있을 뿐만 아니라, 몇몇 페미니스트들은 물신주의를 여성에게 접근 가능한 것으로 개념화하기 위해 노력해왔다. 프로이트는 여성의 경우에 거세 불안이 물신주의를 비롯한 병리학적 행위의 특수한 원인이 아닐 수 있기 때문에, 문자 그대로의 거세 불안에서 벗어나 여남 모두에게 불안을 일으키는 더 추상적인 '분리 불안separation anxiety'으로 옮겨갈 필요가 있다고 주장한다.[6] 라캉 역시 모든 불안은 원형적인 분리 및 상실과 연관됨을 지적한다. "어머니로부터의 분리는 매우 외상적이라서 라캉은 이를 은유적으로 거세라 이름 붙였다. 따라서 그가 거세를 말할 때, 이는 상실, 차이, 개체화에 따른 심리적 충격 그리고 어떤 문자적이거나 자연적 의미에서의 생물학적 거세가 아닌 것을 의미한다."[7] 그렇다면 물신주의 이면에 놓여 있는 불안은 그 궁극적인 결과가 각 젠더에게 다를 수 있음에도 불구하고, 여성과 남성 모두에게 동등하게 영향을

---

5. Mary Ann Doane, "Film and Masquerade: Theorizing the Female Spectator", ed. Patricia Erens, *Issues in Feminist Film Criticism*, Bloomington & Indianapolis: Indiana UP, 1990, p.47

6. Sigmund Freud, *Inhibitions, Symptoms and Anxiety*, ed., James Strachey, *Standard Edition of the Complete Psychological Works of Sigmund Freud*, London: Hogarth, 1953-74, vol 20, pp.142-43. Kenneth Marc Harris, *The Film Fetish*, New York: Peter Lang, 1992, p.50에서 참조.

7. Ellie Ragland-Sullivan, *Jacques Lacan and the Philosophy of Psychoanalysis*, Urbana: U of Illinois Press, 1986, p.55, K. M. Harris, p.51에서 재인용

끼치는 것으로 볼 수 있다.

그로츠는 물신주의의 핵심적인 심리적 기제인 '부인'의 작용과 이것이 여성의 발전에 끼치는 영향을 이성애적(이차적) 나르시즘, 히스테리, 남성성 콤플렉스라는 세 가지 경로를 통해서 설명한다.[8] 프로이트에 따르자면, 여성 주체의 나르시즘적 대상 선택은 자신과의 유사성, 동일성, 또는 연관에 따르고 있기 때문에 그녀는 자기 육체에 대한 나르시즘적 몰두를 발전시키면서 자신의 육체 전체를 남근화한다. 즉 남성이 남근을 '갖고**has**' 있다면 여성은 자신이 남근'임**is**'을 믿는 것이고, 남성이 욕망의 대상을 '갖고' 있다면 여성은 욕망의 대상'인' 것이다. 이와 비슷하게 나오미 쇼어**Naomi Schor** 역시, 여성 물신주의자는 물신화하기보다는 물신화되고, 이 때 그녀는 자신의 잃어버린(또는 부재하는) 남근이 되고 싶어 하는 어머니의 욕망에 반응하는 여성이자 딸을 남근의 대체물로 사용하는 소유욕 강한 어머니라고 말한다.[9]

이처럼 자신의 거세를 보상하거나 수용하기 위한 자기 육체의 남근화는 타자의 욕망의 대상으로 자신을 위치지우고자 하는 시도로 이어진다. 그녀는 환영과 위조, 가면과 화장 등을 통해서 자신의 본질을 감추기도 하고 가시화시키기도 한다. 그런데 타자의 욕

---

8. Elizabeth Grosz, "Lesbian Fetishism?", eds. E. Apter & W. Pietz, pp.110-12. 여기에서 세 번째의 남성성 콤플렉스는 레즈비언적 욕망과 연관되므로 설명을 생략한다.

9. Naomi Schor, "Female Fetishism", ed., Susan Rubin Suleiman, *The Female Body in Western Culture,* Cambridge: Harvard UP, 1985, p.365의 주2

망의 대상, 즉 남근이 되고자 하는 과정에서 그녀는 아이러니컬하게도 이상화되면서 경멸되기도 하는 과잉이자 부족의 장소, 균열, 결핍, 또는 거세의 장으로 드러난다.

히스테리의 경우, 몸 전체가 남근이 되는 나르시스트의 경우와는 달리, 주로 성기가 아닌 신체의 일부가 남근화된다. 이런 메커니즘은 가부장제에서 그녀가 갖는 대상적 지위를 확증하기도 하지만, 반면 자신의 육체를 대상으로 삼는다는 점에서 그녀의 주체성은 능동적 위치를 유지한다. 사라 코프만Sarah Kofman은 이런 점에서 여성의 물신주의는 도착이라기보다는 '여성성의 수수께끼'를 여성에게 유리하게 전환시키는 전략[10]이라고 주장한다.

특히 여기에서 여성 주체의 물신적 욕망의 가능성과 그것이 갖는 힘에 주목하고자 하는 것은 바로 '이중의 매혹'을 설명하기 위한 것이다. 즉 50년대의 멜로 영화들 자체와 그 안의 여주인공들이 보여주는 매혹과 또 이런 매혹에 의해 생산되는 것들이 많은 부분 물신적 욕망에 의해 추동되는 동시에 물신주의적 황홀경을 이루어낸다는 매혹의 이중 구조를 이루고 있기 때문이다.

최정무는 "식민화된 공간을 점유하고 있던 서구 근대성의 산물인 시각적, 물질적 구현물들은… 근대적 운영체계에서 배제된 식민지 조선인들에게 상당한 매혹적 위력을 발휘하고, 또한 그러한 물적 구현물들을 생산해내는, 그 배후에 자리잡고 있는 거대한 힘에

10. Schor, p.369

대한 욕망도 이끌어낸다"[11]며, 식민 지배 자체가 맑스가 정의한 상품의 물신숭배 원칙과 유사한 방식으로 작동하고 있음을 지적한 바 있다. 즉 식민 종주국의 근대성과 식민지 조선의 근대성을 매개해주는 것이 근대성의 겉모습이라고 할 수 있는 '물질성thingness'이고, 이는 식민지 조선인의 주체성을 형성하는 중요 요인이라는 것이다. 그렇다면 유사한 방식의 설명이, 새로운 지배자로 전후 한국에 도래하여 신식민지적 질서의 수립을 주도했던 미국이 가져다준 근대성의 문화에 대해서도 적용될 수 있을 것이다. 더구나 북한군에 맞서 같이 목숨을 걸고 싸운 '혈맹'이자 전후에 자신들에게 엄청난 수혜를 가져다주었다고 '믿었던' 미국이라는 존재에 대하여 당시 한국인들은 엄청난 심리적 부채의식과 의존성을 갖고 있었을 뿐만 아니라, 미군들을 통해 접하게 된 서구식 문물과 물자들은 물신숭배적 동경의 대상이었기 때문이다.

특히 뒤에서 분석될 영화들은 '성적 물신'과 '경제적 물신'에 대한 두 가지 욕망 사이에서 그리고 '물신적 욕망의 대상'과 '물신적 욕망의 주체'라는 두 가지 지위 사이에서 여성들이 유동함으로써 빚어지는 긴장과 위협성 그리고 결코 이루어지지 않은 채로 지연되는 충족을 통해서 1950년대에 여성들이 현실과 허구 세계 양자에 걸쳐서 처했던 상상적이고 모순적인 지위를 두드러지게 가시화시킨다.

11. 최정무, 「경이로운 식민주의와 매혹된 관객들」, 『삐라에서 사이버문화까지 문화 읽기』, 현실문화연구, 2000, 61쪽

III.

'새로운' 신여성으로서의 1950년대의 여성들

<자유부인>(**한형모, 1956**)과 <지옥화>(**신상옥, 1959**)는 지금의 시각에서 보았을 때도 상당히 강력하면서도 매혹적인 여주인공들을 등장시키고 있다. 더구나 그녀들이 펼쳐 보이는 스펙터클과 욕망의 흐름들은 당대의 여성 관객들을 특정한 종류의 해방감이나 거부감 속으로 아니면 황홀경이나 낯선 두려움 속으로 몰고 갔으리라는 것을 짐작할 수 있다. 이들처럼 1950년대에 등장하여 하나의 가시적인 사회세력을 형성하는 동시에 사회적 여론의 집중적인 질타를 받던 여성들은 바로 1920년대 이후에 등장한 '신여성' 및 '모던걸'과의 연관 속에서 역사적으로 위치지어질 수 있다.

1920년대부터 제사, 방적, 고무공장을 중심으로 여성들의 본격적인 사회진출이 시작되었고, 서구의 선교사들이 세운 민간학교에서 교육을 받은 신여성들은 전통적 가치관과 충돌하면서 여성해방을 주장했다.[12] 1930년대에는 카페, 바, 다방 등을 비롯하여 도시에 새로 생겨나기 시작한 공간들을 통해서 '모던 걸'이라고 불리던

12. 이하 김진송, 『현대성의 형성: 서울에 딴스홀을 허하라』, 현실문화연구, 1999,

일군의 직업여성들이 등장한다. 이러한 과정은 서구적 가치관이나 사회주의적 사상의 영향을 받은 지식인 신여성과, 도시적 삶의 패턴을 최초로 형성했던 모던걸을 시대적 표상의 하나로 자리매김시킨다. 이들은 한편으로는 때로는 반사회적이거나 파괴적일만큼 대담한 여성해방 시각을 표출하면서 가부장적 위계질서와 가치관에 도전했고, 다른 한편으로는 막 등장하기 시작한 현대적 대중문화라는 틀을 통해서 새로운 문화적 주체로 전환된다.

이들의 뒤를 이어 1950년대에 등장한 '새로운' 신여성들은 공적 영역으로의 진출, 소비주의에의 몰두, (자의적이든 강제적이든) 가부장제적 위계질서와 통념에 대한 도전이라는 면에서 한 세대 앞선 여성들과 유사성을 지닌다. 물론 그들은 식민지 시대의 '신여성'들처럼 여성해방을 의식적으로 주장하지는 않았지만, 전후에 일어난 젠더 관계의 변화, 가부장적 권위의 쇠퇴, 대중문화와 물질주의의 확산이라는 변동하는 조건 속에서 근대성과 자본주의라는 두 가지 지형을 절합하는 역동적인 인간형이자, 전쟁이 낳은 보편적인 남성 무력화의 가장 가시적인 상징이 되어 갔다.

더구나 전후의 혼란과 궁핍이 여성들의 육체와 섹슈얼리티를 대상화하고 상품화하는, 철저하게 성애화된 역할들로 여성들을 몰아갔고, 이런 '특수한' 방식으로 남성중심적 사회에 진출한 여성들이 공적 영역의 가혹한 요구 그리고 자본주의적 질서의 착취적 원리 양자와 맺었던 길항 관계들은 50년대 영화들에서 가장 매혹적

5장 '신식여성의 등장'을 참조

이면서도 위협적인 형상화들을 제공하게 된다.

그런데 그 영화들에서 일관되게 사회적 무정부상태와 도덕적 일탈의 상징적 중심의 위치를 차지하는 여성 섹슈얼리티는 전후 시대가 안고 있던 불안정성은 물론이고 근대화 과정이 야기시킨 사회적, 문화적 혼란에 대한 반응으로 읽어볼 수 있다. 따라서 여성들은 성적으로 수동적인 동시에 과도하게 성적인 존재로 묘사되는 역설이 등장하고, 근대성, 물질주의, 도시적 문화의 전형을 표현하는 알레고리가 되는 동시에 영화가 제공하는 시각적 쾌락의 핵심을 차지하게 된다.

IV.

〈자유부인〉: 경제적 물신주의와 성적 물신주의에 사로잡힌 여성들

정비석이 쓴 〈자유부인〉의 원작소설은 1954년 1월부터 8월까지 〈서울신문〉에 연재되었는데, 작품에서 묘사되는 성윤리와 작품의 상업성을 둘러싸고 작가와 대학교수 그리고 문학평론가와 변호사까지 가세한 논쟁이 일어났고, 단행본으로 출간된 이후에는 순식간에 14만부가 넘게 팔려나가는 등, 대단한 문화적 소란을 일으킨 것으로 알려져 있다.[13] 물론 이런 화제 거리는 영화 속에서 교수부인이 보여주는 춤바람이나 불륜 관계를 포함한 사회적, 도덕적 위반행위들을 둘러싸고 제공되었다는 점에서, 섹슈얼리티가 점차 근대적인 사회적 정체성의 장에서 얼마나 중요한 요소가 되어가고 있는가를 읽어볼 수 있게 해준다.

그렇다면 이 영화가 당대의 여성 관객들에게는 어떻게 쾌락을 줄 수 있었고, 남성 지식인들에게는 왜 그렇게 격렬한 반응들을 불러일으켰던 것일까? 그것은 무엇보다도 영화의 서사가 전개되는 과정에서 일어나는 '여성의 새로운 주체구성' 과정과 이것에 수반되는 '근대적 쾌락의 발견'에서 찾아볼 수 있고, 이러한 것들은 전후의 혼란 속에서 비록 파행적인 형태로나마 빠른 속도로 진행되었던 자본주의의 확대와 도시화 그리고 소비주의의 물결 등의 흐름을 그 배경으로 하고 있다.

우선 자본주의의 확대와 도시화는 여성과 남성 모두에게 결혼과 가족적인 사회적 질서 외부에서 살아갈 새로운 기회를 제공했다면, 공적 영역에 진출함으로써 자기 힘으로 돈을 벌고 여가와 소비를 즐길 수 있게 된 여성들에게는 대안적인 정체성과 성역할을 가능하게 하는 '자기에 대한 새로운 감각'을 제공한다.[14] 더구나 대

13. 한국역사연구회, 『우리는 지난 100년 동안 어떻게 살았을까』, 역사비평사, 1998, 1권, 141쪽

14. Kathy Peiss & Christina Simmons, "An Introduction", eds., Peiss & Simmons, *Passion and Power: Sexuality in History*, p.7

중문화가 낳은 상업화된 여가의 새로운 형식들은 이전과 비교할 수 없을 정도로 자유롭게 이루어지는 이성 간의 만남과 유희의 기회를 제공함으로써, 여성들로 하여금 비관습적인 형태의 과감한 성적 실험을 시도할 수 있게 해준다. 특히 댄스홀은 잘 모르는 여성과 남성 간의 친밀한 상호작용을 허용하고 춤을 통한 육체적 흥분의 분위기를 조장한다는 점에서 고조된 성적 자각과 자유롭고 손쉬운 섹슈얼리티를 창출한다.[15]

이처럼 이성 간의 성애적 상호작용을 강화시키는 댄스홀의 문화적 분위기 안에서 '자유부인'은 당시로서는 파격적이라고 할 수 있는 연하의 미혼 남성과의 로맨스를 추구하거나 기혼 남성과의 불륜을 예고하는 성적 유희를 벌여나가는 모습으로 묘사된다. 이것은 당시의 대중문화 공간을 매개로 한 여성들의 경험이라는 것이, 유독 여성에게만 억압적인 성적 규범이나 남성의 시각으로 좋은 여성/나쁜 여성을 나누는 이분법을 동요시키면서, 어떻게 여성들로 하여금 자신의 행동들을 더 유동적인 도덕 기준에 따라 정의하면서 도시 문화와 더 능동적이고 자율적인 방식으로 협상할 수 있도록 해주었는지를 보여준다.

소비주의의 등장은 기존에 가부장제 사회에서는 철저하게 무시되거나 억압되던 여성의 사사로운 욕망, 요구, 자아인식 등에 기초하고 상품의 표상이 약속하는 만족에 의해 매개되는 여성의 새

15. Peiss, "'Charity Girls' and City Pleasure: Historical Notes on Working-Class Sexuality, 1880-1920", eds., Peiss & Simmons, p.59

로운 주체성의 형식을 형성함으로써, 남성 중심적으로 근대성을 설명하는 생산 및 합리화의 담론과는 달리 여성성을 근대의 중심에 놓는다.[16] 전통적으로 남성들의 소비의 대상이었던 여성은 상품과의 관계에서 능동적인 주체의 위치를 차지하게 될 뿐만 아니라, 물질주의와 쾌락주의에 대한 추구를 통해서 근대성이 낳은 또 하나의 특권적인 행위주체가 되기 때문이다.

〈자유부인〉에서 여주인공이 아내의 역할이나 모성으로만 제약되기를 거부하면서 성적인 자유와 실험의 유혹 속으로 빠져들게 되는 또 다른 계기는 바로 서구화와 근대화에 대한 '여성적인' 방식의 욕망을 압축하고 있는 화려한 상품물신의 세계로의 진입이다. 그녀가 양품점의 판매원으로 취직하게 되는 것은 가정이라는 사적 공간과 가사와 육아라는 여성의 성역할에서 일시적이나마 벗어나는 계기가 된다. 그러나 어떤 면에서 더 중요한 것은 그 결과 그녀가 전통사회에서 지배적인 '가족 자아'[17]를 벗어나 '개인주의적인' 방식으로 욕망을 구성하고 재구성하는 궤도로 진입하게 된다는 사실이다. 상품물신의 세계가 지닌 유혹성은 그녀를 소비주의적 주체로 전환시키는데, 이것은 여성의 개인적 욕망이 지닌 정당성을 인정하는 것이자 '자기에 대한 감각'에 기초한 쾌락의 추구를 가능하게 하기 때문이다. 그 결과 그녀는 부부 간의 위계화 된 권력 관계나 모성

16. 리타 펠스키, 『근대성과 페미니즘』, 김영찬, 심진경 옮김, 거름, 1998, 106쪽

17. 조주현, 「섹슈얼리티를 통해 본 한국의 근대성과 여성 주체의 성격」, 성폭력상담소 엮음, 『섹슈얼리티 강의』, 동녘, 1999, 51쪽

으로 환원되는 섹슈얼리티를 벗어나서, 남성들과 새로운 종류의 평등한 친밀성을 경험하게 되고 조형적 섹슈얼리티plastic sexuality[18]의 구성을 통한 근대적 자아의 구성으로 나아가게 된다.

그러나 이러한 과정은 양가성을 지니는데, 여성 소비자의 욕망은 철저하게 교환의 회로 속에서 작동하는 것이라는 점에서 때로는 더 정교화된 자본의 지배에 예속된 근대성의 희생자로 여성을 위치지우기 때문이다. 소비주의를 통해 여성에게 부여된 상대적으로 커진 권력은 여성성을 억압했던 몇몇 전통적인 구속을 붕괴시키기도 하지만, 비가시적인 방식으로 젠더화된 정체성을 강제하는 새로운 통제의 그물망 속으로 여성을 밀어 넣는 과정과 병행된다. <자유부인>에서 소비적, 상품적 측면과 연결되는 여성 성애는 '공적 공간의 여성과 성적 방종의 동일화'를 통해서 바로 여성 노동력과 여성 성애에 대한 관리 및 통제의 기능을 한다는 김소영의 지적[19] 역시, 소비주의가 여성의 해방에 대해서 갖는 양가성을 보여준다.

그러나 어떻든 이 영화가 당대의 여성 관객들에게 주었을 해방감의 많은 부분은 길거리, 다방, 댄스홀 등의 공간들 사이를 자유롭게 움직여가면서 도시 문화와 소비문화가 제공하는 쾌락을 마음껏 향유하는 여주인공의 모습에서 나오는 것이었다면, 이 영화에

---

18. 여기에서는 생식과 같은 자연의 명령이나 전통이 가하는 억압에서 벗어나 있다는 의미를 지닌다. 앤소니 기든스, 『현대 사회의 성, 사랑, 에로티시즘』, 배은경, 황정미 옮김, 새물결, 1996

19. 김소영, 「사모의 멜로드라마」, 『근대성의 유령들』, 143-44쪽

대해 지식인 남성들이 표출시켰던 불안감은 소비주의를 매개로 해서 성적 관계의 영역으로 옮겨진 여성 주체의 자유가 가부장제적인 가족 구조나 여남의 관계에 대해서 갖는 잠재적으로 전복적이고 파괴적인 영향력에서 기인한다는 사실을 부인하기는 어려울 것이다.

그만큼 이 영화에서 의미작용의 많은 부분은 여성과 남성이라는 서로 다른 젠더 간의 차이는 물론이고 여성들 내부에 존재하는 차이들에 기반해서 이루어진다. 우선 오선영의 행위들은 남편인 장교수의 행위들과 지속적으로 비교되는 방식으로 교차 편집되는데, 이것은 두 사람의 욕망을 시종일관 이데올로기적으로 차별화시킨다.

결혼 제도 외부에서 장교수가 미스 박이라는 여성에 대해 품게 되는 욕망은 한글을 가르친다는 계몽주의적인 행위와, 플라토닉한 관계라는 맥락을 통해서 생산적인 가치나 억제라는 미덕과 연결되며 정당화된다. 반면 오선영이 젊은 플레이보이 춘호나 중년의 한사장과 맺는 관계는 은근한 유혹과 육체적 접촉 그리고 결국에는 노골적인 성애에 이르기까지 시종일관 성화sexualization를 벗어나지 않음으로써 도덕적인 방종이나 성적 과잉의 함의를 쌓아나간다.

로맨스로 미화되던 오선영과 한사장의 관계가 한사장의 아내의 등장으로 한순간에 추악한 불륜으로 추락하고, 이 모든 사실을 '미리 알고 있던' 남편에 의해 쫓겨 난 오선영이 어린 아들의 존재를 통해 어정쩡한 용서를 받게 되는 결말 역시 남성 가장의 권력과 여성성의 모성으로의 환원을 다시 한 번 확인시킴으로써, 결혼 제도 자체가 갖고 있는 전통적인 권위와 결혼 생활 내에서의 남녀의 성별

역할과 위계화된 위치를 그대로 유지시킨다.

이런 면에서 볼 때 이 영화의 전반적인 젠더 이데올로기는 '여성의 해방'보다는 해방된 여성에게 가해지는 '새로운 형식의 규제'를 의미하는 듯이 보인다. 그리고 이 모든 과정은 오선영이 양품점이라는 근대적인 교환 체계와 유혹적인 상품 물신의 세계로의 진입을 통해서 근대적이자 서구적인 주체로 변모해가는 과정과 병행되면서, 자본주의적 발전이 야기한 저속한 물질주의와 서구 문화의 무분별한 추종에 대한 비판을, '소비 주체'이자 (전통적 굴레에서 벗어난) '자율적인' 여성에게 집중시키는 결과를 낳는다.

그러나 텍스트의 심층에서 작동하는 이러한 남성적 무의식은 도시화된 대중문화와의 접촉 그리고 근대적인 성적 주체로의 전환을 통해 가능해진 '자유부인들'의 경험이 텍스트 표면의 차원에서 상세하게 묘사됨으로써 제공되는 여성적 쾌락과 지속적인 경합을 벌일 수밖에 없게 된다.

영화의 시작 부분에서 오선영은 가정 내부라는 공간 속에 그리고 남성의 시선의 대상으로 위치지어지지만,[20] 양품점에 취직한 이후에는 양장을 하고, 춤을 배우고, 밤늦게 남자들과 거리를 돌아다니는 '근대적인 성적 주체'로 변모한다. 우선 한국영화들에서 여성의 정체성의 변화를 나타내주기 위해 가장 흔하게 동원되는 기표 중의 하나이기도 한 '양장'은 여기에서 단순히 '스타일'의 변화가 아

20. 영화 시작 부분에 춘호는 오선영의 모습을 사진에 담고, 이 사진은 나중에 그의 방에 걸린다.

니라, 정숙한 여성에서 유혹적인 여성으로, 예속적인 지위에서 독립적인 지위로의 이동을 함축하면서, 이후의 서사 과정을 예고하는 기능을 한다. 춤을 배운다는 것 역시 수동성과 모성으로 대표되는 기혼 여성의 위치를 벗어나, 그녀가 남편 이외의 남자들의 성적 시선의 대상이 될 뿐만 아니라 낯선 남자들과 어울려 로맨스를 벌일 수 있는 대중문화의 공간 속으로 진입하게 됨을 의미한다. 밤늦게 남자들과 거리를 돌아다닐 수 있는 자유는 더 나아가 일탈적인 성애의 유혹에 그녀가 고스란히 노출될 수 있는 가능성을 암시한다.

이 모든 것들은 그녀가 여전히 결혼 제도에 매여 있는 동시에 전통의 굴레가 가하는 구속에서 벗어나 자유로울 수 있고, 여성의 섹슈얼리티를 소비적인 도구로 상업화하는 대중문화 속으로 초대받지만 동시에 그 안에서 비전통적인 욕망의 주체로 재구성되는 역동적인 모순과 충돌의 지점에 놓여짐을 의미한다. 즉 익명성을 토대로 하여 개인주의를 체현하는 도시문화의 공간 안에서, 여성을 소비주의의 주체로 불러 세우는 상품 물신의 세계 속에서, 그녀는 아내와 어머니라는 역할에서 벗어나 한 '여성'으로서의 개인적 만족감을 추구하게 되면서 비관습적인 성적, 사회적 역할을 실험할 수 있게 되는 것이다. 물론 여기에서 제공되는 자율성과 쾌락은 여전히 위험을 수반하는 이성애 관계에 매여 있고 여성 스스로가 소비의 대상으로 놓이기도 하는 소비주의 이데올로기에 의해 가능해진다는 면에서 그 힘과 위협성은 제한되고, 이는 앞서 지적된 이 영화의 결말이 보여주는 이데올로기적 한계와 상관성을 맺고 있다.

이 영화가 지니고 있는 이런 모순성은 오선영과 또 하나의 대위를 이루는 최윤주의 운명을 통해서 더 두드러지게 표출된다. 오선영에 비해 더 능동적인 방식으로 남성들의 사업 세계에 뛰어들고 남성들과의 성애를 더 노골적으로 추구하던 윤주는 훨씬 더 가혹한 처벌을 받는다. 영화 초반의 동창회 장면에서부터 물신적 욕망을 강하게 드러내고, 자본주의적 사업과 성적 유혹을 일관되게 결합시키는 윤주는, 아내와 어머니의 자격을 박탈당할 위기에 몰리는 선영에 비해 더 많은 것을 잃고 결국 자살에 이르게 되기 때문이다.

그런데 특히 윤주의 경우에 흥미로운 것은 그녀가 성적인 자유와 쾌락을 확대하기 위해 남성으로부터의 경제적 독립을 추구하다가 결국 실패하게 되는 과정에 대한 묘사이다. "여자는 남자의 압제를 받지 않고 짧은 인생을 엔조이하려면 돈이 있어야 한다"고 믿던 그녀는 친구들과의 계를 통해 만든 목돈을 갖고서 밀수품 사업에 뛰어든다. 하지만 그녀는 사기꾼에게 속아서 돈을 모두 날리게 될 뿐만 아니라, 사기꾼과의 성관계가 드러나면서 공범으로까지 몰린다. 특히 경찰서 안에 갑자기 등장한 여러 기자들이 그녀를 향해 플래시를 터뜨리는 순간, 저명인사의 아내인 그녀는 사회적 사형선고를 받는 셈이 되고, 결국 이루어지는 그녀의 자살은 이것의 확인에 불과하게 된다.

그녀가 성에 대해서 보여주는 개방적인 태도는 여성에게 있어서 성적 자유는 결코 주어지는 것이 아니라 '발견되고 획득되는 것'이라는 인식과 맞물리면서, 그녀를 근대적인 성적 주체로 만들어낸다. 더구나 그녀가 상당히 능동적이면서도 계획적인 방식으로 자본주의적 사업에 참여하는 것은 그녀를 공적 영역에서 남성의 잠재적인 경쟁자로 위치지운다. 따라서 그녀의 이미지 속에서 성적인 무절제와 경제적 무절제가 밀접하게 결합됨으로써, 그녀는 성적 질서와 경제적 질서라는 두 가지 측면 모두에 있어서 가부장제와 남성에게 위협적인 존재가 되는 것이다.

이런 과정은 그녀가 두 가지 종류의 자본, 즉 화폐자본과 상품자본에 대한 물신적 욕망에 완전히 포박되는 정도와 병행해서 진행된다. 그런데 여성의 성적 욕망은 경제적 성공에 대한 욕망과 연결되고, 물신적 상품에 대한 그녀의 욕망은 자신의 육체와 섹슈얼리티를 성적 물신으로 만들어내는 결과를 낳는 식으로 두 가지의 물신적 욕망은 긴밀하게 매개됨으로써, 윤주를 둘러싸고 숨 가쁜 '리비도의 경제학'이 창출되는 것은 당연한 결과라고 할 수 있다.

우선 "계 바람은 부녀들의 신용대부적인 고리대를 배경으로 나타나 한때는 시중금융을 좌우할 만큼 거대한 힘으로 발전했다가 정부의 인플레 억제로 사양기에 접어든다…특히 여성들의 무계획적인 허영, 사치스런 금리생활은 계의 파탄과 함께 수습할 길이 없어 각종 형사소송을 일으켰고 이혼과 자살 등의 비극적 사태를 많이 낳았다"[21]는 기록이나, 1955년 1월 광주에서 일어난 계 소동으로 17명이 자살하고, 경찰의 계해산령과 국회의 조사단 구성까지 있었다[22]는 사실들은 당시에 여성들이 경제적 물신을 향한 무절제한 욕

21. 동아일보사, "특집 해방 30년", 『동아연감』, 1975, 41쪽. 정성호, 251-52쪽에서 재인용.

22. 정성호, 251쪽, 주41

망에 유난히 사로잡힌 존재들이었음을 강조하는 동시에 그로부터 빚어진 사건들이 엄청난 사회적 스캔들이었음을 보여준다.

또한 50년대 후반에 은행으로 환류되지 못한 채 사회 전반에 널리 존재하던 유휴화폐자본은 1950년대 내내 지속되었던 인플레이션과 맞물려 '화폐 자본'의 극심한 물화현상을 낳게 된다. "화폐 소득자의 실질소득은 나날이 저하되고… 고리대금업자만 발호… 돈의 가치를 제대로 한 장 한 장 세어보지도 않고 돈의 분량을 대충 달아서 주고받고 하는… 지폐의 홍수 속에서 거래의 단위만 터무니없이 불어"[23]났다는 당시의 기록은 그 정도를 짐작케 한다.

원래 '화폐'라는 것은 실물적인 재화나 용역의 양을 양적인 형식으로 표상하거나 재현하는 수단으로서 철저하게 '가치적인 현상'[24]이고, 따라서 모든 가치는 화폐 형태를 통해서만 자기를 표현할 수밖에 없다는 점에서 화폐는 유일한 등가물이라는 초월적 위치를 차지한다.[25] 그런데 이 영화의 배경이 되는 50년대 후반처럼 화폐의 가치가 심하게 떨어져서 무언가를 지불하기 위해서 말 그대로 '돈뭉치'를 주고받아야 했을 때, 그 화폐는 '교환가치'보다는 '표현가치'를

---

23. "긴급통화조치에 관한 재무장관과 한은 총재의 공동담화", 1953. 2. 13, 「광복 30년 중요 자료집」, 『월간중앙』 1975년 1월호 별책부록, 142쪽. 김대환, 「1950년대 후반기의 경제상황과 경제정책」, 『1950년대 후반기의 한국사회와 이승만정부의 붕괴』, 한국정신문화연구원 현대사연구소 편, 오름, 1998, 195쪽에서 재인용

24. 이진경, 「가치형태론에서 화폐와 재현의 문제」, 『문화과학』 24, 문화과학사, 2000년 겨울, 53쪽

25. 이진경, 65쪽

더 중요한 기능으로 삼게 된다. 따라서 영화 속에서 화폐자본에 대한 욕망은 성적 자유의 확장에 대한 욕망과 분리할 수 없는 것이 되고, 그녀가 특히 밀수품 사업에 뛰어든다는 사실은 물신화된 화폐자본이 주체를 인공적이고 약호화된 상품 물신의 세계에 접근할 수 있게 해주는 통로의 기능을 하고 있음을 보여준다.

그런데 결국 영화 결말에 윤주가 맞게 되는 비극적인 운명은 두 가지 측면에서 여성의 물신적 욕망이 갖는 힘의 한계를 보여준다. 우선 미국의 원조와 국가의 정책이 기업이나 개인의 경제적 운명을 절대적으로 좌우하고 변함없이 남성적 원리들에 의해서 사회적 계약관계가 지배받던 시대에 계나 사채에 의존하는 여성들의 비금융적인 경제적 수단은 항상 드라마 속에서 패배할 수밖에 없는 것으로서 드러나기 때문이다. 다음으로 한 여성의 능동적이고 위협적인 물신적 욕망은 그녀의 육체나 섹슈얼리티가 '사회적 물신'의 위치에 놓이는 순간 완전하게 무력화되어 버린다. 경찰서에서 그녀가 기자들의 플래시 세례를 받는 순간은 바로 그녀가 전면적으로 남성적인 '사회적 시선'에 노출되면서 스캔들러스한 '공적 물신'이 되는 것을 의미하는데, 이 때 그녀는 가부장제 사회에서 보호받을 가치가 없다고 여겨지는 '타락한 여자'로 낙인찍힘으로써 모든 것을 상실하게 된다. 또 경찰서를 나온 그녀가 기찻길을 따라 걷는 장면은 평면적인 구도나 도상화된 그녀의 이미지를 통해서 그녀 자체를 물신화시키는 동시에 전반적으로 죽음의 분위기를 환기시키는데, 결국 이어지는 그녀의 자살 장면을 예고하는 기능을 하게 됨으로써, 여성의 도상과 죽음 간의 전통적인 연관성을 더 확고하게 만들어준다.

V.

〈지옥화〉: 물신적 대상이자 성애적 욕망의 주체로서의 '양공주'

〈지옥화〉(신상옥, 1959)에서 근대성을 둘러싼 불안감은 철저하게 '성적 물신'의 지위를 차지하는 여주인공의 정적인 이미지와 '성애적 욕망의 주체'라는 여주인공의 능동적인 서사적 역할 간의 긴장과 충돌 속에서 움직여가고 투사된다. 그리고 그 과정은 주로 여성성과 관련된 또 하나의 시대적 기표로서의 '양공주western princess'라는 존재를 둘러싼 사회적 긴장감과 숨 막힐 듯 유혹적인 스펙터클, 이것과의 대척점에서 '고향과 어머니'라는 상징을 통해서 환기되는 반근대적인 환상 그리고 한 여자를 사이에 둔 두 형제의 비극적인 성애 등을 중심으로 해서 구조화된다.

영화는 시골에서 방금 서울로 올라온 동식이 서울역 앞에서 날치기를 목격하고 쫓다가 날치기와 한 패로 보이는 건달들에게 협박을 당하고 자신의 가방도 날치기 당하는 장면으로 시작한다. 이것은 등장인물들이 움직여가게 될 시공간이 '폭력성'이라는 주제뿐만 아니라, 갖가지 종류의 '통제 불가능한 욕망 간의 충돌'이라는 역학에 의해서 지배받게 될 것임을 암시한다.

영화를 일관되게 뒤덮고 있는 폭력성은 넓게는 1950년대라는 시대 자체가 보여주는 살벌한 생존본능과 삭막한 풍광들로부터, 좁게는 영화 속에서 기지촌에 기생하고 있는 남성 공동체가 보여주는 공격성과 범죄행위들로부터 나온다. 또한 '비극을 초래하는 욕망'이라는 문제설정은 주로 젠더라는 축을 매개로 해서 전개되는데, 여성은 강력한 힘으로 남성을 유혹하고 파멸시키는 역할을 맡고 있다면 남성은 그러한 여성을 향한 욕망으로 인해서 법과 공동체적 질서를 위반하게 되기 때문이다.

그런데 이 모든 과정은 바로 거부할 수 없는 매혹을 지닌 '성적 물신'의 지위와 모든 것을 빨아들이고 파괴하는 '성애적 욕망의 주체'라는 역할 사이를 오가는 여성을 중심으로 해서 구조화된다는 점에서, 혼란스러운 근대의 표정과 이것이 낳는 불안정한 변화에 대한 불안감과 혐오감 모두가 여성에게 압도적으로 투사되고 있음을 보여준다. 그러한 불안감과 혐오감은 전후 신식민지적 질서의 주도적인 재편자로 이 땅에 상륙한 미군을 상대하는 '양공주'라는 특수하고 다중적인 억압의 지점에 놓인 그녀의 정체성과, 그녀가 보여주는 지나치게 유혹적인 이미지와 과잉된 섹슈얼리티라는 두 가지 지점을 매개로 해서 더 구체적이고 역동적으로 움직여나간다.

우선 '창녀'라는 존재 자체는 '성애의 상품화'를 보여주는 대표적인 상징이라는 점에서, "경제와 섹슈얼리티, 합리와 비합리, 도구적인 것과 미적인 것 간의 모호한 경계를 교란시키는 대표적인 예이자, 그녀의 육체는 상업의 전횡과 현금거래망의 보편적 지배를 예증하는 것으로 또는 근대 도시의 오염, 질병, 사회적 위계질서의 붕괴 등과 연결된 위험한 여성 섹슈얼리티의 어두운 심연을 표상하는 것"[26]으로서, 근대의 상상적 지형도 안에 자리 잡고 있다.

이러한 것들은 창녀가 재현하는 섹슈얼리티라는 것이 한편으로는 인공적이고 상품화된 형태의 근대적인 여성 섹슈얼리티의 극단적인 예이고, 다른 한편으로는 도시적 익명성의 한 형태로서 가족적, 공동체적 속박으로부터 해방된 섹슈얼리티라는 사실을 그 출발점으로 한다. 따라서 그녀는 성적인 환상과 스펙터클을 매개로 한 근대적인 욕망 형식의 발생 과정을 보여주는 존재인 동시에 그 과정에서 적극적으로 작용하는 '통제 불가능한 여성 섹슈얼리티'의 이미지는 근대 자체에 내포된 온갖 종류의 부정성에 대한 은유로서 그녀를 손쉽게 위치지우는 결과를 낳는다.

그런데 영화 속의 대사처럼 '한국인과도 미국인과도 어울리지 않는 족속'인 '양공주'는 여성을 리비도적 혼란이나 무절제한 욕망과 연결시키는 가부장제적인 상상력 안에 놓이는 동시에 남성을 위협하고 거세시키는 존재라는 남성적 무의식을 그대로 반영하기도 하지만, 한국전쟁의 경험과 미국에 의한 군사적, 경제적 예속화라는 민족적, 역사적 외상의 층위들이 더해지게 되면서 영화 속에서 더 복합적인 의미작용을 하는 기표가 된다. 1950년대에 "식민 지배자와 피지배자 사이의 선물 경제gift economy가 가져다주는 황홀경은 신식민지 주민들을 한편으로는 미국 문물에 대한 열렬한 욕망을 갖게

26. 리타 펠스키, 47쪽

하고, 다른 한편으로는 그러한 스스로의 모습에 자존심이 상하는 고통스러운 양면성에 시달리게 하는 동시에 미국에 대한 부채의식과 수혜자로서의 자기 연민 사이에 갇혀서 갈등하게 했다. 결과적으로 한국이 미국에 대해 갖는 황홀경은 부채의식마저 욕망의 추구를 위하여, 그리고 미국과의 동일화를 위하여 교환하는 상징적 매춘 관계를 맺는 성적 경제로 전환되어 스스로를 성적 대상화하는 것"[27]이었기 때문이다.

따라서 영화 속에서 '양공주'라는 기표 자체는 서구화에 대한 맹목적인 충동과 신식민성에 대한 민족주의적 거부감 사이에서, 미국에 대한 동경과 부채감 사이에서 그리고 제국주의의 풍요로움이 가져다준 시각적 황홀경과 이것이 가속화시킨 리비도 경제에 대한 두려움 사이에서 불안정하게 유동하는 동시에 동일화와 투사의 심리작용이 집중되는 지점이라고 할 수 있다. 그런데 영화는 '양공주'와 미군들 간의 성적 교환에 대한 묘사는 최소화시키는 대신 형제 관계인 두 명의 한국인 남성과 그녀 사이의 욕망의 경제로 서사적 중심을 전치시킨다. 이처럼 제국(미국)의 남성과 신식민지 여성 간의 관계가 주변화되고, 미국이 점령하고 지배하는 공간(기지촌)이 오히려 한국인 남녀들의 욕망이 지도그려지는 공간이 되는 것은 민족주의적 무의식이 낳은 '부인의 정치학politics of disavowal'을 보여준다.

---

27. 최정무, 89쪽

남성적인 민족주의 담론에서 여성의 섹슈얼리티는 여성 자신에게 속하는 것이 아니라 남성적인 민족의 자산으로 정의된다. 그 결과 '위안부'와 같은 문제는 한국 여성과 제국 남성 간의 문제가 아니라 한국 남성과 제국 남성 간의 문제가 되면서, 자기 민족의 여성의 정조를 지키지 못한 한국 남성의 '수치'가 강조되고, 그 과정에서 여성의 성적 주체성은 근본적으로 부정된다.[28] 이와 유사하게 〈지옥화〉에서도 '양공주'라는 존재는 강대국 남성과 약소국 여성 간의 불평등한 성적 교환을 지시하기보다는 온갖 종류의 서구적 물신으로 치장된 여성의 육체와 더더욱 비천한 여성 섹슈얼리티라는 함의와 연결되면서, 제국주의적인 군사 매춘과 이에 공모하는 신식민지의 가부장적 질서에 의해 그러한 여성이 이중으로 착취받고 재식민화되는 지점을 은폐시키게 된다. 그 결과 그녀는 영화에서 여러 남성들 사이를 경계 없이 떠도는 '기표'가 되고, 전쟁, 분단, 냉전체제 그리고 서구화의 외양을 띤 근대화 등에 대한 불안감을 환기시키는 '증후'로 기능한다.

하지만 그녀의 과잉된 섹슈얼리티와 물신화된 육체는 시종일관 남성들의 능동성이나 통제력을 위협하면서 불확실성과 혼란을 야기하고 결국은 파괴적이고 두려운 것으로 드러남으로써, 남성적 무의식에 따른 텍스트의 의미작용을 곳곳에서 좌절시키는 동시

---

28. Hyunah Yang, "Re-membering the Korean Military Comport Women: Nationalism, Sexuality and Silencing", eds., Elaine H. Kim & Chungmoo Choi, *Dangerous Women: Gender and Korean Nationalism*, NY & London: Routledge, 1988, pp.130-31

에 거부할 수 없는 영화적 쾌락을 발생시킨다. 따라서 〈지옥화〉는 '양공주' 쏘냐(최은희 분)가 갖고 있는 힘과 매혹을 남성적 무의식이 한편으로는 거부하거나 제약하고자 흐름과, 다른 한편으로는 그것에 굴복하면서 피학증적 쾌락에 빠져들 수밖에 없는 흐름 사이에서 역동적으로 움직이는 텍스트라고 볼 수 있다.

이 영화의 주된 배경을 이루는 기지촌 공간은 바로 등장인물들의 욕망의 지형학을 그려낸다. 산업화된 도시의 모습과는 거리가 먼 황량하고 엉성한 건물들 그리고 이와 바로 인접한 먼지 이는 전원 풍경은 비현실성과 고립성을 통해서 그 곳을 드라마적 공간으로 위치지운다면, 그 위를 지속적으로 뒤덮는 범죄와 폭력들은 그 곳을 시대의 환부로 의미화한다. 한 마디로 영화 속에서 기치촌은 오염, 타락, 법의 전복 등의 함의를 지니는, 사회적으로 불안정한 공간이다. 그 안에서 신식민지의 남녀들은 때로는 적대하기도 하고 공모하기도 하지만, 주로 젠더화된 역할들로 분리된다. 여성들은 미군에게 몸과 웃음을 판다면, 남성들은 PX물품을 훔쳐서 시장에 내다판다. 여성은 그녀 자신이 남성에 대해서 갖는 성적, 심리적 사용가치에 의해서 성애적 물신이자 스펙터클로 위치지어진다면, 남성은 절도나 암거래와 같은 불법적인 교환행위에 의해 폭력적이고 거친 남성성과 서사적 행위자로 위치지어지면서, 젠더 이원화가 수립되기 때문이다.

그녀의 물신화된 육체와 마찬가지로 기지촌 공간 역시 온갖 종류의 물신적 욕망으로 뒤덮여 있다. 쏘냐에 대한 영식의 욕망과 동식에 대한 쏘냐의 욕망은 맹목적일 뿐만 아니라 끊임없는 순환과 전치의 과정을 보여준다는 점에서 물신의 구조를 띠고 있다면, 기지촌의 한국 남성들이 계속해서 훔쳐내는 PX물품은 사용가치에서 소외된 채로 추상화되거나 신비화되는 교환가치로만 환원된다는 점에서[29] 맑스가 말한 물신의 지위를 지닌다. 또 영화 속에서 기지촌이라는 공간은 철저하게 파편화된 형태로 제시됨으로써 그 안에서 일어나는 사건들은 지리적이기보다는 심리적인 연관성을 맺게 되고, 이 공간들 사이를 가장 자유롭게 이동하고 각 공간들 내에서 가장 극적인 행위를 연출하는 쏘냐는 각각의 공간들이 내포하는 함의들을 직접적으로 반향한다. 쏘냐가 지닌 매혹이 치명적으로 가시화되고 그녀 안에 내포된 위협성이 그 공간 자체에 대한 환유가 될 수 있는 것은 바로 철저하게 인공적인 아름다움을 통해서 구성되는 그녀의 물신화된 육체가 그 공간과 갖는 동형적인 구조 때문이다. 쏘냐의 육체나 기지촌의 공간 모두 매혹과 거부감, 아름다움과 오염, 쾌락과 불쾌라는 이중의 구조 속에 갇힌 채로 동요한다는 공통점을 지닌다.

쏘냐를 둘러싸고 구조화되는 이런 '이중성'의 모티브는 영화가 진행되면서 이미지와 서사의 차원 모두에서 점점 더 심화되는데, 그녀는 희생자이자 가해자이고, 서구화의 표상이자 반근대적 전통을 향한 욕망 그 자체이며, 유혹적인 표면이자 악을 숨기고 있는 내면이기도 하기 때문이다. 이처럼 때로는 양극적인 위치를 동시에

29. 예를 들어 PX 물품을 훔쳐서 한 몫 잡아 쏘냐와의 행복한 미래를 설계하고자 하는 영식의 경우를 들 수 있다.

점하기도 하고 때로는 양극 사이를 빠르게 오가는 존재이기도 한 그녀는 따라서 근대, 서구화, 도덕적 타락과 오염된 섹슈얼리티 등에 대한 갖가지 종류의 불안감을 표출하고 또 그 불안감과 협상하는 과정을 읽어볼 수 있게 해주는 '경계적liminal' 인물이다.[30]

그런데 이러한 여성의 이미지와 섹슈얼리티를 일관되게 대상화하는 영화의 스타일은 두 가지 측면에서 그녀가 갖는 힘을 제약하고 배제하고자 한다. 하나는 그녀를 반복적으로 남성의 시선을 통해 정적이고 도상적인 물신의 위치로 환원시키는 카메라라면, 다른 하나는 서사적 차원에서 이루어지는 그녀에 대한 처벌이다. 하지만 그녀의 과도하고 강력한 성적 욕망들은 이런 텍스트적 의도들을 비껴나는 잉여의 지점들을 빚어내고, 그녀의 압도적인 이미지는 시종일관 관객의 시선에 주술을 거는 것이기 때문에 영화는 서로 다른 힘들이 계속해서 경쟁하면서 서로를 강화시키기도 하고 무효화시키기도 하는 순간들을 만들어낸다.

그녀의 물신적 이미지는 유혹적인 스펙터클을 통해서 이루어지고 성애적인 아우라를 수반하는데, 이는 그녀에게 '양공주'라는 지위와 정체성을 강제하는 다양한 사회경제적 현실을 은폐하는

30. 김소영은 쏘냐와 영식은 '욕망의 인간형'이고, 쥬디와 영식은 시골로 갈 것인가 서울에 남을 것인가를 고민하는 '문지방적 인물들'로 바라보는데(「시네마, 테크노 문화의 푸른 꽃」, 131쪽), 그런 이분법적 갈등을 가장 첨예하게 극화하는 동시에 파국적인 해결(일종의 아이러니컬한 해피엔딩)로 몰고 가는 역할을 하는 쏘냐가 가장 양가적인 위치에서 서로 다른 힘들이 경합하는 바로 그 '경계'를 질문하고 전경화 하는 역할을 하는 인물이라고 볼 수 있다.

동시에 그녀를 정적인 도상으로 영속화시키는 기능을 한다. 물신적 욕망의 대상으로서의 그녀의 이미지는 '양공주'라는 그녀의 낙인찍힌 섹슈얼리티와 비천한 육체를 뒤덮고 가리는 역할을 하기 때문이다. 하지만 영화 속에서 그녀는 한국인 남성들로부터 경제적, 심리적 독립성을 지니고 있으며, 의상, 화장, 액세서리 등을 통해서 인공적으로 구성되는 그녀의 이미지 자체는 너무나 매혹적인 것이기 때문에, 그 결과로서 이루어지는 '양공주'에 대한 재현은 '양공주'를 "군사주의와 제국주의의 희생자이자 가난하고 강간당하고 능멸당하는 창녀"[31]로 바라보는 기존의 민족주의 담론의 시각과는 커다란 거리를 보여준다. 따라서 영화의 결말에서 그녀가 받게 되는 처벌은 엄밀한 의미에서 '양공주'라는 일종의 비천하고 위반적인 성적 역할과 정체성보다는, 그녀의 과잉된 섹슈얼리티와 통제되지 않는 욕망에서 비롯되는 것으로 읽혀진다.

또한 물신은 표면적 이미지에 대한 '응시'를 끌어들이면서 환영적인 공간을 창출해내는데, 영화는 서너 차례에 걸쳐서 '매혹당한' 남성의 주관적 시점으로 쏘냐가 포착되는 순간 소프트 포커스와 이차원성을 동원하여 독특한 텍스추어를 지닌 도상으로 그녀를 이미지화한다. 그런데 이 도상 자체는 우선 갖가지의 인공성과 가장을 동원하여 구성된 것이라는 점에서 가부장제가 추구하는 정숙하

---

31. Hyun Sook Kim, 「Yanggongju as an Allegory of the Nation: Images of Working -Class Women in Popular and Radical Texts」, eds., Chungmoo Choi & Elaine H. Kim, p.179

고 편안한 여성의 이미지에서 벗어나 있을 뿐만 아니라, 영화의 다른 부분에 대해서 갖는 이질성과 이미지 자체가 발산하는 압도적인 힘 때문에 이를 바라보는 남성 주체에 대한 위협성을 분명하게 담지하게 되는 역설이 발생한다.

더구나 여성의 섹슈얼리티는 '수동적이고 순응적인 것에 불과하다'는 가부장제적 통념을 조롱하듯이, 자신의 행위나 정체성에 대한 수치심이나 죄책감도 없이 성적 권력을 토대로 남성들을 지배하고 조절하는 그녀의 모습은 그 위협성을 더 배가시킨다. 물론 영화의 서사는 그런 쏘냐를 파멸시키고, 그녀와는 반대로 '양공주'라는 정체성을 끊임없이 열등하고 더러운 것으로 자의식화하는 주디가 결국 구원을 얻는 것으로 그려냄으로써, 여성의 위반적 섹슈얼리티와 일탈적 지위에 대한 규제를 시도하지만 그 과정에서 가시화된 매혹과 위반의 힘은 결코 사장되지 못한다.

이 영화의 이러한 양가적인 의미작용은 영화 속에서 근대적 섹슈얼리티와 상품의 기호들을 통해서 물신적 대상으로 위치지어지는 그녀가 자신의 주체적 욕망과 맺는 관계라는 측면에서도 지속된다. 우선 한마디로 '근대의 기표'인 그녀가 욕망하는 대상이 일관되게 전근대에 대한 환상과 연결되는 인물인 동식[32]이라는 사실은 자기모순적이다. 그러나 영화는 서구화되고 성적으로 낙인찍힌

32. 그와 주제적으로 연결되는 서정적인 하모니카 선율, '당신의 머리에서는 무르익은 옥수수 냄새가 난다'는 쏘냐의 대사, 동식이 계속 간직하는 고향에서 어머니와 찍은 사진 등을 예로 들 수 있다.

'양공주'의 삶으로부터 구원받을 수 있는 길은 근대에 의해 오염되거나 침탈되지 않은 순수함과 근본을 상징하는 전근대적 고향으로 돌아가는 것이라는 이데올로기를 끊임없이 작동시킴으로써, 이런 모순을 해결하고자 한다. 더구나 과잉남성적인 영식은 물론이고 이미 거세된 듯이 보이는 유약한 남성인 동식[33]과의 관계에서 쏘냐가 보여주는 능동적인 주체 위치 역시, 영화가 시각적 스타일을 통해서 그녀를 물신의 지위로 환원시킴으로써 그녀의 힘과 매혹을 제약하고 무효화하고자 하는 시도와 계속해서 충돌한다.

그러나 절정부에 해당되는 추격 시퀀스에서 영화는 혼란스러웠던 주체 위치와 전복적이었던 욕망들을 말끔하게 정리하고 재배치하고자 하는 '텍스트적 욕망'을 드러낸다. 미군 부대에서 PX 물품을 대량으로 훔쳐 도망가는 영식 일당과 이를 뒤쫓는 헌병대, 형을 구하기 위해 나선 동식과 동식을 막기 위해 그를 뒤쫓는 쏘냐라는 네 집단 간의 숨 가쁜 추격 시퀀스는 한편으로는 그 속도감 자체를 통해서 '현기증 이는 근대' 자체를 표상하는 동시에 다른 한편으로는 50년대의 한국적 근대성이라는 지형도 속에서 각각의 주체들이 차지하는 위치와 그 욕망의 역학을 '증후적으로' 그려내기 때문이다. 우선 그 욕망의 많은 부분은 미국이라는 존재와 서구화 과정에 의해 추동되는 것임을 알 수 있고, 남성들로 구성된 영식 일당과 또 형을 구하기 위해 나선 동식은 근대화의 추동력의 한 축이 바로

---

33. 이런 점에서 그는 '여성화된 식민지 남성'의 이미지 바로 그 자체이다. 최정무, 90-93쪽

신식민지 국가 내 '남성 간의 결속male bonding'임을 보여준다. 반면 가장 뒤에서 쫓아가고 바로 이어 늪지에서 그 동안 유혹적인 표면 밑에 감추어 있던 비천함을 드러내면서 죽음을 맞이하는 쏘냐는 근대화의 과정 내에서 이등 시민이자 가장 하위의 주체로 위치지어지는 여성을 읽어볼 수 있게 해준다.

따라서 결국 쏘냐에게 내려지는 비참한 죽음이라는 처벌은 한편으로는 남성의 능동성과 여성의 수동성이라는 '차이'를 통해서 가부장제가 유지하고자 하는 성적 질서를 위협하는 그녀의 과도한 섹슈얼리티의 결과이기도 하지만, 다른 한편으로는 바로 가부장 사회의 '동성사회성'을 유지시키는 '남성 간의 결속'을 파괴하는 그녀의 위협성이 무력화되는 것을 의미하기도 한다. 따라서 영식도 결국 죽게 되지만, 그가 죽기 직전 두 형제는 모두 그녀를 거부하는 태도를 공유하게 되면서 '남성 간의 결속'를 회복하는 서사가 수립된다. 이 순간 쏘냐의 아름다운 외부 표면은 사실은 낯설고 위험한 내면을 가리고 있었던 것임이 드러나게 되면서[34] 여성 육체에 대하여 깊이 자리잡은 불안감이 표출되는 동시에, 남성들로 이루어진 동질적 공동체에서 여성을 주변화하거나 배제하고자 하는 시도가 성공함으로써 그 불안감이 해소됨을 볼 수 있다.

---

34. Mulvey, *Fetishism and Curiosity*, pp. 55-6.

VI.

젠더 관계의 증후학으로서의 여성 섹슈얼리티

'근대성의 역학'이라는 관점에서 볼 때, 기존의 남성중심적인 이론들은 '발전, 확장, 안정'으로서의 근대성 이해에 머물러 왔다. 그러나 '여성적인 것'에 대한 관념을 둘러싸고 여성성과 근대성이 얼마나 복합적인 방식과 숨 가쁜 속도로 상호 교차하고 모방해 왔는가에 주목해본다면, '유동성, 일시성, 우연성'을 특징으로 하는 근대성의 또 다른 '여성적인' 면모를 발견할 수 있다. 또한 기존의 남성중심적인 근대 담론은 '근대적 개인'을 가족이나 공동체적 유대에서 벗어난 '자율적 남성'으로 가정해왔다. 그러나 1950년대의 한국 멜로영화들에서 이러한 근대적 개인을 핵심적으로 재현하는 주체들은 바로 '여성'들이다.

근대의 스펙터클은 나르시즘적인 자기동일화에 더 친숙한 여성 주체에게 훨씬 더 유혹적이었을 것이고, 따라서 여성들은 단지 근대화의 바탕에 존재하는 상실감과 불안감을 나타내주는 은유와 희생자의 위치 또는 전근대와 근대의 경계에서 유동하고 양자를 매개하는 역할을 넘어서서, 자신에게 할당되는 위치나 역할들에 대한 저항이나 그로부터의 일탈과 같은 다양한 욕망의 궤도들을 그려 보이기 때문이다. 따라서 이 글은 1950년대 후반에 등장한 두 편의 영화 텍스트들을 대상으로 해서, 여성성, 여성 육체, 여성 섹슈얼리티가 근대라는 지형도 속에서 위치지어지고 설명되고 평가되는 방식 등을 통해 '근대의 또 다른 결'을 읽어보고자 했다.

〈자유부인〉과 〈지옥화〉를 이와 유사한 맥락 내에서 읽어내는 시도가 이미 이루어진 바 있지만,[35] 거기에서 이 텍스트들은 한편으로는 '근대성이라는 성운' 내에서 한국영화의 상상력이 움직여가는 지형을 파악하는 데에 있어서, 다른 한편으로는 '한국적인 여성 영화'의 계보를 쓰는 과정에 있어서 대표적인 텍스트들의 일부로서 소환되는 경향이 강하다고 볼 수 있다. 물론 이런 작업이 한국의 영화연구 내에서 갖는 문화정치학도 중요한 의미를 지니지만, 여기에서는 그 초점을 근대화 프로젝트의 전단계로서 1950년대가 갖는 특수성에 맞추고, 그 시대의 욕망을 반영하는 동시에 구성하는 텍스트의 의미작용을 주로 페미니즘적인 섹슈얼리티 정치학에 의존하여 분석하고자 했다.

이것은 여성 주체의 사적인 삶이 강제하는 자기에 대한 감각과 개인적 정체성이 근대화 및 자본주의화 과정 그리고 공적 영역의 요구와 만나면서 어떻게 변동하고 절합되는가를 영화 텍스트 내에서 서사적 행위나 이미지 형상화를 통해서 읽어보는 작업을 중심

---

35. 김소영, 「서울, 영화 속의 도시」와 「전통성과 모더니티의 유혹」, 『시네마, 테크노 문화의 푸른 꽃』, 열화당, 1996 그리고 「사모의 멜로드라마」, 「여성영화에 대한 몇 가지 질문」, 『근대성의 유령들』, 씨앗을 뿌리는 사람, 2000

으로 하고 있다. 즉 여성이라는 정체성과 성역할 그리고 여성의 육체와 섹슈얼리티를 둘러싼 '미시 정치학'이 50년대가 지니는 다양한 맥락들 속에서 어떻게 모순적이면서도 역동적인 방식으로 전개되는가를 살펴보는 것이 궁극적 의도였다고 할 수 있다.

여기에서는 두 편의 영화만이 다루어졌지만, 50년대 후반의 한국영화들은 전반적으로 국가 주도의 근대화 프로젝트가 본격적으로 출발하는 60년대의 영화들에 비해서 젠더 위계화나 규율권력으로부터 상대적으로 자유로운 여성인물들을 통해서, 획일적이거나 생산력 중심적이지 않은 근대의 또 다른 지형 내에 놓인 여성 주체성들을 펼쳐 보인다. 그들은 때로는 성해방적 실험들을 감행하기도 하고, 때로는 소비주의의 유혹에 기꺼이 굴복하기도 하며, 때로는 새로운 성역할을 모색하기도 하면서, 불안정했던 국가 권력만큼이나 동요하던 젠더 권력 내의 틈들을 뚫고 스크린의 표면을 더 없이 매혹적으로 장식해갔다.

더구나 남성적인 능동성과 여성적인 매력 사이에서 동요하던 1950년대의 '새로운' 신여성 세력은 여성성과 남성성 간의 구분을 탈안정화시킴으로써, 더 이상 여성성은 남성성이 스스로를 정의할 수 있게 해주는 안정적 지시체로서의 기능을 멈추게 된다. 이에 더하여 사회에 진출함으로써 남성들과 경쟁하거나 남성들의 위치를 대신하게 된 여성들은 공적 영역과 사적 영역을 넘나들거나 새로운 방식으로 절합해내게 되면서 여성성은 더 이상 이전처럼 속박되거나 규제될 수 없는 어떤 것으로서 스크린을 포박해갔다.

반면에 이런 현상들에 대해서 영화는 끊임없이 또 다른 방향의 텍스트적 무의식을 작동시키게 됨으로써 텍스트의 표면과 심층은 두 가지 힘 간의 긴장과 충돌을 아로새기게 된다. 이것은 한 마디로 1950년대에 젠더 관계를 둘러싸고 격렬하게 펼쳐지던 '집단적 환상이 증후학symptomology으로 주조되어가는 과정'[36]에 다름 아닌 것으로서, 특히 여성의 육체나 섹슈얼리티는 (남성의) 집단적 의식과 무의식이 집중적으로 표출되는 장이 되면서 과잉과 숨김, 매혹과 거부, 비천함과 파괴성 등이 숨 가쁘게 교차하는 변증법적 공간이 된다. 그 과정에서 여성의 육체나 섹슈얼리티는 가부장제적 상상력 안에서 투사와 배제의 역학을 통해 남성 주체가 자기 동일성을 확보하는 영토가 되는 동시에 실질적으로 남성 권력의 안정된 지배성에 균열을 가하고 자본주의화 과정에서 소외되고 무력해진 남성성을 더욱 더 분명하게 가시화시키는 주된 통로의 역할을 하고 있음을 볼 수 있다.

가족과 로맨스를 비롯한 사적 영역의 관계들과 직업 및 육체적, 성적 노동이 포함되는 공적 영역 양자에 걸쳐 있던 1950년대 영화 속의 여성들은 사적 가부장제가 가하는 억압과 공적 가부장제의 규제 장치 모두와의 긴장 관계 속에서, 당대의 젠더 체계가 어떻게 구성되어 있고 또 동시에 어떻게 변동과 동요에 직면할 수밖에 없었는가를 잘 보여준다. '한국전쟁'의 여운이 여전히 남아 있던 그 시기에 남성들은 가정으로부터의 소외감, 불능감에 대한 분노를 여

36. Mulvey, "Preface", *Fetishism and Curiosity*, p.xiii

성에게 투사하면서 이제 사회적 차원에서 전쟁은 젠더 간의 전쟁으로 변모하게 된다. 남성의 불능과 불모성은 비생식적이고 자율적인 여성 섹슈얼리티에 대한 분노나 혐오감으로 쉽사리 이어졌다면, 전쟁이 낳은 무감각한 폭력성은 도덕적인 자기규제를 결여하고 사물의 물질주의에 탐닉하는 개인들을 만들어내면서 전통적으로 항상 '소비'와 연결되어왔던 여성 주체들이 문제적인 위치를 차지하게 되기 때문이다. 이러한 사회심리적 과정들은 유동성이나 혼융을 함의하는 여성성 그리고 오염이나 경계의 상실을 환기시키는 여성 섹슈얼리티에 대한 강력한 매혹과 노골적인 거부 사이에서 영화적 상상력이 전개되는 결과를 낳고 있음을 두 편의 영화를 통해서 읽어볼 수 있다.

특히 여성 육체의 성애화를 통해서 가속적으로 이루어진 50년대 영화 자체의 성애화는 주로 여성 등장인물을 통해서 이루어지는 물신화 기제와 만나게 되면서, 한편으로는 화면 위에다가 물신적 대상이자 물신적 욕망의 주체로서 경계에서 유동하는 여성들의 모습을 재현하고, 다른 한편으로는 당대를 규정하던 경제적 물신과 성적 물신에 대한 욕망 양자 모두를 표상하는 주체로 그녀를 위치지음으로써 가장 역동적인 이중성을 빚어낸다. 따라서 1950년대의 한국영화들은 철저하게 물신주의적인 경제와 미학에 의존하여, 상품과 섹슈얼리티의 소비를 통해서 '근대적 주체'로 형성되어가던 당시의 여성들을 둘러싸고 존재하던 온갖 종류의 사회적 긴장감들을 다양한 방식으로 표출시키는 주된 장이 되어갔다.

결과적으로 그 텍스트들은 한편으로는 당시의 여성들이

누릴 수 있었던 증가된 성애적 자유나 사회적 가동성이 남성들의 불안감을 얼마나 증대시켰으며 그 만큼 사회적 규제나 도덕적 비난이 여성들에게 어느 정도로 집중되었는지를 읽어볼 수 있게 해주지만, 다른 한편으로는 여성의 더 커진 사회적 권력과 성적 요구들을 반영하는 동시에 이러한 여성 권력이 갖는 위험성을 경고하면서 새로운 방식으로 그 권력을 규제하고자 하는 의도 사이에서 재현의 정치학을 발생시키고 있다고 볼 수 있다.

공제욱, 「1950년대 한국사회의 계급구성」, 이종오 외, 『1950년대 한국사회와 4.19 혁명』, 태암, 1991

기든스, 안소니, 『현대 사회의 성, 사랑, 에로티시즘』 배은경, 황정미 옮김, 새물결, 1996

"긴급통화조치에 관한 재무장관과 한은 총재의 공동담화", 1953. 2. 13, 「광복 30년 중요 자료집」, <월간중앙>1월호 별책부록, 1975

김대환, 「1950년대 후반기의 경제상황과 경제정책」, 『1950년대 후반기의 한국사회와 이승만정부의 붕괴』, 한국정신문화연구원 현대사연구소 편, 오름, 1998

김동춘, 「4.19혁명의 역사적 성격과 그 한계」, 이종오 외, 같은 책

김소영, 『시네마, 테크노 문화의 푸른 꽃』, 열화당, 1996

『근대성의 유령들』 씨앗을 뿌리는 사람, 2000

김진송, 『현대성의 형성: 서울에 딴스홀을 허하라』, 현실문화연구, 1999

동아일보사, "특집 해방 30년", 『동아연감』, 1975

정성호, 「한국전쟁과 인구사회학적 변화」, 한국정신문화연구원 편, 『한국전쟁과 사회구조의 변화』, 백산서당, 1999

멀비, 로라, 「시각적 쾌락과 극영화」, 김명혜 외 공편, 『성, 미디어, 문화』, 나남, 1994

이진경, 「가치형태론에서 화폐와 재현의 문제」, <문화과학> 24, 문화과학사, 2000 겨울

조주현, 「섹슈얼리티를 통해 본 한국의 근대성과 여성 주체의

성격」, 성폭력상담소 엮음, 『섹슈얼리티 강의』, 동녘, 1999

최정무, 「경이로운 식민주의와 매혹된 관객들」, 「삐라에서 사이버문화까지 문화읽기」, 현실문화연구, 2000

펠스키, 리타, 『근대성과 페미니즘』, 김영찬, 심진경 옮김, 거름, 1998

프로이트, 지그문트,「절편음란증」,『성욕에 관한 세 편의 에세이』, 열린 책들, 1996

한국역사연구회, 『우리는 지난 100년 동안 어떻게 살았을까』, 역사비평사, 1998

Apter, Emilyr, "Introduction", eds. E. Apter & W. Pietz, *Fetishism as Cultural Discourse*, Ithaca & London: Cornell UP, 1993

Doane, Mary Ann, "Film and Masquerade: Theorizing the Female Spectator", ed. Patricia Erens, *Issues in Feminist Film Criticism*, Bloomington & Indianapolis: Indiana UP, 1990

Freud, Sigmund, *Inhibitions, Symptoms and Anxiety, ed., James Strachey, Standard Edition of the Complete Psychological Works of Sigmund Freud*, London: Hogarth, vol 20, 1953-74

Grosz, Elizabeth, "Lesbian Fetishism?", eds. E. Apter & W. Pietz Harris, Kenneth Marc, *The Film Fetish*, New York: Peter Lang, 1992

Kim, Hyun Sook, "Yanggongju as an Allegory of the Nation: Images of Working - Class Women in Popular and Radical Texts", eds., Chungmoo Choi & Elaine H. Kim, *Dangerous Women: Gender and Korean Nationalism*, NY & London: Routledge, 1998

Mulvey, Laura, "Preface", *Fetishism and Curiosity*, London: BFI, 1996

Peiss, Kathy & Simmons, Christina, "An Introduction", eds., K. Peiss & Ch. Simmons, *Passion and Power: Sexuality in History*, Philadelphia: Temple UP, 1989

Peiss, K., "'Charity Girls' and City Pleasure: Historical

Notes on Working-Class Sexuality, 1880-1920", eds., K. Peiss & Ch. Simmons, 1989

Pietz, William, "The Problem of Fetish", *Res* 9, Spring 1985

Schor, Naomi, "Female Fetishism", ed., Susan Rubin Suleiman, *The Female Body in Western Culture*, Cambridge: Harvard UP, 1985

Yang, Hyunah, "Re-membering the Korean Military Comport Women: Nationalism, Sexuality and Silencing", eds., Chungmoo Choi & Elaine H. Kim, 1998

No. 6

사적 영역/공적 영역 사이의 근대적 여성 주체들

〈그 여자의 죄가 아니다〉 신상옥 1959

〈자매의 화원〉 신상옥 1959

I.

1950년대 후반의 한국 사회와 성별화된(gendered) 근대성

무엇보다도 1950년대 후반의 한국사회를 가장 근본적으로 규정지은 것은 한국전쟁이 가져다준 심리적 혼란과 경제적 빈곤이다. 전쟁은 거의 모든 생산 기반과 생활 기반을 파괴했을 뿐만 아니라 죽음이나 파괴와 같은 실존적인 한계상황을 직접 경험하게 해줌으로써, 당시의 한국인들에게 체면의식과 같은 전통적인 유교적 가치는 물론이고 합리성과 같은 서구적 가치 역시 설득력이 없을 수밖에 없었고, 그 대신에 생존에 대한 절박한 요구와 불온한 현실로부터의 도피가 주된 '감정 구조'[1]였을 것이다. 그 결과 생존을 위해 실용적인 것과 물질적인 것을 중시하는 '물질주의'에 의해 지배받게 되면서, 돈을 위해서라면 '빽'을 동원한 '사바사바'를 마다하지 않는 퇴폐와 부패의 경향이 급속도로 사회에 번져나가고, 사치풍조와 향락주의가 만연하게 된

---

1. 레이몬드 윌리엄즈, 『이념과 문학』, 문학과 지성사, 1991, 160-9쪽

다.[2] 종전 이후 거리 곳곳에서 만날 수 있는 상이군인, 삼십 만명이 넘는 전쟁 미망인, 십여 만명의 전쟁 고아, 수많은 부랑자와 전쟁피난민 그리고 전 인구의 10%가 넘던 실업자 등은 1950년대 한국사회를 보여주는 대표적인 풍경이 됨으로써, '무기력, 무관심, 불감증의 시대'라는 표현이 어울리는 사회적 분위기를 보여준다.

그러나 1945년에서 60년에 이르는 기간은 지금까지 우리의 역사인식의 지평에서 가장 무시되어온 시기였고, 특히 한국전쟁 이후 4.19혁명에 이르는 '1950년대'는 전쟁이 남긴 상처 때문에 사회의 전 영역이 거의 정상적으로 운영되지 못한 짧은 시기에 불과하다는 이유로 상대적으로 거의 연구가 진척되지 못한 대상이다.[3] 그러나 이 시기는 분명히 4.19 혁명을 초래하게 된 사회적, 정치적 필연성을 내포하고 있던 시기였을 뿐만 아니라 곧 이은 5.16 군사쿠데타를 통해 그 혁명적 성과들이 좌초되고 '박정희'라는 독재자를 새로운 지도자로 받아들일 수 밖에 없는 전제들 역시 내포하고 있던 시기였다는 점에서, 그 자체의 모순성과 역동성을 가늠해볼 수 있다.

한 연구자에 따르자면, 1950년대가 갖는 정치사적 의미는 "8.15 이후 미군정기에서부터 진행된 폭발적인 계급투쟁이 한국전쟁으로 종식되어 한반도에 두 개의 체제가 대치하게 되고, 분단이 고정

---

2. 정성호, 「한국전쟁과 인구사회학적 변화」, 『한국전쟁과 사회구조의 변화』, 한국정신문화연구원 편, 백산서당, 1999, 34쪽

3. 김동춘, 「4.19혁명의 역사적 성격과 그 한계」, 이종오 외, 『1950년대 한국사회와 4.19 혁명』, 태암, 1991, 232-33쪽

화되어 남한에 신식민지 분단 국가가 정착되며, 전후 미군의 지속적인 주둔과 미국의 대대적인 원조를 배경으로 해서 1960년대 이후 진행되는 종속적인 경제성장의 기초가 놓여진 시기"[4]로 정의된다. 그만큼 이승만 정권의 물질적 토대는 근본적으로 자본주의적인 것이었고, 50년대가 지니고 있는 폭력성은 본질적으로 '전근대적' 폭력이라기보다는 '근대적인' 자본의 폭력이라고 볼 수 있는 것이다.

1950년대는 경제성장이 상대적으로 정체되었고, 특히 54-60년 사이에 집중되었던 미국의 원조가 국가적 부의 주요한 원천으로 작용하면서, 그에 따라 그것의 관리와 운용 과정에 관여했던 관료와 기업가들, 그로부터 파생된 상업과 서비스 활동에 종사하는 사람들을 중심으로 부의 편재가 이루어졌고, 이것이 바로 이 시기 신흥 중산계급의 실체이다.[5] 신흥 중산계급은 50년대 특유의 사치와 허영을 누리면서 소비주의 문화를 주도했고, 대학 축제, 파티, 댄스 무도회, 야외 나들이와 같은 새로운 여가의 양식들을 선보였다.

반면에 저발전에서 기인하는 노동 기회의 상실과 한국 전쟁이 낳은 39만명에 달하는 전쟁 미망인 그리고 '유엔마담'이라고 불리던 미군 상대 매춘부들의 존재 등은 50년대 말의 또 다른 표정을 구성해낸다. 대부분의 사람들이 실업 상태에 놓여 있던 상황은 사회 전반적으로 무력감과 퇴영적인 분위기를 반들어냈다면, 가족의 생계를 책

4. 공제욱, 『1950년대 한국사회의 계급구성』, 이종오 외, 62쪽

5. 김경일, 「근대적 일상과 전통의 변용」, 박영은 외, 『한국의 근대성과 전통의 변용』, 한국정신문화연구원, 1999, 146쪽

임지게 된 여성들의 존재와 그들의 '강제된' 공적 영역 진출은 새롭게 여성의 성과 육체를 둘러싼 다양한 담론과 반응들을 등장시켰다. 한편으로는 도의를 내세운 위로부터의 캠페인이 벌어지는가 하면, 다른 한편으로는 억눌렸던 성이 무절제와 퇴폐의 극을 달리면서 젊은층을 중심으로 급속하게 확산되어가는 자유를 구가하게 되기 때문이다.[6]

식민 지배의 급격한 종식과 내전에 뒤이은 독재권력의 전횡으로 특징지워지는 1950년대는 한국현대사에서 혼란과 정체의 시기로 인식되어왔지만, 나름대로의 역동성을 지니면서 이 시기에 고유한 근대의 모습을 만들어낸다. 특히 50년대 후반의 영화들에서 거듭 서사화되는 여성의 위치나 운명과 관련해서 볼 때, 가장 두드러지는 근대적 모순의 지점은 바로 전후에 한국 사회를 지배했던 서구적인 '물질주의'와 '쾌락주의'에 의해 빚어진다.

본격적인 산업화가 전개되기 이전인 50년대 후반의 한국사회는 원조경제에 의존하는 부도덕한 매판자본의 지배를 받게 되면서 민주화와 합리화에 기반한 시민사회로의 이행은 차단당한 채 급속도로 천박한 '물질주의'가 만연하게 된다. 또한 일본 제국주의에 이어서 새롭게 수립된 신식민지적 질서의 지배자로 한국 사회에 도래한 미국이 한국사회에 끼친 영향력은 심리적으로나 문화적으로 압도적인 것이었다. 따라서 50년대 한국 사회에는 서구적 제도와 가치가 무분별하게 유입되고, 도시적 문화와 감수성을 중심으로 해서 미국식 대중문

---

6. 김경일, 139-41쪽

화가 한국인들의 욕망을 구성하고 창출해내게 된다.

이처럼 전쟁의 상흔과 경제적 궁핍, 분단의 급속한 정착과 반공이데올로기, 민족국가 수립과 탈식민성의 과제 등으로 정의될 수 있는 50년대에 가부장제 이데올로기와 근대성의 경험 그리고 자본주의의 원리라는 세 가지는 어떤 방식으로 여성의 현실을 규정하고 '여성적인 것'의 함의를 재구성시켰을까?

1950년대에 등장한 '새로운' 신여성들은 공적 영역으로의 진출, 소비주의에의 몰두, (자의적이든 강제적이든) 가부장제적 위계질서와 통념에 대한 도전이라는 면에서 한 세대 앞선 여성들과 유사성을 지닌다. 물론 그들은 식민지 시대의 '신여성'들처럼 여성해방을 의식적으로 주장하지는 않았지만, 전후에 일어난 젠더 관계의 변화, 가부장적 권위의 쇠퇴, 대중문화와 물질주의의 확산이라는 변동하는 조건 속에서 근대성과 자본주의라는 두 가지 지형을 절합하는 역동적인 인간형이자, 전쟁이 낳은 보편적인 남성 무력화의 가장 가시적인 상징이 되어 갔다.

또한 50년대 영화들에서 일관되게 사회적 무정부상태와 도덕적 일탈의 상징적 중심이 되는 여성 섹슈얼리티는 전후 시대가 안고 있던 불안정성은 물론이고 근대화 과정이 야기시킨 사회적, 문화적 혼란에 대한 반응으로 읽어볼 수 있다. 따라서 여성들은 성적으로 수동적인 동시에 과도하게 성적인 존재로 묘사되는 역설이 등장하고, 근대성, 물질주의, 도시적 문화의 전형을 표현하는 알레고리가 되는 동시에 영화가 제공하는 시각적 쾌락의 핵심을 차지하게 된다.

50년대의 한국 사회가 안고 있던 구체적인 사회경제적 모순과 그 안에서 당대 여성들에게 강제되었을 위치는 50년대의 영화적 재현에 접근할 수 있는 출발점의 역할을 한다면, 자본주의화 과정, 도시문화, 소비주의를 매개로 해서 형성되어갔던 당시의 한국적 근대성이라는 것이 영화 속에서 여성 섹슈얼리티를 어떤 방식으로 규정짓고 또 규제했는가가 분석의 주된 내용이 될 것이다.

II.

신상옥의 멜로 영화들과 근대적 여성 주체

이 글은 1950년대 후반에 만들어진 신상옥 감독의 두 편의 멜로드라마 속의 여주인공들을 중심으로 해서, 그 텍스트들이 한국전쟁 이후의 사회적 혼란이나 근대화 과정이 야기시킨 문화적 변동들을 통과해가는 역동적인 여성 주체의 모습을 어떻게 재현하고 있는가에 초점이 맞추어져 있다.

전쟁을 거치면서 남성 주체의 권위가 쇠퇴하고 여성의 사회적/성적 역할이 변동을 겪게 되자, 전반적으로 여성성/남성성이 재정의되고 전통적인 성별 이데올로기가 동요하게 된다. 당시의 대부분의 멜로드라마에서 볼 수 있듯이, 남성 주체는 아예 부재하든지 아니면 유약하거나 거세된 이미지로 등장하고, 반면에 어머니, 아내, 딸과 같은 전통적인 성역할은 유지된 채로 그 위에다가 새롭게 '가장'의 역할까지 책임지게 된 여성들은 바걸, 기생, 양공주, 마담과 같은 성애화된 이미지를 통해서 분열된 주체성과 가혹한 운명의 담지자가 되는 현실이 이를 말해준다.

전후의 사회경제적 혼란과 남성성의 약화라는 맥락 속에서 가족의 생계를 책임지게 된 여성들의 존재와 그들의 강제된 공적 영역 진출은 성역할, 섹슈얼리티, 사회적 가동성에 있어서 급격한 변화의 물결과 첨예한 모순의 지점들 내에 여성을 위치지우면서, 당시의 멜로 영화들은 이처럼 분열적이면서도 역동적인 여성상을 재현하는 중요한 장이 된다. 당연히 여성 주체들은 50년대 한국 사회 구성체의 성격과 이것이 배태하고 있던 모순구조로부터 자유로울 수 없었고, 가부장제 사회에서 일종의 '하위 주체'로서 여성이 점하는 위치는 여성을 더 억압적이고 가중된 모순의 작용점으로 만들 수밖에 없었기 때문이다.

따라서 1950년대의 멜로 텍스트들은 당연히 여성 주인공이 처한 딜레마와 비극적 운명을 통해서 서사적 긴장과 위기를 발생시키는데, 그 과정은 너무나 많은 유사성과 반복을 보여준다. 경제적 곤궁 때문에 그들에게 강제되는 정체성의 전환이나 사회적 지위의 하락이라든지, 집이라는 물신화된 장소나 가문이라는 유교적 명예를 지키기 위한 그들의 고투와 희생이라든지, 성적인 일탈이나 타락으로 인해 그들이 직면하게 되는 도덕적 비난이나 처벌 등을 예로 들 수 있다.

공교롭게도 1959년도에 신상옥에 의해 만들어진 네 편의 멜로 영화인 〈그 여자의 죄가 아니다〉, 〈자매의 화원〉, 〈동심초〉, 그리고 〈지옥화〉는 이처럼 혼란과 동요, 매혹과 거부 사이를 가로지르는 1950년대 말의 한국적 근대성 그리고 4.19 혁명을 배태하고 있던 사회문화적 갈등을 다름 아닌 '여성이라는 정체성' 그리고 '여성의 육체와 섹슈얼리티'를 둘러싼 위기의 서사와 역동적인 이미지들을 통해서 가장 풍부하게 표출해낸다.

신상옥의 멜로 영화들은 한편으로는 여성과 남성 간의, 다른 한편으로는 사적 영역과 공적 영역 간의 대립을 통해서 이 과정을 탁월하게 형상화한다. 물론 때로는 '결혼'이라는 매개물을 통해서 두 영역이 어렵사리 화해와 균형에 도달하기도 하지만, 이 영화들은 공적 영역의 근본적으로 반여성적 속성을 설득력 있게 묘사함으로써 여성들이 공적 영역과 맺게 되는 불편하거나 위기에 찬 관계를 보여주는 동시에 그 과정을 통과한다는 것 자체가 바로 근대적 여성 주체로 재구성되는 과정이라는 것을 보여주기 때문이다.

특히 〈그 여자의 죄가 아니다〉와 〈자매의 화원〉은 '여성성'과 '모성'이라는 두 가지 본성 사이의 갈등 그리고 자본주의의 착취적 원리와 공적 영역의 반여성적인 구조 속에서, 당시의 여성들이 결국은 결혼이라는 이성애적 관계나 전통적인 성역할 속으로 소환되어버림으로써 자율성이나 성적 자유를 어떻게 봉쇄당하게 되는가를 보여준다.

여성과 남성이 벌이는 얽히고설킨 로맨스 위에다가 가혹한 물질적 요구와 계급 상승의 욕망이 가로놓여지는 플롯들은 여성에게 사적인 영역에서 가해지는 '규제와 자기 검열' 그리고 공적인 영역에서의 '시민권의 박탈'이라는 맥락들 속에서 근대로 이행하는 여성 주체들의 혼란과 위기를 서사화한다. 이 과정에서 여성들이 겪게 되는 고통과 딜레마를 통해서 멜로의 감정적 효과가 발생되는데, 모성에 대한 관습적인 요구는 여성의 자율적인 욕망을 억압하고, 끊임없이 성애화되는 여성의 육체는 도덕적 위기를 만들어내는 동시에 여성에게 과도한 희생과 대가를 요구하기 때문이다. 즉 공적 영역에 놓인 여성은 관습과 금기, 실재와 욕망 사이에서 분열되고 비주체적인 선택을 강요받게 되는 것으로 그려진다.

그러나 한 남성의 이해와 희생으로 해피 엔딩이 가능해지는 〈자매의 화원〉이나 여주인공이 '고향'이 상징하는 초역사적 자연으로 물러남으로써 갈등이 해소되는 〈동심초〉와는 달리, 〈그 여자의 죄가 아니다〉에서는 계급이 다른 두 여성의 화해와 서로를 위한 희생에 초점이 맞추어지면서 남녀 커플의 탄생이나 재결합은 배경적인 요소로 밀려난다. 그 결과 자아와 타자에 대한 배려 사이에서, 공적 영역과 사적 영역 사이에서 분열되어 있는 여성의 정체성이 결혼이나 일방적인 희생을 통해서만 궁극적으로 통합 가능한 것으로 제시되는 멜로의 관습을 거스르면서, 이 영화는 경험과 비밀의 공유를 통한 두 여성 간의 연대를 중심으로 해서 여성들의 사적 진실이 공적 영역의 남성적이고 권위적인 질서와 충돌하는 과정을 묘사한다.

따라서 1950년대 말에 생산된 신상옥의 멜로 텍스트들은 전쟁의 상흔과 경제적 궁핍, 분단의 급속한 정착과 반공이데올로기, 민족국가 수립과 탈식민성의 과제 등으로 정의될 수 있는 시기에 가부장제 이데올로기와 근대성의 경험 그리고 자본주의의 원리가 맞물린 지배적인 담론이 어떤 방식으로 여성의 현실을 의미화하고 '여성적인 것'의 함의를 재배치시키고 있는가를 읽어볼 수 있게 해준다. 권력의 지배적인 담론은 당대의 사회구성체와 그를 지탱시키는 이데올로기의 차원에서 '상상적으로 합의된 동일시'를 지속적으로 끌어내고자 하는데, 50년대의 한국사회처럼 위기와 혼란으로 점철된 시기에 그러한 동일시의 전제로서 요구되는 '분리와 배제의 역학'은 여성에게 집중되기 때문이다.

근대성-자본주의-가부장제를 축으로 해서 연동하고 순환하는 사회적, 심리적 원리들 속에서 그 구체적인 내적 전개과정을 상징하거나 표현할 표상이 요구되었고, 그 역할을 담당한 여성들은 그 과정 내에 존재하는 역학과 모순을 표현하는 동시에 그것들과의 협상을 드러내주는 담론의 기호가 된다. 따라서 이런 멜로 영화들이 구현해내는 허구의 세계, 특히 화면을 장악하거나 수놓고 있는 스펙터클과 독특한 텍스추어의 대부분은 여성들이 생산해내거나 여성들을 둘러싸고 모순적으로 의미 작용하는 것들이었다.

이런 맥락들은 이 글에서 분석될 두 편의 영화 <그 여자의 죄가 아니다>와 <자매의 화원>에서 등장인물들이 보여주는 사회경제적 지위와 개인적 욕망 그리고 그들이 점유하고 이동하는 공간성 등을 규정할 뿐만 아니라, 1960년대 중반 이후의 영화들과 구별되는, 1950년대 후반에서 1960년대 초반까지 영화들의 독특한 아우라와 텍스추어를 구성해내게 된다.

1950년대 말의 멜로 영화들은 여남 간의 관계와 여성 자체를 둘러싸고 전개되는 '역사적, 문화적 변화'와 '도덕적 갈등들'을 때로는 가장 직접적인 방식으로 때로는 가장 매개적인 방식으로 재현하는 장이자, 여성 등장인물들은 물론이고 여성 관객들이 '도시'라는 공간이나 '대중문화'라는 영역에서 어떻게 소외와 향유, 억압과 일탈, 순응과 저항을 경험하거나 시도하는가를 생생하게 보여주는 텍스트라는 점에서, 바로 근대화 과정이 여성의 삶에 끼친 영향과 이에 대한 여성들의 주체적인 반응을 좀 더 적극적으로 읽어볼 수 있게 해주기 때문이다.

그렇다면 왜 멜로 영화여야 했을까? 즉 1950년대 말이라는 역사적 단계와 그 안에서의 여성의 삶은 왜 그리고 어떻게 멜로라는 영화적 양식 속에서 지속적으로 표현되면서 그 문화적 힘을 재생산해낼 수 있었었을까?

아마 이 질문에 대한 대답은 크게 두 가지 방향을 가질 것이다. 우선 좀 더 넓은 틀에서 보자면, 근대를 살아가는 주체가 근대에 대해서 갖는 양가적 감정은 '여성의 이미지와 여성적인 것에 대한 관념'에 집중되기 때문이다. 두 번째로 한국 사회에서 1950년대라는 시기 자체는 '여성성'과 '여성의 성역할'이라는 것이 사회적으로 가장 이슈가 되었을 뿐만 아니라 당대의 모순들이 가장 역동적으로 가시화되는 지점이었기 때문이다. 따라서 '여성의 세계'를 중심으로 삼으면서 '여성적 관심사'를 다루는 멜로 장르가 여성 대중들에게 지속적인 영향력과 설득력을 갖게 되었을 것이다.

그러나 멜로 영화 속에서 목소리를 내고 욕망하는 주체는 항상 여성들임에도 불구하고 그 세계를 구조화하고 그 욕망을 평가 내지는 처벌하는 것은 가부장제 이데올로기와 반여성적인 환경이라는 모순 속에서, 이러한 대답은 훨씬 더 복합적이고 구체화된 것이기를 요구받는다.

우선 근대적 개인이 가족적이고 공동체적인 유대에서 벗어나 자율적이고 능동적인 방식으로 전통이나 보수주의가 가하는 중압을 벗어나는 과정에서 여성은 남성보다 더 역동적인 모순의 층위에 위치한다. 전통 대 근대라는 하나의 대립항 속에서 근대적 주체로 이행해야 했던 남성들과는 달리, 여성은 섹슈얼리티, 육체, 모성 등의 여러 차원에서 존재하는 규제나 억압들과도 끊임없이 충돌하고 갈등할 수밖에 없기 때문이다.

또한 "근대로의 이행과 이에 대한 반동, 즉 탈신성화와 이에 대한 반동 사이에서 유동하면서 근대성의 혼란을 그려내는 것이 멜로드라마"[7]라는 관점에서 볼 때, 멜로는 정신적이고 윤리적인 가치들 그리고 기본적인 욕망과 감정의 드라마가 펼쳐지는 가정과 사적인 영역을 주로 다루게 된다. 따라서 여성과 그들의 세계는 멜로에서 중심을 차지하게 될 뿐만 아니라 이를 통해서 근대와 성별화된 주체가 맺는 관계를 핵심적으로 드러내게 된다.

---

7. Peter Brooks, *The Melodramatic Imagination,* Yale UP, 1976

<자유부인>에서 교수부인은 전후 현실의 비참함과 대조되는 화려한 상품물신 세계의 유혹, 여성을 좀 더 자율적이고 해방된 존재로 불러 세우는 대중문화 공간들과의 접촉 그리고 남편으로부터의 정서적, 경제적 독립을 가능케 하는 공적 영역으로의 진입을 통해서 근대적 여성이자 성적 주체로 새롭게 구성된다. 반면 <자매의 화원>의 맏딸은 아버지의 죽음 이후에 기우는 가세 때문에 그리고 사랑하는 사람을 잃은 상실감 속에서 명문가의 규수로부터 여관의 마담으로 전락 내지는 내몰리는 것으로 묘사된다.

그러나 동기와 과정이 어떻든 간에 50년대의 사회적 혼란과 가치관의 동요를 반영하고 있는 여성들의 위치와 정체성의 이러한 변화는 여성들로 하여금 사적 세계와 공적 세계를 넘나들면서 자유와 욕망의 문제를 새롭게 설정하고 경험할 수 있는 장을 열어주게 된다. 그 결과 여주인공들은 이전 같으면 목숨을 담보로 해야 할 성적 모험을 감행하기도 하고, 엄청난 도덕적 비난을 감수해야할 선택을 시도하기도 한다. 그러나 어머니나 아내 같은 전통적인 성 역할은 여전히 유지한 채로 '가장'의 부담에다가 '성애화된 지위'까지 새로이 얻게 된 이 '분열된 여성들'은 그 분열성만큼이나 다중적인 억압과 모순 속에 놓이고 만다.

전통적 가치관이나 성차별적인 관념들은 여전히 여성들의 삶을 얽어매고 재단할 뿐만 아니라, 그 위에다 공적 생활의 엄격하고 냉엄한 요구와 자본주의 경제의 착취적이고 비인간적인 면모가 더해지기 때문이다. 따라서 <그 여자의 죄가 아니다>에서 미혼여성의 성적인 일탈은 상실과 치욕이라는 처벌을 받고, 기혼 여성의 불임은 범죄와 불안감이라는 대가를 치룬 후에야 구원에 도달하게 되고, 〈자매의 화원〉에서 생계를 위해 직업 전선에 나선 여성은 도덕적 비난이나 감시의 시선에 끊임없이 노출될 수밖에 없는 것으로 묘사된다.

그러나 이런 여성의 이미지는 '여성과 근대가 맺는 관계'라는 면에서 좀 더 긍정적이고 적극적인 독해를 가능하게 하기도 한다. 우선 영화들은 여성의 이미지와 서사의 관계에서 스스로 모순에 빠진다. 그 이미지들은 끊임없이 유혹적이고 자기애적이라는 점에서 많은 여성들을 영화 속으로 끌어들이면서 일종의 '모델 역할'을 한다. 반면 서사는 여성 자신에게 책임과 죄를 물으면서 영화 속에서 펼쳐지는 여성의 비극을 반복해서 강조하고 정당화한다. 그러나 이런 모순은 멜로 영화를 보는 여성 관객들에게 남성 중심적인 지배 이데올로기들이 얼마나 가혹하고 인위적인가를 드러냄으로써 여성에게 가해지는 억압의 작용과 실체를 새삼스럽게 확인시켜주는 동시에 새로운 여성 이미지에 대한 공감을 통해서 기존의 역할과 정체성을 스스로 변모시켜갈 수 있게 해준다.

또한 여성 자체와 그녀의 육체에 대해서 이루어지는 강박적인 '성화sexualization'는 남성들이 근대성 자체에 대해서 갖는 불안감을 여성들에게 얼마나 강하게 투사해왔는지를 잘 보여준다. 이것은 한편으로는 자본주의적 경제와 여성의 위험한 섹슈얼리티 간의 결합에 대해서, 다른 한편으로는 도시에서 벌어지기 십상인 타락과 일탈에 대해서 남성들이 느끼는 불안과 혐오감을 끊임없이 여성에게 투사한 결과물이다. 그러나 거꾸로 이런 이미지는 가족과 공동체의 속박에서부터 해방된 여성의 섹슈얼리티를 보여주는 동시에 막 등장하기 시작한 소비주의의 물결 속에서 상품과 스타일의 사용을 통해서 자신의 정체성을 비전통적인 방식으로 구성해가는 근대적 욕망의 주체로 여성을 수립한다는 의미를 지니기도 한다.

그런 점에서 멜로 영화는 근대성 자체가 생산해내는 것들에 대해서 여성 주체들이 느끼는 매혹과 이것이 여성들에게 강제하는 새로운 양식의 억압에 대해서 분노하고 초월하고자 하는 욕구를 동시적으로 표현한다는 점에서, 여성들이 사회와 역사 속에서 자신을 주체로 재구성하기 위해 어떻게 지배적인 관념들과 협상하고 또 기존의 표상들을 이용하거나 변형시켜갔는지를 잘 보여주는 '문화적 텍스트'라고 할 수 있다.

III.

〈그 여자의 죄가 아니다〉: 공적 영역을 위협하고 교란하는 여성들의 사적 진실

영화는 '외무부'라고 쓰인 간판을 찍은 쇼트에서 시작하여, 그 건물 안의 계단을 오르려는 영숙(최은희 분)과 그녀를 저지하려는 성희(주증녀 분)를 보여준다. 결국 성희는 영숙에게 총을 쏘고, 이 '살인미수' 사건을 맡은 검사는 범죄의 동기에 대해 묻지만 성희는 끝까지 침묵으로 일관한다. 결국 성희를 변호하기 위해 나선 영숙의 고백에 의해서 사건의 진실, 즉 두 여자 간의 은밀한 비밀이 밝혀진다. 한 건달과 연애에 빠졌다가 임신을 하게 된 영숙과 외교관의 아내로 불임 때문에 실의에 빠진 성희는 영숙이 낳은 아이를 아무도 모르게 성희의 아이로 삼자는 '비밀 계약'을 맺는다. 수년이 지난 후, 우연히 아이의 아버지를 만나게 된 영숙은 비밀을 지켜주는 대가로 그에게 300만원을 요구받고, 이 모든 사실이 드러나면 아이를 잃게 될까봐 두려워하던 성희는 이 돈을 구하기 위해 백방으로 노력을 한다. 그러나 그 과정에서 새삼스럽게 자기가 낳은 아이에 대한 모성을 느끼게 된 영숙은 성희의 남편에게 모든 것을 밝히고 아이를 돌려받겠다고 나서고, 이를 저지하는 과정에서 성희는 영숙을 쏘게 된다.

영화의 이런 플롯은 여성성과 모성 또는 우정과 모성 사이에서 분열되고 유동하는 여성(들)이 '사적 진실을 공적으로 재현'하는 데에서 겪게 되는 어려움을 보여준다. 따라서 영화의 주된 긴장은 두 여성의 재생산 능력의 차이와 낳은 정과 기른 정 사이의 갈등 그리고 두 여성 모두에게 치명적인 비밀이 공적 영역을 통과하는 과정을 둘러싸고 발생한다. 미혼 여성의 자유로운 섹슈얼리티와 원치 않는 임신 그리고 상류층 기혼 여성의 불행한 불임은 여성 내부의 섹슈얼리티 차이에서 기반하는 다른 종류의 '모성'을 통해서 모성 멜로드라마를 전개시킨다면, 공적 영역 속에서 왜곡되고 심문당하며 결국은 '사회적 추문'이 되어버리는 여성(들)의 사적 진실은 필름 느와르를 구성해낸다.

이 영화는 이런 점에서 1945년에 할리우드에서 만들어진 〈밀드레드 피어스Mildred Pierce〉(마이클 커티스)를 연상시킨다.[8] 두 영화는 모두 공적 권위를 지닌 남성이 여성의 죄를 조사하면서 서사적 의문의 열쇠를 찾아가는 필름 느와르 형식을 띠는 프롤로그와 에필로그 시퀀스 그리고 두 여성 간의 관계와 그들 사이에서만 공유되는 비밀을 중심으로 해서 전개되는 중간의 멜로드라마라는 두 부분으로 구성된다. 또한 두 부분을 연결하는 동시에 서사적 해결을 가능케 하는 것이 한 여성의 주관적 회상이라는 점도 동일하다. 멜로드

8. Pam Cook, "Duplicity in Mildred Pierce", E. Ann Kaplan, ed., *Women in Film Noir*, BFI, 1998.

라마를 이루는 밀드레드 모녀간의 지나치게 친밀한 관계는 〈그 여자의 죄가 아니다〉에서 '동성애적homoerotic' 관계의 전조로 읽혀지는 두 선후배 여성 간의 지나치게 친밀한 관계로 대체되고, 한 남자를 사이에 두고 벌어지는 밀드레드 모녀간의 비극은 한 아이를 두고 벌어지는 두 여성 간의 비극으로 전환되는 식이다.

영화는 처음부터 일관되게 불안정하고 숨 가쁘게 전개되는 근대성에 직면하여 두 여자가 맞게 되는 '위기의 서사'를 중심으로 구조화되는데, 그것은 한편으로는 이상적으로 보이던 중산계급 가정이 과연 붕괴되고 말 것인가를 둘러싸고, 다른 한편으로는 미혼 여성의 자유로운 섹슈얼리티가 결국은 어떤 식으로 처벌받게 될 것인가를 둘러싸고 이루어진다.

그리고 그런 서사화의 과정은 여성 등장인물들의 내면 심리를 외화시켜내는 '가정과 거리'라는 두 종류의 지리적 공간, 즉 사적/공적, 여성중심적/남성중심적으로 나누어지는 두 개의 공간을 가로지르면서 전개된다. 특히 영화의 프롤로그와 에필로그 시퀀스의 많은 부분을 차지하는 '외무부'나 '검찰청'과 같은 권위를 지닌 공적 영역의 공간들과, 중간의 멜로 부분에서 두 여주인공의 사회적, 계급적, 성적 차이를 지속적으로 가시화시키는 거주 공간 등을 예로 들 수 있다.

영화의 프롤로그 시퀀스는 당시의 권력의 핵심 중의 하나이자 서구화에 대한 대중들의 환상을 반영하고 있는 '외무부'라는 공적 공간, 특히 그 핵심부로 향하는 나선형 계단에서 계속해서 미끄러지다가 결국 총상을 입고 쓰러지고 마는 여성을 보여주고, 바로 이어서 구급차의 사이렌 소리가 화면 위로 길게 강조된다.

철저하게 남성적이고 권위적인 공간 속에서 두 여성들의 진실은 말 그대로 계속해서 '미끄러져 버리는데', 이것은 이 사건을 두 여자와 한 남자 간의 치정 관계로 읽어내는 신문의 헤드라인을 통해서 더 강화된다. 따라서 영화 속에 등장하는 또 하나의 중요한 공적 공간인 '검찰청'에서 이루어지는 성희에 대한 심문과정에서는 '신문'으로 대표되는 이 사건을 바라보는 사회적 여론과 시선 그리고 침묵으로 봉인되어 버리는 여성들의 사적 진실 간의 대립이 긴장감 있게 묘사된다. 결국 여성들의 진실을 밝혀내는 것은 남성의 권력이나 이를 뒷받침하는 제도적 수단들이 아니라 한 여성에 대한 다른 여성의 우정과 헌신, 즉 여성 간의 연대가 되면서, 사적 영역에나 어울리고 그 안에 한정되어야할 '여성들의 이야기'는 공적 질서를 일순간 무효화시키고 그 질서와 끊임없이 길항하는 그 무엇이 된다.

영숙의 회상으로 제시되는 중간의 멜로 부분에서, 근대적 주체로서 두 여성이 겪게 되는 위기는 주로 섹슈얼리티와 연관되어 상이한 공간을 통해서 전개된다. 미혼 여성이고 화이트칼라 노동자 계급으로 짐작되는 영숙의 혼전 섹슈얼리티는 거리, 다방, 공원, 병원과 같은 도시적 공간에서 지속적인 위협이나 위기에 노출되고, 처녀 몸으로 하게 된 임신은 위기의 절정으로 그녀를 몰고 간다. 반면 유부녀인 성희의 경우 그녀의 위기는 '재생산 능력'을 중심으로 구조화되고, 당연히 그 배경은 재생산의 비밀을 항상적으로 담고 있는 가정의 영역이 된다.

두 여성 간의 계급적 차이는 그들이 거주하는 가옥의 차이로 가시화된다. 최고 권력층의 남편을 둔 성희는 커다란 정원과 견고한 울타리를 갖춘 2층 '양화식 주택'에서 살아가는데, 부부와 아이로만 이루어진 가족의 모습은 한편으로는 1960년대 후반 이후 한국 영화에서 두드러지게 등장하는 '핵가족 이데올로기'를 예견하게 하고, 다른 한편으로는 당시의 물질적, 구조적 취약성을 반영이라도 하듯이 거짓 위에 세워진 위태로운 현재를 담지한다. 그리고 이것은 앞서 지적했듯이, 완벽해 보이는 한 상류층 가정이 과연 붕괴되고 말 것인가라는 서사적 긴장을 일관되게 야기시키는 효과를 낳는다. 반면 시골 출신으로 짐작되는 미혼 여성 영숙은 한옥집의 사랑방을 얻어 살아가는데, 그 공간은 비합법적 관계인 전 애인이 가하는 위협과 공갈에 대해서 그녀를 무방비 상태로 노출시키고 있음을 보여준다.

반면 두 여성 간의 성적, 계급적 차이는 공사 영역 모두에서 개인의 실존을 위협하는 자본주의적 물화 현상에 의해 부분적으로 상쇄된다. 영숙 전애인의 공갈에 의해서, 아이와 300만원이라는 두 가지 물신은 교환 가능한 것으로 제시되고, 그 과정에서 두 여성의 공통적인 욕망의 대상인 아이는 '물화'된다. 이를 가장 잘 보여주는 것이 성희가 300만원을 마련하기 위해 결혼 예물을 들고 전당포 주인을 만나는 장면이다. 여기에서 다양한 종류의 보석으로 구성된 예물은 아이와 300만원이라는 돈 간의 교환을 가능하게 해줄 수 있는 기표이자, 그 자체로서 50년대 말 영화에 끊임없이 등장하여 특히 여성 등장인물들의 삶을 규정하던 소비주의적 욕망의 기표이다. 영숙과는 달리 일관되게 '모성'으로만 기능하던 성희의 육체는 이 순간 '소비주의적 주체'라는 또 다른 역할과의 사이에서 긴장을 보여준다. 그리고 이 모든 과정은 멜로 부분에서 두 여성의 여성성과 모성을 매개로 해서 작동하던 사적 영역이 결국 공적 영역에 의해 패배하면서 비극적인 파국을 맞게 되는 주요한 원인이, 바로 다름 아니라 자본주의 사회의 공적 영역의 발달에서 중심적인 '물화 현상'임을 보여준다.

그러나 필름 느와르와 모성 멜로드라마라는 이질적인 두 가지 장르로 이루어진 영화의 구조는 전체적인 틀에서 보자면, 여성의 죄를 조사하고자 하는 남성의 시도와 이를 좌절시키고 마는 여성들의 이야기 간의 지속적인 긴장을 더 두드러지게 드러낸다. 영화의 서사는 '누가 범인인가'라는 문제보다는 '범죄가 왜 일어났는가'에 초점을 맞춤으로써, 희생자와 가해자, 거짓과 진실의 경계를 선명하게 가르는 남성적인 법의 담론에 비해서, 인생의 점차적인 변화, 맥락의 중요성, 상호관계들의 성격을 강조하는 여성의 담론[9]이 지니는 우월성을 지속적으로 노출시킨다.

영화의 이런 측면은 주로 플래시백 구조와, 이 부분을 지배하는 여성 시각에서의 내레이션에 의해서 가능해진다. 〈밀드레드 피어스〉의 경우와는 달리, 이 영화에서 여성의 죄를 조사하는 남성의 시선과 목소리는 끝까지 여성의 시각과 여성들의 이야기를 압도하지 못한 채, 남성들은 '여성들의 이야기'를 그저 듣는 '청취자'에

9. 주디스 메인, 『사적 소설/공적 영화』, 시각과 언어, 1994, 195쪽.

불과하다. 따라서 두 여성이 결혼과 모성이라는 안정적인 선택을 하게 되는 마지막 결론도, 앞서 지적했듯이 남성들이 지닌 공적인 권위에 의해서가 아니라, 여성들 간의 협상과 주관적 선택의 결과로서 제시된다.

또한 영숙의 목소리로 진행되는 내레이션은 필름 느와르와 멜로드라마 부분을 연결해준다면, 멜로드라마 부분에서 성희에게 임신을 하게 된 자신의 처지와 심정을 설명하거나 아이에 대한 자신의 모성적 욕망을 강하게 주장하는 여성의 말들은 여성 주체성과 그 내부의 모순을 복합적으로 발화하는 의미를 지닌다. 그러나 그녀의 이야기는 양가성을 지니는데, 한편으로 그녀의 고백은 '살인미수 사건이 치정에 얽힌 것'이라는 공적 담론을 무효화시키는 '진실'의 기능을 한다면, 다른 한편으로 자신의 모성에 대한 영숙의 주장은 주관적 상상에 기반 한 '허구적 욕망'임이 밝혀지면서 영화 마지막에 무효화되는 이중적 위치를 차지하기 때문이다.

이처럼 이 영화에서 플래시백 구조를 통해 전개되는 현재와 과거 간의 긴장은 안과 밖, 사적 영역과 공적 영역, 거짓과 진실, 허구와 실제 등을 둘러싼 본질적 긴장으로 나아가면서, 영화 텍스트를 정교하게 중층화시키는 동시에 텍스트로 하여금 끊임없이 이원적 대립 간의 경계에서 유동하게 만들어준다.

IV.

<자매의 화원>: 사적/공적 영역을 가로지르는 한 여성의 외디푸스 궤도

외과의사이자 의과대학의 교수인 아버지 남박사가 사채만을 남기고 돌아가시자, 맏딸 정희(최은희 분)는 사채업자로부터 집을 보전하고 두 동생 명희(최지희 분)와 창식의 생계를 책임져야 하는 상황에 놓인다. 아버지가 정희와 정혼해준 상대인 화가 동수(남궁원 분)는 명희의 적극적인 구애로 오히려 명희와 결혼하게 된다. 아버지의 도움으로 의학 공부를 할 수 있었던 제자 상철(김석훈 분)은 자기 집을 팔아 사채를 갚아 주지만, 이 사실을 안 정희는 아버지의 수술을 받고 생명을 건진 방사장(김승호 분)에게 돈을 빌려 상철의 돈을 갚는다. 신세를 진 방사장에게 여관 마담을 제안 받은 정희는 갈등 끝에 수락하고, 이 사실 때문에 오랫동안 정희를 흠모해온 상철과 갈등하게 된다. 역시 정희를 사랑하게 된 아버지뻘의 방사장은 정희에게 청혼을 하고, 그에게 많은 신세를 진 정희는 그와 약혼한다. 그러나 마지막 순간 자신보다 훨씬 젊을 뿐만 아니라 의학박사로 미래가 유망한 상철이 정희에게 더 어울리는 상대임을 깨닫게 된 방사장의 양보와 희생으로 정희와 상철은 맺어진다.

이 영화는 다섯 명의 남녀가 벌이는 얽히고설킨 로맨스 위에다가 물질적 요구와 계급 상승이라는 매개 변수가 가로놓여지는 서사의 흐름을 통해서, 역시 근대로 이행하는 주체들의 혼란과 위기를 보여준다. 가장의 죽음으로 기울게 된 가세는 두 자매의 삶을 한순간 위협하면서 계급적 위치의 이동을 함축한다. 그 결과 정희는 '아버지의 집'을 보존하고 두 동생과 함께 생존해야 한다는 요구 앞에 직면하게 되면서, 공적 영역으로의 참여를 강제 받는다.

그런데 그 과정은 끊임없이 제기되는 '소유'라는 이슈를 통해서 전개된다. 아버지가 남기고 돌아가신 '집'에 대한 소유를 놓고 사채업자와 벌이는 실랑이, 여성의 도덕성을 재단할 권리를 놓고 사적인 진실과 공적인 여론이 벌이는 실랑이(정희가 여관 마담이 된 다음에 '순결한' 그녀를 둘러싼 주위 인물들의 쑥덕거림), 방사장이 소유하고 싶어하는 정희의 '여성성'과 동생들과의 관계에서 요구되는 정희의 '모성' 간의 실랑이 등등. 따라서 영화는 공적 영역에 진입하게 된 한 여성이 겪게 되는 곤경과 딜레마를 다양한 장치들을 통해서 보여주고 진단하는 과정에서 멜로의 감정적 효과를 발생시킨다. 동생들에 대한 정희의 모성적 역할은 이성애 관계 내에서 요구되는 또 다른 여성적 욕망과 끊임없이 갈등하면서 그 욕망을 억압하고, 또 그 과정에서 그녀에게는 과도한 희생과 대가가 요구되기 때문이다. 즉 공적 영역에 놓인 여성은 관습과 금기, 실재와 욕망 사이에서 끊임없이 분열되고 돌이킬 수 없는 결과를 요구받는다.

그러나 이 영화는 그에 따른 비극적 결말 대신에 훨씬 더 안전하고 안정적인 결말을 채택하는데, 이것이 가능해지는 이유는 영화 내에서 정희의 도덕성과 성적 순결성은 계속해서 아버지를 환기시키거나 대체하거나 계승하는 남성 인물들에 의한 감시와 검열이라는 과정을 거친 후에 결국은 구원받을 수 있는 것이 되기 때문이다. 그런데 여기에서 흥미로운 지점은 정희를 둘러싼 세 남자들이 1950년대 말 한국사회의 근대성을 체현하는 각기 다른 방식들과, 이것이 정희의 삶에 끼치는 영향이다.

아버지의 정혼을 통해서 정희에 대한 소유권을 인정받은 동수는 대표적인 근대적 시각체제 중의 하나인 미술을 전공하는 사람이지만, 전시회를 연 그에게 그림그리기는 단지 자본주의적 사업에 불과함을 영화는 강조한다. 그리고 동수의 욕망은 이미 영화 앞부분에 그가 그림에 담는 인물이 정희가 아니라 명희라는 사실에서도 드러나듯이, 전근대적인 여성성을 보여주는 정희보다 근대적인 여성성을 보여주는 명희에게로 향한다.

부의 축적이 결과로서만 제시될 뿐 그 과정을 전혀 알 수 없는 방사장은 1950년대 말에 존재했던 정경유착과 투기 자본주의를 통해서 경제적 성공을 거둔 인물로 볼 수 있다. 더구나 로맨스라는 이름으로 미화되기는 하지만, 정희의 삶을 물질적으로 구속하고 도덕적으로 비난받게 만드는 그의 존재는[10], 정당화되기 힘든 그의 부의 축적 과정과 더불어 결국 영화 속에서 일관되게 강조되는 순결

10. 정희는 방사장에게 돈을 빌림으로써 그의 사랑이나 제안들을 거절할 수 없는 처지에 놓이고, 그 결과 그가 주선해준 여관 마담이 되면서 주위 사람들로부터 비난과 우려를 받게 된다.

하고 헌신적인 여성인 정희를 그가 소유할 수 없음을 보여준다.

따라서 결국 정희의 최종적인 파트너는 아버지의 사업을 이어받을 수 있는 의학박사이자, '작은 가부장'인 동생 창식의 전폭적인 지지를 받는 상철로 결론지어진다. 더구나 상철과 정희는 사적 영역이 가하는 경제적 압력을 공적 영역 내에서 해결해나가고자 노력한다는 공통점을 지니고 있다. 단지 남성인 상철은 자신의 힘으로 성공을 거두지만, 여성인 정희는 두 남성 간의 교환과 남성들의 낭만적 헌신에 의해서 아버지가 남겨준 가정을 지키고 자신의 가정도 꾸린다는 목표를 달성한다.

영화는 이처럼 공적 영역에 진입한 여성이 겪는 곤경과 딜레마 외에도, 공적인 부분에 사적인 부분이 지나치게 긴밀하게 얽혀들 때 발생하는 혼란과 위기 역시 보여준다. 정희는 육체적이고 성적인 노동을 통해서 공적 영역에 진입한다. 그러나 그 때에도 정희의 정체성의 많은 부분은 여전히 전통적인 성역할(여성성과 모성)에 의해 규정되고, 그녀는 사적인 것과 사회적인 것이 미분리된 상태에 계속해서 놓여진다. 그녀의 공적 영역에서의 역할은 동생들의 요구와 계속해서 충돌하고, 방사장과의 관계에서 그녀는 고용인 대 피고용인이라는 공적 관계와 그가 정희에게 품고 있는 은밀한 연정으로 인한 사적 관계 사이에서 갈등하게 되기 때문이다.

그 결과 중의 하나로 정희가 공적 영역으로 진출하면서 보여주었던 당당함과 독립성은 남성들에 의해 끊임없이 훼손된다. 정희에게 애정과 연민을 갖고 있는 방사장의 사적인 동기를 지닌 도움, 술손님들에 의한 성적 대상화 그리고 자식과 같이 어린 남동생 창식이 요구하는 모성이 그것이다. 정희는 이 세 가지 사이에서 찢겨나가고, 결국 좌절한 채 사적 영역으로 물러난다.

그러나 무엇보다도 이 영화가 〈그 여자의 죄가 아니다〉와는 달리, 사적 영역에 대한 공적 영역의 압도적 지위를 전제한다고 볼 수 있는 것은 이처럼 철저하게 경제적 동기에 의해 좌우되는 '결혼과 짝짓기'를 보여주는 플롯 외에도, '집'이라는 장소를 둘러싸고 전개되는 '소유권'의 모티브이다.

마치 포우의 '잃어버린 편지'[11]처럼 거의 모든 등장인물 사이를 떠돌게 되는 '집문서'는 집이라는 구체적인 '장소'를 물화된 욕망이자 응결된 기억의 기표로 만든다. 특히 정희와 방사장의 관계에서 집문서는 마치 정희의 노예문서와 같은 역할을 하게 된다. '집'이라는 장소가 중산계급의 삶이 위기에 처하고 회복되는 과정을 보여주는 핵심적인 장의 역할을 한다고 했을 때, 여기에서 그 과정은 특히 집이 철저하게 자본주의적 논리에 따라 교환되고 그 과정에서 추상적인 가치를 통해 물신화되는 대상이 됨으로써 가능해진다. 따라서 집은 여성들을 매개로 해서, 공적 영역의 원리들에 의해 철저하게 지배받고 위협받는 사적 영역의 삶을 표상하는 핵심적인 기표라고 할 수 있고, 정희가 방사장의 도움으로 집문서를 안전하게 되찾고 순철과 이상적인 이성애커플로 다시 태어나는 영화의 결말은 공적 영역과 사적 영역이 '결혼'을 매개로 균형에 도달하는 순간을 보여주게 된다.

---

11. 자크 라캉, 「'도난당한 편지'에 대한 세미나」, 권택영 엮음, 『자크 라캉: 욕망 이론』, 문예출판사, 1994.

V.

멜로드라마 장르와 여성의 문화적 권력화 (Cultural Empowerment)

멜로드라마는 여성을 둘러싸고 있는 다양한 모순과 갈등의 구조들을 다루는 과정에서, 여성을 전통적인 지위에 다시 묶어두려는 궁극적인 의도와는 반대로, 왜 끊임없이 여성들이 기존의 질서와 가치관으로부터 이탈할 수밖에 없는지 그리고 또 어떤 방식으로 이탈하는지를 보여주게 된다.

〈그 여자의 죄가 아니다〉에서 낭만적 사랑, 사회적 자유 그리고 여성의 섹슈얼리티가 가져다 줄 수 있는 쾌락과 위험의 가능성을 두루 맛보고 결혼으로 진입한 영숙은 이미 전근대적 현모양처일 수가 없으며, 엄혹한 자본의 세계에서 단련 받고 너무나 다른 두 남자와의 관계를 통해서 타인이 아니라 자신을 위해 사랑을 선택할 용기를 얻게 된 〈자매의 화원〉의 정희 역시 마찬가지다.

그런데 특히 두 편의 영화는 여성과 남성 간의, 사회계급들 간의 수많은 관계들을 포괄하는 사적 영역과 공적 영역 간의 대립을 통해서 이 과정을 형상화하여 보여준다. 물론 두 편 모두 결말에 이르면 '결혼'이라는 매개물을 통해서 사적 영역과 공적 영역이 어렵사리 화해와 균형에 도달하고 있음을 제시하지만, 그 과정에서 복잡하고 치열하게 전개되는 사적 영역과 공적 영역 간의 대립과 불화, 배제와 포함의 역학은 근대를 살아가는 여성 주체들의 이야기를 그 어느 곳에서보다 역동적으로 재현한다.

한국 전쟁이 낳은 구조적 변동이 사적/공적 영역 간의 관계는 물론이고 두 가지 영역에 대해서 여성이 맺는 관계를 극적으로 변화시키고 있음을 묘사하고 있는 이 영화들은, 여성들의 존재와 이야기를 도덕적 관점에서 재단하려고만 드는 공적 영역의 근본적으로 반여성적 속성을 설득력있게 묘사함으로써 여성들이 공적 영역과 맺게 되는 불편하거나 위기에 찬 관계를 보여주는 동시에 그 과정을 통과하는 것이 바로 근대적 여성 주체로 재구성되는 과정이라는 것을 보여주기 때문이다.

그러나 두 영화는 성적, 계급적 역학 관계나 '결혼 이데올로기'와의 거리감에 있어서 차이들을 지니고 있다. <그 여자의 죄가 아니다>에서는 계급적으로 하위 주체인 영숙이 성희의 모성을 수용하고 양보하는 '여성의 선택과 희생'으로 결론이 내려지지만, <자매의 화원>은 부르주아이자 정희의 고용인인 방사장이 보여주는 '남성의 이해와 희생'으로 극적인 결말이 가능해진다. 즉 사적 영역과 공적 영역이 이루게 되는 문제적인 조화나 성 차별과 계급 차별이 서로 얽혀드는 방식에 있어서 <그 여자의 죄가 아니다>는 여성의 주체성과 이로 인해 발생하는 갈등에 초점을 맞춤으로써, 상대적으로 좀 더 여성적인 원리에 충실한 영화라고 평가할 수 있다.

또한 결혼 플롯이 두 영화에서 수행하는 역할 역시 크게 다른데, 〈그 여자의 죄가 아니다〉는 여성 간의 화해와 협상이 결말을 이끌어내면서 두 커플의 탄생이나 재결합은 배경 정도로 밀려나는 반면, 〈자매의 화원〉에서는 자아와 타자에 대한 배려 사이에서, 공적 영역과 사적 영역 사이에서 분열되어있는 정희의 정체성은 바로 결혼을 통해서만 궁극적으로 통합되는 것으로 제시되기 때문이다.

참고 문헌

공제욱, 「1950년대 한국사회의 계급구성」, 이종오 외, 『1950년대 한국사회와 4.19 혁명』, 태암, 1991

김경일, 「근대적 일상과 전통의 변용」, 박영은 외, 『한국의 근대성과 전통의 변용』, 한국정신문화연구원, 1999

김동춘, 「4.19혁명의 역사적 성격과 그 한계」, 이종오 외, 『1950년대 한국사회와 4.19 혁명』, 태암, 1991

정성호, 「한국전쟁과 인구사회학적 변화」, 『한국전쟁과 사회구조의 변화』, 한국정신문화연구원 편, 백산서당, 1999

레이몬드 윌리엄즈, 『이념과 문학』, 문학과 지성사, 1991

주디스 메인, 『사적 소설/공적 영화』, 시각과 언어, 1994

Peter Brooks, The *Melodramatic Imagination*, Yale UP, 1976

Pam Cook, "Duplicity in Mildred Pierce", ed., E. Ann Kaplan, *Women in Film Noir*, BFI, 1998

No. 7

'위안부 영화'와 역사쓰기의 새로운 도전

〈귀향〉조정래 2016, 〈눈길〉이나정 2017

I.

위안부 담론의 전개와 위안부에 대한 공적 재현의 등장

아마 2016년 겨울은 해방 이후 한국의 남반도에서 가장 뜨거운 겨울로 기록될 것이다. 1,600만 명이 넘는 시민들이 추운 길거리에서 촛불을 들고 "이게 나라냐?"를 외치며 한 목소리로 한국 사회의 적폐청산을 요구했기 때문이다. 그리고 그 결과 이루어진 박근혜 전 대통령 탄핵과 '장미대선'으로 한국 사회는 다시 한 번 역사적 진보냐 퇴행이냐의 기로에 섰다. '촛불 혁명'의 과정에서 박근혜 정권의 의도된 실정 혹은 반역사적·비민주적 정책의 수정이나 폐기에 대한 요구 역시 클 수밖에 없었다. 대표적으로 재벌 개혁, 언론 개혁, 사법 개혁, 교육 개혁 등의 사회 주요 분야에 대한 개혁과 더불어 사드 배치 철회와 한일 간의 '12.28 위안부 합의' 철회 등의 외교안보 이슈 그리고 '세월호 참사'과 '블랙리스트 사건'에 대한 철저한 진상 규명과 책임자 처벌 등의 사회적 이슈가 제기되었다. 이글은 그 수많은 이슈 중에서도 국민들의 어떤 동의도 담아내지 못하고, 피해자에 대한 일말의 존중도 보여주지 못한 한일 위안부 합의에 대한 비판적 문제의식에서 시작되었다. 여기에다가 최근 일어난 몇 가지 사건들은 이런 문제의식의 필요성과 시급함을 더해주었다.

우선 애니메이션 〈시간을 달리는 소녀〉의 원작자인 일본인 쓰쓰이 야스타카는 2017년 4월 6일 자신의 트위터에 "(위안부상 설치에 대한 일본의 반발로 본국 소환되었던) 나가미네 주한 일본 대사가 다시 한국으로 돌아갔다. 위안부상을 용인하는 꼴이 돼 버렸다. 그 소녀는 귀여우니 모두 함께 앞으로 가서 사정해 정액 투성이로 만들고 오자"는 극단적 망언을 올렸다. 다음으로는 '소녀상'을 둘러싼 한일 정부 간의, 한국 내부 다양한 구성원들 간의 갈등이 지속되고 있는데다가, 위안부 생존자들이 노령으로 돌아가시면서 그 숫자가 점점 줄어드는 안타까운 현실이다.

우선 일본인 작가의 망언은, "일본군 위안부 사건은 일본 수상의 사과로 끝날 일이 아니다. 피해 할머니들에 대한 사죄만으로 끝날 문제가 아니다. 이것은 일본이 우리 민족의 얼굴에다 더러운 정액을 바가지로 퍼부은 것이다."[1]라는 한 한국인 남성의 과거의 발언과 만나는 순간, 처음에 단순한 공분의 유발에서 복잡한 감정의 구조 속으로 미묘하게 그 의미와 위치가 변화되었다. 정반대의 위치에서 서로를 향한 적대적 감정을 무분별하게 표출하는 한일의 두 남성이 '정액을 쏟아 붓는다'는 식의 성적 은유를 공유한다는 사실의 발견은 새삼스러운 충격으로 다가왔다. 여기에서 우리는 '일본군 위안부'(이하 위안부)를 둘러싼 이슈의 기저에 놓인 민족의식이라는

1. 〈동아일보〉, 1992년 1월 20일자. 양현아, 「증언과 역사쓰기-한국인 '군 위안부'의 주체성 재현」, 『사회와 역사』 60집, 한국사회사학회, 2001, 68쪽에서 재인용.

것이 바로 여성의 성을 짓밟은 사람과 여성의 성을 보호해야 하는 사람들 간의, 즉 일본 남성과 한국 남성 간의 관계이자 논쟁의 문제라는 것을, 그리고 피해자/생존자 여성의 목소리는 지워진 채로 남성중심적인 민족주의 담론과 가부장제적인 성 규범 간의 공모가 엄연히 전개되고 있다는 것을 감지할 수 있다.

1990년 이화여대 교수 윤정옥이 〈정신대 취재기〉를 한겨레신문에 연재하고, 1991년 위안부 피해자 김학순 할머니가 최초로 증언하면서 가시화된 위안부 문제는 대중적 공분을 불러 일으켰다. 1992년부터 주한일본대사관 앞에서 피해자가 일본정부의 사과를 촉구하는 수요집회가 시작되었고, 2011년 1000회 수요집회에서 민간인 기금으로 완성한 '평화의 소녀상'이 처음으로 건립되었다. 그러나 2014년 6월 아베 정부의 고노담화 이후 일본은 위안부 문제에 책임을 지고 사죄하는 입장에서 일본 정부의 책임을 회피하려는 경향으로 나아가다가, 급기야 2015년 '12·28 위안부 합의'에서는 10억 엔의 돈으로 위안부 문제에 대한 최종적, 불가역적 타결을 주장하는 데에서 더 나아가 소녀상의 이전까지 요구하기에 이른다. 이 합의는 피해자들의 목소리와 시민 사회의 참여도 전혀 반영하지 않았을 뿐만 아니라, 이명박·박근혜 보수 정권에서 한일관계의 외교적, 정치적 걸림돌이었던 '위안부 이슈'를 서둘러 봉합하기 위한 졸속적, 굴욕적인 타협이자 기만적 책략에 불과하다. 하지만 위안부 문제 해결의 장애물은 이처럼 전쟁 책임을 부인하고 사과와 보상을 외면하는 일본의 반역사적 인식과 진실 은폐뿐만이 아니라 한국의 유교적 가부장주의에다가 상호 대화를 불가능하게 만든 공격적 민족주의 역시 포함된다. 한국 사회에서 위안부라는 이슈가 공식적, 공개적으로 등장하기 위해서 무려 50여년의 세월이 필요했던 이유는 여기에 놓여 있다.

위안부 제도는 일본 군대가 아시아 대륙에 진출하기 시작하면서 일어난 1932년 상해사변 때 처음으로 실시되었고, 만주, 중국 여성에 대한 일본군의 강간으로 반일 감정이 강하게 일어난 1937년의 남경대학살 이후 본격화되었다. 1941년 태평양전쟁 발발로 아시아 전역으로 전선이 확대되자 중국, 만주, 남양군도 등의 일본군 점령 지역과 대만, 한국 등의 식민지뿐만 아니라 일본 내지 등, 일본군이 주둔했던 모든 곳으로 이 제도는 확대되었다. 그런데 일부 존재했던 일본인 위안부의 경우 21세 이상의 매춘 경험자로 한정되었던 반면에 일본군이 조선총독부의 적극적인 협력 하에서 대대적인 위안부 모집에 나섰던 조선의 경우에는 1938년에 발효된 '국가총동원령'에 따라서 '정신대'라는 명목 하에 초등학생들과 중산층 가정 출신의 여성들까지 차출되었고, 심지어 가난하고 교육수준이 높지 않았던 농촌 지역의 소녀들은 취업 사기, 강제 연행, 유기납치, 인신매매 등의 다양한 불법, 탈법적 방법들을 통해서 위안부로 끌려갔다. 그 결과 조선인 위안부는 대략 20만 명에 달했고 아시아 종군 위안부의 80~90% 정도가 될 정도로 압도적 다수를 차지했다.

일본군이 운영했던 위안소는 극단적인 인권 유린과 모멸적인 민족 탄압이 이루어지던 '일본판 홀로코스트의 현장'이자 '윤리적 치외법권의 공간'에 다름 아니었다. 공적으로 승인된 성적 배설구로 취급받았던 조선 여성들은 일본군들의 상시적인 욕설과 폭력,

성병 감염과 낙태 강요 등에도 시달렸으며, 반항이나 도주를 도모한 경우에는 잔인한 방식으로 즉결 처형되기도 했다. 패전이 다가오자 일본군은 위안부 여성들을 무자비하게 도륙하거나 낯선 땅에 유기했고, 간신히 목숨을 건지고 귀국한 후에도 그 피해자들은 지울 수 없는 외상에 시달리며 침묵의 세월을 견디거나 자기부정의 형태로 죽음을 선택하기도 했다.

이러한 위안부 정책은 일본의 명백한 국가적 범죄 행위이자 여성을 성적으로 수단화하는 가부장제의 이중적 성문화가 낳은 반여성적 범죄이다. 식민지 여성에 대한 멸시와 착치 그리고 여성의 신체를 사물화하는 남성적 폭력 등이 맞물리면서 지배국의 군인들이 피지배국의 여성들을 계획적, 조직적, 집단적으로 강간했고, 여성의 정신, 신체, 성적 권리는 말살되었기 때문이다. 이렇듯 민족 차별과 성 차별이 응축된 복합적·중층적인 억압구조 속에서 가능했던 폭력적 인권 유린과 인간의 존엄성에 대한 훼손을 일본 정부와 군은 심지어 국가에 대한 충성과 의무라는 지배 이념으로 포장하여 정당화하기까지 했다.

그런데 이 엄청난 역사적, 집단적 범죄가 수 십 년 동안 수면 하에 있을 수밖에 없었던 데에는 한일 양국 정부의 비역사적, 반도의적 태도 그리고 한국 사회 내부의 이념적 한계와 정서적 곤란이 놓여 있다. 한일 두 국가 모두에서 위안부 이슈는 국가적 명예의 문제이자 여성은 남성의 재산권에 속한다는 가부장제의 논리로 다루어졌고, 양국은 이 문제를 잊고 싶은 전쟁 범죄이거나 수치로 자리매김함으로써 망각과 은폐에 대한 욕망을 공유해왔기 때문이다. 여기에 더해 일본 정부와 군의 조직적인 자료 은폐, 일본 정부의 아시아 국가들에 대한 경시의 태도와 미국의 전후 처리의 미흡함과 암묵적 동조, 유교 문화의 영향으로 인해 피해자가 내면화한 수치심 그리고 식민지 시기 피해사, 특히 여성사 분야의 연구 부진 등도 일정한 맥락으로 작용해왔다.[2]

그 결과 초기의 위안부 담론에서는 다양한 위안부들의 경험이 논의되지 못한 채, 일본 제국주의의 피해자로서의 표상과 민족의 치욕이라는 함의만이 강화되었다. 여성을 대상으로 한 전시 폭력이자 집단적인 성 폭력의 문제로서 그리고 '젠더화된 식민 경험'으로서 재구성되어야 할 위안부 이슈는 일본군이 악독하게 조선의 여성들을 짓밟았다는 서사, 일본군의 피해자라는 정체성만을 강조하면서 민족주의와 가부장제에 손상을 가하지 않는 논리로 나아갔고, 이런 과정에서 위안부들의 다양한 목소리와 전장 속에서도 살아남기 위해 투쟁을 벌이며 생존하여 돌아온 용감한 위안부들이 가지는 위상은 수용될 수가 없었다[3].

이것이 해방 이후 그 오랜 시간 동안 위안부 피해자들을 침묵하게 만든 국제관계적 지형이자 민족적 멘탈리티였던 만큼, 생존자들이 침묵을 깨고 자신의 경험을 드러낸다는 것은 식민주의적,

---

2. 정진성, 「일본군 위안부 정책의 본질」, 한국사회사연구회, 『한말 일제하의 사회사상과 사회 운동』, 문학과지성사, 1994, 172~3쪽.

3. 배상미, 「위안부 담론의 페미니즘적 전환의 필요성」, 『여/성이론』 31호, 여성문화이론연구소, 2014, 280쪽.

가부장제적 굴레를 벗어나서 억압된 목소리와 주변화된 주체성을 찾아나가는 과정이자, 이 반인륜적 범죄에 대한 사과와 책임을 요구해나가는 과정이었다. 여성에 대한 성폭력을 전쟁의 수단으로 삼았던 가해와 책임의 일차적 주체는 당연히 가해 남성 개개인 보다는 전쟁을 일으키고 집단 성폭력을 주도하거나 용인한 제국주의적·가부장적 국가 조직이다. 그러나 침묵과 무시로 일관하던 일본은 점차 "학대를 가한 사실이 없다", "일본인 피해자도 있었다", "징용, 징병이 법령에 따른 것이므로 보상할 필요가 없다" 등의 적극적 방어논리를 펼치고 있다. 그 결과 '성노예제, 전쟁범죄, 법적 책임' 대 '성 상행위, 전장의 성, 도의적 책임'이라는 구도가 형성되면서 생존자 구술증언의 진상규명 능력 인정을 둘러싸고 한일 간에는 커다란 간극이 존재하게 되었고, 여기에서 더 나아가 피식민지 국가의 관여 여부, 민족과 젠더 그리고 전쟁과 성의 관계 등을 둘러싼 정치적 논쟁과 긴장이 발생하고 있다.

그렇다면 향후에 위안부 담론은 고통과 분노라는 개인적 감정이나 일본 제국주의에 대한 도덕적 판단 그리고 무엇보다도 진상 규명과 화해라는 해결로만 귀착되어서는 안 된다. 한국과 일본, 우리와 그들, 선과 악이라는 이분법적 구조는 물론이고, 연구와 재현의 대상으로 위안부 이슈를 자의적으로 이용exploit하거나 손쉽게 대변represent하려는 태도를 경계해야 하는 것 역시 중요한 지점이다. 더 나아가 위안부 문제를 단지 민족의 수난으로만 의미화하는 대신에 위안부 담론의 페미니즘적 전환을 이루어내야 하며 또한 일국적 시야를 벗어나 아시아 공통의 인권 문제로 그 지평을 확대하려는 노력 역시 필요하다.

앨리슨 랜드버그Alison Landberg가 제안한 '보철 기억 prosthetic memory' 개념은 대중문화가 어떻게 공적인 방식으로 사적 기억을 전유하고, 간접적인 역사 경험을 어떻게 대중에게 감각적인 방식으로 설득력 있게 전달하는지를 흥미롭게 설명해준다.[4] 영화나 텔레비전과 같은 일상적이고 영향력 있는 미디어들은 대중의 기억을 프로그래밍 하는 중요한 수단들이다. 대중들은 이와 같은 미디어가 수행하는 재현들을 통해서 과거에 대하여 그리고 과거의 공동체적 사건과 경험에 대하여 선별된 기억들을 제공받고 그 결과 과거 자체는 물론이고 과거와 현재의 관계에 대한 특정한 해석의 틀을 공유하게 되기 때문이다. 이 때 제공되는 기억은 당연히 개인의 산 경험lived experience의 산물이 아니라 허구적이고 매개된 재현과 연관된다.

새로운 기억의 테크놀로지라고 할 수 있는 이런 보철 기억은 감각적이고 육체에 쓰이는 기억이자 주로 문화 콘텐츠의 형식을 띠는 기억의 이식을 통해서 사회적 통합과 집단적 정체성을 위한 기억의 틀을 사람들에게 부여한다. 특히 보철 기억의 대표적인 매개체인 영화는 대중들을 특수한 '정서의 공동체'로, 즉 동시에 비슷한 것을 상상하고 특정한 대상에 대한 유사한 감정과 감각을 공유하는 집

4. Alison Landsberg, "Prosthetic memory: 〈Total Recall〉 and 〈Blade Runner〉", M. Featherstone & R. Burrows, eds., *Cyberspace/Cyberbodies/Cyberpunk*, Sage Publication, 1995, p.176.

단으로 구성해내는 데에 있어서 커다란 힘을 발휘한다. 특히 최근 한국영화는 거듭 과거로 회귀하면서 공적인 역사쓰기에 도전하는 시도들을 멈추지 않고 있는데, 이처럼 과거를 현재화하고 공적 역사에서 배제·억압되었던 목소리들을 소환하는 영화 작업들은 단순히 과거에 대한 기억의 재생에 머무르는 것이 아니라 이 기억들을 토대로 새로운 하나의 실재를 만들어내는 의미를 지닌다.

역사적 사건이 상상적 재구성을 통해 극적 구조의 형태로 재현됨으로써 숨결과 색채를 부여받게 된 역사는 감정을 강력하게 환기할 수 있게 되고, 그 결과 과거의 주체들과의 동일시 그리고 타자적 경험의 공유가 가능해진다. 이런 맥락에서 다큐멘터리와 극영화를 비롯하여 위안부와 관련된 역사가 사회적 관심 속에서 거듭 재현되고 있는 현실[5]은 그 고통과 죽음의 역사에 대한 새로운 인식과 정서적 공감을 통해서 그리고 그 역사적 경험에 대한 애도와 일체감의 환기를 통해서 우리를 '기억 공동체'이자 '민족 공동체'로 만들어 낸다.

이런 맥락에서 무려 350만 명의 관객을 동원했을 뿐만 아니라 많은 사회적 이슈거리들을 던져준 〈귀향〉**(조정래, 2015)**의 대중

5. 〈낮은 목소리〉 시리즈(변영주, 1995, 1997, 1999), 〈침묵의 소리〉(김대실, 1998), 〈나의 마음은 지지 않았다〉(안해룡, 2007), 〈그리고 싶은 것〉(권효, 2012), 〈레드마리아 2〉(경순, 2015) 등의 다큐멘터리와 〈소리굽쇠〉(추상록, 2014), 〈마지막 위안부〉(임선, 2014), 〈귀향〉(조정래, 2015), 등의 극영화 외에도, 〈소녀이야기〉(2011), 〈끝나지 않은 이야기〉(2014) 등의 단편 애니메이션과 〈각시탈〉(2012), 〈눈길〉(원래 2015년에 텔레비전 단막극으로 방영되었다가 편집을 거쳐 2017년에 극장 개봉)과 같은 텔레비전 드라마도 꼽을 수 있다.

적 성공 그리고 높은 비평적 평가를 받으며 위안부 소재 재현의 새로운 윤리적 층위를 제시한 〈눈길〉(이나정, 2017)의 등장은 우리가 그간 생존자들의 증언과 위안부 운동 등을 통해서 '많이' 알고 있다고 생각했던 이 이슈에 대하여 과연 우리가 '제대로' 알고 있는지, 이에 대한 '문화적 재현은 어떻게 가능한지' 등의 여러 문제를 제기해주고 있다. 이 영화들은 철저하게 피해자의 입장에서 위안부 개개인들의 고통과 희생을 재현해냄으로써 그리고 역사적 실재와 허구적 삶의 결합을 통한 기억의 공백 메우기를 시도함으로써 상실된 과거와 침묵의 역사를 환기하고 애도하는 역할을 해내고 있다.

헐쉬Hirsch는 '포스트메모리postmemory'라는 개념을 통해서 전前 세대의 트라우마적 기억이 후後 세대의 상상적 몰두와 창조를 통해서 어떻게 중재되고 전달되는지를 설명한다.[6] 이 개념을 염두에 두고 본다면, 현재 영화 등을 통해서 이루어지고 있는 위안부에 대한 재현들은 한편으로는 그 피해자들의 고통이 오랫동안 침묵을 강요당해 온 것에 대한 죄책감에서 시작되어 억압된 역사적 타자들을 호명하고 은폐된 역사적 기억을 복원하기 위해서 후 세대가 벌이는 '기억 전쟁'이라면, 다른 한편으로는 전쟁이 빚어낸 광기와 희생을 치유하고 위로하며 과거 식민 역사를 극복하기 위해서 민족 주체가 시도하는 '새로운 역사쓰기'인지도 모르겠다.

---

6. Marianne Hirsch, *Family Frames: Photography, Narrative, and Postmemory*, Harvard UP, 1997, p.22. 이유혁, 「이동하는 또는 고통스러운 기억들-한국인 종군위안부들의 트라우마의 초국가적 이동, 그것의 문학적 재현 그리고 식민의 망각에 대하여」, 「인문연구」 64, 영남대학교 인문과학연구소, 280~1쪽에서 재인용.

그렇다면 기록되지 못한 여성들의 목소리를 역사 속으로 재기입하고, 억압되었던 약자들의 이야기를 재서사화하는 작업은 어떻게 가능한가? 이 과정에서 '피해자 민족주의'[7]의 시각이나 권위적인 서사 그리고 집단적 동일시에 대한 유혹에서 텍스트는 자유로울 수 있는가? 무관심과 망각에 저항하는 적극적이고 비판적인 기억행위와 대안적인 역사쓰기라는 관점에서 이런 작업들이 갖는 의미는 무엇인가? 두 편의 영화 〈귀향〉과 〈눈길〉이 보여주는 성취와 한계는 바로 이러한 의문에 대한 답변과 확장된 질문으로 나아가는 이정표의 역할을 해주고 있다.

7. 문경희, 「『꽃할머니』의 '위안부' 재현과 감정의 정치」, 『젠더와 문화』 9권 2호, 계명대학교 여성학연구소, 2016, 202쪽.

II.

'생존자 할머니'와 '소녀의 스토리텔링' 사이에서

(1) 소녀성에 함몰된 재현

위안부 생존자에 대해 대중들이 갖고 있는 지배적인 이미지는 아마도 수요집회에서 발언하거나 텔레비전 등의 인터뷰에서 증언하는 할머니들의 모습과 요즘 논란이 되고 있는 '소녀상'일 것이다. 세월의 흔적과 고통의 그늘을 담지한 할머니들의 분노하고 지친 모습과, 맨발에 주먹을 쥔 채 정면을 응시하는 소녀의 이미지. 역사 이야기로서의 위안부는 대부분 소녀를 주인공으로 하고 있다. 이는 강제 동원된 대부분의 여성이 어린 나이의 소녀였다는 역사적 증언과 통계에 근거한 것이기도 하지만, 이 한복 입은 소녀상은 일본 제국주의에 의해 끌려가 순결을 빼앗긴 피식민지 조선의 딸들을 표상하면서, 말로 다 할 수 없는 도저한 과거의 아픔을 현재의 우리에게 던져주고 환기시킨다. 반면에 위안부 생존자들의 주체성은 할머니로 봉합되기에는 넘쳐나는 것들인데, 그들은 자신을 억압하던 정조라는 관념에 맞서서 더 유연하고 역동적으로 살아왔으며 느낌을 기억하는 여성, 상흔을 딛고 견뎌온 생존자들, 삶의 역사를 내장한 이름을 가진 개인들이기 때문이다. 그러나 생존자 할머니들에 대하여 미디어들이 형성해내는 정체화는 생존자들을 집단화하고 평준화함으로써 그들을 살아 있게 한 주체의 적극성, 불굴의 생명력과 의지의 면면을 축소시키는 경향을 보인다.[8] 물론 지나치게 어리거나 지나치게 늙은 양자의 모습은 공히 탈성화된 여성을 명백하게 지시한다. 지금 논의하고자 하는 영화들 속의 서사와 이미지는 이 두 가지의 이미저리 사이에서 동요하면서 복잡한 정치적 의미화를 이루어내고 있다.

〈귀향〉의 도입부에서 위안부로 끌려가기 이전의 '정민'(강하나 분)의 모습은 술래잡기와 공깃돌 놀이 그리고 아버지의 지게에 타고 노래를 부르며 함께 귀가하는 모습 등을 통해서 아직도 유아적이고 천진난만하다는 사실이 강조된다. 물론 초경에 대해 언급하는 장면이 삽입되면서 정민이 이제 소녀에서 여성으로 이행하는 전환점과 경계에 놓여 있음이 암시된다. 반면에 방금 출소한 전과자에 의해 강간을 당하고 이를 저지하던 아버지마저 살해당하는 극단적 상황을 겪은 '은경'(최리 분)은 접신을 하고 무당이 되기 이전에 완전한 마비와 비현실감 속에 놓인 존재로 묘사된다. 그런데 두 소녀의 이런 형상화는 이후에 이루어질 정민의 위안부 생활 그리고 살아남아 노인이 된 영옥(손숙 분)과 죽은 정민을 영적으로 조우시키는 은경의 영매 역할을 더 극적으로 만들어내기 위한 무대적 장치

8. 양현아, 66쪽.

혹은 서사적 전제로서 이용되고 있다는 느낌을 지우기가 어렵다.

반면에 <눈길>에서 서로 계급이 전혀 다른 '영애'(김새롬 분)와 '종분'(김향기 분)은 각각 여학교에 다니며 자존심 강하고 엘리트의식을 지닌 지적이고 오만한 소녀로, 가난과 고된 노동에 시달리는 천덕꾸러기이지만 이타적이고 강인한 소녀로, 매우 현실감 있게 묘사된다. 그리고 이들의 서로 다른 출신 성분과 인간적 면모는 이후의 위안소 생활을 거부하거나 감내하는 식으로 전혀 다르게 반응하거나, 임신과 낙태 그리고 자살 시도 등을 겪게 된 영애가 자신을 희생적으로 돌보는 종분에게 고마움과 부끄러움을 느끼고, 종분 역시 현실을 외면하고 여전히 자기를 무시하는 영애에게 분노를 표하게 되는 등, 성격화나 인물들 간의 관계 역시 설득력 있게 변화한다.

여기에서 알 수 있듯이, 두 영화는 모두 비극적인 상황과 운명적인 관계[9]에 놓인 두 주인공들을 어린 소녀로 설정하고 그에 따른 이야기를 펼쳐나가고 있지만, 그 서사를 뒷받침하는 창작자의 시선과 의도가 많이 다르고 그 결과 소녀라는 이미지와 이를 중심으로 전개되는 서사의 함의 역시 상당한 차이를 보인다고 할 수 있다.

우선 '소녀'라는 범주는 근대를 거치면서 '예비 여성시민'이자 우량한 국민을 재생산하고 가부장제를 유지하기 위해 그 신체를 결혼까지 성적으로 순결하게 유지해야 한다는 규범에 의해 수립된

---

9. 두 영화에서 각각 등장하는 두 명의 소녀들은 함께 위안소 생활을 하다가 탈출하는 과정에서 한 명이 사망하고 한 명만이 살아남게 되면서, 살아남은 자가 평생에 걸쳐서 두고 온 친구에 대한 죄책감에 시달린다는 내용을 공유한다.

다.[10] 즉 특정한 연령이라는 객관적 기준에 의해서 그리고 근대 국가 형성과 관련된 순결 규범, 애정 규범, 미적 규범에 의해서 성별화된 대상이자이자 위협적이지 않고 탈성화된 존재라는 함의를 지닌다.[11] 바로 이런 맥락에서 위안부라는 민족적 비극을 더 선명하게 하고 그들의 신체와 정신에 가해진 폭력을 더 극적인 것으로 만들기 위해 소녀 주인공이 필요했음을 알 수 있다. 물론 지배자와 피지배자의 관계는 흔히 젠더화된 용어로 설명되고, 특히 식민지배자에 의해 유린되고 침탈당하는 '순결한 여성으로서의 식민지'가 오리엔탈리즘의 핵심을 이루는 표상이라는 사실 역시도 이런 설정에 기여했을 것이다.

그래서 제국주의적 폭력이 새겨지는 공간이자 민족적 정서가 투여되는 담론의 장이 되어버린 소녀성은 이제 성적 무지와 순결에서 한 단계 나아가 '여성-자연'이라는 가부장제적 상상계 그리고 '고향-모국'이라는 민족주의적 은유와 만나게 되면서 다른 겹의 의미화를 발생시킨다. <귀향>에서는 밥 짓는 연기가 피어오르는 집과 따뜻한 한 끼의 밥을 나누는 가족의 정겨운 이미지 그리고 어머니가 만들어주고 친구인 영옥(서미지 분)에게 전달되는 정민의 귀불노리개라는 상징으로, <눈길>에서는 마당에 널어 말리던 목화솜, "목화

10. 김복순, 「소녀의 탄생과 반공주의 서사의 계보- 최정희의 「녹색의 문」을 중심으로」, 『한국근대문학연구』 18, 한국근대문학회, 2008, 18쪽.

11. 박숙자, 「근대적 주체와 타자의 형성 과정에 대한 연구-근대 소녀의 타자성 형성을 중심으로」, 『어문학』97, 한국어문학회, 2007, 97쪽.

솜 넣은 이불 덮고 꿈같이 잠들고 싶다"는 대사, 그 이불 대신에 죽어가던 영애의 차가운 몸을 종분이 눈으로 덮어주는 장면 등을 통해서 어머니의 품과 같은 고향과 모국을 의미화한다.

원래 민족주의는 과거에 대하여 공유된 신화와 전통을 수립하면서 자기 모방적인 실천을 하는데, 이 과정에서 역사적 리얼리티는 축소되거나 생략되고 스스로의 이미지는 식민화된다. 즉 스스로를 모방적으로 재현하면서 상상된 타자로 바라보는 것이다.[12] 특히 피식민지인들의 분노와 자기연민은 훼손되지 않은 유토피아적 과거와 순결한 정신성이라는 이상을 끊임없이 추구하고 갈망하는 정서와 행위로 이어지는데, 이는 레나토 로잘도Renato Rosaldo가 '제국주의적 향수'라고 이름붙인 것, 즉 식민 종주국이 자신이 파괴해버린 식민지 토착 문명에 대하여 향수나 상실감을 갖는 것[13]을 식민지인들이 스스로 복제하면서 타자화시킨 공간들을 마치 관광객들의 시선처럼 그려내는 것이라고 할 수 있다.

여기에서 알 수 있듯이, 두 영화가 따뜻하고 정겨운 밥, 이불, 집과 같은 상징을 통해서 그리고 목화솜과 눈의 순결한 백색이라는 은유를 통해서 동원하는 민족 정체성과 모국에 대한 이미지 레퍼토리들은 순수한 민족, 훼손되기 이전의 모국, 안전하고 평온한 고향이라는 환상을 통해 민족과 모국을 미화하고 이상화하며,

---

12. Scott MacKenzie, "Mimetic nationhood: ethnography and the national", M. Hjort and S. MacKenzie, eds., *Cinema and Nation*, Routledge, 2000, p.254.

13. 삼인, 1989, 41쪽에서 재인용.

그 결과 모국과 민족이 수행해온 지배와 억압을 은폐하는 역할을 한다. 또한 두 영화 모두에서 서사적 중심을 차지하는 '귀향'에 대한 갈망 역시 결국 돌아가서 안착해야 할 '고향' 그리고 그러한 고향 자체를 상징하는 '자연'으로 민족 자체를 전치시키면서 관념화한다면, 이와 대조되는 상처받고 훼손된 소녀의 이미지는 희생된 민족을 상징한다는 점에서 상투성을 드러낸다. 여성에 대한 이런 비성찰적인 전유와 정형화된 알레고리가 가능한 것은 바로, 끊임없이 내부와 외부를 가르고 자기와 타자를 차이 짓는 민족주의 담론 자체의 경향으로 인해서 가능해진다. 모욕과 경멸을 당하며 고통 받는 여성은 미학화된다면, 순교에 가까운 이런 절정의 고통은 민족의 과거를 승화시키는 역할을 하고 있는 셈이다.

물론 이러한 이데올로기적 형상화의 또 다른 결 속에서는, 위안부 여성들 스스로가 일본군의 감시를 피해 서로 소통하고 교감하면서 생존에의 의지와 스러져가는 자기 존엄을 확인하고 서로를 다독이며 서로에게 의지하는 자매애와 여성 연대가 그려진다. 그들은 고난을 함께 하고 정체성의 변화를 겪으면서 서로를 이해하고 포용하는 의사 자매pseudo-sister로, 수동적 피해자에서 능동적 행위자로 변모하게 되고, 그 결과 영화는 그러한 삶의 여정을 담아내는 로드무비와 성장영화의 결합으로 나아가게 된다. 특히 <눈길>의 엔딩에서 종분은 자신이 수 십 년 간 차용해서 살아가던 영애의 이름을 드디어 그 본인에게 돌려주게 되는데, 이는 한편으로는 종분이 위안부 경험이라는 과거와 결별하고 그로 인한 트라우마를 극복했음을 상징한다면, 다른 한편으로는 이미 죽었지만 여전히 그녀의 곁을 떠나지 못하던 영애와 그녀가 나누던 내밀한 자매애가 사회적으로 확장되면서 종분이 다른 생존자들과 함께 거리에 나설 수 있는 새로운 주체가 재탄생되었음을 의미하기도 한다.

(2) 멜로드라마와 섹슈얼리티 간의 긴장

조정래 감독이 <귀향>을 영화화하겠다는 결심을 한 것은 2002년 '나눔의 집'(생존 위안부 할머니 후원시설) 봉사활동을 하다가 보게 된 강일출 할머니의 '태워지는 처녀들'이라는 그림 때문이라고 한다. 이 그림을 보고 큰 충격을 받은 그는 시나리오를 완성시킨 이후에도 투자를 받지 못해 무려 14년의 시간을 기다려야 했고, '크라우드 펀딩'을 통해 7만 5천명이 넘는 후원자들에 의해 12억 원의 돈이 기적처럼 모임으로써 제작, 배급, 상영을 마무리할 수 있었다. 그래서 어떤 면에서 보면 이 영화에서 가장 감동적인 부분은 영화가 끝나고 나서도 10분 넘게 수많은 후원자 명단이 스크린 위로 흐르는 순간일 것이다.

여기에서 짐작할 수 있듯이 감독의 제작 동기는 아마도 위안부 생존자들에 대한 공감과 연민, 민족적 울분과 동시에 그 고통과 비극을 지금까지 외면하고 망각해왔다는 깨달음으로 인한 부채감과 죄의식일 것이다. 그런데 <귀향>의 주인공인 영옥의 정서를 지배하는 주된 동기 역시 바로 '상실과 죄의식'이라고 할 수 있다. 그래서 그녀는 비록 살아 돌아왔지만, 죽은 친구를 버려두고 온 그 순간, 그 장소에 결박된 채로 한 걸음도 나아가지 못하는 삶을 이어갈 수밖에 없었고, 이는 그리도 갈망하던 고향과 고국의 품으로의 회귀가 결국은 불완전하고 충만하지 못한 것에 불과함을 드러내게 된다. 그리고 감독의 이런 제작 의도와 영화의 서사적 중핵이 상호 결합할 때, 이 영화는 한 편의 멜로드라마로 나아갈 수밖에 없는 운명을 지니게 된다.

멜로드라마는 순수의 공간[14]에서 시작되고 끝나는데, 선악의 극명한 대립 속에서 희생자의 고통에 초점이 맞추어지고 상실의 감정이나 너무 늦었다는 깨달음에서 슬픔의 정서가 발생한다. 즉 멜로드라마의 세 가지 코드는 피해자/희생자의 관점, 순수의 표상으로서의 사적인 공간과 집, 놓쳐버린 시간성[15]이다. 또한 멜로드라마는 대중적 기억이나 비공식적 구술사를 통해서 그 전에는 표현하기 어려웠던 일상의 기억을 재구성해서 제공할 수 있다는 점에서 민족 정체성의 구성과 역사적 관심의 대중적 재현에서 중요한 역할을 수행한다. 멜로드라마에서 '고통의 서사'를 통해 재구성된 국가적 트라우마는 과거에 대한 개인적 기억을 새로운 국가적 기억으로 탈바꿈시키는 동시에 개인의 기억과 국민의 역사가 조우하는 구조를 만들어낸다.

그렇다면 소녀가 겪는 극단적 고통의 묘사를 통해서 과잉된 감상을 유발하고 민족의 비극적 역사의 일부를 이데올로기적으

14. 주로 가정이 되는 경우가 많다.

15. 김수연, 「<비정성시>와 <박하사탕>의 멜로드라마적 기억」, 『대중서사연구』 14, 대중서사학회, 2005, 331쪽.

로 선택하여 재현하는 위안부 소재 영화들은 소녀/여성을 통해서 고통받는 민족의 역사를 환기하고 재현 불가능한 트라우마를 가시화하는 많은 민족주의적 서사와 동궤를 이루고 있을 뿐만 아니라 전형적인 멜로드라마의 속성을 띨 수밖에 없다. 희생자의 관점을 채택함으로써 센세이셔널리즘과 감정의 힘을 극대화하고, 민족-국가의 과거에 대한 뒤늦은 애도를 통해서 과도한 파토스와 역사의 기념비화를 시도하고 있기 때문이다. 특히 〈귀향〉은 이처럼 과잉된 감상과 이데올로기적 기억에 더하여 성적 유린과 육체적 학대의 강조와 전시 그리고 이에 대한 관음증적 보기voyeuristic looking를 유도함으로써, 멜로드라마적 관습과 선정적 묘사 간의 충돌과 긴장을 빚어내게 된다.

〈귀향〉은 처녀성이나 성병 등을 검사하는 일본 군의관의 시선, 어린 조선 여성들에 대한 성적 유린과 육체적 폭력의 장면들을 때로는 수평으로 때로는 부감으로 긴 시간 동안 훑듯이 보여주는 다양한 트래킹 쇼트들, 그녀들의 벗은 몸과 멍이나 상처 자욱들에 대한 반복적 노출 그리고 “열 넷에 처녀라”, “처녀는 이런 맛이 있어야지”와 같은 성적으로 노골적인 대사 등을 통해서 소녀들의 성이 유린당하는 순간의 고통, 그것이 그들의 육체에 남기는 상처에 유독 카메라의 초점을 맞추는 동시에 이를 관음증적으로 지켜보고 기록하는 시선과 목소리를 여과 없이 전시한다.

물론 이런 식의 재현은 민족 담론과 결합되면서 피식민지 여성에 대한 제국주의적·남성적 폭력을 강조하기 위한 것이라고 변명될 수도 있겠지만, 일생에 걸쳐 그 피해자들에게 수치, 침묵, 고통을 안겨 주던 경험을 성애화된 민족의 문제**a matter of sexualized nation** 혹은 민족주의화된 성의 문제**a matter of nationalized sexuality**로 축소시켜버리는 동시에 "<귀향>은 폭력을 그리기 위해 스스로 폭력이 된다… <귀향>의 선정적인 재현은 '피해자 여성'에 대한 또 다른 폭력 아닌가?"[16]라는 비판에서 자유롭지 못하게 된다.

반면에 <눈길>은 위안부 피해자들의 비극을 물리적으로 전시하지 않는다. 성적 유린과 관련된 자극적이거나 폭력적인 장면들은 직접적으로 전달되는 것이 아니라, 위안소 복도에 줄지어 서 있는 일본군들의 모습이나 끊임없이 열리고 닫히는 문들 혹은 상자에 떨어져 쌓이는 전표 등을 통해 은유적으로만 표현되고, "대신 그 자리를 채우는 것은 그렇게 한낱 '몸뚱이'로 살아갈 수밖에 없었던 여성들의 하루하루와 그 일상을 버텨내는 마음"[17]이다. 그런 점에서 <귀향>과는 달리 '재현에 윤리에 충실하다'는 <눈길>에 대한 평가는 "아직까지 위안부 생존자들은 마음에 상처를 품고 있는데, 그걸 영화적 스펙터클로 표현해버리면 되겠나. 영화적 볼거리로 소비해버린다거나 소재주의로 흐르지 않기 위해 대본 쓸 때부터 고민을 많이 했다. 일본군을 표현할 때도 하나의 개인 인격체, 특정한 가해자로 그리지 않고 군국주의하의 전쟁이란 비극 속에 하나의 덩어리처럼

16. 「손희정의 영화비평: 어떻게 새로운 '우리'를 상상할 것인가」, <씨네21>, 2016. 03. 16.

17. 「손희정의 영화비평: 어떻게 새로운 '우리'를 상상할 것인가」

표현하기 위해 실루엣, 뒷모습, 풀숏 등으로 찍었다."[18]는 이나정 감독의 소신으로 인해 가능했던 것이다.

물론 위안부 문제의 핵심은 피식민지 여성을 대상으로 한 식민지 군인들의 집단적, 제도적인 전시 성폭력이라는 점에서 영화에서 성적 묘사나 암시를 피해가기는 어렵다. 하지만 주로 생존자들의 증언에 기반한 구체적인 내용들이 상상적인 재구성의 과정을 통해서 서사와 이미지로 다시 태어날 수밖에 없다는 점에서, 어떤 시각에서 그리고 어떤 미학적 전략을 통해서 형상화할 것인가는 전적으로 창작자의 권한이자 창의성의 문제이다. 하지만 "그들의 경험을 한국 사회에 관음증적 쾌락으로 만족시키는 한편 한국 남성의 소유권인 정조권이 적에게 유린당한 '수치스런 경험'으로 부인되어야 할 과거사에 놓이게 하는"[19] 일이 영화와 같은 공적, 대중적 재현에서 반복되는 것은 우려스러운 일이다. 또한 강간과 폭력의 여과 없는 재현을 통해서 성 노예 상태가 구체적 이미지로 반복할 때, 주인공인 여성의 몸은 식민국/피식민국 간의 권력 관계가 각인되는 기호[20]이자 전쟁이라는 집단 체험이 투영되는 스크린에 불과하게 된다는 사실 역시 중요하게 지적되어야 할 것이다.

---

18. 「people: 〈눈길〉 이나정 감독」, 〈씨네21〉, 2017. 03. 09.

19. 김수아, 「일본군 위안부 문제의 담론 구성에 관한 연구」, 정신대문제연구소, http://www.k-comfortwomen.com.

20. 최영주,「위안부 문제의 연극적 재현-한·일·미의 연극텍스트를 중심으로」, 『한국연극학』 18호, 한국연극학회, 2002, 97쪽.

III.

기억/트라우마의 재현과 역사쓰기의 사이에서

(1) 역사쓰기와 기억의 접합

2000년대 이후 한국영화는 그 어느 때보다도 과거로 그 시선을 자주 돌리고 있는데, 실제적인 역사적 사건과 인물을 소재로 하여 이를 충실히 재현하는 역사영화costume film 보다는 역사적 사실에서 출발하기는 하지만 여기에다가 창작자의 허구적 상상력을 보태서 사실fact과 허구fiction의 경계를 알 수 없을 정도로 변용시키는 팩션영화faction film가 더 중요한 트렌드를 이루고 있다. 이런 방식으로 '역사적 기억'을 다루는 경향의 유행은 한편으로는 '역사의식이 약화'되는 포스트모던 시대를 맞이하여 과거-현재-미래를 잇는 시간의 연대기적 축 위에서 이루어지는 진지한 성찰보다는 절충주의, 패러디, 인용 등의 방식을 통해서 역사를 장르적 상상력과 결합시키는 재현의 전략이 더 우세해지기 때문이라면, 다른 한편으로는 탈이념화와 탈정치화가 급속히 진행되면서 영화와 같은 대중적 미디어가 역사쓰기의 강력한 대안으로 등장하게 된 현상과도 관련이 있을 것이다.

이런 맥락에서 리얼리즘에 대한 강박에 가까울 정도로 과거의 역사적 사실에 대한 핍진한 재현과 완결적 서사를 시도하는 동시에 에로영화, 성장영화, 로드무비와 같은 비대중적이고 하위장르 sub-genre적인 관습들을 부분적으로 차용하고 있는 두 편의 위안부 소재 영화의 등장은 흥미롭기에 충분하다. 그런데 과거의 리얼리티에 대한 충실한 재현이라는 리얼리즘의 전통적 개념이 젠더화된 경험 및 멜로드라마적 형상화와 충돌할 가능성이 높다는 점에서 그리고 무엇보다도 위안부 이슈를 우리 모두의 트라우마로 위치지우고자 하는 기억의 정치학이 기억을 단일화하는 동시에 여타 기억들의 망각으로 이어지기 쉽다는 점에서 이 영화들의 성과와 의미는 문제적인 것이 되어버린다.

우선 민족을 상상하도록 하고, 그 상상적 관계에 현실성을 부여해주는 주요한 이데올로기적 형식이 바로 '서사'이다. 현실의 경험들을 통일된 구조 속에 기입하게 만드는 표상 구조인 서사는 상상을 규제하는 현실적인 효과를 갖는다면, 민족을 주어로 서술함으로써 주체로 구성하는 민족 서사는 국민들을 호명, 통합, 동원하는 역할을 한다.[21] 이런 점에서 극단적인 고통과 훼손, 수치의 감정과 트라우마로 점철된 위안부 경험을 선형적, 폐쇄적 서사를 통해서 '회의하거나 부정할 수 없는 진실'로 구성하고자 하는 이 영화들은 그 폭력적·트라우마적 경험을 표상하거나 말할 수 없음을 역설적으로 증

21. 최영주,「위안부 문제의 연극적 재현-한·일·미의 연극텍스트를 중심으로」,『한국연극학』 18호, 한국연극학회, 2002, 97쪽.

언하는 것이자, 그 사건을 하나의 서사로 완결시켜 다른 서사를 살아가게 만듦으로써 사건의 폭력성을 망각하기 위한 것[22]이다. 또한 과거 한 개인의 상처가 현재 우리 집단의 상처가 되고 그 상처를 낸 대상을 우리의 복수의 대상으로 만드는 정체성의 정치, 즉 상처를 물신화하는 서발턴 정치가 되기 쉽다[23]는 점에서도 문제적이게 된다. 증언이 생생한 경험이라는 믿음, 경험이 곧 사실이라는 신화에도 불구하고, 경험은 항상 이미 해석이자 해석을 필요로 하며 서발턴의 경험, 정서, 앎이 지식인을 통해 재현되지 않으면 대표될 수 없음을 인식하면서도 그것의 완전한 대표/재현이란 불가능함을 인식하는 성찰적 재현의 태도가 필요하기 때문이다.[24]

공식적 기억은 역사적 사건에 대한 해당 사회의 주류적·지배적 인식을 반영한다면, 사적 기억은 개인/주체의 기억이자 미시사적 접근을 통해 확인할 수 있는 것으로서 공식적 기억과 대치되는 개념이다. 하지만 기억이 되살려지는 것은 기본적으로 외부를 통해서인데, 타인으로부터의 기억이 내 기억을 끄집어내고, 나의 기억은 그들의 것에 의존하기 때문이다. 기억은 사회 속에서 얻어지며 그것을 되살리고 인식하고 배치하는 것도 모두 사회 속에서 이뤄지며 이

22. 오카 마리, 김병구 역, 『기억·서사』, 소명출판사, 2000, 149쪽.

23. Sara Ahmed, *The Cultural Politics of Emotion*, Routledge, pp.31~3. 문경희, 204쪽에서 재인용.

24. 김수진, 「트라우마의 재현과 구술사: 군위안부 증언의 아포리아」, 『여성학논집』 제30집 1호, 이화여자대학교 한국여성연구원, 2013, 58쪽.

런 의미에서 기억은 하나의 사회적 사실social fact이다. 즉 사회가 기억에 대해 집합적인 틀을 제공하는 셈이다.[25]

그런데 두 영화가 재현해내는 위안부 스토리는 그간에 위안부 운동은 물론이고 이 이슈를 둘러싼 학술적 연구 등을 통해서 알려진 구술이나 증언의 내용에서 벗어나지 못할 뿐만이 아니라, 여성의 역사를 다시 쓰기 그리고 상처와 기억의 재현이라는 측면에서 얼마나 새롭고 대안적인 가능성을 보여주고 있는가라는 지점에서는 여러 한계를 보여주고 있다.

이전까지는 단지 허구적 산물이라고 여겨지던 영화는 이제 역사적 기록을 넘어서 역사의 주체가 되는 상황에 이르렀다. 즉 영화가 재현하는 집단적 기억은 역사학에 의해서 이미 역사적 이미지의 저장고, 역사의 문서로 받아들여지게 됨으로써, 이제 영화는 당당하게 대안역사 또는 비공식적 역사의 일부가 되었다. 따라서 영화는 다른 미디어보다도 더 적극적·효율적으로 과거를 현재화시키는 기능을 하게 되고, 공식 역사가 언급하지 않았던 다양한 기억들을 소환시키는 역할을 하고 있다. 그런데 역사가 공적으로 재현되는 순간에 과거에 대한 여러 해석들 간의 경합이 일어날 수밖에 없다. 특히 영화와 같은 대중문화의 역사 재현은 민중이 '기억해야 하는 것'만을 보여줌으로써, 즉 스스로 지배적인 기억이 됨으로써 다양한 기억의 가능성을 제약하고 대안적 기억을 통한 저항의 동력을 차단

25. 김수진, 「트라우마의 재현과 구술사: 군위안부 증언의 아포리아」, 『여성학논집』 제30집 1호, 이화여자대학교 한국여성연구원, 2013, 58쪽.

하기 쉽다. 원래 역사쓰기를 통한 과거의 상상은 '기억'이 된다는 점에서, 이 기억을 서술하고 재현하는 이야기의 장악은 과거의 장악이며 하나의 현실을 부여하는 억압의 방법[26]이기 때문이다.

그렇다면 앞서도 지적했듯이, 위안부 피해자들의 사적인 경험과 기억을 서사화된 재현으로 전환하는 과정에서 두 영화들이 증언의 사실성과 서사적 허구성을 거의 동질화하는 폐쇄적 서사를 전개한다는 점, 대중들이 상식적으로 이미 공유하고 있는 위안부의 스토리를 거의 재연에 가까울 정도로 담아내고 있다는 점은 몇 가지 지점에서 우려와 아쉬움을 자아낸다. 우선 이런 식의 폐쇄적 서사는 텍스트 스스로 지배적인 기억이 되는 것을 경계하면서 대안적 기억의 가능성을 열어두기 힘들다면, 과거의 사실에 대한 재현에 있어서 대표성과 투명성에 대한 강박과 고집은 하나의 역사를 다른 식으로 반복하여 보여주기 그리고 이에서 출발한 과거와 현재의 새로운 대화 역시 어렵게 만들 수 있다. 그런 점에서 위안부 이슈를 둘러싸고 통념화된 앎과 보편적 정서 그리고 고정된 범주화를 벗어나서 '차이를 생성'하는 방식의 반복과 재현이 아쉬우며, 이는 이 시대에 기억을 통한 역사적 재현이 단지 과거의 "그 사건을 닮아 있게 만드는 것('as if'의 화법)이 아니라, 만약 그 시간이 돌아온다면 무엇이 같이 돌아오게 될 것인가를 질문하는 것('what if'의 화법)"[27]이 되어야 한다는 지적을 떠오르게 만든다.

---

26. 김수진, 58쪽.

27. 조혜영, 「역사는 세 번 반복한다: 다큐멘터리 재연과 역사쓰기: <만신>, <거미의 땅>」 남인영 외 지음, 『한국 다큐멘터리 영화의 오늘: 장르, 역사, 매체』, 본북스, 2016, 119쪽.

(2) 트라우마와 애도의 제의(ritual)

<귀향>을 만든 조정래 감독은 한 인터뷰에서 "시체 구덩이에서 나비로 부활한 소녀들이 하늘을 날아 고향으로 돌아가는 꿈을 꾸었다. 장관이었다. 얼마나 고향으로 오고 싶었을까. 영화를 통해 그 넋을 이곳으로 모셔올 수 있으면 좋겠다고 생각"했고 그래서 자신의 영화를 "타지에서 구천을 헤매지는 마시라는 마음으로 만든 '구원과 치유의 영화'"[28]로 정의한 바 있다. 이는 위안부 스토리의 영화화 작업이 트라우마적 사건을 공적 기억의 장으로 소환해서 사회적 차원에서 공감 가능한 언어로 전환시키겠다는 의지와 동시에 그 억울하고 한 맺힌 죽음과 혼령들을 위한 애도와 해원解冤의 역할의 대한 소망에서 비롯됨을 말해주고 있다.

이러한 의지와 소망은 두 영화 모두에서 나름 공을 들이고 정교하게 배치된 은유와 상징들을 통해서 표현된다. <귀향>은 또한 명의 성폭력 희생자이자 신내림을 받고 무당이 된 은경을 통해서 노인이 된 영옥(손숙 분)이 죽은 정민의 영혼과 해후하고 드디어 평생에 걸친 상실감과 죄책감을 떨쳐버리게 되는 '귀향 굿' 장면과 이후 정민의 영혼이 나비가 되어 무수히 많은 다른 나비들과 더불어 모국으로, 고향으로 귀향하는 환상적 장면을 마련하고 있다면, <눈길>은 드디어 영애에게 이름을 돌려주고 영애를 위한 소박한 제사

---

28. 「나비로 부활한 소녀들 고향으로 돌아오다」, <씨네21>, 2016. 03. 07.

상을 올리는 노인이 된 종분(김영옥 분)의 모습과 눈길 위에서 어릴 적에 헤어진 자신의 어머니와 소녀 시절의 자신이 손잡고 나란히 집으로 돌아가는 모습을 바라보는 늙은 종분을 담은 역시 환상적인 엔딩 신으로 영화를 마무리한다.

한국의 근현대사는 어쩌면 죄 없는 민중들의 수난과 그로 인한 트라우마로 점철된 역사라고 할 수 있고, 그런 점에서 문학, 연극, 영화에 이르기까지 많은 작품들은 그 비극적 역사에 대한 고발과 지탄은 물론이고 기록되지 못한 희생들에 대한 애도와 기념의 작업을 멈추지 않아 왔다. 그렇다면 위안부의 희생을 그려내는 두 편의 영화에서 애도의 대상과 애도의 원인이 된 상실을 어떻게 재현하고 있는지, 그 결과 민족은 어떤 공동체로 '상상적으로' 구성되며 비극적 역사에 대한 우리의 대면과 성찰은 어디까지 가능해지는가를 질문할 수 있다.

우선 〈눈길〉에서는 죽어서 돌아오지 못한 소녀 영애의 영혼이 늙은 종분의 일상과 공간 속에서 공존하고 내면의 대화를 나누는 모습이 묘사된다. 이는 집과 가족을 갖지 못한 십대 여성 은수(조수향 분)와 늙은 종분이 서로의 아픔을 감싸 안으면서 친구이자 유사 가족이 되고 이를 통해 과거의 고통과 상처를 공유·해소해가는 과정과 맞물리면서 그 서사적 해결과 애도 작업은 현실성과 사회성을 획득해간다. 반면에 〈귀향〉에서 특히 중요한 역할을 하는 샤머니즘, 영매, 굿과 같은 모티브들은 "접신接神을 경유하지 않고서는 도저히 그 시간을 공유할 수 없고, 기억/기록할 수 없으며, 그렇기 때문에 화해할 수도, 위로할 수도 없다는 상상력이야말로 사유의 지체와 정치적 퇴행을 드러내는 징후적 사건"[29]이라는 비판을 초래하고 만다.

집단적으로 망각된 과거를 기억해내기, 무의식적으로 외면된 트라우마를 재현해내기는 결코 쉽지 않은 작업이다. 그 기억은 이전에 한 번 이상 소실 혹은 훼손되었다가 다시 돌아오는 것이라는 점에서 '재기억'이라면, 특히 위안부 이슈는 수 십 년 동안 진행된 사회적 논쟁, 정치적 운동, 미디어의 재현 등의 영향에서 자유로울 수가 없는 '매개된 기억'이기 때문이다. 그런 점에서 트라우마적 사건을 직접 경험하지 못한 후 세대 관객인 우리는 희생자의 트라우마/기억과 동일시하려는 경향 혹은 트라우마에 고착되는 태도를 경계하면서 우리의 포스트메모리를, 즉 역사와 트라우마/기억 사이의 매개적인 관계를 만들어내야 한다.[30] 이는 역사적 트라우마를 단지 과거에 머물러 있거나 개인적 층위의 것만이 아니라 사회적, 역사적 맥락과 압박을 전제로 하고 있는 것으로 인식하면서, 단순한 반복으로서의 재연이 아니라 여러 겹의 주름과 변위를 동반한 번역이 필요하며, 이는 더 근본적으로 식민주의와 가부장제의 복합적 공모 그리고 이와 연루된 협력과 방조를 포함하여 역사적 망각에 대한 책임을 묻는 작업으로 나아가야 함을 요구한다고 볼 수 있다.

---

29. 「손희정의 영화비평: 어떻게 새로운 '우리'를 상상할 것인가」

30. 도미닉 라카프라, 육영수 외 옮김, 『치유의 역사학으로』, 푸른역사, 421~9쪽. 김수진, 64쪽에서 재인용.

IV.

대안 역사를 향하여

많은 국민의 실망과 분노를 불러일으킨 '12.28 한일 위안부 합의' 이후에 위안부 이슈를 논쟁적으로 제기하는 두 편의 영화가 등장한 것은 매우 반갑기도 하고 고무적인 사건이었다. 어쩌면 거의 기적에 가까운 〈귀향〉의 제작 과정과 예상을 훨씬 뛰어 넘는 흥행 성적 역시 우리 사회의 대중들이 이 비역사적이고 불의한 합의에 대한 거부를 간접적으로 표시한 것이라고 볼 수도 있다. 그만큼 위안부 문제는 현재진행형이며, 우리 모두의 뇌리와 감성을 여전히 포박하고 있는 상처이자 부채감이다.

이런 맥락에서 두 영화가 보여주는 성취와 한계를 세심하게 들여다보고 그에 대하여 조심스럽지만 비판적인 목소리를 보태고자 하는 것이 본 논문의 출발이었다. 이미 〈낮은 목소리〉 시리즈를 비롯한 여러 다큐멘터리들은 위안부 생존자들의 상흔과 슬픔 그리고 웅얼거림과 침묵을 포함한 불완전한 언어에 대한 응시와 기록을 통해서 그들의 증언을 공적인 장에서 가시화시키고 그들의 기억을 역사와 절합시키기 위한 시도를 멈추지 않았다. 사회문화적 행동주의activism의 일부로 진행되었던 이런 움직임들은 불합리하고 부당한 외교적, 정치적 현실 속에서 그 목소리를 종종 빼앗기기도 하고 지난하고 장기적인 싸움의 과정에서 불가피한 패배를 맞이할 수밖에 없는 순간도 있었지만, <나의 마음은 지지 않았다>는 한 다큐멘터리의 제목처럼, 여전히 동력을 잃지 않고 있으며 더 나아가 가해자 일본 대 피해자 한국이라는 일국적, 민족 중심적 틀을 넘어서서 아시아 전역의 위안부 피해 여성들과의 연대로 확장되어가고 있다.

그리고 이런 과정에서 일본이 부정하고 왜곡해온 역사를 탈식민의 시각에서 교정하는 작업, 여성의 역사를 소수자와 상처받은 자의 역사로 민족의 역사 내에 기입하는 작업 그리고 시민사회-국가-아시아-글로벌이라는 다층적인 수준과 지정학적 틀을 통해서 위안부 이슈의 역사적·정치적 위상을 전치시키는 작업 등은 점점 더 중요하고 시급한 의미를 지니게 된다. 또한 새로운 역사쓰기의 장으로 등장한 영화는 한편으로는 '기억을 영토화'하고자 하는 민족주의적 충동을 경계하고 기억과 망각의 변증법을 예민하게 성찰하면서, 다른 한편으로는 전통적인 방식의 역사 서술과 경쟁하고 기억의 재현에 관한 급진적인 문화정치학을 고민하면서 이제 '대체 역사**allohistory**'가 아니라 진정으로 창의적인 '대안 역사**alternative history**'[31]로 나아갈 수 있는 방법론을 모색해야 할 것이다.

---

31. Darko Suvin, "Victorian science fiction, 1871-85: the rise of the alternative history sub-genre", *Science-Fiction Studies*, vol.10, 1983. 백문임, 「IMF 관리체제와 한국영화의 식민지적/식민주의적 무의식」, 『영상예술연구』 3호, 영상예술학회, 2003, 71쪽에서 재인용.

참고문헌

도미닉 라카프라, 육영수 외 옮김, 『치유의 역사학으로』, 푸른역사 2008

오카 마리, 김병구 역, 『기억·서사』, 소명출판사 2000

김복순, 「소녀의 탄생과 반공주의 서사의 계보- 최정희의 「녹색의 문」을 중심으로」, 『한국근대문학연구』 18, 한국근대문학회 2008

김수아, 「일본군 위안부 문제의 담론 구성에 관한 연구」, 정신대문제연구소, http://www.k-comfortwomen.com.

김수진, 「트라우마의 재현과 구술사: 군위안부 증언의 아포리아」, 『여성학논집』 제30집 1호, 이화여자대학교 한국여성연구원 2013

김수연, 「〈비정성시〉와 〈박하사탕〉의 멜로드라마적 기억」, 『대중서사연구』14, 대중서사학회 2005

김영범, 「알박스의 기억 사회학 연구」, 『사회과학 연구』, 제6권 3집, 대구대학교 사회과학연구소 1999

문경희, 「『꽃할머니』의 '위안부' 재현과 감정의 정치」, 『젠더와 문화』 9권 2호, 계명대학교 여성학연구소 2016

박숙자, 「근대적 주체와 타자의 형성 과정에 대한 연구-근대 소녀의 타자성 형성을 중심으로」, 『어문학』 97, 한국어문학회 2007

배상미, 「위안부 담론의 페미니즘적 전환의 필요성」, 『여/성이론』 31호, 여성문화이론연구소 2014

백문임, 「IMF 관리체제와 한국영화의 식민지적/식민주의적 무의식」, 『영상예술연구』 3호, 영상예술학회, 2003

신형기, 「민족 이야기를 넘어서」, 『당대비평』 13 2000

양현아, 「증언과 역사쓰기-한국인 '군 위안부'의 주체성 재현」,

『사회와 역사』 60, 한국사회사학회 2001

이유혁, 「이동하는 또는 고통스러운 기억들-한국인 종군위안부들의 트라우마의 초국가적 이동, 그것의 문학적 재현 그리고 식민의 망각에 대하여」, 『인문연구』 64, 영남대학교 인문과학연구소

정진성, 「일본군 위안부 정책의 본질」, 한국사회사연구회, 『한말 일제하의 사회 사상과 사회 운동』, 문학과지성사 1994

조혜영, 「역사는 세 번 반복한다: 다큐멘터리 재연과 역사쓰기: 〈만신〉, 〈거미의 땅〉」, 남인영 외 지음, 『한국 다큐멘터리 영화의 오늘: 장르, 역사, 매체』, 본북스 2016

차승기, 「해석의 정치학을 위하여: 신형기, 『민족 이야기를 넘어서』」, 『당대비평』 19 2002

최영주, 「위안부 문제의 연극적 재현-한·일·미의 연극텍스트를 중심으로」, 『한국연극학』 18호, 한국연극학회 2002

최정무, 「한국의 민족주의와 성(차)별 구조」, 일레인 김·최정무 편저, 『위험한 여성: 젠더와 한국의 민족주의』, 삼인2001

「나비로 부활한 소녀들 고향으로 돌아오다」, 〈씨네21〉, 2016. 03. 07.

「people: 〈눈길〉 이나정 감독」, 〈씨네21〉, 2017. 03. 09.

「손희정의 영화비평: 어떻게 새로운 '우리'를 상상할 것인가」, 〈씨네21〉, 2016. 03. 16.

Alison Landsberg, "Prosthetic memory: 〈Total Recall〉 and 〈Blace Runner〉", Mike Featherstone & Roger Burrows, eds., ***Cyberspace/Cyberbodies/Cyberpunk***, Sage Publication 1995

Marianne Hirsch, ***Family Frames: Photography, Narrative, and Postmemory***, Harvard UP 1997

Renato Rosaldo, "Imperialist Nostalgia", ***Culture and Truth***, Beacon Press 1989

Sara Ahmed, ***The Cultural Politics of Emotion***, Routledge 2013

Scott MacKenzie, "Mimetic nationhood: ethnography and the national", M. Hjort and S. MacKenzie, eds., ***Cinema and Nation***, Routledge 2000

No. 8

멜로드라마 장르와 여성 관객성

I.

왜 다시 멜로인가?

새천년을 맞이하여 평범한 사람들의 소망을 조사한 바에 따르자면 1위는 '건강'이고 2위는 '화목한 가정'이라고 한다. 이 때의 가정이라는 것은 이성애 일부일처제를 원리로 하는 동시에 핵가족의 형태로 조직된 것일 것이다. 한 세기가 아니라 한 밀레니엄이 바뀌어도 우리는 여전히 성적인 억압과 여성의 희생에 기반 한 전통적 가족을 통해서 개인적인 행복을 추구하고 자신의 정체성을 규정하고 있음을 알 수 있다. 반면에 선진 서구사회에서는 전통적인 가족이 급속도로 해체되고 있고 심지어 프랑스에서는 동거와 같은 비혼非婚 가족은 물론이고 동성애 커플과 같은 비전통적인 가족에게 동등한 법적 지위를 보장하는 법률이 제정되었다. '제3의 길'의 이론가로 유명한 영국의 안소니 기든스는 미래 사회에서도 여전히 '민주주의의 문제'가 중요하고 이 때 민주주의는 이전과는 달리 가족이나 섹슈얼리티와 같은 사적이거나 개인적인 영역 내의 갈등과 투쟁 속에

서 더 두드러진 이슈가 될 것임을 예언하고 있다.[1]

어떻게 이러한 간극과 모순이 가능한 것일까? 이것은 가족 이데올로기가 우리의 삶과 개인의 심리에 미치는 영향이 여전히 큰 것임을 보여주는 동시에 이미 가족 이데올로기나 전통적인 가족 형태의 해체가 부정할 수 없는 사회적 현실로서 등장했음을 말해준다. 그리고 바로 이 지점에서 멜로 장르가 지니는 문화적 상상력과 허구적 해결책의 제시가 여전히 유효함이 드러난다. 자본주의적 가부장제 사회는 가족과 성적 관계를 중심으로 한 심리적 문제들을 끊임없이 재생산해내기 때문에, 가족과 남녀의 관계 내에서 일어나는 사건들은 특수한 조건을 넘어서서 보편적인 문제로서 설득력을 지닌다. 그리고 멜로 영화는 바로 이런 기반 위에서 주체성, 감정, 욕망이라는 문제를 중심으로 해서 '가족'이라는 소우주는 물론이고 남녀 간의 관계가 지닌 심리적이자 정치적인 의미들을 다양한 방식으로 재질문하고 있기 때문이다.

한국영화의 질적인 비약과 양적인 팽창에 있어서 획기적인 순간으로 평가받고 있는 1990년대 후반 한국영화의 지형도에 있어서 멜로 영화가 수행한 역할은 크고 중요한 것이었다. 〈접속〉**(장윤현, 1997)**에서 〈8월의 크리스마스〉**(허진호, 1998)**로 이어지는 멜로 영화의 붐은 〈쉬리〉**(강제규, 1999)**를 정점으로 한 흥행 성공의 기폭제가 되었을 뿐만 아니라 한국영화에 있어서 멜로적 상상력이 여전히 중

---

1. 안소니 기든스, 『현대 사회의 성, 사랑, 에로티시즘』, 배은경, 황정미 옮김, 새물결, 1996.

요한 산업적, 문화적 원천임을 확인시켜주었다. 이런 상황을 반영이라도 하듯, 〈씨네 21〉에서는 1998년 말에서 1999년 초에 걸쳐 '멜로 논쟁'이 일어났고 멜로 장르를 둘러싼 담론들에 발 빠르게 개입하는 공동연구서까지 발간되었다.

〈씨네 21〉의 '멜로 논쟁'은 비록 짧은 지면을 통해서 이루어졌고 논자들 각각이 보여주는 시각의 편차가 너무나 컸음에도 불구하고 꽤 많은 이슈들을 건드리면서 한국 영화평론계에서는 보기 드물게도 긴 호흡으로 이어진 편이었다. 또 「멜로드라마란 무엇인가」는 "한국영화를 연구하는 데에 있어서 상당히 중요한 에피스테메로 급부상하고 있는 멜로드라마라는 기호를 해석하고 구성하는 데에 적극적으로 뛰어든 추진력과 생산력을 보여"[2] 주고 있다. 그러나 멜로를 둘러싸고 이루어진 최근의 이 두 가지 작업은 멜로 장르 자체가 지니는 역사성과 멜로에 대한 정의, 서구에서 수십 년 동안 활발하게 진행된 멜로 논의들 그리고 한국영화사에서 멜로 장르가 갖는 의미라는 관점에서 본다면, 이론적인 엄밀성을 결여하고 있을 뿐만 아니라 역사적인 공백을 많은 부분 노출시키고 있다고 보인다.

우선 멜로 장르에 대한 정의의 문제에서 두 가지 경우 모두 멜로라는 용어 자체를 불명확하거나 주관적으로 사용하는 경향이 짙다. '정통 멜로, 본격 멜로'와 같은 멜로에 대한 가치평가 개념들을 어떤 기준이나 근거들 없이 사용하고 있고, '멜로적 구도, 멜로

2. 김선아, 「멜로드라마의 기억, 멜로드라마의 상상에 대한 제언: 「멜로드라마란 무엇인가」에 대한 서평」, 『독립영화』, 창간호, 1999, 90쪽.

적 터치, 멜로적 취향'처럼 하나의 장르로서 멜로가 지니는 관습성과 그 역사성을 구분하지 않은 채 모호한 개념들로 일관하고 있기 때문이다. 또한 <씨네 21>에서 진행된 멜로 논쟁은 "멜로에 대한 정태적인 분석, 장르 영화에 대한 가치평가적 태도, 장르 골격이라는 개념의 부재와 관객에 대한 고려의 부재"[3]라는 점에서 비판의 여지를 남기고 있다. 일부 논자들은 멜로 장르 자체에 대한 불신과 경멸감을 논의의 기저에 깔고 있고, 이것은 당연히 한국영화사에서 멜로가 갖는 위치와 기능에 대한 가치절하로 이어진다. "멜로는 여주인공들이 사회적 관습에 지배당하고 투항하는 과정에 다름 아닌 것"이고, 최근의 등장한 멜로 영화들에서 "스타일의 세련화를 제외하고는 아직까지도 한국적 멜로 자체의 관습은 거의 변한 게 없다"[4]고 결정론적으로 규정짓는 태도뿐만 아니라, 더 나아가 멜로 장르가 지닌 흥행성에 대한 감독들의 강박관념과 이에서 기인하는 매너리즘과 졸속 기획이 한국영화의 발전을 가로막는 가장 중요한 요인이라고 단죄하는 것이 대표적이라고 할 수 있다.

가부장제 사회에서 여성은 그 자체로서가 아니라 남성의 '타자', 남성이라는 기호의 '잉여물' 또는 '남성적 상상계의 증후'[5]라는 식으로 정의되고 재현된다. 즉 남성은 문화적, 사회적 '주체'로서

---

3. 권은선, 「남성도 믿을 건 사랑뿐: 멜로영화 붐 어떻게 볼 것인가」, <씨네 21>, 181호, 1998.

4. 권은선, 「남성도 믿을 건 사랑뿐: 멜로영화 붐 어떻게 볼 것인가」

5. 린다 하트, 『악녀』, 강수영, 공선희 옮김, 인간사랑, 1999, 253쪽.

'중심'의 자리를 차지하는 반면 '대상'으로서 '주변'에 위치지어지는 여성은 '표지'되기 마련이다. 따라서 역사적으로 볼 때 문화의 영역에서 '남성의 문화'라고 표시되는 부분은 별로 눈에 띠지 않는 반면 '여성의 문화'라고 표시되는 부분들은 적지 않게 발견되고, 더구나 여성의 문화는 저급하고 경멸스러운 동시에 보편적이지 않은 것으로 평가받는다. 여성이 주된 소비자들인 멜로 영화, TV 연속극, 여성잡지 등의 장르나 문화적 텍스트들이 전통적으로 폄하되면서 이론적, 비평적 주목을 받지 못해온 것은 당연한 결과이다.

여기에는 '여성'이라는 젠더 자체가 감정과 수동성으로 특징지어지면서, 여성 소비자들을 열등하고 조작되기 쉬운 존재들로 바라보는 성차별주의적인 관점이 내재되어 있다. 한 마디로 가부장제 사회에서 모든 문화가치는 젠더화되고 그에 따라 위계화된다. 이런 사실에 비추어볼 때, 멜로 논쟁의 일부 당사자들이 멜로 장르에 대한 불신감을 노골적으로 드러내면서 멜로가 한국영화의 발전을 저해한다는 식의 무리하면서도 불공정한 평가를 내리는 것은 이런 위계적 질서와 관념에서 자유롭지 못한 것일 뿐만 아니라, 바로 이런 위계화를 비판하면서 변화시키기 위해 노력해온 여성들의 치열한 작업을 간과하고 있기 때문인 것으로 보인다.

우선 멜로 장르가 철저하게 여성이라는 젠더와 결합된 역사를 지니고 있는 '여성적' 장르라는 사실은 멜로적 상상력의 핵심이 젠더 간의 사회적, 심리적 관계 그리고 여성성과 남성성에 대한 정의는 물론이고 성역할을 둘러싼 갈등과 변화과정에 원천을 두고 있음을 함축한다. 그에 따른 갈등과 모순들은 좌절되는 사랑이나 억압된 섹슈얼리티 속에서, 감정이라는 내밀한 영역과 가정이라는 사적 공간을 배경으로 해서 펼쳐지는데, 이 과정에서 '말로 다할 수 없는unspeakable' 여성의 고통이 표현되고 젠더 간의 권력 관계는 협상되며 강고해 보이는 가부장제 이데올로기는 일시적이나마 위협받게 되는 것이다.

따라서 1970년대 이후에 광범위하면서도 치열하게 서구의 페미니스트들이 멜로 장르에 이론적, 비평적으로 몰두해온 것은 당연한 것이었다. 더구나 그들은 멜로를 논의할 때, 텍스트에 대한 분석에만 머무르지 않고 텍스트 생산을 둘러싸고 작용하는 다양한 콘텍스트들은 물론이고 젠더화된 집단으로서의 여성 관객의 수용 과정에도 주목했다. 이것은 멜로 장르 자체의 생산과 수용의 문제를 더 넓고 생산적인 틀에서 보고자 하는 시도였고, 이런 작업들은 가부장제 사회 속에서 여성들에게 할당되었던 위치와 여성들의 고유한 경험들을 그 어떤 영역에서 이루어진 것보다 더 풍부하게 역사화시키고 이론화시키는 결과를 낳았다.

따라서 2장에서는 하나의 장르로서 멜로가 젠더와 맺는 관계를 정신분석학과 문화연구를 방법론으로 해서 다양하게 접근했던 작업들을 살펴볼 것이다. 이것은 주로 가족 멜로를 대상으로 하여 남성의 외디푸스적 욕망과 정체성의 문제에 초점을 맞추었던 초기의 논의들을 벗어나, 멜로 장르가 하나의 젠더 집단으로서의 여성이 지닌 고유한 경험과 정서들을 어떻게 반영해내고 여성 관객들에게 어떤 방식들을 통하여 말을 걸게 되는지, 그 결과 어떤 동일화 양식과 쾌락들이 가능해지는지를 이론적으로 해명하는 출발점으로서의 의미를 지닌다.

3장에서는 동질적이고 추상화된 '여성Woman'에서 벗어나, 여성성에 대한 정의를 둘러싼 갈등, 계급이나 인종과 같은 '여성들 내의 차이들differences among women'에 주목하면서 이루어진 작업들을 소개한다. 모성 멜로를 둘러싸고 페미니스트들 간에 벌어졌던 논쟁은 여성성에 대한 정의를 둘러싼 각축이 재현의 층위와 맺는 관계는 물론이고 남성과는 애초에 다른 여성의 영화보기를 이론화하는 성과를 보여준다. 1950년대 영국 노동자계급 여성들의 할리우드 멜로 영화 소비와 백인남성 감독이 만든 영화에 대한 흑인여성 관객의 수용과 같은 이슈들은 특수한 역사적 국면에서의 젠더화된 소비의 문제 그리고 수용자 집단의 문화적 능력과 텍스트에 대한 독해의 관계 등을 설명해줌으로 여성관객성을 둘러싼 논의의 지평을 확대시키는 동시에 텍스트 분석과 콘텍스트에 대한 고려를 생산적으로 결합시켜낼 수 있는 하나의 비평적 모델을 제시해줄 것이다.

II.

여성주의적 멜로 연구의 맥락과 방법론들

(1) 역사적 맥락들

19세기까지만 하더라도 멜로 장르는 특별하게 여성이라는 젠더와 연결되지 않았다. 그보다는 근대로의 이행과 이에 대한 반동, 낡은 체제와 타락한 귀족 계급에 대한 부르주아 계급의 이데올로기적 저항을 그려내는 핵심적인 영역으로 평가되었다.[6] 지금처럼 멜로가 여성적 장르로 정의되기 시작한 것은 주로 1930년대 이후의 할리우드 영화들을 통해서이다.

그러나 장르의 젠더화는 역사적으로 볼 때 고정된 것이 아니다. 사회적 현실이 구조화되는 과정에서 여성성/남성성에 대한 정의는 변화하기 마련이고, 남녀의 권력 관계를 둘러싼 투쟁이 가속화되면서 장르가 그려내는 젠더의 세계 역시 영향을 받을 수밖에 없

---

6. Thoman Elsasser, "Tales of Sound and Fury: Observations on the Family Melodrama", ed., Ch. Gledhill, *Home is Where the Heart Is: Studies in Melodrama and the Woman's Film*, BFI, 1987, pp.43-69.

기 때문이다. "어떤 장르라도 변화하는 시각적, 주제적, 이데올로기적 차이를 통해서 의미를 생산하는데, 그 중에서도 젠더는 중요한 부분"[7] 이므로, 현실 내에서 여성들이 차지하는 지위나 여성을 둘러싸고 전개되는 담론 상의 변화들은 당연히 멜로와 같은 여성적 장르 자체의 장르적 핍진성을 변화시키게 된다.

따라서 많은 페미니스트들은 가부장제적 문화 속에서 이루어지는 여성성의 구축을 강조하면서, 하나의 형식이 산업적으로 구성되는 것과 미학적으로 구성되는 것과의 관계 속에다 젠더의 문제를 끌어들였다. 여성이라는 특수한 수용자와 그들을 위해 생산된 형식들 간의 관계는 무엇인가? 남성의 외디푸스 시나리오가 어떻게 여주인공과 여성적 문제들에 공간을 제공하고 특히 여성 수용자에게 말을 거는 형식들로 이해될 수 있는가? 또한 젠더의 문제는 멜로드라마를 하나의 장르로 볼 것인가 아니면 표현의 약호로 볼 것인가, 멜로드라마는 과연 진보적인 장르인가 아닌가와 같은 이슈들을 촉발시켰다.

그런 점에서 페미니스트들의 개입은 멜로라는 장르를 이론적, 비평적으로 구원하는 것이자, 가부장제 사회 속에 놓인 여성의 주체성과 여성적 세계를 그려내는 멜로 장르에다가 '해석의 정치학'을 적용하는 작업으로서의 의미를 지니게 된다. 따라서 페미니스트들은 점차 개별 텍스트나 텍스트 집단으로서의 장르에 대한 연구

7. Christine Gledhill, "Genre and Gender: The Case of Soap Opera", *Representation: Cultural Representations and Signifying Practice*, Sage, 1997, p.357.

에서 벗어나 텍스트의 생산과 소비를 둘러싸고 각축을 벌이는 다양한 종류의 맥락들에 대한 연구로 그 관심사를 확대시켜 나갔다.

그러나 페미니스트들의 작업에 앞서 멜로 장르에 비평적 시각이 주어진 것은 1960년대 후반 구조주의와 네오마르크스주의가 중요한 비평적 방법론으로 등장하면서 '전복적인 장르'로서의 멜로의 가능성이 논의되게 된 시점이다. 1960년대에 이루어진 미장센 비평에 뒤이어, 미학적 형식의 작용과 이것이 지니는 이데올로기적 효과가 멜로 연구의 중심이 되면서 멜로가 지니고 있는 반리얼리즘적인 속성들은 고전적 서사가 전제하는 남성중심적인 규범들을 종종 위협하거나 파열시키는 것으로 정의된다. 이 과정에서 스타일상의 특징을 탐구하는 형식주의적 분석과, 지배 이데올로기에 대한 작품의 공모성 또는 전복성을 탐구하는 이데올로기 비평 간의 제휴가 이루어졌는데, 이런 맥락에서 주요한 비평 대상으로 재발견된 것이 더글라스 서크였다.[8]

그러나 더글라스 서크**Douglas Sirk**를 둘러싼 논의들은 '서크적 시스템**Sirkian System**'이 '멜로 장르에 일반적으로 적용 가능한 것인가 아니면 서크라는 한 영화작가의 특수한 사례로 볼 수 있는가' 라는 멜로 장르의 정의에 대한 근본적인 문제를 남기는 동시에 멜로와 젠더의 관계에 대한 페미니즘적 분석을 요청하게 된다. 따라서 페미니스트들은 이미지 연구, 정신분석학, 문화연구 등의 다양

8. Paul Willeman, "Towards an Analysis of the Sirkian System", *Screen*, vol.13, no.4, 1972-73

한 방법론을 끌어들여 장르가 젠더의 정의 그리고 젠더화된 정체성의 생산 및 순환과 맺는 관계는 무엇인가, 이러한 기반 위에서 특정 장르를 '여성 장르'라고 말할 수 있는가, 텍스트의 내용과 스타일은 젠더 투쟁 및 여성성/남성성에 대한 정의에 어떤 영향을 미치는가와 같은 문제의식들을 심도 있게 탐구하고 비판해나갔다. 이 과정에서 하나의 역사적 집단으로서의 여성 관객이 지속적인 이론적 주목을 받았고, 페미니스트들은 서사와 픽션, 문화적인 독해 능력reading competence은 물론이고 동일화, 환상, 쾌락과 같은 영역 및 개념들을 폭넓게 동원하여 기존에 멜로에 대해 이루어졌던 부정적 평가나 멜로 관객을 수동적인 소비자로 설명하던 것을 넘어서서, 여성관객의 능동적인 영화 관람 방식을 이론화하고자 하였다.

(2) 이론적 방법론들: 정신분석학과 문화연구

우선 페미니스트들은 여성들이 처한 현실과 가부장제 사회에서 여성이 재현되는 방식들을 분석하고 개선하고자 노력해왔다. 1970년대 초에 이루어진 영화 속의 여성 이미지에 대한 연구[9]는 영화와 같은 대중적 텍스트들이 이데올로기적으로 중립적이라든지 문화적으로 중요하지 않다는 식의 전제들에 도전하면서, 역사적

---

9. Marjorie Rosen, *Popcorn Venus: Women, Movies and the American Dream*, McCann & Geoghegan, 1973, Molly Haskell, *From Reverence to Rape: The Treatment of Women in the Movies*, Penguin Books, 1974

으로 그러한 텍스트들이 여성의 이미지들을 어떤 식으로 유형화해 왔는가를 분석함으로써 그 안에 함축된 성차별주의 이데올로기와 남성 위주의 시각을 폭로했다. 그러나 이런 작업이 지니고 있던 경험주의적이고 실증적인 측면들은 영화 속에서 반여성적 이미지들이 반복적으로 재생산될 수밖에 없는 '구조적인 원인'을 심층적으로 진단해내지 못했을 뿐만 아니라, 정교하고 형식적인 텍스트 분석을 상대적으로 소홀히 한다는 한계를 지니고 있었다.

이후에 영화 연구에 도입된 정신분석학과 문화연구는 매우 다른 지적 전통을 지니고 있을 뿐만 아니라 재현과 수용의 문제를 분석할 때에도 상이한 방식과 개념들에 의존한다. 정신분석학적인 '관객' 개념은 재현에 의해 구성되는 주체 위치를 의미하며 이 때 관객은 실제 여성이기 보다는 의미화 실천 자체에 의해 구성된 관람 위치인 반면, 문화연구의 '수용자' 개념은 계급, 성별 등에 따라 범주화되고 수량화될 수 있는 '살과 피를 지닌 사람들'로서 영화관 또는 집 안에 앉아서 미디어 생산물을 소비하는 실제 사람들이다.

이 두 가지 방법론적 틀에 입각해서 이루어진 멜로에 대한 페미니즘적 개입은 이전보다 멜로를 좀 더 복합적인 형식구성체, 다층적인 텍스트로 바라보면서, 다양한 방식을 동원하여 멜로 텍스트가 보이는 균열과 틈들을 열어젖혔다. 페미니스트들은 바로 그런 균열과 틈들 속에서 가부장제 이데올로기가 어떻게 절합되는지를 밝혀내는 동시에 표면적인 텍스트가 억압하는 여성의 목소리를 복원해냄으로써, 여성의 주체성을 적극적으로 해명하고 가부장제 이데올로기가 여성의 재현과 이것의 의미작용에 개입하는 방식을 정교하게 분석해내는 성과를 거두었다.

로라 멀비[10]는 멜로 장르와 여성 관객의 관계를 중심 이슈로 삼아서, 멜로가 가부장제 사회에 존재하는 여성에 대한 성적인 억압과 차별에 따른 모순들을 어떻게 '무의식적으로' 건드리게 되고 '성차'의 문제는 멜로 텍스트의 시점 구조와 서사적 해결에 어떤 영향을 끼치는지를 논증한다. 예를 들어 여성의 시점이 중심이 될 때 영화 서사는 해결 불가능한 과잉을 발생시키게 되고, 과잉된 서사는 순수한 환상을 통해서 운명에서 벗어나려는 여성의 욕망을 표현하게 된다. 이런 설명을 통해서 멀비는 여성관객이 멜로를 관람할 때 지각하게 되는 욕망 내지는 환상을 적극적으로 설명함으로써 가부장제주의에 입각한 고전적 서사 자체를 여성관객이 능동적으로 파열할 수 있는 가능성에 집중한다.

팸 쿡Pam Cook[11]은 여성영화를 여성주인공의 시점이 제시되는 영화라고 정의하면서, 그녀의 지각은 지식에 대한 접근이 차단되는 대신 미장센을 통해 환상으로 표현되며, 그녀의 욕망의 정당성은 의문시되고, 순환적인 서사 구조는 결말을 지연시킨다고 분석한다. 그러나 서사를 지원하는 시각적 약호들은 여주인공의 감정과 시점을 제공함으로써 관객으로 하여금 그녀와 동일화하도록 만들기

10. Laura Mulvey, "Notes on Douglas Sirk", *Movie*, no.25, in ed., 1977-78, Ch. Gledhill, 1987.

11. Pam Cook, "Melodrama and the Women's Picture", *Gainsborough Melodrama*, BFI Dossier 18, 1983, in ed., Marcia Landy, *Imitations of Life: A Reader Film and Television Melodrama*, Wayne State UP, 1991.

때문에, 여성은 남성의 욕망의 대상이라기보다는 욕망의 주체로 제시되고 그녀의 신경증적인 육체는 남성주인공에게 접근 불가능한 것이 된다고 설명한다.

이런 분석들은 멜로 장르를 단순히 도피주의적인 서사나 피학증적 환상에 입각하고 있기 보다는 여성의 관점에 입각한 동일시의 지점들을 풍부하게 제공할 수 있는 장으로 평가하게 된다. 더구나 가정이라는 사적 영역 그리고 사랑, 결혼, 모성과 같은 여성들의 고유한 경험을 둘러싸고 전개되는 멜로의 세계는 여성들에게 친숙한 문화적 개연성을 조성하기 때문에 여성 관객은 비록 허구의 세계이기는 하지만 같은 문제와 딜레마를 공유한 인물들로 이루어진 공동체에 개입하도록 초대받는다. 이 때 중요해지는 것은 바로 기호와 재현을 해독하기 위해 각각의 사회적 집단들이 차용하는 학습된 해석적 틀거리와 독해 기술을 의미하는 '독해 능력'이다. 여기에서의 능력은 능률이나 정확성이 아니라 상식과 공유되는 관점을 지시한다. 멜로는 여성이 차용하는 문화적 약호들과 독해 능력을 활용하기 때문에 멜로의 쾌락은 텍스트 자체에서만 나오는 것이 아니라 텍스트를 사고와 의사소통으로 확장시키는 데에서도 나온다. 따라서 멜로는 집단적 구성물로서, 대중문화의 주변부에서 사생활과 감정이라는 이유로 폄하되어온 여성적 경험의 영역을 문화적으로 재현하는 장이라고 할 수 있다.

문화연구는 주로 마르크스주의에 입각해서, '계급'문제를 중심으로 삼아 부르주아 이데올로기를 분석하고 폭로하는 작업을 수행해왔다. 그 과정에서 가족이나 성적 분화의 사회경제적 의미,

여성의 노동이나 경험과 같은 문제들은 이론적 맹점으로 남아 있었다. 문화연구에 대한 페미니즘적 개입은 바로 이런 맥락에서, 여태까지 주목받지 못했던 사적, 가정적 그리고 여성의 영역에다가 페미니즘이라는 '비판과 분석의 무기'를 적용하고자 하는 노력의 결과이다.

문화론적 페미니스트들은 정신분석학적 멜로 연구가 여성 관객을 추상적이고 이론화된 '텍스트적 관객'에 고정시킨 채로, 실제적이고 사회역사적인 '수용자'로서의 여성, 텍스트 수용에서 작동하는 여성들의 경험과 정서 그리고 계급, 인종, 세대 등에 따른 여성들 내부의 차이를 간과하고 있다고 비판한다. 이들은 영화 텍스트가 '사회 현실'과 맺는 관계를 중시하면서, 멜로드라마에서 젠더와 서사 구조가 맺는 관계, 정형화된 여성의 재현, '가족 로망스'라는 플롯, 인종 및 계급을 둘러싼 이데올로기들의 작동 등을 분석한다.

정신분석학적 관객 연구가 관객이 지닌 무의식적 욕망을 중심으로 삼아서 텍스트가 관객의 위치와 독해를 어떻게 규정하는가를 연구한다면, 문화연구의 경우에는 수용자의 사회적 경험, 권력관계 등이 문화적 텍스트의 의미생산과 어떤 관계를 맺고 있는지에 관심을 둔다. 따라서 정신분석학적 접근은 영화가 예술작품으로서 갖는 특성을 강조하면서 영화의 의미작용에 대한 관객의 심리적 참여 과정을 주로 메타심리학적meta-psychological 또는 형식주의적인 방식으로 분석하는 경향을 지니는 반면, 문화연구는 영화를 대중문화적 생산물의 하나로 보면서 수용자들의 일상 생활이라는 차원에서 영화가 '소비'되는 과정과 이것이 갖는 이데올로기적 의미를 고찰한다.

따라서 페미니즘적 문화연구는 멜로 영화, TV연속극, 로망스 소설과 같은 특히 여성들과 친숙한 장르들 그리고 그런 장르들에 공통된 서사 구조나 동일화 양식 등을 비판적으로 검토했고, '성차' 문제에만 초점을 맞추었던 정신분석학과는 달리 그 이외의 다양한 차이들(예를 들어 계급, 인종, 민족, 세대 등)이 텍스트의 수용과정에 끼치는 영향을 분석했다.

이 과정에서 다양한 방법론들이 시도되었지만, 그 중에서도 가장 중요한 것은 문화기술적 수용자 연구**ethnographic audience research**이다. 원래 인류학에서 시작된 문화기술학은 인터뷰, 참여관찰, 표본 집단 분석, 역사적 맥락화와 같은 방법들을 통해서 연구자와 이질 문화 간의 오랜 기간의 상호작용을 문서적으로 기록하는 것을 뜻했다. 따라서 비판적이기 보다는 기술적인**descriptive** 측면이 강하기 때문에, 문화연구의 정치적인 목적에는 걸맞지 않다는 우려가 있기도 했지만, 문화연구의 이론적 측면과 특정한 공동체의 삶에 대한 경험적 연구를 결합시키고 개별적인 연구전통을 서로 융합시킴으로써 문화연구에 통일성을 부여할 수 있다는 점에서 선호되었다. 결국 문화기술적 연구는 대중문화를 텍스트 중심적인 시각에서 벗어나 좀 더 포괄적인 맥락들 속에서 분석할 수 있도록 해주는 동시에 대중의 일상 생활적 실천을 연구의 영역으로 끌어 들이는 결과를 낳았다.

재니스 래드웨이**Janice Radway**의 로맨스 소설 연구[12],

---

12. Janice Radway, *Reading the Romance: Women, Patriarchy, and Popular Literature*, North Carolina UP, 1987

도로시 홉슨Dorothy Hobson의 여성 수용자 연구[13], 안젤라 맥로비Angela McRobbie의 하위문화 연구[14], 타니아 모들레스키Tania Modleski와 이엔 앙Ien Ang의 TV 연속극 연구[15] 등은 이런 민속지학적 방법론을 페미니즘적 기획과 결합시킨 성공적인 사례로서, 그들은 인터뷰, 앙케트, 토론과 같은 경험적인 방식과 연구자 자신의 해석을 결합시켜서 대중들의 문화적 경험, 가치판단, 감정 그리고 의미창조 등을 연구했다. 특히 여성 독자들의 로망스 소설 읽기에 대한 래드웨이의 작업과, TV 연속극에 대한 모들레스키와 앙의 작업들은 이후에 전개되는 멜로 영화에 대한 문화연구적 접근과 생산적으로 연결되는 지점들을 많이 갖고 있다.

여성 수용자를 둘러싸고 전개된 문화연구적 작업들은 텍스트에 의해 호명된 의미화과정의 주체로서의 '관객' 개념에서 누락되던 부분들을 더 진전된 방식으로 설명해줄 수 있었다. 우선 여성적인 대중 서사와 픽션에 대한 연구는 텍스트의 수용 과정에서 수용자의 일상생활과 가상적 경험이, 수용자의 환상과 텍스트의 환상

13. Dorothy Hobson, "Housewives and the Mass Media", *Culture, Media, Language: Working Papers in Cultural Studies 1972-79*, 1980, Hutchinson & D. Hobson, "Women Audiences and the Work Place", Mary Ellen Brown, ed., *Television and Women's Culture*: The Politics of the Popular, Sage, 1990

14. Angela McRobbie, "Settling Account with Subculture: A Feminist Critique", *Screen Education*, vol.34

15. Tania Modleski, *Loving with a Vengeance: Mass-Produced Fantasies for Women,*1982, Routledge. Ien Ang, *Watching Dallas: Soap Opera and the Melodramatic Imagination,* Methuen, 1985

이 어떻게 상호작용하고 또 연루되는가를 보여줄 수 있었다. 두 번째로 텍스트를 하나의 문화적 생산물로 바라보면서 그것의 제작, 배급, 소비의 전 과정에 주목하는 방식은 텍스트중심주의와 텍스트에 대한 형식주의적 분석의 한계를 넘어설 수 있게 해주었다. 세 번째로 특히 여성 수용자의 독해행위와 이것을 규정짓는 사회, 경제, 역사적 요인을 설명해내고자 하는 노력들은 여성들의 문화적 소비행위와 거기에서 가능한 쾌락들을 훨씬 더 다양하고 광범위한 접근법들을 통해서 적극적으로 인정하고 평가하는 의미를 지닌다.

III.

멜로드라마의 여성관객성 연구

(1) 여성성에 대한 정의를 둘러싼 갈등: 모성 멜로드라마 논쟁

1930년대를 대표하는 모성멜로드라마인 킹 비도 King Vidor 감독의 <스텔라 달라스 Stella Dallas>(1939)를 둘러싸고 이루어졌던 논의들은 여성관객성이라는 문제를 심도 있게 제기한다. 특히 카플란과 윌리엄스의 글들은 멜로영화에 함축된 가부장적 이데올로기와 여성 관객들의 관계가 공모적인가, 저항적인가 라는 이슈를 둘러싸고 상이한 입장을 보여준다.

카플란Kaplan의 글[16]은 가부장제 사회에서 모성이 억압되는 방식을 기술하면서 시작된다. 그녀는 최근에 페미니스트들에 의해서 이루어진 정신분석학적이고 사회경제적인 통찰을 사용해서, 모성이 어떻게 신화화되는지, 이분법에 따라 모성을 선(양육과 자기포기)과 악(가학증적이고 경멸스러우며 무기력한 것)으로 나누면서

16. E. A. Kaplan, "The Case of the Missing Mother", Patricia Erens, ed., *Issues in Feminist Film Criticism, Indiana* UP, 1990, pp. 126-36.

할리우드 영화들이 이런 신화를 어떻게 영속화하는지를 고찰한다.

그녀에 따르자면 <스텔라 달라스>는 가부장제가 원하는 위치에다가 모성을 재각인지우고 그럼으로써 여성들에게 주어진 위치에서 벗어나는 일이 얼마나 위험스러운가를 가르쳐주는 대표적인 사례이다. 여주인공인 스텔라는 애초부터 어머니라는 역할에 저항하면서 그 이상의 것(한 여성으로서의 욕망)을 추구한다. 더구나 그녀는 나중에 자신의 딸인 로렐과의 친밀한 관계를 포기하기를 거부하는데, 이것은 자기 포기라는 모성의 신화를 위반하는 일이자 남성을 배제한 여성들 간의 결합이라는 면에서 가부장제를 위협하는 일이기도 하다. 그 결과 그녀는 처벌받는다.

이 영화는 편집과 시점을 통해서 스텔라에 대한 관객의 판단을 구조화해내는데, 스텔라의 관점을 지속적으로 다른 등장인물의 것으로 대체시킴으로써 관객을 스텔라에게서 떼어 놓는 동시에 그녀를 관객의 볼거리로 위치 지운다. 또한 스텔라는 이 영화에서 이상적인 어머니상으로 등장하는 헬렌 모리슨과의 비교를 통해서 폄하된다. 그리고 결국 '볼거리로서의 어머니Mother-as-spectacle'는, 영화 마지막에 딸의 결혼식을 바깥에서 지켜보는 수동적인 위치의 '관객으로서의 어머니Mother-as-spectator'로 주변화되어버리고 만다. 그 결과 <스텔라 달라스>는 모녀간의 강한 결합이나 전통적 가부장제 하에서의 모성의 위치에 대한 스텔라의 거부를 그려내는 부분에서는 저항적이지만, 영화 마지막에 스텔라가 딸의 행복을 위해 모성을 포기하는 것은 가부장 체제에 순응하는 모성을 그려내고 있다는 점에서 공모적이다. 따라서 영화 마지막에 '관객'이라는 위치를 공유하게 되는 스텔라와 여성 관객은 가부장제 사회에서 어머니라는 것이 무엇이고 어때야하는지를 배우게 되고, 이 영화는 가부장제에서의 여성의 종속적인 위치를 재확인시킨다는 것이 카플란이 내리는 결론이다.

반면 윌리엄스Willians[17]는 프로이트주의에 입각해서 젠더 구성의 문제를 역사화시킨 낸시 초도로우의 이론을 끌어다가, 여성 관객이 이 영화에서 재현되는 여성의 희생에 전적으로 동일화하지 않음을 밝혀낸다. 초도로우에 따르자면 소년은 전외디푸스 단계에 존재하는 어머니와의 일차적 동일화와 결별해야만 남성적 정체성을 얻을 수 있는 반면, 소녀는 오히려 어머니와 비슷해져야만 여성적 정체성을 얻게 된다. 이것은 이성애적 관계를 맺는 과정에서도 지속되기 때문에, 여성들은 어머니와의 원초적인 관계에다가 아버지 또는 한 남자에 대한 사랑을 더하는 식이 된다. 따라서 초도로우는 여성의 주체성은 본래적으로 분열된 것이고, 특히 모녀간의 평생에 걸친 밀접한 관계는 여성들에게 여러 정체성 사이에서 유동할 수 있는 '다중적 정체성'을 가능하게 해준다고 분석한다.

윌리엄스는 여성성에 대한 이런 고찰을 기반으로 해서, 여성 관객이 〈스텔라 달라스〉를 보면서 느끼게 되는 모순적인 이중의 욕망을 설명한다. 즉 여성관객은 스텔라가 여성과 어머니로서의 자신의 위치를 상실하는 모습을 보면서 스텔라의 고통 받는 모성애

17. Linda Williams, "Something Else Besides a Mother: 〈Stella Dalls〉 and the Maternal Melodrama", P. Erens, ed., 1990, pp.137-62.

와도 동일화하는 동시에, '어머니 이외의 다른 무엇'이 되고자 하는 스텔라의 우스꽝스러운 물신화를 비판적으로 바라보거나 스텔라와 딸 로렐 간에 이루어지는 응시를 통해서 남근 중심적인 영역 외부에 존재하는 저항의 순간 역시 목격하게 된다는 것이다.

윌리엄스의 이런 설명은 여성의 보기 자체가 관음증이나 물신주의와 같은 남성적인 시각적 경제와는 애초부터 다르다는 판단에서 기인한다. "여성관객은 남성 관음증 환자가 지니고 있는 거리와 지배권을 채택하거나, 도앤이 말했듯이 이미지 속에서 자신을 상실해버리고 마는 과잉동일화를 채택하기 보다는, 동시에 모든 위치들 사이를 계속해서 왔다 갔다 할 수 있기"[18]때문이다.

특히 멜로영화의 관람이라는 맥락에다가 이런 논의를 적용하게 되면, 〈스텔라 달라스〉와 같은 영화들이 여성 관객에게 제공하는 것은 급진적인 파열이라던가 브레히트적인 소격효과가 아니라, 스텔라의 희생 속에서 가부장제 이데올로기를 읽어내고 분노하는 '인식적 충격'이다. 따라서 영화는 여주인공을 복종의 위치에 놓는 해피엔딩이지만, 여성 관객들은 주인공의 그런 운명을 의문시하면서 여성이라는 자신의 존재를 부정하지도 않게 된다. 그런 점에서 이 영화는 진보적인 텍스트라는 것이 윌리엄스의 결론이다.

18. Williams, p.155.

(2) 여성들 내의 차이들: 계급, 인종에 따른 여성 관객성

여성주의 비평가들은 여성 관객을 단일화된 문화 메시지의 단순한 수용자로 다루는 것에 더 이상 만족하지 않고, 관람자들을 특정한 역사 속에, 즉 인종, 성 정체성, 계급 등을 지닌 사람으로 위치 규정하는 수용 모델을 발전시켜왔다. 이 과정에서 문화적 텍스트들은 단순히 지배 이데올로기를 약호화한 것이나 선호된 독해 preferred reading에 의해서 해독되는 것이 아니라, 경쟁하거나 상호 모순되는 담론들이 복합적으로 배열되어 있고 따라서 수용자들에게 저항과 협상의 경험을 제공하는 것으로 이해된다.

성차 못지않게 여성들 내에 존재하는 차이들에 주목하면서 이루어진 이런 작업들은 한편으로는 텍스트 작용에 따라 관객 위치를 고정된 것으로 파악해온 한계를 넘어서 실제로 여성들이 재현물들과 어떻게 만나고 또 반응하는지를 이해하기 위한 시도로서, 그 결과 텍스트 자체로부터 독해행위라는 복합적인 사회적 실천으로 영화 연구의 초점을 생산적으로 변동시킨다.

파팅턴Partington은 "특히 1950년대 멜로 영화의 소비와 관련하여, 노동자계급 여성이 지닌 지식과 능력을 강조하면서 멜로 영화에 의해 이런 지식과 능력을 투여하거나 의미와 쾌락을 생산할 수 있는 기회에 정서적으로 참여한다는 것이 어떻게 상품의 전시와 결합되는지를 보여주고자 한다".[19] 이것은 젠더나 계급과 같은 실제적인 차이와 취향 상의 차이, 대량 시장과 상품 소비와 같은 요인들이 텍스트의 수용에 어떤 영향을 끼치는 가에 초점을 맞추어, 멜로영화에 대한 여성들의 소비가 여성들만이 갖고 있는 배타적인 지식, 계급과 젠더 간의 관계, 의미작용과 쾌락 생산의 능력 등이 투여되는 '전유'의 형식이자 '저항'의 형식임을 밝혀내는 의미를 지닌다.

1950년대는 가사 운영의 원리들이 도입되고 가사 노동이 기계화됨으로써 노동자계급 가정이 미학화되는데, 이것은 소비 노동을 세련화시키고 현대적 디자인과 노동 절약 장비들을 증진시켰다. 따라서 노동자계급 여성들에게 새로운 소비 기술은 지식의 레퍼토리들에서 핵심적인 부분이 되는데, 이러한 발전은 영화의 생산과 소비에 있어서도 변화를 낳게 된다. 즉 영화의 수용자들 역시 점점 더 다양한 소비자 집단들로 분화되어 갔는데, 대작 영화의 배급과 흥행은 50년대에 패션과 소매업에서 일어난 판매전략과 마찬가지로 특히 새로 형성된 노동자계급 시장을 겨냥한 것이었다면, 영화구경 패턴은 인구통계학과 지리학상의 변화를 낳은 전후의 재건(주택, 도시계획 등)과 소비와 레저의 장으로서의 가정의 위상 변화에 의해 영향 받았다. 이런 조건 하에서 노동자계급 여성들은 멜로 영화들을 타당성과 신뢰성이라는 리얼리즘의 기준에 들어맞고 사회적으로 인

19. Angela Partington, "Melodrama's Gendered Audience", S. Franklin, C. Lury & J. Stacey, eds. *Off-Center: Feminism and Cultural Studies.*, HarperCollins, 1991, p.50.

정 가능한 것으로 독해했고, 그들에게 영화구경은 쇼핑을 포함한 레저 영역의 하나가 되었다.[20]

<루비 젠트리 Ruby Gentry>(1952)에 대한 여성들의 독해는 멜로의 이런 사용이 낳은 결과를 잘 보여준다. 이 영화 초반에 데님 진을 입고 있던 루비는 부자와 결혼한 후에 고급스런 파리 스타일의 옷을 입고 나온다. 이것은 의상이 상징적으로 사용되면서, 왜 루비가 성공을 꿈꾸게 되는가를 설명해준다는 점에서 서사를 매개하는 중요한 기표로 기능함을 보여준다. 그러나 반면에 데님 진을 입고 있는 루비의 쇼트들은 당시 데님진과 같은 옷들이 유행 품목이었다는 점에서 루비를 가난하고 초라한 것이 아니라 매력적이고 유행을 따르는 사람으로 보여주는데, 이것은 데님 진을 루비의 계급적 지위를 나타내주는 것으로 사용하는 것과 모순을 이룬다. 또한 루비와 그녀의 경쟁자인 중산층 주부인 트레이시는 같은 위치에서 옷을 입을 때에도 스타일의 차이를 보여주는데, 루비가 고상하고 최신의 스타일을 나타낸다면 트레이시는 지극히 여성적이고 시대에 뒤떨어진 스타일을 보여준다. 이러한 것을 중산층 여성관객들은 단지 성격의 차이로 읽겠지만, 노동자계급 여성관객들은 새로운 소비 기술을 배울 수 있는 수단으로 사용할 것이다.[21] 이런 점에서 1950년대의 스타 시스템은 '차이의 기호로서의 스타'가 지니는 가치를 통해서 관

20. Partington, pp. 58-9.

21. Partington, pp. 58-9.

객들로 하여금 개별적인 상품이라는 틀을 넘어서서 의미를 구축하도록 해줌으로써, 계급적 차이를 재절합하고 계급-젠더 투쟁에 대한 새로운 조건을 제공하게 된다는 것이다.

보보Bobo는 아프리카계 미국인들에 대하여 백인 남성 감독이 만든 영화라는 맥락과 스튜어트 홀의 '약호화/약호 해독encoding/decoding'이라는 방법을 끌어들여, <칼라 퍼플>(스티븐 스필버그, 1986)에 대해 흑인 여성과 남성 간의 반응의 차이를 읽어내는데, 이 연구는 페미니즘 정치학과 대중영화가 주는 쾌락 간에 놓인 긴장을 보여주는 좋은 예가 되고 있다.[22] <칼라 퍼플>은 평범한 여성의 관점에서 진행되며 여성 관객을 눈물 흘리게 만드는 동시에 앨리스 워커의 원작이 갖고 있는 인종과 젠더에 대한 도전과 레즈비어니즘이라는 정치적 문제들을 탈색시킨다는 점에서 '모순적인 관람 경험'을 만들어내기 때문이다.

<칼라 퍼플>이 처음 상영되었을 때 수용자의 반응은 엇갈렸다. 흑인 지식인 남성들은 이 영화가 흑인 남성을 매우 야만적이고 폭력적이며 원시적인 인간으로 재현한다고 비판했던 반면 일반 흑인여성 관객들은 억압당하던 흑인여성이 다른 흑인 여성의 도움을 받아 독립적인 여성으로 성장하는 영화로 읽어내며 환영했다. 즉 그들은 여주인공 셀리(우피 골드버그 분)가 겪는 경험과 고통들이 그들에게 얼마나 다양한 감정들을 환기시키는지를 진술하고 있

22. Partington, pp. 58-9.

는데, 이 지점에서 보보는 이 영화가 페미니즘의 측면에서 진보적이고 유용한 영향을 끼치고 있음을 발견하는 동시에 지배 이데올로기에 따라서 약호화된 영화를 흑인여성 관객들이 어떻게 다른 방식으로 관람하는지를 분석해낸다.

우선 그녀는 흑인여성들이 다른 관객들과는 다른 역사와 전망을 갖고 있다는 사실에서 출발한다. 흑인여성들은 엄격한 계급적, 계층적 구조 속에서 흑인이자 여성으로서 자신들이 겪어온 특수한 경험이 기존에 매체들에서 적절하게 재현되지 않았다는 것을 알고 있기 때문에, 이 영화를 압도적으로 지지하는 동시에 적극적인 참여와 동일시를 이루게 된다. 이런 사실은 텍스트의 의미가 관객들이 지닌 다양한 배경들에 따라서 얼마나 달라질 수 있는지 그리고 관객이 관람 과정에 끌어들이는 담론적 전략의 레퍼토리이자 지식의 영역인 문화적 능력이 결과적으로 텍스트에 대한 독해에 얼마나 결정적인 영향을 미치는지를 잘 보여준다.

주변화된 관객들이 문화적 생산물을 이해하는 데에 있어서 문화적 능력은 두 가지 측면을 지닌다. 하나는 관객이 자신의 반응을 협상하면서 텍스트를 유용한 것으로 구축하거나 전복적으로 독해하는 것이라면, 다른 하나는 텍스트를 거부하게 되는 부정적인 반응이다. 〈칼라 퍼플〉에 대한 흑인여성들의 반응 역시 마찬가지로, 보보는 이것을 흑인여성들이 텍스트의 의미를 자신의 경험, 역사 그리고 다른 흑인여성의 일상적 삶과 생산적으로 연결시켜 이해하는 것으로 설명하면서, 일종의 해독 전략의 하나로 규정한다. 이것은 흑인여성들이 스스로가 희생자에서 자기 운명의 개척자로 변화해가고 있음을 인식한다는 것을 보여주는 것이자, 이제 그들이 새로운 자기 이미지의 창조 과정에 접어들었음을 보여준다는 것이다.

IV.

멜로와 해석의 정치학

엘세서Elsasser의 말처럼이나 멜로드라마는 '근본적인 모호성radical ambiguity'을 지니고 있고, 이것은 멜로 영화에서 더 두드러진다. 한 시기의 역사적, 사회적 맥락과 관련하여 보자면 멜로는 전복적으로 기능하기도 하고 도피주의적으로 기능하기도 하기 때문이다. 또한 역사적으로 볼 때, 멜로는 사회적, 이데올로기적인 위기가 격화되는 시기에 대중성의 절정을 구가해왔다.[23] 그렇다면 1998년 이후에 시작된 한국에서의 멜로영화 붐이 과연 IMF라는 국가적이면서도 개인적인 위기와 분리되어 사고될 수 있을까? 또한 최근의 멜

23. Elsasser, p.45, p.47.

로영화들이 여성보다는 남성의 비극에서부터 눈물을 자아낸다는 사실은 1990년대 이후에 가속화되기 시작한 여성성/남성성에 대한 재정의와 무관할 수 있을까? 일관되게 희생자의 관점에 주목하고 이데올로기적인 갈등을 내면화하고 인격화된 형태로 표현하는 멜로의 특징은 당대의 성적이고 심리적인 모순 속에서 살아가는 여성들에게 더할 나위 없는 협상의 장소와 전략을 제공하는 것은 아닐까?

서구의 페미니스트들은 수십 년 동안 멜로 장르와 여성이 맺는 관계를 다각도로 조명함으로써, 여성의 주체성을 적극적으로 해명하고 가부장제 이데올로기가 여성의 재현과 이것의 의미작용에 개입하는 방식을 정교하게 분석하는 성과를 거두어왔다. 물론 그들 역시 이런 과정에서 때로는 여성의 관람 위치를 이론적인 불가능성으로 규정하기도 하고 여성 관객이 얻는 쾌락을 부정적으로 바라보기도 했다. 또한 수용자들은 텍스트가 제공하는 지배 이데올로기를 수동적으로 받아들이기 때문에 텍스트가 틀지우는 독해의 범위를 벗어날 수 없는 것으로 해석하기도 하고, 여성들 내의 차이가 빚어내는 반응과 독해 상의 다양성을 간과하기도 했다.

그러나 그들은 점차 추상적인 관객과 실제적인 수용자, 텍스트와 콘텍스트, 문화적 생산물에 대한 엘리트주의적인 시각과 대중주의적인 시각 간의 분리와 이분법을 극복해가면서, 텍스트의 이데올로기적인 의미작용, 여성 관객의 전복적인 독해와 능동적인 쾌락의 가능성, 협상으로서의 수용과정 등을 이론적으로 논증해냄으로써 다양한 범주들을 고려하는 더 복합적이고 다층화된 수용자 연구를 향해 나아갔다. 이러한 작업들은 그 누구도 재현의 외부에 머무를 수 없는 미디어의 시대, 스펙터클의 사회를 살아가는 역사적 집단으로서의 여성과 개별 여성들이 멜로와 같은 특정한 재현의 영역과 어떤 관계를 맺게 되는지 그리고 그러한 재현들이 실제적인 여성들은 물론이고 사회적인 여성성을 어떻게 형성해내는지를 그 어떤 경우보다도 생산적인 방식으로 탐구하고 또 그런 과정에 비판적으로 개입하는 의미를 지니고 있었다.

그런데 우리의 현실은 어떠한가? 멜로를 포함한 여성적 장르들을 이론적, 비평적으로 폄하하는 태도들은 여전하고, 따라서 이에 대한 접근들은 학계의 소수 여성 연구자들에 의해서만 제한적으로 그리고 활발한 소통이나 상호작용 없이 이루어지는 느낌이다. 그나마 방송 비평의 영역에서는 무시할 수 없는 시청률의 주체라는 점에서 여성 수용자들의 반응을 지속적으로 모니터링하고 있지만, 이것은 철저하게 이미지나 캐릭터 중심의 분석이라는 한계에서 벗어나지 못하고 있고 인터뷰나 통계와 같은 지극히 기초적이거나 경험적인 접근에만 머무르는 실정이다. 영화연구의 영역에서도 관객의 절대 다수를 차지하는 여성 관객들은 일 년에 한번 '여성 관객이 뽑은 최고, 최악의 영화'를 발표할 수 있을 정도의 지위만을 누리고 있다. 더구나 그 안에서 살아있고 구체화된 여성들의 목소리는 익명성과 집단성이라는 한계 내에서 파묻혀버리고 만다.

물론 어떤 학문적 접근도 그 대상과의 비판적 거리를 상실할 때는 주관주의나 엄밀성의 결여라는 함정에 빠지게 될 것이다. 그러나 멜로 장르 자체 그리고 멜로와 여성 관객의 관계에 대한 연구는 이론적인 진지함이나 역사적인 전망 이외에도 여성의 문화와 정체성에서 출발한 비판적이고 급진적인 '해석의 정치학'을 요청하고 있다. 어떤 사회현상이나 문화적 텍스트라 할지라도 외부의 시선과 내부의 시선은 완전히 다른 해석을 낳을 수밖에 없고, 오랫동안 목소리를 빼앗기고 침묵해온 또 하나의 하위 주체이자 주변화된 집단이었던 여성들의 시각과 발화행위 자체가 가부장제 사회와 남성중심적인 이데올로기 속에서는 이미 하나의 정치적인 의미를 지닐 수밖에 없기 때문이다.

권은선, 「남성도 믿을 건 사랑뿐: 멜로영화 붐 어떻게 볼 것인가」, <씨네 21>, 181호, 1998

기든스, 안소니, 『현대 사회의 성, 사랑, 에로티시즘』, 배은경, 황정미 옮김, 새물결, 1996

김선아, 「멜로드라마의 기억, 멜로드라마의 상상에 대한 제언: 『멜로드라마란 무엇인가』에 대한 서평」, 『독립영화』, 창간호, 1999

심영섭, 「멜로, 그 오만과 편견에 대하여: 한국의 멜로영화에 대해 던지는 네 가지 안티테제」, <씨네 21>, 177호, 1998

유지나 외, 『멜로드라마란 무엇인가: <자유부인>에서 <접속>까지』, 민음사, 1999

린다 하트, 『악녀』, 강수영, 공선희 옮김, 인간사랑, 1999

Ang, Ien, *Watching Dallas: Soap Opera and the Melodramatic Imagination*, Methuen, 1985

Bobo, Jacqueline, "<The Color Purple>: Black Women as Cultural Readers", ed., E. Deidre Pribram, *Female Spectators: Looking at Film and Television*, Verso, 1988

Cook, Pam, "Melodrama and the Women's Picture", *Gainsborough Melodrama*, BFI Dossier 18, in ed.,1991, Marcia Landy, *Imitations of Life.: A Reader Film and Television Melodrama*, Wayne State UP, 1983

Elsasser, Thomas, "Tales of Sound and Fury: Observations on the Family Melodrama", ed., Ch. Gledhill, *Home is Where the Heart Is: Studies in Melodrama and the Woman's Film*, BFI, 1987

Modleski, Tania, *Loving with a Vengeance: Mass-Produced Fantasies for Women*, Routledge, 1982

Gledhill, Christine, "Genre and Gender: The Case of Soap Opera", ed., Stuat Hall, *Representation: Cultural Representations and Signifying Practice*, Sage, 1997

Haskell, Molly, *From Reverence to Rape: The Treatment of Women in the Movies*, Penguin Books, 1974

Hobson, Dorothy, "Housewives and the Mass Media", *Culture, Media, Language : Working Papers in Cultural Studies 1972-79*, Hutchinson, 1980

Hobson, "Women Audiences and the Work Place", ed., Mary

Ellen Brown, *Television and Women's Culture: The Politics of the Popular*, Sage, 1990

Kaplan, E. A., "The Case of the Missing Mother", ed., Patricia Erens, *Issues in Feminist Film Criticism*, Indiana UP, 1990

McRobbie, Angela, "Settling Accounts with Subcultures: A Feminist Critique", *Screen Education*, vol.34, 1990

McRobbie, A. & Jenny Garber, "Girls and Subculture", eds., Stuart Hall & Tony Jefferson, *Resistance through Rituals*, Hutchinson, 1974

Mulvey, Laura, "Notes on Douglas Sirk", *Movie* no.25, in Home Is Where the Heart Is, 1977-78

Partington, Angela, "Melodrama's Gendered Audience", eds. S. Franklin, C. Lury & J. Stacey, *Off-Center: Feminism and Cultural Studies.*, HarperCollins, 1991

Radway, Janice, *Reading the Romance: Women, Patriarchy, and Popular Literature*, North Carolina UP, 1987

Rosen, Marjorie, *Popcorn Venus: Women, Movies and the American Dream*, McCann & Geoghegan, 1973

Willeman, Paul, "Towards an Analysis of the Sirkian System", *Screen* vol.13, no.4, in Imitations of Life, 1972-73

Williams, Linda, "Something Else Besides a Mother: <Stella Dalls> and the Maternal Melodrama", in *Issues in Feminist Film Criticism*, 1990

No. 9

공상과학영화 속의 새로운 육체와 성차

사이보그와 사이버 영화

I.

공상과학영화와 젠더 테크놀로지

영화는 문학, 연극, 음악, 미술, 무용, 건축에 이어 7번째로 태어난 신생 예술이자 19세기 말 모더니티의 대표적 산물 중의 하나이다. 그러나 이 못지않게 영화의 운명을 결정짓는 요인은 바로 영화와 테크놀로지 간의 뗄 수 없는 친연성일 것이다. 영화의 탄생 자체가 광학적 원리를 기반으로 한 사진술과 환등 원리에 기반 한 영사술로 인해 가능했을 뿐만 아니라 영화만큼 테크노적 상상력을 앞서서 그리고 화려하게 구현하는 예술은 드물기 때문이다. 영화의 여러 장르들 중에서도 과학적 가능성에서 출발하여 미래 세계에 대한 공상을 다루는 공상과학영화야말로 그러한 테크노적 상상력의 극치를 보여주게 된다. 이미 1902년에 조르쥬 멜리에스Georges Meliès는 <달세계 여행A Trip to the Moon>에서 반세기 이후에나 현실화된 로켓의 원리를 보여주고 있다면, <아바타Avatar>(2009)로 유명한 제임스 카메론James Cameron은 <터미네이터 2 Terminator 2>(1991)에서 아직까지도 가능하지 않은 액체 금속을 시각적으로 구현한 바 있다.

상상의 세계에서 출발한 공상과학영화는 과연 과학기술이

인류를 더 자유롭게 하고 더 나은 미래를 보장할 것인가, 아니면 인간의 이기심과 탐욕으로 인해 총체적인 재앙과 파국을 피할 수 없는 것으로 만들 것인가에 대한 가치판단에 따라서 유토피아적 비전과 디스토피아적 비전으로 나뉜다. 영화사적으로 공상과학영화 장르는 기계적 동력에 의한 대량 생산과 핵개발에 의한 대규모 파괴가 동시에 가능해진 1950년대 그리고 전자기술의 급속한 발전과 디지털화의 물결로 인해 감각과 문화에서 총체적인 혁명이 일어나던 1990년대라는 두 번의 전환점을 맞이한다. 냉전의 시대를 배경으로 한 전자의 경우에, 거대한 괴물과 외계인 등에 의해서 위태로워진 인류의 생존은 통제를 벗어난 과학기술의 발전과 공산주의의 위협에 대한 무의식적 공포의 은유였다. 반면에 정보화 사회, 컴퓨터 공학과 유전 공학의 발달로 특징 지워지는 후자의 시대에 공상과학 영화는 복제인간, 인공지능, 사이버공간, 우주여행 등의 새로운 레퍼토리들을 추가하면서 장르적 쾌락을 확장하는 동시에 윤리적, 철학적, 사회적 토픽들을 제기하는 중요한 장이 된다. 더구나 최근에 공상과학영화는 한편으로는 대규모 자본과 하이 테크놀로지의 결합을 통해 점점 더 블록버스터화되고, 다른 한편으로는 인류의 미래에 대한 새로운 상상력의 지평을 열어 보임으로써 가장 대중적이면서도 영향력 있는 장르가 되어가고 있다.

그런데 영화에는 항상 젠더 테크놀로지[1]가 작동한다. 특

---

1. Teresa de Lauretis, *Technologies of Gender: Essays on Theory, Film and Fiction.* 여기에서 드 로레티스는 제도적 담론, 인식론, 비판적 실천들은 물론이고 영화와 같은

정한 기술들은 젠더의 이해관계에 따라 이데올로기적으로 틀 지워지면서 권력이나 권위에 대한 젠더화된 전통적 패턴을 강화시키는데, 여기에서 영화 역시 예외가 아니기 때문이다. "테크놀로지에는 성sex이 없지만, 테크놀로지의 재현은 종종 성을 지닌다"[2]는 스프링거Springer의 말에서 알 수 있듯이, 많은 공상과학영화들 속에서 시공간의 질서는 달라지고 성정체성은 가변적인 것이 됨에도 불구하고 성역할은 여전히 고정되어 있거나 기술과 문명의 미래 자체에 대한 불안감이 여성에게만 집중적으로 투사되는 경향은 지속되고 있다. 바로 이 지점에서 페미니즘의 시각에서 공상과학영화 장르를 조망해보아야 할 필요성이 요청되고, 공상과학영화에서 젠더화된 육체 및 섹슈얼리티를 둘러싼 문화적 갈등이나 변화의 징후 등이 어떻게 재현되는가를 비판적으로 읽어보는 작업이 그 출발점을 이룬다.

근대를 이끌어온 기계산업과는 달리 현재의 컴퓨터 기술과 정보통신 기술을 중심으로 한 하이테크놀로지들은 현실에 대한 다른 차원의 재현을 이루어내는데, 공상과학영화 중에서도 이러한 기술들과 밀접하게 연계된 하위장르인 사이보그 영화와 가상현실 영화는 인간의 육체 및 젠더라는 이슈를 흥미롭게 그려낸다. 공상과학영화들에서 여전히 전제되는 우월하고 강력한 남성성은 그 반대

다양한 사회적 기술들에 의해서 젠더가 재현이자 자기 재현으로 생산되는 과정을 '젠더 테크놀로지'라는 개념으로 나타낸다.

2. 클라우디아 스프링거, 『사이버 에로스: 탈산업 시대의 육체와 욕망』, 정준영 옮김, 한나래, 1998, 21쪽.

항으로서의 여성성을 요구하는데, 사이보그 영화의 경우에 젠더는 공상과학영화 장르의 전통적인 명제인 '인간과 비인간의 차이'를 비롯한 다른 차이들과의 관계 속에서 더 복잡해지는 양상을 보여준다. 사이버 세계와 현실 세계의 상호작용을 소재로 하는 가상현실 영화는 물리적 육체의 지워짐 그리고 경험, 기억, 공간 등에 대한 재정의를 통해서 포스트모던한 사유의 극단적인 사례를 이룬다.

오늘날 기술적으로 생산된 온갖 종류의 시뮬라크라들이 자연적 육체를 대체하게 되면서, 육체라는 이슈 자체는 사회적인 불안감이나 심리적인 공황 증세가 집중적으로 표출되는 장이 되어가고 있다. "미친 듯한**panic** 육체는 되살아난 육체가 사회적인 것의 죽음에 대한 위기 증후와 모든 스트레스가 각인된 텍스트로서의 하이퍼 주체성의 마지막 파열구가 되어가는 몰락하는 문화를 표시해준다"[3] 더구나 컴퓨터 기술은 인간이 인공지능, 즉 기술적으로 생산 가능한 두뇌적 실체로 환원될 수 있다는 통념을 유포시킴으로써, 유기적이고 일관되며 통일적인 육체라는 전통적인 개념은 물론이고, 정신과 육체라는 고전적인 이분법 역시 결정적인 도전을 받게 된다.

그 결과로 등장한 '포스트모던 육체' 또는 '미친 듯한 육체'는 사이보그 영화와 가상현실 영화에서 논쟁적이면서도 흥미로운 방식으로 재현된다. 두 가지 모두 '자연적 육체의 사라짐'이라는 공

---

3. Arthur & Marilouise Kroker, eds., *Body Invaders: Panic Sex in America*, NY: St. Martin's, 1987, p.27. Anne Balsamo, *Technologies of Gendered Body: Reading Cyborg Women*, Durham & London: Duke UP, 1996, p.28에서 재인용.

통 전제를 갖고 있지만, 사이보그 영화는 '기술적으로 구성된 육체'라는 것을 대체물로 제시하면서 두 종류의 육체 간에 발생하는 긴장과 이것이 제기하는 '정체성'의 문제를 주로 다루고 있다면, 가상현실 영화는 '담론으로서의 육체', 즉 순전한 문화적 관념의 산물로서의 육체성을 형상화하면서 '현실' 개념의 파열을 보여준다. 사이보그의 존재 자체는 비록 기술적으로 재구성된 것임에도 불구하고 물질적 육체를 재확인함으로써 육체의 사라짐을 부정[4]하고 있는 반면, 사이버 공간은 어떤 종류의 물리적 제약과 존재론적 규정으로부터도 자유로워진 육체를 가능하게 함으로써 육체성에 기반 한 전통적인 위계질서나 이분법을 위협하는 결과를 낳는다.

그러나 서로 다른 상상력과 철학적 기반에서 출발하는 두 가지 장르의 영화들에서, 인간과 비인간, 현실과 비현실의 경계를 위협하거나 반대로 모든 종류의 차이들을 굳건하게 재확인시켜주는 역할을 하는 것은 바로 여성의 육체와 여기에서 비롯되는 여성의 성적 지위이다. 즉 물리적 육체를 '다시 쓰는rewriting' 새로운 기술들에도 불구하고 여성 육체는 일관되게 '자연적, 성적, 재생산적'이라는 문화적 기호로 약호화 됨으로써, 젠더라는 경계는 굳건하게 남아 있을 뿐만 아니라, 육체와 기술 간의 다양한 상호작용 속에서 젠더 장치는 효율적으로 권력 관계를 재조직화 하기 때문이다. 따라서

4. 따라서 여성에게 페니스가 부재함을 부인함으로써 거세 공포를 피하는 물신주의처럼, 여기에서 기술적으로 재구성된 육체는 마치 육체의 사라짐을 부인하는 물신으로 기능한다고 볼 수 있다.

젠더는 여전히 결정적인 문화적 조건이자 기술적 전개의 사회적 결과물로 남아 있게 되고, 젠더화 된 육체는 적절한 질서와 관습적인 통념이 도전받을 것에 대한 두려움이 분출되는 장소로 기능하는 것이다.[5] 기술이 낳는 문화적 효과 중에서도 가장 두드러진 것이 바로 '유순한 신체docile body'이고, 이것이 젠더화 된 정체성의 창출로 이어지고 있음을 알 수 있다.

---

5. Anne Balsamo, p.9

II.

사이보그 영화:
인간과 비인간의 차이를 전치시키는 젠더

데이비드 토마스David Thomas는 사이보그의 유형을 "탈유기적인 고전적(하드웨어 인터페이스된) 사이보그와 탈고전적인(소프트웨어 인터페이스 된) 초유기적이고 데이터에 기반 한 사이보그"[6]로 나누었다. 전자는 유기적인 인간의 육체를 비유기적인 기계적 또는 전자적 이식물과 결합시킨 것이라면, 후자는 아무런 유기적 형태도 지니지 않으며 컴퓨터 소프트웨어에 보존된 인간 정신으로 구성된다. 따라서 사이보그는 완전히 기계적인 '로봇'은 물론이고 유전적으로 조작된 유기적 실체인 '안드로이드'와도 구분된다.[7] 이러한 사이보그는 과학기술을 상상력의 출발점으로 삼는 대중문화의 핵심적인 이미지이자 포스트모더니티 단계에서 제기되는 탈인간화

6. David Thomas, "Old Rituals for New Space: Rites de Passage and William Gibson's Cultural Model of Cyberspace", Michael Benedikt, ed., *Cyberspace: First Steps*, Cambridge: MIT Press, 1991, p.32. 스프링거, 앞의 책, 36쪽에서 재인용.

7. 하지만 넓게 보았을 때 사이보그와 안드로이드는 모두 '인간을 모방하여 인공적으로 만들어진 생명체'라는 점에서, 여기에서는 양자를 특별히 구분하지 않겠다.

또는 주체의 죽음이라는 이슈를 압축적으로 형상화한다.

〈블레이드 러너Blade Runner〉(리들리 스코트, 1982)는 '복제인간'이라는 모티브를 통해서 포스트모던 단계에서의 정체성, 동일화, 역사라는 이슈를 가장 전형적이면서도 깊이 있게 제기한 공상과학영화로 평가받는다. 2019년의 미래 도시 LA. '레플리컨트'라고 불리는 복제인간들이 인간의 노동을 대신하고 있고, 세계는 몇몇 거대한 다국적 기업들이 지배하는 쇠락하고 황폐한 곳으로 변해있다. 로이(룻거 하우어 분)를 지도자로 하고 있는 몇 명의 레플리컨트들은 4년 밖에 안 되는 수명을 연장하고 노예와 같은 삶을 거부하기 위해 주어진 위치를 이탈하여 도시로 잠입한다. 데커드(해리슨 포드 분)는 이들을 회수하는 경찰, 즉 '블레이드 러너'이다. 자신들을 만들어낸 타이렐 사의 사장을 만난 로이는 수명을 연장해줄 것을 요청하지만 현재의 기술로서는 불가능하다는 대답을 듣게 되자 그를 살해한다. 다른 동료들을 다 잃고 혼자 남은 로이는 마지막에 데커드와 대결하는데, 오히려 죽을 뻔한 데커드를 살려준 후 자신은 죽어간다. 타이렐이 만든 가장 완벽한 레플리컨트인 레이첼(숀 영 분)과 사랑에 빠진 데커드는 그녀와 함께 더 나은 미래를 찾아서 이 도시를 떠난다.

콘스탄스 펜리Constance Penley는 공상과학영화 장르에서 젠더보다는 인간과 외계인, 인간과 사이보그 그리고 현재의 인간과 미래의 인간 간의 차이가 더 두드러지게 되고, 따라서 젠더의 문제는 인간과 타자 간의 차이로 전치된다고 말한다.[8] 그러나 사소한 것으로 다루어지는 젠더는 역설적이게도 더 중심적인 것이 되어간다. 〈블레이드 러너〉에서 표면적인 서사를 지배하는 것은 '인간 대 비인간의 대립과 차이'지만, 더 깊은 층위에서 서사를 조직하고 텍스트 내의 환상이나 욕망의 작동을 구조화하는 것은 여성과 남성 간의 차이 그리고 이 차이와 여타의 차이들 간의 상호작용이기 때문이다.

이 영화에서 가장 두드러진 인간 대 복제인간 간의 차이는 여성/남성 간의 차이라는 다른 차이의 형식과 복잡하게 얽히면서, 때로는 서로를 강화시키기도 하고 때로는 서로를 침식하기도 한다. 우선 서사의 차원에서 보자면, 복제인간들은 영화의 중심 갈등을 개진시키는 무질서의 일부이고 그들의 제거는 서사를 폐쇄시킨다는 점에서 한편으로는 '인간과 비인간 간의 차이'가 수립된다. 그러나 다른 한편으로 성차까지도 내포하는 인간 데커드와 복제인간 레이첼은 '더 인간적'이라는 면에서 공통점을 갖고 있고 영화 마지막에 낭만적인 커플로 결합함으로써 '인간과 비인간 간의 차이'를 근본적으로 침식한다. 또한 영화 속에서 복제인간들에게는 인종적 차이가 부재한 반면 인간에게는 젠더가 부재한데, 인간의 지위로 이행하는 레이첼의 위치변화는 인간의 편에서의 여성의 부재를 보완함으로써 또 다른 면에서 서사적인 균형을 회복시키는 기능을 한다. 이

8. Constance Penley, "Time Travel, Primal Scene and the Critical Dystopia", *The Future of an Illusion: Film, Feminism and Psychoanalysis*, London: Routledge, 1989, p.132

지점에서 <블레이드 러너>는, 성차의 극단적인 변형판을 제공함으로써 절대적 차이와 절대적 보완이라는 성애적 환상을 묘사한다는 공상과학영화 장르의 일반적인 경향[9]에서 한 치도 벗어나지 못하게 된다.

따라서 '인간 대 비인간'이라는 위협적인 차이를 봉쇄하거나 전치시키는 역할을 성차가 맡고 있음을 알 수 있다. 이것은 무의식과 환상의 영토에서 주체의 기원이라는 문제 다음에 "나는 (남녀 중의) 누구인가?"라는 성차의 문제가 나온다는 정신분석학적 설명에 의해서도 뒷받침될 수 있다.[10] 그런데 이 영화의 일차적인 주제의식, 즉 "인간이란 무엇인가?"라는 정체성의 문제와 "인간은 어디에서 오는 것인가?"라는 기원의 문제와 관련해서 볼 때, 성차는 비교적 분명한 대조를 이루는 이분법 속에서 서사와 시각적 스타일을 구성하는 원리로서 기능한다.

위의 두 문제를 중심으로 해서 조직되는 서사 속에서 남성들은 중심적인 행위자들이라면, 여성들은 부차적인 장식물에 머문다. 그녀들은 남성 영웅/주인공들에게 일순간 인간적 감정을 불러

---

9. Penley, p.134

10. J. Laplanche & J. B. Pontalis, "Fantasy and the Origin of Sexuality", V. Burgin, J. Donald & C. Kaplan, eds., *Formations of Fantasy*, London & NY: Methuen, 1986, pp.5-34. 여기에서 라쁠랑쉬와 뽕딸리스는 개인의 기원을 보여주는 '원초경', 섹슈얼리티의 기원을 보여주는 '유혹의 환상(seduction fantasy)' 그리고 젠더의 기원이 되는 '거세 환상'을 개인의 역사 및 기원과 연관된 세 가지 기원적(original) 환상으로 제시한다.

일으키고 행위의 동기를 제공하는 역할을 하는 반면, 남성들은 비록 인간 대 복제인간, 창조자 대 피창조자와 같은 양극적 위치에 놓여 있음에도 불구하고 영화의 묵시록적인 톤을 이끌고 주제를 철학적인 차원으로 끌어올리는 작인들이다. 남성들은 음울함과 미스터리에 잠긴 모습(데커드)이나 순교자적인 형상을 통해 승화되는 죽음(로이)으로 묘사되는 반면, 여성들은 어둡고 황폐한 환경과 극명한 대조를 이루는 원색의 의상, 공중에 떠있는 초대형 광고화면을 수놓는 이국적인 이미지 그리고 시각적으로 과장되고 탈현실적인 톤으로 촬영된 죽음의 장면 등을 통해서 철저하게 '스펙터클'로 위치 지워진다. 마치 행위예술처럼 묘사되는 프리스의 싸움, 슬로우 모션으로 처리된 조라의 죽음, 인공적인 아름다움을 강조하는 아이콘으로서의 레이첼의 모습 등은 여성성과 여성의 육체 자체를 정지된 시간성과 물신화된 공간성으로 재현하기 때문이다. 즉 '스펙터클의 시대'에도 여전히 남성은 이미지와 공시성의 지위를 벗어나 서사의 행위자로 자리매김 되는 반면 여성은 공허하면서도 표피적이고 분열적이면서도 이접적인 포스트모던 문화의 시각적 기호일 뿐이다.

가장 완벽한 레플리컨트인 레이첼은 인간 남성**human male**에 대한 사랑을 통해 복제인간으로서의 정체성을 벗어 던지고 인간 여성**human female**으로 재탄생한다. 더구나 데커드에 대한 사랑 때문에 레이첼은 자신과 같은 레플리컨트를 총으로 쏘아죽임으로써, 자신의 종種을 배신하기도 한다. 그녀는 구성된 역사를 받아들이고, 남성의 욕망의 대상이 되기를 원하는 '욕망받기 위한 욕망'을 드러낸다. 그녀가 정체성, 가족, 역사를 찾아나가는 과정은 남성 및 그와의 관계를 통해서이다. 이것은 표면적 서사에서 정체성과 경계의 문제를 질문하는 것은 데커드와 로이라는 남성 등장인물들이지만, 심층적인 차원에서 그 문제를 무의식적으로 제기하는 것은 바로 어떤 면에서는 인간도 복제인간도 아닌 '여성'으로서의 레이첼임을 보여준다. 여기에서 여성은 바로 경계 자체이자 증후가 되는 것이다.

그런데 이진경은 '표상체계를 벗어나는 욕망과 공포'라는 측면에서 안티외디푸스anti-oedipus를 공상과학영화의 상상력과 그 결과로서의 이미지가 갖는 정치학의 기본 틀로 설명한다.[11] 따라서 그의 <블레이드 러너> 분석은 "왜 복제인간은 '아버지의 이름'으로 정해준 자리를 벗어나서 금지된 공간으로 돌아오는 것인가? 그들은 왜 정해진 표상체계 안에서 사고하거나 행동하지 않고 그것을 벗어나는 것인가?"[12]라는 질문에서 출발한다.

스티브 닐Steve Neale 역시 아버지와 법의 위치를 차지하는 타이렐의 기능을 중심으로 해서 영화에서 작동하는 환상과 차이들의 작용을 설명한다.[13] 그에 따르자면 창조주 아버지인 타이렐은 자기애적 환상 또는 불멸성에 초점이 맞추어진다. 레이첼의 위치변화는 타이렐, 즉 아버지의 제거 후에 시작되고, 최후의 복제인간인 로이가 죽은 후에 데커드와 그녀는 인간과 비인간 간의 경계를 가

---

11. 이진경, 『필로시네마 혹은 탈주의 철학에 대한 7편의 영화』, 새길, 1995, 45-76쪽.

12. 이진경, 53쪽

13. Steve Neale, "Issues of Difference: <Alien> and <Blade Runner>", J. Donald, ed., *Fantasy and the Cinema*, London: BFI, 1989, pp.216-20

로지르고 법의 손길을 벗어나 도시를 떠난다. 레이몽 벨루Raymond Bellour에 따르자면, 이런 커플의 수립은 젠더의 인정과 부인을 포함한다.[14] 두 사람이 법에 도전하고 레이첼이 위치 변화한다는 점에서는 '부인'이 등록되고, 해피엔딩과 커플의 수립은 완벽한 통일로서의 사랑의 환상을 확증하기 위해 결합하기 때문이다. 아버지의 죽음은 차이의 부인과 자기애의 회복을 낳는다는 것이다.

그러나 이런 식으로 외디푸스 시나리오 또는 '아버지의 이름'과 등장인물들이 맺는 관계에 입각한 분석들은 기본적으로 남성 주체의 궤도를 중심축으로 삼음으로써 성차를 배제하거나 부차적인 것으로 만들어버릴 뿐만 아니라, 이 영화 속에서 '차이'를 발생시키고 또 파열적으로 전개시키는 또 하나의 기원인 '어머니'의 존재를 간과해버리고 만다. 개인의 정체성은 기원의 서사 그리고 타인과 구별되는 기억을 통해서 형성되는데 이 여정은 외디푸스적 궤도를 보여주고, 따라서 젠더와 성 정체성의 표지와 각인이 요구된다. 그러나 전외디푸스와 외디푸스, 상상계와 상징계 사이에서 긴장을 야기하고 파열을 일으키는 것은 바로 어머니이다. 어머니는 역사, 정체성과 관련된 존재이기 때문이다.

복제인간들은 타이렐이라는 공통적인 아버지를 통해서 연관되지만, 어머니는 결여하고 있다. 그러나 영화는 곳곳에서 아버지보다는 어머니가 기원 서사의 중심인물임을 암시한다. 레플리컨트

14. Raymond Bellour, "Psychosis, Neurosis, Perversion", *Camera Obscura*, nos. 3/4, 1979, esp. pp.118-19. S. Neale, p.218에서 재인용.

를 색출하기 위한 테스트를 받던 레온은 어머니에 대한 기억을 질문받는 순간 분노를 폭발시키고, 레이첼은 어머니와 함께 찍은 사진 속의 소녀의 모습을 통해서 자신의 인간으로서의 정체성을 확신하는 동시에 젠더를 발견한다. 따라서 영화 속에서 어머니는 상실과 욕망 간의, 상상계와 상징계 간의 긴장과 충돌을 근본적인 차원에서 서사화한다. 어머니를 실제로 갖고 있는가 또는 어머니가 없더라도 어머니에 대한 (인위적으로 가공된) 기억이 기원서사로서 기능하는가에 따라서 영화 속 등장인물들의 성격과 운명이 결정되기 때문이다. 따라서 처음에는 법(복제인간들의 사회 질서 위협과 이에 대한 방어), 아버지(창조주로서의 타이렐), 상징계(언어에 대해 영화가 보이는 관심)를 둘러싸고 절합되던 서사는 점진적으로 어머니와 관련된 환상으로 대체된다. 그리고 복제인간들의 제거, 아버지의 죽음, 법의 회피, 레이첼의 위치변화 등은 그런 과정을 통해서 이루어지는 결핍의 충족과 새로운 서사적 균형의 수립을 나타낸다.

다나 해러웨이Dona Haraway는 "20세기 후반에 우리 모두는 키메라chimera이자, 기계와 유기체가 이론화되고 가공되어진 혼합물인 사이보그이다. 사이보그는 우리의 존재론이다. 왜냐하면 사이보그가 우리에게 정치학을 제공하기 때문이다. 사이보그는 탈젠더postgender의 세계에서 만들어진 산물"[15]이라고 선언했다. 보드리야르 역시 인간과 기계 사이의 선명한 경계가 붕괴되는 것은 젠더

15. 다나 해러웨이, 「사이보그를 위한 선언문: 1980년대에 있어서 과학, 테크놀로지 그리고 사회주의 페미니즘」, 홍성태 엮음, 『사이보그, 사이버컬처』, 문화과학사, 1997, 149쪽.

간의 차이를 붕괴시키며 불확실성으로 향해가는 포스트모던한 움직임의 한 부분으로 보았다.[16] 그러나 위에서 살펴보았듯이, 사이보그 영화를 '젠더'를 중심틀로 해서 탈절합하는 순간, 해러웨이의 선언은 지나치게 순진하거나 아니면 아직은 도래하지 않은 미래에 대한 정치적 전망에 불과하다는 느낌을 지울 수 없게 된다. 〈블레이드 러너〉에서 모두 복제인간인 여성 등장인물들은 기술적 산물이라는 점에서 '타자성'을 부여받는 동시에 끊임없이 '젠더'를 표시하고 있고, 또 그들의 육체 이미지는 소비문화를 암시하는 모든 기호들에 의해 침식당하거나 과잉적으로 각인된 기호로서 기능할 뿐이기 때문이다.

16. 스프링거, 101쪽.

III.

가상현실 영화 : 남성적 상상계의 투사물인 여성성

실재계의 어떤 잔여물과 흔적까지도 말끔하게 지워낼 수 있는 디지털 기술이 '이미지의 이미지'를 지배적인 것으로 만들어내자, "원본과 복사, 현실과 이미지의 경계구분이 의미가 없으며 가상과 현실의 관계에 대한 전통적인 관념이 전도되어 가상의 전면적 지배가 강화"[17] 된다. 이제 가상과 이미지는 과거와는 달리 실존성을 획득하며, 물질적 현실의 일부로서 현실 과정에 참여하게 된다.

따라서 고전 공상과학영화에서는 형체 없는 외계인들에 의해서 인간의 육체가 침탈되었다면, 최근의 사이버 영화들에서는 이미지 또는 이미지들을 실어 나르는 미디어에 의해서 육체가 침탈된다. 남자주인공의 배가 갈라지면서 그 안으로 비디오테이프를 집어넣는 〈비디오드롬Videodrome〉(데이비드 크로넨버그, 1983)의 한 장면은 이제 주체성이 컴퓨터와 텔레비전 화면 위에서 새롭게 재구성되

17. 심광현, 「전자복제시대의 이미지와 문화정치:벤야민 다시 읽기」, 『문화과학』 9호, 1996 봄, 22쪽.

고 있음을 보여준다. "이미지는 바이러스"[18]라는 윌리엄 버로우즈 **William Burroughs**의 정식화가 적절한 은유를 제공하듯이, 바이러스가 된 이미지들은 자신을 빠르게 복제하면서 주체를 뒤덮고, 인간의 육체와 이미지는 하나가 되는 것이다.

더구나 사이버공간에서 인간 주체는 '물리적 육체성'이라는 최후의 존재론적인 짐까지 벗어던지게 됨으로써, 많은 포스트모더니즘 이론가들은 사이버공간을 탈육체화, 탈경계화, 탈중심화를 통해서 전통적인 이분법과 위계질서를 위협하는 해방적 기획의 장으로 평가한다.[19] 그러나 가상현실을 소재로 하는 영화들에서 재현되듯이, 육체에 기반 한 차별화와 지배의 체계가 새로운 공간에서도 결코 사라지지 않을 뿐만 아니라 실제적인 육체와 가상현실 속의 육체가 존재론적으로 완벽하게 절연될 수도 없다. 또한 가상현실은 흔히 인간의 육체적인 유한성에 도전하는 '불멸의 환상'으로 해석되지만, 그 환상 안에서도 젠더, 인종, 섹슈얼리티를 둘러싼 정치적 의미작용이 부단히 일어난다. 사이버공간을 소재로 한 소설이나 영화에서 주인공들은 항상 '백인 남성'이며 그 안에서 인터페이스되는 육체들은 철저하게 '이성애적' 섹슈얼리티를 중심으로 해서 조직된다. 즉 그 공간은 젠더화되고 인종적 징표를 안고 있는 육체를 기술적이며

---

18. William S. Burroughs, ***Nova Express***, 1964. Scott Bukatman, "Who Programs You?: The Science Fiction of the Spectacle", ed., Annette Kuhn, ***Alien Zone: Cultural Theory and Contemporary Science Fiction Cinema***, London & NY: Verso, 1990, p.207에서 재인용.

19. 캐더린 헤일즈, 『사이버공간의 유혹』, 홍성태 엮음, 44쪽.

재래적으로 각인하기 위한 또 하나의 장소로 기능한다.[20]

〈매트릭스Matrix〉(워쇼스키 형제, 1999)는 화려하고 압도적인 시각적 스타일과 고전적이다 못해 진부한 서사 간의 결합을 통해서, 사이버공간이 관습적인 젠더 시스템의 또 다른 요약본일 수 있음을 적나라하게 보여준다. 2199년의 미래 사회는 인공지능AI이 지배하는 세계로, 인공지능의 에너지 원천으로 이용되고 있는 인간들은 '매트릭스'라는 프로그램에 따라 1999년이라는 가상현실을 살아간다. '매트릭스'가 만들어내는 가상현실에서 빠져나온 모피스(로렌스 피쉬번 분)와 트리니티(캐리-앤 모스 분)를 비롯한 소수의 사람들은 인공지능에 맞선다. 낮에는 평범한 회사원이지만 밤에는 해커로 살아가는 네오(키에누 리브스 분)는 모피스를 통해서 바로 자기 자신이 인류를 구원할 '그the One'임을 알게 된다. 동료 사이퍼의 배신으로 모피스가 인공지능에게 잡히자, 그를 구하기 위해 '매트릭스' 안으로 들어간 네오는 통제요원들과 싸우다가 총을 맞고 죽는다. 그러나 그를 사랑하는 트리니티의 키스를 받고 다시 살아난 네오는 마침내 '그'가 되어 매트릭스를 깨뜨리고 인류를 구원한다.

스토리에서 알 수 있듯이 철저하게 신화적인 서사에 입각하고 있는 이 영화가 성경에서 모티브를 가져왔다는 해석은 상식이 되다시피 했다. 네오는 죽음과 부활을 통해 인류를 구원하는 그리스도이고 모피스는 사도 요한이며 사이퍼는 유다이다. 또 키스를 받고

---

20. Anne Balsamo, p. 236.

살아나는 주인공의 모습은 단지 젠더만이 뒤바뀐 동화 『잠자는 숲 속의 미녀』의 변형판이다. 오우삼의 스타일로 연출된 홍콩영화적 액션과 일본 애니메이션에서 빌려온 시각적 표현력을 할리우드의 첨단 CGI **Computer-generated Image**로 결합시켜낸 '퓨전 사이버 영화'에서 그 상상력의 원천은 성경과 동화인 것이다.

그런데 이 영화에서 흥미로운 것은 남성 주인공이 자신의 초인적인 능력과 구원자로서의 사명을 깨닫는 과정에서 동원되는 것이 바로 전통적으로 여성의 능력이라고 분류되던 '감정과 직관'이라는 점이다. 이것은 전자기술이 보이지 않고 극소지향적이며 조용하다는 점에서 일반적으로 '여성적인 것'으로 재현된다는 사실과 관련된다. 그런 전자기술에 입각한 사이버공간은 그 무정형성과 유동성 그리고 부드러움으로 인해서 '여성'으로 은유된다. "유혹적이고 위험한 사이버네틱 공간을 옷처럼 걸치는 것[21]은 여성적인 것을 걸치는 것"이 됨으로써, 가상공간에 참여한 모든 사람들은 여성화된 주체성을 경험하게 되는 것이다.

따라서 사이버공간 속으로 들어간다는 것은 남성 조작자와 여성 육체 사이의 이성애적 접촉을 환기시키기도 하고, 여성적인 매트릭스 속으로 들어간 남성들은 종종 전능한 남성성과 요새화된 육체로 묘사되는 남성 사이보그들과는 달리 수동성과 비활동성을

---

21. Allucquere Rosanne Stone, "Will the Real Body Please Stand Up?: Boundary Stories about Virtual Cultures", ed., M. Benedikt, p.105. 스프링거, 134쪽에서 재인용.

특징으로 지니게 된다.[22] 이러한 점들은 가상현실 영화 속에서 젠더의 스테레오타입들이 무너지면서 젠더 자체도 이전보다 훨씬 더 유동적으로 재현될 수 있음을 보여준다.

그러나 〈매트릭스〉에서 남성의 전능함이라는 신화는 결코 약화되는 것이 아니라 새로운 형태로 재창조된다. 사이버공간 속의 남성 영웅은 어떤 시공간적 제약도 넘어서는 직관의 능력 외에도, 근대적인 산업기계의 '힘'을 대신하는 '속도'를 갖추게 될 뿐만 아니라 한 여성의 운명적인 사랑을 받게 된다. 따라서 현실에서는 소심하고 별 볼일 없는 존재였던 남성은 사이버 공간 속에서 극적인 변화를 겪으면서 인류를 구원할 '그'로서 전능성과 권력을 부여받는다. 이처럼 남성인 네오는 공간을 오가면서 정체성이 변화하고 발전과 승화의 과정을 밟게 되는 반면, 여성인 트리니티는 실제와 사이버공간 모두에서 변함없이 여성 전사와 낭만적 연인이라는 모순적인 정체성 사이에서 동요할 뿐만 아니라 그녀의 사랑은 남성 영웅을 탄생/부활시키는 보조적인 존재로 그녀를 위치 지운다.[23]

어쩌면 이 영화의 이런 젠더 이데올로기는 '매트릭스'라는 제목에서부터 시작되는지도 모른다. 원래 어머니와 자궁을 뜻하는 'mater'에서 기원한 '매트릭스'는 이 영화에서 거대한 가상현실을 잉태한 자궁과 같은 폐쇄공간과, 숫자들의 나열로 상징되는 차가운 디

---

22. 스프링거, 107-8쪽.

23. '삼위일체'라는 의미의 그녀의 이름(Trinity) 역시, 그녀의 독립성 보다는 '네오' 및 '모피스'와 어우러져야만 그녀의 역할이 가능할 수 있음을 함축하고 있다.

지털의 세계를 동시에 함축한다. 따라서 모체/모성과 기술적으로 창조된 외부 세계는 환유적으로 연결됨으로써, 이 영화의 무의식은 모체/모성을 위협적인 타자와 무서운 괴물로 재현하는[24] 가부장제 사회의 무의식에서 그리 멀지 않기 때문이다.

게임에 중독된 한 여성이 '환각 시스템'이라고 할 수 있는 게임의 세계를 횡단하면서 겪는 일을 그려내는 〈엑시스턴즈 eXistenZ〉(데이비드 크로넨버그, 1999)는 가상현실을 배경으로 해서 젠더와 육체, 환상과 욕망의 관계를 또 다른 방식으로 펼쳐 보인다. 가까운 미래의 북미. 게임 마니아들로부터 천재적 게임 디자이너로 추앙받는 알레그라 겔러(제니퍼 제이슨 리 분)는 자신이 최근에 발명한 게임기 '엑시스턴즈'를 여러 참석자들과 시연하던 중 가상현실에 반대하는 한 현실주의자realist로부터 총격을 받는다. '엑시스턴즈'는 인조 DNA로 배양된 양서류의 내장으로 만든 유기체적 게임기로서, 인간의 척추 위에 만들어진 '바이오포트Bioport'에다가 '움비코드(Umby-Cord. '탯줄'을 의미하는 umbilical cord의 약어)를 이용하여 직접 연결하면 환각을 불러일으키게 되어 있다.

현실주의자들과 게임기 경쟁사라는 두 세력 모두로부터 암살 위협을 받는 그녀는 신참 경호원인 테드 파이쿨(쥬드 로 분)과 도피를 시작한다. 도피 중에 알레그라는 자신의 게임기가 손상되었는지를 알아보기 위해 테드에게 함께 '엑시스턴즈' 게임을 할 것을

24. Barbara Creed, "〈Alien〉 and the Monstrous-Feminine", ed., A. Kuhn, pp. 128-41.

요구한다. 알레그라와 테드는 스파이와 암살자들로 가득 찬 폭력적이고 피가 낭자한 '엑시스텐즈'의 세계로 들어가는데, 점차 그 이야기는 실제 세계의 사건들과 섞여 들어간다. 마침내 이 모든 것은 '트랜센덴즈transCendenZ'라는 게임의 일부임이 드러나고, 실제로는 '현실주의자'들인 알레그라와 테드는 '트랜센덴즈'의 디자이너를 암살한다.

〈비디오드롬〉에서 〈플라이Fly〉(1986)와 〈데드 링어Dead Ringer〉(1988)를 거쳐 〈네이키드 런치Naked Lunch〉(1991)에 이르기까지, 크로넨버그의 영화 목록은 인간의 육체와 기계/기술과의 관계를 중심으로 한 도착적이면서도 강박적인 환상을 일관되게 담고 있다. 그의 영화 속의 등장인물들은 미디어와 첨단 테크놀로지의 결합체가 생산해내는 스펙터클, 이미지, 유사현실의 '물리적인' 담지자가 되고, 그들의 육체는 침탈과 변형의 과정을 통해서 위협적이고 낯선 '타자'로 구축된다. 그런데 이런 육체적 타자성은 종종 남성 육체의 여성화 또는 여성적인 육체 이미지를 통해서 재현되고, 남성 주체의 욕망은 '피학증적인' 여성 주체의 욕망에 의해 지배받는 모습으로 그려진다.

〈비디오드롬〉에서 남자주인공 맥스의 배는 여성의 질vagina 모양으로 갈라지고 그는 그 안에다가 남근을 상징하는 총을 집어넣는다. 또한 그가 점차 '비디오드롬'의 세계에 빠지게 되는 것은 그가 여자친구 니키의 피학증적 욕망과 동일화하는 과정과 평행한다. 〈네이키드 런치〉에서 환각상태에 빠진 빌로 하여금 글을 쓰게 만드는 타자기는 여성 성기 모양의 몸체와 남근 모양의 덩굴손이 결합된 모습을 띠고 있고, 여기에서도 역시 빌을 환각의 세계에 빠뜨리는 역할을 그의 아내가 맡고 있다. 이러한 것들은 그의 영화를 여성혐오증적인 이미지와 여성을 구원자나 운명의 통제자로 설정하는 서사가 모순적으로 결합된 텍스트로 만들어준다. 그런데 여성이 주인공이 되어 실재와 가상, 내부와 외부의 경계를 넘나드는 '신경계 로드무비'인 〈엑시스턴즈〉에서 그의 영화가 지닌 양가성은 더 복잡해지고 중층화된다.

〈비디오드롬〉의 '포르노'나 〈네이키드 런치〉의 '글쓰기'와는 달리 〈엑시스턴즈〉에서 환상을 매개시켜주는 것이 '양방향 게임'이 되면서, 현실 개념 자체는 물론이고 주체성이나 육체 개념 역시 새롭게 구성된다. 앞의 두 영화의 상상력을 지배하던 '미디어-신체media-body'는 여기에서 '컴퓨터-신체computer-body'로 전환된다. 따라서 두 영화의 등장인물들은 SM과 편집증적인 환상을 대리 체험하는 수동적인 관음증 환자가 될 것을 기대 받는 반면, 환각성 가상현실 게임인 '엑시스턴즈'는 수많은 캐릭터들의 인터플레이가 가능하며 게임의 캐릭터는 바로 그것을 시행하는 자기 자신이 되기 때문에 게임 플레이어들은 자신이 개입하게 될 서사를 모양짓고 직접 참여하게 된다. 플레이어 자신의 무의식, 환상, 두려움이 기초가 되는 이 게임은 따라서 신체와 컴퓨터 과학의 경계를 모호하게 하면서 가상과 실재 간의 경계 역시 더 근본적으로 허물어뜨리게 된다. 'eXitenZ'라는 영화 제목의 철자가 암시하듯이, 알레그라는 X와 Z 사이에 놓인 Y라는 좁은 경계 위에서 위태로운 존재찾기 게임을 벌여나가고, 마치 카프카의 소설처럼 시작도 끝도 알 수 없는 인식

불가능의 세계로 환원되는 영화 속의 게임은 뫼비우스의 띠와 같은 구조로 이루어져 있다.

이 영화 속에서 환각을 이미지화하고 욕망을 서사화하는 중심적인 계기는 성적인 은유와 성화된sexed 육체가 지니는 문화적 함의들이다. 우선 <브룩클린으로 가는 마지막 비상구Last Exit to Brooklyn>(울리 에델, 1989)나 <조지아Georgia>(울르 그로스바드, 1996)에서 보여졌던 제니퍼 제이슨 리의 퇴폐적이고 통제력을 상실한 중독자의 이미지는 이 영화에서도 유지되면서, 게임중독자로서의 그녀의 이미지를 자연스러운 것으로 만드는 동시에 그 위에다가 성적인 의미를 추가시킨다. 현실의 경계를 벗어난 환각적인 게임에 대한 그녀의 끝없는 집착과 몰두는 자아 경계 해체의 위험을 수반하는 섹스에 대한 집착과 몰두를 손쉽게 연상시키고, 그녀가 손가락 끝이나 '움비코드' 끝에다가 침을 묻혀서 테드의 '바이오포트'에 게임기를 연결하는 장면들은 더 직접적으로 섹스를 기표화한다. '바이오포트'나 '움비코드'가 남녀의 성기를 그리고 게임한다는 것은 섹스한다는 것을 의미한다면, 게임 속에서 펼쳐지는 환상, 욕망, 두려움 등은 참여자들의 섹슈얼리티를 구성하는 내용들을 드러낸다.

그런데 게임과 맺는 관계 속에서 알레그라와 테드 간의 젠더는 분명하게 가시화된다. 게임에 대한 두려움과 거부감을 갖고 있고 경험도 없는 테드와는 달리 알레그라의 관심과 감각은 시종일관 게임으로 향해 있다. 따라서 그녀는 게임기를 마치 아기를 대하듯이 보살피면서 집착하는데, 혐오스러운 살덩어리의 모습을 하고 있는 게임기는 '통제불가능성, 치명적인 매력과 강한 반감이라는 양가성,

빨아들이는 것에 대한 깊은 두려움, 전염성 및 무질서와의 연계, 경계의 비결정성'과 같은 속성들을 통해서 문화적으로 재현되는 여성성이나 여성 육체의 이미지[25]와 그리 멀지 않다. 더구나 테드가 알레그라의 '움비코드'를 자르자 쏟아져 내리는 피는 '생리혈'을 연상시키는데, 엘리자베스 그로츠에 따르자면 생리혈은 '담아낼 수 없는 흐름, 불결한 것과 관련된 새어나옴'이라는 통념을 통해서 여성 섹슈얼리티를 감염과 질병 그리고 부패라는 느낌과 연결시키는 효과를 낳는다.[26] 따라서 주로 공상과학영화 장르와 호러 장르를 중첩시키는 크로넨버그의 영화에서 공포를 환기시키는 심리적 근원은 외부/내부 경계의 해체에 있고, 그 해체성은 다름 아니라 파악이나 환원이 불가능하고 외부적이며 담아낼 수 없는 것으로 남아 있는 여성 육체성에서 비롯되는 것임이 〈엑시스턴즈〉에서 다시 한 번 분명하게 드러난다.

25. Elizabeth Grosz, *Volatile Bodies: Toward a Corporeal Feminism*, Bloomington & Indianapolis: Indiana UP, 1994, p. 203.

26. Grosz, p. 206. 반면에 테드는 감염을 우려해서 그 전까지 '바이오포트'를 만들지 않은 것으로 설정된다.

IV.

'기술-육체', '기관 없는 육체'의 성정치학적 미래

혁명적으로 발전하는 디지털 기술의 실험대가 된 영화 매체는 현실에 대한 재현이나 반영 텍스트로서의 지위를 넘어서서 '현실에 대한 관객의 새로운 경험'을 생산할 수 있게 됨으로써, 이미지와 그 수용자 간의 관계를 근본적으로 변화시키고 있다. 드 로레티스가 지적했듯이, "사회적 테크놀로지이자 재현의 텍스트 기계인 영화장치"[27]는 이제 과학기술과의 이처럼 발 빠르고 화학적인 결합을 통해서, 그것이 유토피아적인 것이든 디스토피아적인 것이든 간에 '테크노적 상상력'의 첨단 지대이자 '미래에 대한 인식적 지도그리기'의 대표적인 장이 되어가고 있는 것이다.

여기에서는 급속하면서도 혁명적인 테크놀로지의 발전이 가져다준 두 가지 방향으로의 흐름에 대한 논의들을 전제로 삼고자 했다. 하나는 원본과 구분할 수 없을 정도로 완벽하게 복제된 시뮬

27. Teresa de Lauretis, *Alice Doesn't: Feminism, Semiotics, Cinema*, Bloomington: Indiana UP, 1984.

라크라가 지배하는 이미지 체계 속에서 더 이상 자기self를 확증할 수 없게 된 주체가 겪는 '정체성의 위기'라면, 다른 하나는 생물학적인 것과 기술적인 것 간의 합병이 낳은 '육체성과 현실 개념의 극적인 변화'이다.

"무엇인가를 감추는 기호로부터 아무 것도 없음을 감추는 기호로의 이전은 결정적인 전환점"[28]이라는 보드리야르의 선언이 적절히 지시하고 있듯이, 나날이 발전하는 시뮬레이션 기술은 주체의 재현 능력을 박탈하면서 어떤 현실성과도 무관한 순수한 환영적 이미지들을 다양한 매체를 통해 쏟아내고 있다. 그 결과 이제 중심/주변, 안/밖, 본질/현상은 물론이고 자아/타자 등과 같은 경계들이 무화되면서 새로운 정신적, 육체적, 미학적 상황들을 만들어낸다. 이런 과정에서 새로운 기술의 집중적인 투여 대상이 된 인간의 육체는 '기술-육체techno-body'로 재개념화되면서, 전통적인 의미에서의 본질적이거나 정태적인 어떤 것이 아니라 양가성과 아이러니를 내포하는 동시에 소비와 물화의 대표적인 대상이 되어간다. 이제 데카르트적 의미의 정신/육체 이분법은 정신/육체/기계의 삼분법으로 대체되어 가고, 사이버 기술의 발전은 말 그대로 '기관 없는 육체', 즉 관념과 감각의 산물로서의 육체를 가능하게 함으로써 '육체' 자체를 가장 뜨거운 논쟁의 장으로 만들어간다.

공상과학영화는 양성 간의 그리고 육체성과 섹슈얼리티 간의 변화된 관계에 대한 가장 깊은 불안감과 기대감이 동시에 표현

28. 장 보드리야르, 『시뮬라시옹』, 하태환 옮김, 민음사, 1992, 27쪽.

되는 영토이자 주체성을 구성하는 새로운 양식에 대한 가장 근본적인 질문이 던져지는 문제틀이다. 특히 사이보그 영화와 가상현실 영화라는 두 하위장르는 재현과 현실 그리고 육체와 정체성 간의 관계에 대한 풍부하고 논쟁적인 형상화를 제공해왔다. 재정의되는 육체와 현실 개념의 확장은 젠더와 젠더화된 육체에 대한 새로운 지형도를 그려냄으로써, "육체를 가독적인 대상으로 구성하는 과학적 생체권력의 일차적인 장치로서 젠더가 어떻게 기능하는가"[29]에 입각해서 페미니스트들이 공상과학영화 장르를 정치적으로 비평하는 출발점이 되었다.

그러나 위에서 살펴보았듯이, 수세기를 넘나들고 광대무변한 공간을 횡단하는 공상과학영화의 상상력 속에서 여전히 여성성과 여성의 육체는 남성 중심적인 환상이 전개되기 위해서 필요한 매개물, 즉 "이성애적 남성 상상계를 구성하는 부재, 즉 이 상상계에서 주체 위치를 차지하고 있는 사람들의 욕망이 재생산되기 위해 필요한 공허"[30]로서 위치 지워진다. 이것은 물론 여성성과 여성 육체 자체가 가부장제 사회에서 제기하고 또 기표화하는 '차이'에서 비롯된다. 이러한 차이는 일차적으로는 남성의 자기동일성을 위협하지만, 궁극적으로는 이 차이에 부여되는 '문화적 타자성'을 통해서 욕망의 움직임에 필요한 동일성을 확증하고 각인시키는 안전밸브로서

29. Balsamo, p.22.

30. 린다 하트, 강수영, 공선희 옮김, 『악녀』, 인간사랑, 1999, 253쪽.

기능하기 때문이다. 테크놀로지의 발전과 이에 따른 재현 체계의 변화가 젠더의 이분법과 육체의 경계를 탈안정화시키는 결과를 낳았지만, 아직까지 완전한 해체와 대안적인 재현으로는 나아가지 못한 상태를, 이것이 안고 있는 제약과 해방의 변증법을 공상과학영화만큼 잘 보여주는 영토가 있을까? 바로 이러한 질문에서 이 작업은 시작되었고 또 향후의 과제를 부여받는다.

린다 하트, 『악녀』, 강수영, 공선희 옮김, 인간사랑, 1999

이진경, 『필로시네마 혹은 탈주의 철학에 대한 7편의 영화』, 새길, 1995

장 보드리야르, 하태환 옮김, 『시뮬라시옹』, 민음사, 1992

클라우디아 스프링거, 『사이버 에로스: 탈산업 시대의 육체와 욕망』, 정준영 옮김, 한나래, 1998

다나 해러웨이, 「사이보그를 위한 선언문: 1980년대에 있어서 과학, 테크놀로지 그리고 사회주의 페미니즘」, 홍성태 엮음, 『사이보그, 사이버컬처』, 문화과학사, 1997

심광현, 「전자복제시대의 이미지와 문화정치: 벤야민 다시 읽기」, 『문화과학』 9호, 1996, 봄

캐더린 헤일즈, 「사이버공간의 유혹」, 홍성태 엮음, 『사이보그, 사이버컬처』, 문화과학사, 1997

Balsamo, Anne, *Technologies of Gendered Body: Reading Cyborg Women*, Durham & London: Duke UP, 1996

Burroughs, William S., *Nova Express*, 1964

de Lauretis, Teresa, *Alice Doesn't: Feminism, Semiotics, Cinema*, Bloomington: Indiana UP, 1984

de Lauretis, Teresa, *Technologies of Gender: Essays on Theory, Film and Fiction*, Bloomington: Indiana UP, 1987

Grosz, Elizabeth, *Volatile Bodies: Toward a Corporeal Feminism*. Bloomington & Indianapolis: Indiana UP, 1994

Kroker, Arthur & Marilouise Kroker, eds., *Body Invaders: Panic Sex in America*, NY: St. Martin's, 1987

Bukatman, Scott, "Who Programs You?: The Science Fiction of the Spectacle", ed., *Annette Kuhn, Alien Zone: Cultural Theory and Contemporary Science Fiction Cinema*, London & NY: Verso, 1990

Creed, Barbara, "<Alien> and the Monstrous-Feminine", ed., A. Kuhn, 1990

Laplanche, Jean & J. B. Pontalis, "Fantasy and the Origin of Sexuality", eds., V. Burgin, J. Donald & C. Kaplan, *Formations of Fantasy*, London & NY: Methuen, 1986

Neale, Sreve, "Issues of Difference: <Alien> and <Blade Runner>", ed., J. Donald, *Fantasy and the Cinema*, London:BFI, 1989

Penley, Constance, “Time Travel, Primal Scene and the Critical Dystopia”, *The Future of an Illusion: Film, Feminism and Psychoanalysis*, London: Routledge, 1989

Stone, Allucquere Rosanne, “Will the Real Body Please Stand Up?: Boundary Stories about Virtual Cultures”, ed., Michael Benedikt, *Cyberspace: First Steps*, Cambridge: MIT Press, 1991

Thomas, David, “Old Rituals for New Space: Rites de Passage and William Gibson's Cultural Model of Cyberspace”, ed., Michael Benedikt, *Cyberspace: First Steps*, Cambridge: MIT Press, 1991

No. 10

십대영화와 여성주의 영화 미학의 가능성

〈세 친구〉 임순례 1996, 〈고양이를 부탁해〉 정재은 2001

〈나쁜 영화〉 장선우 1997, 〈눈물〉 임상수 2000

I.

십대란 누구인가?

아마 '십대'라는 용어만큼 정의하기 어렵거나, 어렵사리 정의한다고 해도 그 안에 내포된 의미가 복합적이거나 모순적인 용어도 드물 것이다. 우선 십대와 유사한 개념이나 범주들로는 젊은이 adolescent, 청년youth, 미성년under-age 등이 존재한다. 각각의 용어들이 지칭하는 범위와 내용 역시 십대, 사춘기, 청년기에 이르기까지 넓고 다양하다. 그러나 여기에서는 좀 더 구체적인 대상을 지시할 뿐만 아니라 좀 더 분명한 명시적 의미를 지닌 '십대'라는 용어를 통해서, 앞의 여러 용어들이 포괄하는 내용과 주체의 사회적, 문화적 의미 그리고 그 주체들에 대한 영화적 재현에 대해 살펴보고자 한다.

십대는 누구나가 통과할 수밖에 없는 하나의 과정이자 특정한 시기를 지칭하는 만큼, '이행성'과 '일시성'을 특징으로 한다. 십대가 지닌 이런 시기적 특성은 십대를 바라보는 상이하거나 양가적인 시각을 낳게 된다. 한편으로 십대라는 시기는 단지 과도기적인 것 또는 인생의 한 부분에 불과한 과정으로 과소평가되기도 하고,

다른 한편으로는 이와 정반대로 모든 개인들에게 특정한 방식으로 경험되고 남다른 기억으로 남아 있는 것으로 이상화되거나 미화된다. 특히 대중문화나 공적 담론 내에서 십대는 '미래의 희망'이자 '현재에 대한 위협'이라는 식으로 양가적으로 재현된다. 또한 십대는 더 이상 아이도 아니지만 아직 성인도 아닌 시기라는 점에서 소외와 갈등을 안고 있는 시기라면, 이 때부터 삶에 대한 선택과 정체성 형성이 시작된다는 점에서 개인의 역사에서 결절점을 이룬다.

사회적, 정치적인 측면에서 본다면, 십대는 어느 집단보다도 더 철저한 소수자minority 집단이라고 할 수 있다. 아직까지 미성숙하고 불완전한 존재라는 이유로 그들의 욕망은 금지당하고 시민적 권리와 자유는 제약되고 통제받으며, 그 결과 그들은 한 사회의 철저한 비주류이자 비가시적인 주변인으로 남아 있기 때문이다. 하지만 반면에 소수자 집단으로서의 십대의 위치는 모호성을 지니기도 하는데, 성별, 섹슈얼리티, 인종, 민족 등의 문제와는 달리 십대라는 존재는 한시적인 시간 동안만 소수자 집단이기 때문이다.

이런 십대들을 대중문화나 광고 등의 소비주의 문화는 끊임없이 매혹의 대상이자 선전의 목표물로 삼아 왔다. 우선 십대가 지닌 가능성과 잠재력 그리고 젊고 아름다운 육체와 넘치는 성적 에너지는 대중문화로 하여금 그들을 상상력의 원천이나 주된 표현 수단으로 삼도록 한다면, 그들의 왕성한 소비 욕구와 기호나 유행의 흐름에 대하여 민감한 성향은 그들을 그 어느 집단보다도 주요한 소비주의 문화의 주체로 만들기 때문이다.

십대가 지닌 이런 사회적 측면과 문화적 의미는, 십대 문화를 한 사회의 중요한 '하위문화'의 하나로 위치 지운다. 하위문화로서의 십대 문화는 도시적 지형학이나 소비 형태, 문화 환경 등과 같은 사회적, 공간적 변화들과 더불어 등장하기 시작했다. 예를 들어 도시의 길거리, 쇼핑센터나 오락 공간들에 모여드는 십대들은 그곳에서 자기들만의 스타일과 공동체를 형성하면서 '십대 하위문화'라고 할 수 있는 것들을 만들어나간다.

일반적으로 '십대 하위문화'는 자기 세대만이 공유하는 공통된 어휘와 감수성, 특수한 패션과 고유한 행동방식 등을 통해서 부모 세대의 주류문화와의 차별화를 추구한다.[1] 즉 십대 하위문화의 스타일은 십대 또래 집단 내에서는 서로 간의 동질성을 확인시켜 주면서 그 집단의 정체성을 구성하고 스스로의 이미지 표현을 가능하게 한다면, 부모문화를 포함한 다른 문화와의 관계 속에서는 끊임없는 분리와 구별의 역할을 하는 셈이다. 이런 하위문화는 한편으로는 기존의 문화형식에 대한 조롱 또는 관습과 규범에 대한 고의적인 위반 등을 통해서 일탈과 저항의 의미를 지니게 된다면, 다른 한편으로는 자본의 논리나 시장의 전술에 쉽게 포섭될 수 있다는 점에서 그 일탈과 저항이 단지 상징적인 차원에 머물게 되는 경우도 많다.

그런데 공적 담론 상에서든, 문화 예술적 재현의 층위에서든, 십대가 관심의 대상이 될 때는 그들이 사회적 문제로 보이게 될

1. 박현선,「하위문화와 영화: 일탈과 재현의 경계」,『청년문화잡지 일탈기록』, 창간호, 2000, 141쪽.

때이다.[2] 일탈, 불화, 부적응, 불복종, 반발 등의 담론을 통해서, 기본적으로 십대는 기성세대들에게 이해하기 힘들고 난감한 세력으로 비추어진다. 기성세대의 눈에 십대들은 대체로 무질서하고 혼란스러운 존재로 비추어질 뿐만 아니라, 십대들이 종종 기존 사회질서에 대하여 벌이는 반항적, 반사회적인 저항과 도전이 위협적인 것이기 때문이다. 실제로 20세기를 거치면서 십대를 대표로 하는 '청년 문화youth culture'는 젊은이다운 방황과 갈등, 이상 사회에 대한 추구와 실험, 대안 문화 등의 이미지로 등장하게 된다면, 전체로서의 청년 집단은 기성세대나 주류 문화 등에 맞서서 자기표현을 시작하게 된다. 더구나 20세기 말을 전후하여 세기말적 혼란과 전 지구적 경기 침체로 인한 대량 실업 등의 상황 속에서 청년 집단은 거대한 불안 세력이자 희생자 집단으로 떠오르게 된다.

특히 한국의 십대는 1980년대 말부터 이어진 경제지상주의적 사회 분위기 속에서 소비주의 문화 속으로 편입됨으로써 극도로 수동화되고 원자화된 존재, 극단적인 개인주의적 감수성을 지닌 '문제 세대'로 규정되게 된다. 그 과정에서 그들에게는 '신세대', 'X세대', 'N세대', 'W세대' 등의 명칭이 부여되기도 했고, '영상 매체', '인터넷 문화', '욕망의 정치학', '정보화 사회' 등의 개념들이 그들의 특징을 설명하기 위한 수단으로 동원되었다.

따라서 십대 자체나 십대를 둘러싼 문화예술적 재현에서

---

2. 십대들이 자신의 성을 직접 카메라에 담았던 소위 〈빨간마후라〉 사건 당시 언론의 십대 문제에 대한 집중 포화를 상기해보면 된다.

드러나는 모순의 지점들은 복잡하고 격렬한 양상을 띠게 된다. 우선 가정과 학교라는 두 개의 근본적인 제도 공간이 여전히 십대의 가능성과 욕망을 검열하고 억압하는 기능을 하고 있지만, 십대들은 학교나 길거리와 같은 공간 등을 통해서 집단적 저항과 문화적 투쟁을 시도하고 있고 이것이 '학교 붕괴' 등의 현상과 우려로 현실화하고 있다. 날로 번성하고 팽창하는 소비주의 문화는 십대들을 그 어느 때보다도 강력하고 독립적인 소비적 욕망의 주체로 호명하고 있다면, 인터넷 문화가 가능하게 하는 가상공간은 십대들에게 유동적인 정체성을 제공하는 동시에 현실 참여에 대한 적극적인 의지와 시도를 표출할 수 있도록 만들어 주고 있다. 하지만 동시에 이런 현실은 십대들을 오직 '소비주의적 주체'로서만 자기표현과 욕망의 추구가 가능하게 만들기도 하고, 익명성을 특징으로 하는 인터넷은 십대의 문화를 사회적인 무책임과 윤리적 불감증으로 이끌기도 한다.

이와 연관하여, 영화를 비롯한 대중문화의 영역에서도 십대의 재현을 둘러싼 모순이 등장하게 된다. 즉 사회적, 심리적으로 강렬한 문제를 안고 있는 '문제 집단'으로서의 십대와, 물질적, 문화적, 정치적 박탈을 당하는 '희생자'로서의 십대라는 모순된 두 가지 이미지가 존재하기 때문이다. 이 두 가지의 영속적인 이미지들은 십대라는 것을 고통스러운 이행을 감수해야 하는 시기로 '일반화하기'와, 폭력적이고 반사회적인 십대들을 도시 환경의 희생자로 '특수화하기'라는, 서로 다른 두 가지 담론의 결과물이다.[3] 그 결과 대중문화는 십대에 대한 매혹과 착취를 감추지 않으면서, 십대를 성인의 시각에서 대상화하고 상상하는 '십대 오리엔탈리즘', '십대 향수'를 종종 상품화시켜낸다. 이런 와중에 십대에 대한 진정성을 지닌 재현을 찾아보기는 힘든 일이고, 과연 십대가 지닌 사회적, 정치적, 문화적 의미를 어떤 방식을 통해 재현할 수 있는가라는 질문은 대답하기 어려운 것이 된다.

---

3. 딕 헵디지, 「위협의 자세를 취하기, 그 자세에 충격을 주기: 청년, 감시 그리고 전시」, 이동연 편, 『하위문화는 저항하는가』, 문화과학사, 1998, 87-88쪽.

II.

십대를 바라보는 네 가지 영화적 시선

우리는 흥미롭게도, 마치 위에 언급된 십대를 둘러싼 두 가지 이미지를 대표하는 듯이 보이는 두 집단의 영화적 텍스트들을 마주하게 된다. 여성감독들이 연출한 〈세 친구〉**(임순례, 1996)**와 〈고양이를 부탁해〉[4]**(정재은, 2001)**가 하나라면, 영화를 통해 여러 논쟁을 불러 일으켰던 장선우와 임상수가 각각 만든 〈나쁜 영화〉**(장선우, 1997)**와 〈눈물〉**(임상수, 2000)**이 또 하나이다.

〈세 친구〉와 〈고양이〉는 각각 고등학교를 갓 졸업한 세 명의 남자친구와 다섯 명의 여자친구들의 모습과 그들 간의 관계를 리얼리즘적으로 묘사한다. 예를 들어 〈고양이〉에 대하여 "극적인 효과와 감정적 몰입을 위한 클로즈업은 거의 없다. 감정의 선정적인 폭로와 강제적인 동일시를 유발하는 얼굴들이 부재"[5]하다는 지적이

---

4. 이하 〈고양이〉로 표기.

5. 김선아,「당신들에게 부탁하지 않은 고양이: 영화 〈고양이를 부탁해〉」,『당대비평』18, 봄호 2002 , 353쪽.

말해주듯이, 십대 남성 집단과 십대 여성 집단의 삶을 들여다보는 두 여성 감독의 시선에서는 어떤 식의 '낭만주의'나 '이상화'도 찾아보기 힘들다. 두 영화 속에서 십대와 이십대의 경계에 놓여 있는 남녀 두 집단의 모습은 우리 사회 자체의 모습과 동형구조적이라고 할 수 있을 만큼 다양한 종류의 모순과 갈등을 내장하고 있는 것이라면, 그 결과 빚어지게 되는 개인적 좌절과 심리적 상처는 담담하면서도 거리를 둔 시선을 통해서 '관조'되기 때문이다.

반면에 〈나쁜 영화〉와 〈눈물〉은 이미 두 감독의 이름만으로도 그 십대 재현이 얼마나 논쟁적이고 도발적인 것인가를 짐작할 수 있게 한다. 더구나 〈나쁜 영화〉는 홈리스와 일탈 청소년이라는 두 종류의 '나쁜 주체들'을 영화에 직접 출연시키고 제작에 참여시킬 뿐만 아니라, 그들이 몸소 겪어나가는 현실을 '사전에 정해진 어떤 것도 없이' 즉흥적, 임의적으로 담아나간다는 점에서 근본적으로 형식적인 파격성을 지니고 있다. 〈눈물〉은 감독이 5년에 가까운 시간 동안 마치 한 명의 '민속지학자ethnographer'처럼 그 대상이 되는 십대 주체들과 그들의 삶을 관찰하고 또 그 안에 참여한 과정의 결과물이라는 점에서 그 진정성을 기대하게 만든 바 있다.

두 집단의 영화들은 그 제목에서부터 미학적, 정치적 뉘앙스를 달리 한다. '친구'나 '부탁해'와 같은 단어들이 포함된 전자의 제목들은 일상성에 주목하고 사적 친밀감에 기반하고 있다는 인상을 준다. 반면 '나쁜'이나 '눈물'과 같은 단어에서 알 수 있듯이, 반어적인 가치 평가를 담고 있거나 유행가 제목과 같은 후자의 제목들은 그 자체로서 위악적이고 선정적인 느낌으로 다가온다[6]. 그리고 이런 차이들은 창작방법론 상의 차이들을 필연화시키는데, 전자의 영화들은 주로 세심하면서도 낮은 눈높이를 지닌 미시적인 관조에 기반하여 현실 반영적인 리얼리즘으로 나아가는 반면에 후자의 영화들은 픽션과 다큐를 포함하여 여러 경계들을 넘나들고 해체하거나 극단적인 폭력이나 섹슈얼리티의 가시화에 열중하는 실험성이나 선정성을 보여준다.

또한 두 집단의 영화들은 그 톤에 있어서도 대조적인데, 전자는 '정적'이라면 후자는 '동적'이라고 할 수 있다. 이는 전자의 영화들이 객관적인 환경에 의해 서서히 규정되어가는 주체들의 삶과 심리를 묘사한다면, 후자의 영화들은 환경과 주체 간의 폭발적인 상호 작용 또는 환경에 대한 주체들의 격렬한 반작용에 초점을 맞추기 때문에 빚어지는 인상이라고 할 수 있다. 따라서 자칫하면 현실을 바라보는 전자의 시선이 비관주의나 순응주의로 비추어질 수 있다면, 후자의 경우에는 과장과 극단성을 착취적으로 사용한 선정주의sensationalism라는 혐의를 받기 쉽다.

6. 장선우 감독은 이 영화 이후에 <거짓말>이라는 영화를 통해서 '위악성'을 수단으로 한, 대(對)사회적 비판과 공격을 다시 한 번 더 시도한다.

III.

<세 친구>: 한국 사회의 일상적 파시즘과 십대 남성의 정체성과 육체

<세 친구>의 감독인 임순례는 한 일간지와의 인터뷰에서 다음과 같이 말한 바 있다.

> 우리가 살고 있는 사회는 암울함이 지배한다고 생각한다. 우리 사회는 경직되어 있어서 나약한 사람들은 견고한 사회구조에 견디지 못하고 도태된다… 우리 사회는 폭력으로 만연해있다. 우리는 크고 작은 폭력에 익숙해져 있다. 외부로부터 받는 폭력을 당연하게 여길 정도다. <세 친구> 속에 등장하는 폭력은 단지 생활 속의 폭력을 자연스럽게 보여준 것일 뿐이다.[7]

여기에서 알 수 있듯이, <세 친구>는 십대에서 이십대로

7. 고병권, 「군대, 그 일상적 파시즘에 대한 사실주의 보고서: <세 친구>」, 수유연구실+연구공간 '너머', 『철학극장, 욕망하는 영화기계』, 소명출판사, 2002, 200쪽에서 재인용.

넘어가는 통과의례를 주로 우리 사회 내에 구조화되어 있어서 개인들에게 끊임없이 가해지는 제도적이거나 일상적인 폭력을 통해서 보여준다. 잔인하면서도 쉽게 가시화되지 않고, 개인의 심리와 육체에 치명적인 상흔을 남기면서도 제도의 이름으로 정당화되는 그 폭력은 말 그대로 한국 사회의 '일상적 파시즘'이 어떤 모습으로 존재하는지를 지도 그려준다.

푸코는 이미 폭력을 단순히 폭력 그 자체로만 이해하지 않고 독특한 힘으로 추상화된 권력 영역으로까지 확장시키면서, 권력과 광기는 폭력 이미지를 감싸는 적합하고도 기묘한 외피라면 권력의 궁극적인 유형이 바로 폭력임을 밝힌 바 있다.[8] 역사적으로 보자면 우리 사회의 경우에 파시즘적 식민지 지배체제가 국가폭력의 기원을 이룬다면, 사회통제의 과정이자 정치질서의 일부로서의 국가폭력은 냉전체제와 더불어 본격화되었다고 볼 수 있다.[9] 더구나 수십 년 동안 이어진 군사 독재는 한편으로는 '약육강식의 논리'와 '군사 문화'를 사회 구조는 물론이고 대중들의 일상과 심리를 지배하는 원리로 만들었고, 다른 한편으로는 위로부터 주도되는 개발 독재 과정을 통해서 결과만을 중시하는 '생산력중심주의'와 차이들을 허용하지 않는 '획일주의'를 필연화시켰다. 이런 역사적 과정을 거치면서 우리 사회의 집단 무의식이 되어 버린 바로 그 원리들은 개인 관계나 가정과 같은 사적 영역은 물론이고 학교나 군대와 같은 공적 영

8. 박종성, 『한국정치와 정치폭력』, 서울대학교출판부, 2001, 112쪽.

9. 김동춘, 『근대의 그늘: 한국의 근대성과 민족주의』, 당대, 2000, 20쪽.

역 모두를 '비정한 정글'이자 '규칙 없는 전쟁터'로 만들어버림으로써 폭력의 일상화를 자연스러운 것으로 만든다. 그런 점에서 〈세 친구〉에서 '가정-학교-군대'라는 세 개의 대표적인 이데올로기적 장치들이 폭력이라는 이름으로 동궤에 놓이는 것은 당연한 결과이다.

고등학교를 졸업했지만 대학진학에 실패한 '무소속', '섬세', '삼겹'은 이런 한국 사회에서 가지지 못하고 배우지 못한 십대 남성 주체들이 얼마나 소외되고 또 어떤 고통과 상실에 직면할 수밖에 없는지를 보여준다. 그런데 여기에서 그들이 겪는 소외가 주로 사회적, 경제적 무력함에서 비롯되는 것이라면, 고통과 상실은 남성적 정체성과 육체를 대상이자 매개로 해서 이루어진다.

'삼겹'의 지나치게 비대한 육체와 게으름은 그를 사회적으로 비천하고 경제적으로 쓸모없는 존재로 만들어버리는 반면 그의 과도한 살들은 병역 면제의 방도가 되는 아이러니를 빚어낸다. 미용사가 되고 싶어 하는 '섬세'의 꿈은 남성 주체에게 마초적인 남성다움만을 강요하는 한국 사회의 불관용 속에서 위기에 처하는 동시에 그가 지닌 '비남성성'[10]은 그를 '동성애 혐오증'에서 비롯되는 증오범죄의 희생양으로 만든다. 만화가가 되고자 하는 '무소속'의 꿈은 한국 자본주의의 '천민성'을 연상시키는 영세하고 어떤 도덕성도 없

10. 여기에서 '여성성'이 아니라 '비남성성'이라고 표현한 것은, 일반적으로 남성성을 정의하고 규정하는 시험의 과정이 남성적/여성적이라는 틀 보다는 남성적/과잉남성적(즉 남성적/비남성적)이라는 틀을 동원하기 때문이다. Ginette Vincendeau, "Community, nostalgia and the spectacle of masculinity", *Screen* 26:6, 1985, Nov-Dec., p.32.

는 만화출판 시장에 의해 좌절을 겪는다면, 고등학교 시절에는 선생님에게, 군복무 중에는 상사에게 폭행당함으로써 양쪽 귀의 청력을 상실하고 결국 귀머거리가 되어버리는 그의 모습은 한국 사회의 폭력성이 개인에게 남기게 되는 물리적 외상을 너무나 분명하게 가시화시킴으로써 충격을 던져준다.

세 주인공이 보여주는 이런 행로들은 한편으로는 물질적, 상징적 힘들이 교차하는 지점이자 개인의 욕망과 이에 대한 사회적 규제가 동시에 각인되는 표면으로서의 육체를 이슈화한다면, 다른 한편으로는 우리 사회에서 각 개인의 육체가 어떻게 성별화되는지를 보여준다. 전자를 통해서 사회 전체를 나타내는 은유이자 징후로서의 육체의 의미를 읽어볼 수 있다면, 후자는 젠더 정체성이 심리적 차원만이 아니라 육체적인 차원에서도 어떻게 재생산되는지를 보여준다.

근대 이후에 육체는 권력의 행사와 사회적 불평등의 재생산에 있어서 매우 중요하면서도 복잡한 역할을 해왔다.[11] 권력의 작용 지점으로서의 육체는 물리적 폭력이나 훈육과 같은 기제들을 통해서 지배와 복종을 비롯한 사회적 관계들을 생산하는 데에 기여해왔기 때문이다. 또한 젠더 정체성은 남성과 여성의 육체가 지닌 유사점들을 은폐하고 차이들을 강조함으로써 구성된다. 즉 젠더화된 사회적 관행들은 육체의 의미와 특징을 변형시키고, 특정한 여성다

11. 크리스 쉴링, 『몸의 사회학』, 임임숙 역, 나남출판, 1999, 187쪽.

움과 남성다움의 이미지를 재강화하는 방식으로 여성과 남성의 몸을 형성함으로써 '젠더화된 육체gendered body'를 만들어낸다.[12]

〈세 친구〉는 바로 육체가 권력 및 젠더 정체성과 맺는 관계 그리고 그것이 갖는 사회적, 정치적 의미들을 십대 남성 주체들의 다양한 유형을 통해서 보여준다. 우선 '무소속'이 학교와 군대에서 당하는 폭력은 제도화된 훈육 과정의 일부로 관습화된 폭력으로서, 영화 마지막에 귀머거리가 된 그의 모습은 그의 반항적 태도에서 비롯되는 위협과 도전이 결국은 '거세'되었음을 상징한다. 이와는 달리 강한 힘과 지배력 그리고 거친 태도 등으로 성별화되는 남성 육체성을 소유하지 못한 '섬세'에게 가해지는 폭력은 그가 남성성에 대한 지배적인 정의에서 벗어나 있다는 사실에서 비롯되는 일종의 '처벌'의 의미를 지닌다. 또한 한편으로는 남성성을 정의하는 또 하나의 기준이라고 할 수 있는 '자기 통제력'을 결여한 결과물이자 다른 한편으로는 자본주의적 원리의 측면에서 비효율적이고 쓸모없는 잉여이자 장애물인 '삼겹'의 육체는 대부분의 사회가 '공유된 몸 관용어휘들shared vocabularies of body idiom'[13]에 입각해서 어떤 육체를 열등한 것으로 분류하고 낙인찍는가를 잘 보여준다.

12. 쉴링, 158쪽.

13. 쉴링, 124쪽.

IV.

<고양이를 부탁해> : 십대 여성의 유목적 주체성

<고양이>가 지니고 있는 미덕은 크게 두 가지이다. 하나는 한국 영화 중에서 스무 살 남짓한 여성 주체에 대한 사실주의적 재현을 보여주는 유일무이한 장편극영화라는 점이다. 다른 하나는 "주변적인 것들의 포획은 <고양이를 부탁해>가 지닌 가장 커다란 미덕이자, 최근 그 어떤 한국영화도 제대로 수행해내지 못한 진정성의 징표"[14]라는 지적에서 알 수 있듯이, 바로 십대 주체들과 인천이라는 공간을 중심으로 한 우리 사회의 주변성에 대한 포착이다. 전자를 통해서 우리는 여성들의 자아와 주체성 그리고 여성들 간의 관계성에 대한 페미니즘적 시각을 읽어낼 수 있다면, 후자는 계급성, 민족성, 도시의 지형학 등에 대한 진보적 시각을 드러낸다.

이제 갓 여상을 졸업한 다섯 친구들이 바닷가에서 즐겁게 사진을 찍는 장면으로 시작하는 영화는 점차 그들의 미래에 대한 꿈

14. 이지훈, 「주변의 미덕, 이중적인 것의 아름다움」, 『필름2.0』 2001.09.26.

그리고 서로를 향한 애정과 신뢰가 그들을 둘러싸고 또 그들에게 강제되는 사회경제적 역학과의 부대낌 속에서 어떻게 서서히 변화, 마모, 굴절되어 가는지를 기록한다. 여기에다가 온갖 사람들과 사물들이 들고나는 공간적 문턱, 황량하고 오염된 산업 생산지, 서울의 위성 도시 그리고 다민족, 다인종 사회로서의 인천의 이미지가 끼어들면서, 다섯 친구들의 삶은 그들을 둘러싼 공간과 환경만큼이나 주변적이고 혼종적인 것 그리고 어둡고 불모적인 것이 되어간다.

자신이 자원봉사를 하고 있는 대상인 장애자 남성의 고통이나 고립과 동일시하는 '태희'(배두나 분), 길거리에서 마주친 미친 여자의 모습 속에서 자신의 미래의 모습을 느끼는 '지영'(옥지영 분), 화교로서 여전히 뿌리내리지 못한 삶을 살아가는 쌍둥이 자매 '비류'(이은실 분)와 '온조'(이은주 분) 그리고 신분 상승을 향한 온갖 몸부림에도 불구하고 결국 '저부가가치 인생'에 머물 수 밖에 없는 혜주(이요원 분) 등의 모습에서 이를 읽어낼 수 있다.

〈고양이〉에서 주변성의 형상화는 일차적으로 공간 자체나 공간과 등장인물들이 맺는 관계에 대한 묘사를 통해서 이루어진다. 영화 속에서 공간은 등장인물들의 처지와 심리를 시각적으로 탁월하게 뒷받침하는데, '지영'의 다락방과 '혜주'의 좁은 오피스텔 그리고 지하도나 쇼핑몰과 같은 닫힌 공간들은 현실과 욕망에 의한 그들의 가두어짐을 의미한다. 반면에 특별한 극적 사건이나 심리적 긴장감 없이 이루어지는 길거리 신들에서 '거리'라는 공간은 게토화된 공간을 기반으로 한 '장소 정체성**place identity**'을 통해서 등장인물들과 다른 주변적 주체들 간의 잠재적인 동류화와 연대를 읽어볼 수 있게 해준다.

예를 들어 노동하는 하층 계급 여성들에 대한 카메라의 가감 없는 기록은 비슷한 계급으로 진입할 수밖에 없는 십대 여주인공들과 그 여성들을 암묵적으로 동류화시키는 동시에 주인공들이 발 딛고 서있는 현실을 구체화시킨다. 또한 주인공들이 길거리에서 마주치게 되는 홈리스 여성과 같은 사회적 금치산자 그리고 동남아 노동자와 같은 마지즌margizen[15]은 정주하지 못한 채 떠도는 불안정하고 익명적인 삶의 모습을 통해서 주인공들(특히 '태희'와 '지영')의 '유목적 주체성nomadic subjectivity'과 미래의 이행을 예견하게 해준다.

바로 이 지점에서 우리는 이 영화를 한국 영화에서 보기 드문 페미니스트 텍스트로 만들어주는 토픽을 목격하게 되는데, 그것은 바로 십대 여성을 중심으로 한 '유목적 주체성'에 대한 이 영화의 독특한 형상화이다. 한 남성 영화이론가는 "태희는 주로 일본영화에서 등장하는 엉뚱하고 깜찍한… 동화책 삽화 같은" 인물이고, '지영'을 오로지 십대를 둘러싼 구질구질한 현실에 대한 '리얼리즘적 반영'이라는 측면에서만 바라보는[16] 몰이해를 드러냈지만, '태희'와 '지영'은 '십대/여성/미숙련 노동자 계급'이라는 삼중의 주변성에

15. 글로벌 경제를 원활하게 하기 위해 이동하는 고소득 전문직 종사자들인 '데니즌 denizen'과는 달리, 경제적, 사회적 생존을 위해 다른 나라로 이주하는 외국인과 여성들을 지칭하는 개념으로, 김현미, 『글로벌 시대의 문화번역』, 또 하나의 문화, 2005, 23쪽에서 참조.

16. 김경현, 「〈고양이를 부탁해〉에 대한 문제제기」, 〈씨네21〉 329호.

서 비롯되는 불안하지만 창조적이고, 무력하지만 불온하며, 좌절하면서도 끊임없는 생성 중에 놓인 진정한 '유목적 주체성'을 보여주는 존재들이다.

우선 두 주인공은 한국 사회를 규정짓는 가장 강력한 이데올로기 장치 중의 하나인 가족주의와 그 제도로부터 실제적으로(지영) 또는 심리적으로(태희) 자유롭다. 말 그대로 집이 무너지면서 모든 혈육을 잃어버린 지영과, 아버지에게서 받지 못했던 임금을 챙긴 후 가족사진에서 자신의 사진을 오려내고 가출한 태희는 강제적으로든 자발적으로든 '집이 없는 자**homeless**'가 되면서, "기존의 범주들과 경험의 층위들을 돌파하고 가로지르며 사유할 수 있도록 해주는 정치적 픽션"[17]으로서의 '유목적 주체'로 이행할 수 있게 된다. 이렇듯 모든 뿌리에 대한 냉담한 부정과 자발적인 상실을 통해서 부계혈통과 자본의 질서에서 탈주한 그들은 영화 마지막에 또 하나의 경계인 '민족 국가'의 경계마저 넘어버림으로써, "창조적인 종류의 생성이자 있음직하지 않은 다른 만남들, 경험, 지식이 상호작용하게끔 하는 뜻밖의 원천들을 허용해주는 수행적 은유"[18]라고 할 수 있는 유목적 이동과 유목민 되기를 보여준다.

더구나 영화는 리얼리즘적인 텍스트의 전체적인 결**texture**

---

17. 로지 브라이도티, 『유목적 주체: 우리 시대 페미니즘 이론에서 체현과 성차의 문제』, 박미선 옮김, 도서출판 여이연, 2004, 31쪽.

18. 브라이도티, 33쪽.

과 강한 충돌을 일으키는 유일한 환상 신[19]과 미지의 장소를 향해 떠나는 두 주인공의 모습을 정면에서 잡은 엔딩 신[20]을 통해서 기존 영화들의 남근중심적인 시각 경제를 벗어나는 '여성에 대한 대안적 형상화'의 중요한 성취를 이루어낸다. '십대 여성들에 대한 새로운 이미지의 발명'이라고까지 평가할 수 있는 그 장면들은 한편으로는 십대 여성의 '유목적 주체성'이 지닌 냉혹하고 강인한 우상파괴적 성격을 드러내고 있다면, 다른 한편으로는 일종의 '지구 망명객'[21]으로서의 여성 정체성에 대한 강조라는 새로운 여성 신화쓰기로 나아간다. 그 결과 〈고양이〉는 "한국 영화에서 여성이 이산의 정체성을 통해… 전 지구적 프레임에서 벌어지는 초국가적 여성/계급의 출현을 재현"[22]하는 동시에 새로운 여성주의적 영화 미학의 가능성을 제시한다.

---

19. 영화는 전자레인지 속에서 돌아가고 있는 약사발을 바라보는 태희의 쇼트에서 태희 자신이 자그마한 배 위에 누워 강물을 따라 흘러가는 모습을 담은 그녀의 상상 쇼트로 넘어가는데, 이 쇼트는 텍스트적 차원에서 두드러진 이질성을 드러내는 동시에 완고한 현실적 질서들이 환상이 갖는 힘을 통해 순간적으로 해체되고 돌파되는 듯한 느낌을 전달한다.

20. 하늘로 솟아오르는 비행기를 배경으로 단호한 표정과 힘 있는 발걸음의 두 주인공을 담아내고 있는 엔딩 신에 대해 김선아는 "가족과 국가에 대한 향수나 멜랑콜리의 감정은 태희와 지영을 정면에서 잡은 마지막 공항 장면에서 이미 사라진다"고 표현하고 있다. 김선아, 『한국영화라는 낯선 경계: 코리안 뉴웨이브와 한국형 블록버스터 시대의 국가, 섹슈얼리티, 번역, 영화』, 커뮤니케이션북스, 2006, 117쪽.

21. 버지니아 울프 이후에 페미니즘 연구는 여성의 정체성을 일종의 지구 망명객으로 동일시해오기도 했다. 브라이도티, 57쪽.

22. 김선아, 『한국영화라는 낯선 경계』, 118쪽.

V.

〈나쁜 영화〉 : '나쁜' 형식과 십대 선정주의

"정해진 시나리오, 배우, 카메라, 미술, 음악, 편집 다 없음"이라는 도발적인 자막으로 시작하는 〈나쁜 영화〉는 소위 우리 사회에서 (사실은 비주류일 뿐임에도 불구하고) '나쁜' 인간들로 가치 평가 받는 '막가는 십대들'과 '한심한 행려들'을 임의적, 즉흥적, 해체적인 방식으로 담아낸 모큐멘터리mockumentary 또는 의사 다큐멘터리pseudo-documentary이다. 극영화의 기승전결 식의 닫힌 플롯구조나 환영주의는 물론이고, 현실의 투명한 반영과 기록이라는 다큐멘터리 이데올로기와 전지적 내레이션 모두를 거부하는 〈나쁜 영화〉는 아이들이 실제 경험한 사건들의 '재연reenaction' 그리고 진짜 행려들과 가짜 행려들 간의 어우러짐과 연기 등을 통해서 사실과 허구, 현실과 재현 간의 경계를 질문하고 해체한다.

일견 무질서하고 무책임해보이는 이 영화의 형식과 감독의 시선은 분명히 장선우 감독이 영화에 입문한 이후부터 견지해온

'열린 영화론'과 '신명의 카메라'라는 개념에 입각[23]해있다. 1980년대의 마당극 운동에서 시작된 그의 문화 운동 경력은 민족과 민중을 위한 '근원적 영화'로서의 '열려진 영화'로 이어졌는데, 이것이 지향하는 바는 다음의 두 가지이다. 첫째, 폐쇄적인 주입식 구조를 기반으로 하는 영화의 고전적인 극적 구성을 해체하여 개방적인 열린 구조를 창조하고, 둘째, '신명의 카메라'를 통해 카메라가 대상과 함께 갈등하고 놀이하고 화합함으로써 서로의 가능성을 확장하는 것이다. 즉 현장성이 강조되는 전통 민간예술에서부터 출발한 '열려진 영화'는 궁극적으로 작가와 피사체, 주체와 객체, 관객과 스크린 사이의 경계를 허물고 관객의 능동적 참여와 열려진 영상을 도모하는 것이다.

그런데 장선우 감독이 폐쇄적인 서사 구조나 카메라의 제한된 시선을 거부하면서 '열린 영화'의 극치를 실험한 영화가 바로 〈나쁜 영화〉이다. 구성적 편집을 거부하고 자유롭게 찍은 다큐멘터리를 모아서 영화작가의 시각으로 재구성[24]한 이 영화가 '열린 영화'인 이유는 다음의 세 가지로 요약[25]된다. 첫째, 실제 움직임을 쫓아가기 위해 3대의 카메라(디지털 6mm, 16mm, 35mm)뿐 아니라 스틸사진, 애니메이션 등 다양한 형식이 동원된 작업 과정. 둘째,

23. 장선우, 「열려진 영화를 위하여」, 서울영화집단 편, 『새로운 영화를 위하여』, 학민사, 1983.

24. 김수남, 『한국영화감독론 3』, 지식산업사, 2005, 315쪽.

25. 남동철, 「특별기획: 〈나쁜 영화〉 실험기록」, 〈씨네21〉 110호.

실제 나쁜 아이들과 행려가 직접 등장할 뿐만 아니라 자신들의 경험을 재연. 셋째, 주류영화에 대한 거부감에서 출발하는 이 영화의 독립영화적 스타일. 그렇다면 폭주족, 생일빵, 패싸움과 같은 하위문화에서부터 구걸, 절도, 본드흡입과 같은 비행과 범죄 그리고 윤간이나 죽음과 같은 극단적인 상황에 이르기까지 충격적인 에피소드들이 나열되는 이 영화의 내용과 형식 그리고 영화에 출연한 아이들을 다큐멘터리 형식으로 밀착 취재한 <뉴스 추적>이 방영될 만큼 이 영화가 지녔던 논쟁성은 과연 어떤 의미나 정치학을 갖고 있는 것일까?

우선 피사체들의 경험이 재연되는 과정에서 '자기 모방self-mimicry'이 갖는 의미는 무엇일까? 이와 연관하여 우리는 <씨네21>에 2회에 걸쳐 연재된 「<나쁜 영화> 실험기록」에서 몇 가지 단서를 찾아볼 수 있다. 이 영화의 기획 및 제작 과정에서 있었던 감독, 스태프, 나쁜 아이들 간의 대화나 에피소드 등을 리얼하게 담고 있는 이 기사는 한편으로는 제작 주체들의 고뇌나 진지함을 보여주기도 하지만, 다른 한편으로는 과연 그 과정에서 아이들에게 실제적으로 자율성과 권력이 부여될 수 있었을까를 회의하게 만드는 내용 역시 포함되어 있다.[26]

원래 '모방mimesis'은 종종 피억압 집단들이 지배자나 지배

---

26. 단적으로 "푼수역이 있었으면 좋겠는데. 그러다가 강간당하고. 강간 장면은 꼭 필요하잖아"라는 감독의 말을 예로 들 수 있다. 이정하, 「영화와 현실이 뒤엉킨 시간들: 나쁜 작가가 쓴 <나쁜 영화> 촬영기」, <씨네21>,110호.

적 질서를 위협하고 탈안정화시키기 위해 사용해온 역사를 갖고 있고, 그런 실천이 많은 경우 지배자들에 의해 금지되거나 처벌받았다는 사실에서도 알 수 있듯이 '모방'은 한 문화 내에서 폭력적인 갈등과 격렬한 변화를 야기시킴으로써 권력의 변화로까지 이어질 수 있는 잠재성을 지니고 있다.[27] 그리고 모방의 이런 잠재성은 피억압 집단들이 지배적인 범주나 상징들을 부정하거나 재맥락화하는 것을 통해 결과적으로 '탈자연화'시키게 될 때 현실화된다.

그런데 아이들의 경험 중에서도 가장 극적이고 선정적인 에피소드들을 철저하게 '의미 없음'과 '맥락의 부재' 속에서 구조화하고 있는 이 영화의 '반反서사적' 형식은 그 '틈'이나 '여백'을 통해 관객의 능동적 개입을 가능하게 하는 측면[28]보다는, 관객을 냉담한 관찰자나 윤리적일 필요가 전혀 없는 관음증 환자로 위치 지움으로써 피사체를 철저하게 대상화하거나 타자화할 가능성을 훨씬 많이 지니고 있다. 또한 주류 영화의 '사실 효과reality effect'를 위반하기 위해 이 영화가 동원하는 다양한 영화적 기법들[29] 역시 현실과 허구 간의 관계를 재정의하고 '진실'에 대한 전통적 통념을 침식하기 위해

---

27. Scott MacKenzie, "Mimetic nationhood: ethnography and the national", Mette Hjort & Scott MacKenzie, eds., *Cinema and Nation*, p. 250.

28. 황인성, 「영화와 텔레비전의 소수집단 현실 구성방식에 관한 비교연구: <나쁜 영화>와 <뉴스 추적> 사례연구를 중심으로」, 『영화연구』 23, 2004, 504쪽.

29. 핸드헬드 카메라와 시네마 베리떼적인 기법들은 물론이고 텔레비전 다큐멘터리의 후반작업(모자이크, 음성 변조) 관습을 무비판적으로 수용한 것으로 보이는 저속촬영과 그로 인한 사운드의 왜곡, 카메라의 의도적인 노출 등을 예로 들 수 있다.

사실 담론과 관련된 전제들을 패러디하고 다큐멘터리적인 관습과 약호를 조롱하는 모큐멘터리 미학[30]으로서 기능하는 것이 아니라, "속류화될 대로 속류화되어 홍밋거리로 전락한 자기반영적 형식의 단순한 모방을 재생산하고 있는"[31] 것으로 보인다.

더구나 큰 문제는 위에 지적된 이 영화의 형식과 관점이 갖는 한계들과 연관되어, '재연'이라는 명분하에 이루어지는 아이들의 '자기 모방'이 진정한 자기 기록의 산물이라기보다는 말 그대로 영화의 제작진을 포함한 기성세대들이 이런 아이들에 대해 상상하고 또 보고 싶어 하는 이미지들을 스스로 모방하고 재생산한다는 점이다. 이는 바로 이 영화의 제작 의도와 텍스트적 구조를 결과적으로 '착취적인 것'으로 만드는 동시에 피사체인 아이들의 이미지를 한 번 더 식민화함으로써, 십대라는 소수자 집단을 진정성을 갖고 기록하고자 하는 '온정주의적 의도'가 어떻게 '십대 선정주의'로 이어지게 되는가를 보여주는 하나의 사례가 되고 만다.

---

30. Jane Roscoe & Craig Hight, *Faking It: Mock-documentary and the Subversion of Factuality*, Manchester & NY: Manchester UP, 2001, pp. 46-47.

31. 김지훈, 「〈나쁜 영화〉, 왜 '나쁜 영화'에 그쳤는가」, 〈씨네21〉 119호.

VI.

<눈물>: 욕망의 주체로서의 십대 혹은 십대의 스테레오타입화

임상수 감독은 <처녀들의 저녁식사>(1998)를 비롯하여 <눈물>과 <바람난 가족>(2003)까지의 세 편의 영화들을 '떡 삼부작'이라고 약간은 자조적으로 표현한 바 있다. 이는 세 편의 영화 모두가 한국 사회의 성차별주의, 가족중심주의, 가부장제 이데올로기 등에 대한 비판을 다른 무엇보다도 '섹스'를 매개로 해서 수행하고 있기 때문에 붙여진 이름일 것이다. 그런데 여기에서 '섹스'라고 이름 붙여진 것을 확장하여 '섹슈얼리티'라는 개념으로 바꾼다면, 일종의 '섹슈얼리티를 통한 이데올로기 비판'이 결코 무모한 것이거나 선정주의에만 머무르는 것이 아님을 알 수 있다. 특히 <눈물>은 십대를 둘러싼 일탈적이고 모순적인 현실에 대한 풍부하면서도 끈질긴 사전 조사, 디지털 촬영을 통한 생생하면서도 거친 포착 등을 기반으로 해서 '십대'라는 주제를 사실감 있게 다루고 있을 뿐만 아니라 십대를 욕망의 주체로서 긍정하는 시선을 선보이고 있다.

우선 <나쁜 영화>와 비교해볼 때, <눈물>은 일단 훨씬 더 완결적인 허구적 구조를 통해서 극영화로서의 외양을 갖추고 있으며, 십대들의 폭력적이고 모순적인 현재의 모습과 삶을 담아내는 데에서 한 걸음 더 나아가 그들의 삶을 규정하는 문화적, 사회적, 제도적 힘들을 이해할 수 있는 맥락들을 제공한다. 영화는 한편으로는 파행적 자본주의화가 이루어낸 거대한 소비 시장과 기성세대가 만들어낸 천박한 유흥 문화 사이에서, 다른 한편으로는 봉건적 성 개념에 기반 한 도덕적 엄숙주의와 성은 좋고 유용한 것이라는 소비 자본주의 시대의 선정주의 사이에서 부유하는 십대들의 모습[32]을 통해서 소비문화, 성문화 그리고 십대 하위문화가 만나는 접점을 현실감 있게 그려내고 있기 때문이다.

각각의 사연으로 인해 집을 떠나 자기들만의 생존 방식과 공동체를 통해 살아가는 네 명의 십대에 초점을 맞추고 있는 〈눈물〉은 기성세대를 중심으로 한 완고한 사회 질서, 착취적인 자본주의의 원리 그리고 폭력과 범죄가 만연된 주변부적 삶의 거친 현실을 역동적인 화면과 극적인 에피소드 등을 통해서 펼쳐 보인다. 이 과정에서 아이들이 각자 지니고 있는 심리적, 성적 상처들의 많은 근원은 '가족'으로 제시된다. 근친강간의 악몽으로 인해 '나쁜 잠(섹스)'을 거부하는 '새리'나 가정 폭력의 희생자로 암시되는 '창'의 모습 속에서는 좀 더 직접적으로, 소통이 불가능해 보이는 '한'의 가족과 십대에 대한 몰이해와 권위주의를 보여주는 '란'의 부모 등의 모습 속에서는 좀 더 간접적으로, 아이들의 삶을 한계 상황으로 몰

32. 조한혜정, 「청소년, 그들이 살아갈 세상에 대하여」, 조한혜정, 양선영, 서동진 엮음, 『왜 지금, 청소년?: 하자센터가 만들어지기까지』, 또 하나의 문화, 2002, 51쪽.

고 가게 되는 이유의 많은 부분이 가족 제도 자체 내에 존재하는 억압성과 폭력성에 있음을 보여준다.

그러나 십대 남자 아이들이 또래 여자 아이들을 육체적, 성적으로 착취하고 침해하는 모습을 보여주는 영화의 오프닝 시퀀스에서 알 수 있듯이, 아이들은 가족과 사회가 자신에게 자행하는 폭력성을 비성찰적으로 재생산하고 있으며, 그들이 느끼는 분노와 저항감은 타자는 물론이고 종종 자신에게로 향하는 무감각한 파괴로 이어진다. 더구나 이 과정에 대한 영화의 다소 자극적인 묘사는 십대를 다루는 대부분의 영화들이 그러하듯이, 청년 문화를 무모한 섹슈얼리티와 폭력이 난무하는 곳으로, 또 소녀들을 성차별적인 스테레오타입과 성적 대상 또는 섹스에 굶주린 존재로 묘사[33]하는 한계에서 그리 자유로워 보이지 않는다. 그리고 이 부분은 바로 십대 주체 및 그들 내의 젠더 관계에 대한 일정 정도의 스테레오타입화로 이어지게 된다.

물론 〈눈물〉은 네 편의 영화 중에서 유일하게 십대를 '성적 주체'로 바라보면서 그들의 성을 권력에 저항하는 행위, 가족의 결핍을 나타내는 상징 또는 소외의 확인을 위한 행동[34]으로 의미화

---

33. Henry A. Giroux, "Teenage sexuality, body politics, and the pedagogy of display", Jonathon S. Epstein, ed., *Youth Culture: Identity in a Postmodern World*, Massachusette & Oxford: Blackwell Publishers, 1998, p.41.

34. 조한혜정,「청소년 성문화: 성적 주체로서의 인식을 중심으로」,『성찰적 근대성과 페미니즘: 한국의 여성과 남성 2』, 또 하나의 문화, 1998, 231쪽.

하고 있다. 또한 마치 '모터바이크족 소녀'[35]를 연상시키는 '새리'의 형상화는 한국 영화 속에서 보기 드물게 새롭고 힘 있는 십대 여성의 이미지를 창조하고 있다. 하지만 영화 중에서 가장 살아있지 못한 캐릭터인 '한'은 기성세대이자 지식인 남성으로서의 감독의 자의식이 과잉되게 투사된 결과로 보인다면, 폭력적이고 통제 불가능한 이미지의 '창'과 무기력하고 순응적이며 무엇보다 공동화空洞化된 존재로 보이는 '란'은 각각 십대 하위문화를 대표하는 젠더 스테레오타입을 벗어나지 못하고 있다.

원래 가부장제 사회 내에서 남성의 사회화는 폭력을 부추기고 특히 십대 남성의 경우에 폭력은 또래 집단의 형성에 있어서 핵심적인 역할을 한다. 더더구나 파괴적 욕망이나 무분별한 리비도의 지배를 받기 쉬운 그들은 자신의 남성성을 과시하기 위한 손쉬운 방법으로 싸움을 채택하는 경향이 있다. 그들은 폭력이 가져다주는 고통이나 두려움 대신에 그 흥분만을 보게 되면서, 폭력에 대한 미화된 이미지를 갖게 된다.[36] 반면에 십대 여성들은 성적 경험이나

---

35. 윤기 없는 입술, 아이라인을 그린 눈의 무례한 표정, 지퍼를 연 재킷, 성적으로 보이나 무감각하면서도 거의 무표정한 모습 등을 포함하는 그녀의 이미지는 십대 여성의 대담하고 위협적인 섹슈얼리티를 코드화한다. 안젤라 맥로비 & 제니 가버, 「소녀와 하위문화」, 이동연 편, 『하위문화는 저항하는가』, 문화과학사, 1998, 110-11쪽.

36. Joice E. Canaan, "Is 'Doing Nothing' just boys' play?: integrating feminist and cultural studies perspectives on working-class young men's masculinity", Sarah Franklin, Celia Lury, Jackie Stacey, eds., *Off-Center: Feminism and Cultural Studies*, p.113.

자신의 몸에 대한 성찰이나 지식이 부재한 채, 자신을 성적 대상이자 교환 가능한 자본으로 의미화하는 남성중심적 언설에 포섭되어서 대가성 성적 관계를 실천하고 수용할 수밖에 없는 현실에 놓이기 쉽다.[37]

따라서 성과 폭력이라는 모티브를 중심으로 해서 일탈적인 십대의 삶을 묘사하는 <눈물>은 앞서 지적된 <나쁜 영화>의 전반적인 한계를 부분적으로 안고 있을 뿐만 아니라, 십대들만의 쾌락의 정치학과 새로운 집단성 그리고 새로운 형태의 사회적, 성적 존재로서의 십대와 이를 통한 권력과 저항의 새로운 배치[38]에 대한 상상으로까지 나아가지 못함으로써 다시 한 번 십대 주체와 그 현실을 지배적 질서 안에 가두고 마는 결과를 낳게 된다.

37. 민가영, 「10대 여성의 가출문화에 관한 연구: 일시, 도피적 가출을 중심으로」, 이화여대 여성학과 석사논문, 2000, 146쪽.

38. 딕 헵디지, 93쪽.

VII.

소수자 재현의 정치학과 여성주의 영화미학의 가능성

한 필자에 따르자면 해방 이후 남한 영화의 역사에서 청년영화는 1960년대 중반의 청춘영화, 1970년대 중반 '영상시대'를 표방한 새로운 세대의 청춘영화[39], 1980년대 중후반의 코리안 뉴웨이브[40]로, 세 차례에 걸쳐서 등장한다.[41] 그렇다면 이 글에서 다루고 있는 네 편의 영화들을 통해서 알 수 있듯이, 세기 말을 전후하여 네 번째 청년영화 집단이 등장하고 있다고 볼 수 있다. 그리고 현재까지 진행 중인 이 네 번째 흐름은 분명 나름대로의 사회문화적, 미학적 독자성을 지니고 있을 것이다.

우선 네 편의 영화들은 대체로 대중들에게 익숙하지 않은 배우들을 캐스팅하고 배우의 연기들에 상대적으로 적은 비중을 부

39. 〈별들의 고향〉(이장호, 1974), 〈바보들의 행진〉(하길종, 1975) 등.

40. 〈고래사냥〉(배창호, 1984), 〈칠수와 만수〉(박광수, 1988) 등.

41. 김미현 책임 편집, 『한국영화사: 開化期에서 開花期까지』, 커뮤니케이션북스, 2006, 188쪽.

여함으로써 등장인물과 관객의 동일화를 효과적으로 차단하고 이를 통해 전반적으로 반反환영주의에 가까운 미학적 결과를 보여준다. 또한 이 영화들에 공통적인 '열려진 결말' 역시 서사적 폐쇄를 거부하면서 열린 텍스트를 지향하는 태도의 일환인 동시에 "말하자면 우리는 집을 떠나야만 한다. 우리의 집들이 종종 인종차별주의, 성차별주의 그리고 다른 해로운 사회적 실천의 터전이기 때문"[42]이라는 성찰을 보여준다는 점에서 십대 주체들의 유목적인 이행을 강조하는 의미로 읽혀진다.

그런데 우리는 네 편의 텍스트를 고찰하는 과정에서 두 명의 여성 감독과 두 명의 남성 감독의 영화들 사이에 존재하는 '틈'과 '차이'를 느끼게 된다. 네 명의 감독들이 한국 영화라는 지형도 내에서 상대적으로 급진적인 시각과 미학적 역량을 공유하고 있음에도 불구하고 이런 현상이 나타난다는 것은 결코 우연으로 보이지 않는다. 물론 '본질주의'라는 함정을 항상 경계해야 하겠지만, 결국 이런 현상은 일정 정도 남녀라는 서로 다른 젠더로서의 정체성과 경험의 차이에서 비롯된 것으로 읽혀지기 때문이다.

예를 들어 영화 스타일의 측면에서 본다면 <세 친구>와 <고양이> 모두에서 보이는 클로즈업의 상대적인 부재와 롱 쇼트의 빈번한 사용 그리고 <세 친구>의 비디오방 씬에서 사용되는 정면 구도 등은 전반적으로 감독의 주관적인 개입을 최소화하면서 피

42. Caren Kaplan, "Deterritorialization: the rewriting of home and exile in western feminist discourse", *Cultural Critique* 6, Spring 1987, p.194, 브라이도티, 268쪽에서 재인용.

사체와 전前영화적pre-filmic 사건에 대한 감독의 거리를 둔 관찰자적 태도를 드러낸다. 또한 <고양이>의 경우에 바로 대상의 곁에서 수평적인 높낮이를 유지하는 카메라[43]는 주인공인 십대 여성들 간의 그리고 그들과 우리 사회의 또 다른 주변부 여성들 간의 동류화와 연대를 시각화하는 역할을 한다. 이런 카메라의 시선은 한편으로는 아직까지는 활기와 충만함 그리고 여성 연대를 간직하고 있는 다섯 친구들의 관계와 그들이 형성해내는 심리적, 문화적 공동체를 바로 옆에서 '애정을 갖고' 지켜보는 느낌을 준다면, 다른 한편으로는 비지배적이고 비위계화된 시각적인 스타일을 통해서 영화가 폭넓게 담아내는 주변부적 주체들과 그들의 삶을 횡적으로 묶어내는 결과를 낳기 때문이다.

반면에 성과 폭력, 범죄와 비행이라는 자극적인 모티브와 '나쁜' 주체들이라는 좀 더 극적인 캐릭터들을 중심으로 하고 있는 <나쁜 영화>와 <눈물>은 그 민속지학적 노력들이나 현실과 허구의 경계를 질문하고 실험하는 유사 다큐멘터리적인 시도들에도 불구하고, '십대 오리엔탈리즘'이나 '십대 선정주의'의 혐의를 벗어나기 어려울 만큼 십대 주체와 그 하위문화에 대한 관음증적인 대상화나 착취적인 형상화 원리를 보여주고 있다.

이러한 결과는 한편으로는 십대에 대한 영화적 재현과 관련하여 "타자를 재현하는 과정에는 거의 언제나 재현 주체가 행사하

---

43. 김선아, 『당신들에게 부탁하지 않은 고양이』, 353쪽.

는 모종의 폭력이 개입되어 있다"[44]는 경고를 다시 한 번 더 되새길 필요성을 경고하기도 하지만, 다른 한편으로는 최근 들어 더욱 활발해지고 있는 여성 감독들의 등장과 더불어 과연 여성주의적 영화 미학이 가능한가라는 질문을 제기해주기도 한다.

---

44. Edward Said, "In the shadow of the west: an interview with Edward Said", Russel Ferguson, William Olander, Marcia Tucker & Karen Fiss, eds., *Discourse: Conversations in Postmodern Art and Culture*(NY: Routledge, 1994), 데이비드 트렌드, 『문화민주주의: 정치, 미디어, 뉴테크놀로지』, 고동현 & 양지영 옮김, 한울, 2001, 259쪽에서 재인용.

고병권, 「군대, 그 일상적 파시즘에 대한 사실주의 보고서: <세 친구>」, 수유연구실+연구공간 '너머', 『철학극장, 욕망하는 영화기계』, 소명출판사, 2002

김경현, 「<고양이를 부탁해>에 대한 문제제기」, <씨네21> 329호

김동춘, 『근대의 그늘: 한국의 근대성과 민족주의』, 당대, 2000

김미현 책임 편집, 『한국영화사: 開化期에서 開花期까지』, 커뮤니케이션북스, 2006

김선아, 「당신들에게 부탁하지 않은 고양이: 영화 <고양이를 부탁해>」, 『당대비평』 18, 2002 봄호

김선아, 『한국영화라는 낯선 경계: 코리안 뉴웨이브와 한국형 블록버스터 시대의 국가, 섹슈얼리티, 번역, 영화』, 커뮤니케이션북스, 2006

김수남, 『한국영화감독론 3』, 지식산업사, 2005

김지훈, 「<나쁜 영화>, 왜 '나쁜 영화'에 그쳤는가」, <씨네21> 119호

김현미, 『글로벌 시대의 문화번역』, 또 하나의 문화, 2005

남동철, 「특별기획: <나쁜 영화> 실험기록」, <씨네21> 110호

데이비드 트렌드, 『문화민주주의: 정치, 미디어, 뉴테크놀로지』, 고동현 & 양지영 옮김, 한울, 2001

딕 헵디지, 「위협의 자세를 취하기, 그 자세에 충격을 주기: 청년, 감시 그리고 전시」, 이동연편, 『하위문화는 저항하는가』, 문화과학사, 1998

로지 브라이도티, 『유목적 주체: 우리 시대 페미니즘 이론에서

체현과 성차의 문제』, 박미선 옮김, 도서출판 여이연, 2004

민가영, 「10대 여성의 가출문화에 관한 연구: 일시, 도피적 가출을 중심으로」, 이화여대 여성학과 석사 논문, 2000

박종성, 『한국정치와 정치폭력』, 서울대학교출판부, 2001

박현선, 「하위문화와 영화: 일탈과 재현의 경계」, 『청년문화잡지 일탈기록』, 창간호, 2000

안젤라 맥로비 & 제니 가버, 「소녀와 하위문화」, 이동연 편, 『하위문화는 저항하는가』, 문화 과학사, 1998

이정하, 「영화와 현실이 뒤엉킨 시간들: 나쁜 작가가 쓴 〈나쁜 영화〉 촬영기」, 〈씨네21〉, 110호.

이지훈, 「주변의 미덕, 이중적인 것의 아름다움」, 〈필름2.0〉, 2001.09.26.

장선우, 「열려진 영화를 위하여」, 서울영화집단 편, 『새로운 영화를 위하여』, 학민사, 1983

조한혜정, 「청소년 성문화: 성적 주체로서의 인식을 중심으로」, 『성찰적 근대성과 페미니즘 : 한국의 여성과 남성 2』, 또 하나의 문화, 1998

조한혜정, 「청소년, 그들이 살아갈 세상에 대하여」, 조한혜정, 양선영, 서동진 엮음, 『왜 지금, 청소년?: 하자센터가 만들어지기까지』, 또 하나의 문화, 2002

크리스 쉴링, 『몸의 사회학』, 임임숙 역, 나남출판, 1999

황인성, 「영화와 텔레비전의 소수집단 현실 구성방식에 관한 비교연구: 〈나쁜 영화〉와 〈뉴스 추적〉 사례연구를 중심으로」, 『영화연구』 23, 2004

Canaan, Joice E., "Is 'Doing Nothing' just boys' play?: integrating feminist and cultural studies perspectives on working-class young men's masculinity", Sarah Franklin, Celia Lury & Jackie Stacey, eds., *Off-Center: Feminism and Cultural Studies*, Hammersmith & NY: Harper Collins Academic, 1991

Giroux, Henry A., "Teenage sexuality, body politics, and the pedagogy of display", in Jonathon S. Epstein, ed., *Youth Culture: Identity in a Postmodern World*, Massachusette & Oxford: Blackwell Publishers, 1998

Kaplan, Caren, "Deterritorialization: the rewriting of home and exile in western feminist discourse", *Cultural Critique 6*, Spring 1987

MacKenzie, Scott, "Mimetic nationhood: ethnography and the national", Mette Hjort & Scott MacKenzie, eds., *Cinema and Nation*, London & NY: Routledge, 2000

Roscoe, Jane & Craig Hight, *Faking It: Mock-documentary and the Subversion of Factuality*, Manchester & NY: Manchester UP, 2001

Said, Edward, "In the shadow of the west: an interview with Edward Said", Russel Ferguson, William Olander, Marcia Tucker & Karen Fiss, eds., *Discourse: Conversations in Postmodern Art and Culture*, NY: Routledge, 1994

Vincendeau, Ginette, "Community, nostalgia and the spectacle of masculinity", *Screen* 26:6, 1985, Nov-Dec.

No. 11

남성 멜로와 액션영화에서 남성 정체성과 육체

<주먹이 운다>류승완 2005, <달콤한 인생>김지운 2005

I.

1990년대 이후 한국 영화의 흐름과 남성적 무의식

한 사회의 집단적 무의식과 환상은 영화를 포함한 대중문화를 그 내용과 형식의 차원에서 구조화하고 또한 그 내용과 형식으로 약호전환된다. 그런 점에서 영화는 사회적 무의식의 환타스마고리아, 환영, 징후라고 할 수 있으며, 집단적 환상, 불안감, 두려움과 그 결과들이 커다란 화면 위에 투사될 때, 사회적 외상은 왜곡, 방어, 가장을 통해 드러나게 된다.[1] 따라서 영화와 같은 대중문화 텍스트의 분석은 '징후학symptomology'을 통해 역으로 텍스트를 구조화하고 있는 집단적 환상을 탈약호화하는 과정을 요구한다.

그런 점에서 1990년대 이후 한국 영화의 흐름은 젠더 관계와 젠더 정체성이라는 측면에서 의미심장한 징후들을 드러내며, 그 텍스트적 무의식에 '남성성'이라는 항을 절합시키게 되면 뚜렷하면서도 흥미로운 흐름과 의미작용을 읽어볼 수 있다. 서구의 경우에

1. Laura Mulvey, *Fetishism and Curiosity*, p. 12.

는 1980년대 초부터 '남성성'이라는 이슈가 부상하면서, 여성이나 다른 남성의 성애적 응시의 대상으로서의 남성 육체, 남근의 기표로서의 남성 육체, 남성 피학증, 남성 이미지의 재현과 성차별주의적 담론과의 관계 등과 같은 토픽들이 영화 연구에 도입된다. 한국에서도 90년대 이후 소비주의 문화의 급격한 팽창 속에서 남성 육체가 광고와 마케팅의 새로운 영토로 개발되고, 대중문화 속에서 '메트로섹슈얼metrosexal'을 비롯하여 아름다운 육체와 유혹적 섹슈얼리티를 지닌 남성 이미지가 각광받게 되는 사회문화적 현상은 '남성성' 담론이 등장할 수 있는 맥락을 제공했다면, 남성 주체들의 눈부신 무용담과 비극적 서사를 통해서 최근의 민족 역사를 거듭해서 다시 쓰는 한국형 블록버스터 영화들이 거둔 대중적인 성공은 그 안에 울려 퍼지는 남성중심적 목소리와 시각을 우려하고 비판하는 시네페미니스트들의 개입을 불러일으킨 바 있다.[2]

IMF 이후의 경제적 몰락과 사회적 해체, 여성들의 대대적인 사회적 진출과 이혼율 급증 등을 통한 젠더 역학의 변동 등을 통해서 위기와 불안감에 놓인 남성들을 둘러싸고 이루어져온 영화적 재현들은, 한편으로는 '역사'를 남성적 주체성을 재구성하기 위한 상상적 자원으로 전유하고, 다른 한편으로는 남성성의 위기를 해결하는 동시에 남성적 주체를 '아버지'의 역할로 재중심화하는 장으로서

---

2. 김소영, 「사라지는 남한 여성들: 한국형 블록버스터 영화의 무의식적 광학」, 김소영 기획, 『한국형 블록버스터: 아틀란티스 혹은 아메리카』, 현실문화연구, 2001. 권은선, 「'한국형 블록버스터'에서의 민족주의와 젠더」, 「여/성이론」 4, 2001.

가정과 가족 관계를 적극적으로 동원하는 전략을 취하고 있다. 이 과정에서 남성 주체는 어김없이 '민족적 자아'로 확장되거나 '가족적 자아'로 본질화 됨으로써 민족과 가정이라는 두 집단과 단위를 대표하는 자로서 자리매김 되고, 그 결과 당연히 역사적 진리가 수립되거나 사회적, 가정적 안녕과 평화가 회복, 유지되는 것은 남성들의 손에 달려 있게 된다.

그런데 한국형 블록버스터 영화들이, 특히 성공을 거둔 영화들일수록 과거 다시쓰기에 강박적으로 매달린다는 사실은 남성성의 재구성이 다름 아니라 '역사를 통한 자기재생산의 반복'에 의존하고 있음을 보여준다. 이 때 역사는 누군가(주로 남성 주체)에 의해서 항상 다시 쓰이고 또 채워져야 할 공백이 되면서, 남성 주체가 상상적인 방식으로 자기 생성을 주도하고 그 결과 주체적 재탄생을 상징적으로 승인받는 장으로서 기능한다. 이는 어쩌면 남성들의 무능력과 자격 없음으로 인해 초래되었던 모든 역사적 비극과 사회적 모순을 남성들 스스로가 충분히 고통스럽게 치러냈기 때문에 이제는 과거와 완전히 결별하고 새로운 출발점에 설 수 있다는, 남성 중심의 역사적 서사를 영화적으로 서술하고, 확인하는 과정이라고 볼 수도 있다. 그리고 이런 과정은 북한을 비롯한 외부의 적들에게 불안과 분노를 투사하는 외향적인 방향과, 남성의 내면적 고통과 상처에 동일화하는 내향적인 방향이라는 두 경로를 밟는다.

이런 과정은 남성 주체에게 닥친 물리적, 심리적 위기를 과장하다가 결국 그의 패배나 사멸을 애도하는 식의 보수주의적인 봉합으로 이어지는 식의 남성중심적 서사를 수반하는 것이었다. 즉 한국 영화는 90년대 이후 공세적이고 보수적인 민족주의 쇼비니즘(〈쉬리〉나 〈태극기 휘날리며〉등의 한국형 블록버스터), 자극적이고 비극적인 남성 피학증(〈편지〉, 〈약속〉등의 남성 멜로드라마), 향수어린 회고에 사로잡힌 감상주의(〈친구〉와 〈말죽거리 잔혹사〉(유하, 2004) 등의 남성 액션영화) 등을 통해서, 남성의 재주체화 기획을 영화적으로 반복, 변주해왔다.

물론 1997년의 IMF 직후에서부터 세기 말과 세기 초를 거치는 짧은 시기 동안, 한국 사회를 질서지우고 구조화하는 원리들(자본주의, 가부장제, 민족주의, 젠더와 세대의 위계화 등) 자체가 해체되거나 붕괴되는 징후들이 포착되거나, 그 원리들에 대한 반발과 도전 등이 긍정적으로 그려지는 균열적이거나 전복적인 영화들이 등장한 것도 사실이다. 결혼 제도와 여성 욕망 간의 길항 관계를 전혀 새로운 시선으로 포착하는 〈정사〉와 〈해피엔드〉와 같은 여성 멜로드라마, 십대들의 일탈적이고 주변적인 문화를 진보적인 시각이나 파격적인 형식 속에 담아낸 〈나쁜 영화〉와 〈눈물〉, '80년 광주'라는 외상을 '내전'의 시각에서 비판적으로 재형상화해낸 〈박하사탕〉(이창동, 2000), 근대화 과정이 지닌 억압성을 희극적으로 패러디하는 〈거짓말〉 등을 예로 들 수 있다.

그러나 완강하게 남성중심적인 서사와 보수적이고 퇴행적인 시각의 민족 역사쓰기를 시도하는 〈실미도〉와 〈태극기 휘날리며〉가 '천만 관객 신화'를 연 이후 한국 영화는 '순수한 과거', '부권의 찬미' 그리고 '가족의 복원'에 집중하면서 더 은밀하면서도 집요한 방식으로 이데올로기적인 메시지를 강화해오고 있다. 여기에서 남성적 자아의 목적은 모든 위협을 통제하는 것이 되고, 남성의 육체는 공격받고 상처받기 쉬운 것이기도 하지만 결국은 주변의 모든 간섭과 통제를 돌파하면서 궁극적으로 남성 주체의 승리와 자기 극복을 기록하는 물리적 장이 된다. 또한 남성 주체에게 닥친 위기와 위기의 극복이라는 서사는 아버지와 아들 간의 또는 형제들 간의 관계(또는 이에 상응하는 유사 관계들)와 같은 '남성 유대' 그리고 이를 통한 남성 정체성의 수립이라는 주제를 중심으로 삼는다.

II.

남성성의 영화적 재현과 그 쟁점들

서구의 시네페미니스트들은 1970년대 중반 이후 영화 담론과 영화적 실천의 영역에 적극적으로 개입해왔다. 초창기의 '이미지 연구'가 영화 텍스트 내의 여성 이미지가 갖는 기호적, 정치적 의미를 분석하면서 정형화된 여성 이미지를 비판했다면, 이후에 정신분석학적 이론을 도입한 시네페미니스트들은 영화 텍스트에 보이지 않게 각인된 성차별주의와 남성중심적 욕망과 시각의 구조화 등을 밝혀내었다. 또한 주로 문화연구적 방법론은 계급, 섹슈얼리티, 인종 등을 비롯한 여성 내부의 차이 그리고 한 편의 영화를 생산해 낸 역사적, 사회문화적 맥락 등이 여성들의 영화적 수용에 있어서 어떤 차이를 빚어내는지에 주목했다. 이런 과정들에서 영화의 장르나 서사는 물론이고 재현이나 시선과 같은 토픽들이 여성 주체성이나 여성적 경험과 맺는 관계 그리고 영화적 동일시와 쾌락에 있어서 여성 관객성이 갖는 특수성 등이 중심적으로 논의되면서, 전반적으로 영화 매체가 여성이라는 젠더와 맺는 관계성이 비판적으로 이론화되었다. 그 결과 영화 이론 내에서 남성성은 능동성, 관음증, 가학증, 물신주의, 이야기와 연결되었다면, 여성성은 수동성, 노출증, 피학증, 자기애, 스펙터클과 나란히 놓여졌다. 이런 식으로 남성성과 여성성을 일원론적이고 동질적인 용어로 나누는 도식 속에서 남성 주체성에 수반되는 힘, 안정성, 완전성은 지나치게 자명하고 따라서 보편적이고 논쟁이 불필요한 것으로 보였다.

그러나 실제로 몇몇 영화들 속에서 우리는 남성적인 것이 종종 스펙터클, 피학증, 수동성, 가면극과 연관되고 특히 남성 육체가 물신화되는 것을 보게 된다.[3] 할리우드의 경우에도 1980년대에 실베스타 스탤론**Sylvester Stallone**이나 아놀드 슈왈제네거**Arnold**

3. Steven Cohan and Ina Rae Hark, "Introduction", S. Cohan and I. R. Hark, eds., *Screening the Male: Exploring Masculinities in Hollywood Cinema*, London & NY: Routledge, 1993, pp. 2-3.

Schwarzenegger와 같은 근육질 스타들이 출연하는 액션 영화들을 통해서, 1990년대에는 소비주의가 창조해낸 '신 남성New Man'이라는 문화적 도상의 영화적 재현을 통해서 남성 육체의 가시화가 전면에 등장한다. 한국 영화 역시 앞서 지적한대로, 90년대 이후 영화를 구조화하는 데에 있어서 남성중심적인 시각이 전경화되면서 남성 정체성 자체와 남성 육체가 서사와 이미지의 중심이 되는 과정을 피할 수가 없게 된다. '가시성이 국가적 정체성 형성의 주된 양태'라는 조지 모스George Mosse의 주장[4]에서 알 수 있듯이, 1990년대 이후 국가적, 사회적 차원에서 남성성의 재구성과 재확립에 몰두해온 한국 사회, 특히 영화의 영역에서 새롭게 취해진 전략이 있다면 그것은 바로 남성 정체성과 남성 육체에 대한 집요하고 과잉된 '가시화' 전략이었던 것이다.

특히 최근 한국 영화에서 섹슈얼리티와 육체라는 두 가지 영역은 젠더라는 문제틀과 관련된 징후들을 주조하고 상징화하는 주된 장으로 사용되는데, 여성 주체는 주로 섹슈얼리티라는 측면에서 징후화된다면 남성 주체는 주로 육체를 통해서 징후화되는 경향이 강해지고 있다. 이는 커다란 성공을 거둔 한국형 블록버스터 영화들이 주로 민족의 외상적 역사에 의해 고통 받고 절멸되는 남성 육체 이미지와 남성 육체로 '쓰는writing' 역사에 입각하고 있다는 점이나, 주로 남성 멜로드라마와 남성 액션물에서 남성 주체가 처한

4. 조지 모스, 『내셔널리즘과 섹슈얼리티』, 서강여성문학연구회 옮김, 소명출판, 2004.

사회적, 심리적 딜레마와 곤경 그리고 그들이 치러내야 할 인정 투쟁과 통과 의례 등이 집중적으로 육체를 통해서 의미화되고 있다는 사실에서 알 수 있다.

그런데 이런 현상들은 남성적인 것에 대한 매혹을 드러내는 동시에 그 이끌림에 대한 거부 그리고 여성화된 남성에 대한 문화적 불안을 유발하게 된다. 남성성 그리고 남성 육체의 스크린 위 전시는 관객에게 있어서 상당한 쾌락의 원천이 되는 동시에 남성성과 연관된 안정성과 통일성이라는 이슈를 문제적인 것으로 만드는 모순을 빚어내는 것이다.

젠더 정체성에 대한 비본질론적 시각에 따르자면, 남성성은 불변의 상태이거나 해부학적으로 결정된 것이 아니라, 외부에서 주어지고 육체에 각인되는 '이미지'로 설명된다. 따라서 진정하고 단일한 남성 정체성은 없으며 대신 사회적으로 정의되고 구성되는 '정형stereotype'이 있을 뿐이며, 남성성은 주디스 버틀러[5]가 제안했던 개념처럼 남성의 성역할이나 남성적 페르소나를 '연기하는' 것 또는 관습적인 약호들을 통해서 남성적 기호를 전시하는 '쇼'라고 할 수 있다. 이런 맥락에서 볼 때, 최근의 영화들 속에서 하나의 사회적, 문화적 기호로서의 남성 육체의 전시가 만연되어 가는 현상은 한편으로는 강하고 매혹적인 육체를 통해서 남성 정체성을 강화하는 동시에 이와는 반대로 남성성의 이상화가 과잉되게 이루어지면서 남

---

5. Judith Butler, *Gender Trouble: Feminism and the Subversion of Identity.*

성성을 둘러싼 통념과 약호들이 패러디되는 결과를 낳는다. 특히 스타일과 표피적 이미지로서 남성성을 구현하는 '신 남성'의 이미지는 상실된 남성 권력과 히스테리컬한 남성 이미지를 통해서 위기에 놓인 남성 정체성과 육체의 징후를 드러낸다.[6]

그런데 우리가 이후에 살펴볼 〈주먹이 운다〉(류승완, 2005)와 〈달콤한 인생〉(김지운, 2005)에서 볼 수 있듯이, 서사와 이미지의 중심으로서의 남성 육체의 가시화는 불가불 '남성 육체의 물신화'를 초래하게 된다. 또한 이런 물신주의적 구조 속에 놓인 남성 육체는 '피학증적 충동'과 강하게 결합하게 된다면, 남성성의 구축과 재구축 과정은 '나르시시즘'을 근본적인 원리로 삼게 된다.

우선 남성 육체의 물신화는 이제 남성 정체성의 각인과 구성 그리고 손상되거나 상실된 남성성의 회복이나 재구성까지도 육체를 통해서 수행되고 있음을 보여준다. 그러나 여기에서 물신화되는 남성 육체의 특징은 단순히 그 안에 내포된 힘의 크기나 강도만이 아니라, 육체 자체를 질서와 규범에 맞추어 훈련시키고 육체에 부수되는 욕망과 충동을 통제하며 남성적 외양과 자질로 육체를 재형성하는 과정을 포함한다. 동시에 이 과정은 남성 주체가 퇴행적이고 피학증적인 방식으로 끊임없이 세상에 대하여 벌이는 '인정 투쟁'의 의미를 지니는데, 이 때 남성이 궁극적으로 갈망하는 '세상의 인정'은 도착적인 영웅주의에 입각한 것이다. 그 과정은 상처와 능멸

---

6. Yvonne Tasker, *Spectacular Bodies: Gender, Genre and the Action Cinema*, London & NY: Routledge, 1993, p. 109.

그리고 모욕받기를 통하여 자기 인정으로 향하는 '피학증적' 속성을 갖고 있기 때문이다. 그는 자기만의 십자가에 스스로 올라가 자신을 못 박는 '반영웅'이 되는 것이다.

남성 주체의 이런 '피학증'은 결국 남성의 자기 순결성과 희생자적 위치에 대한 알리바이의 역할을 한다. 이에 대한 가장 분명한 증거는 '거세당한 남성'의 이미지이다. 이는 자연스럽게 그 남성들의 '자기 파괴와 죽음 충동'으로 이어지면서 남성 주체 스스로를 '초자아'로 위치 짓는 동시에, 타자에게 때로는 자기 자신에게 어떤 거리낌도 없이 폭력을 행사하면서 이를 정당한 처벌이나 일종의 종교적 의식으로 받아들이도록 하는 분위기를 만들어낸다. 철저한 '나르시시즘'을 수반하는 이런 과정 속에서 남성 주체가 느끼는 고립감과 비현실감은 '폭력의 순환 고리'를 가속화시키게 되고, 따라서 액션 영화를 비롯한 남성적 장르의 영화들은 항상 가학 피학증적인 주제, 장면, 환상을 포함하게 된다.

그런데 피학증적인 남성 주체는 '돌이킬 수 없는 과거'뿐만이 아니라 '남성적 나르시시즘'을 향한 향수 역시 어김없이 드러내는데, 이는 시대착오적인 사회적 아웃사이더로서의 남성 영웅의 이미지를 철저하게 나르시시즘적인 것으로 만들어주는 동시에 주로 슬로우 모션으로 숭고하게 포착되는 상처입고 찢겨나가는 남성의 육체 이미지를 통해서 바로 분열과 파괴의 순간에 놓인 나르시시즘의 이미지를 이상화, 낭만화 하는 방식을 취한다. 즉 남성의 나르시시즘은 죽음으로 인해 파괴되는 것이 아니라 이상화되며, 여성, 사회, 법이 가하는 위협 등과의 관계 속에서 남성성을 시험하고 단련하며 부활시키는 역할을 하는 셈이다.

III.

<주먹이 운다>와 <달콤한 인생> : 도착적 남성성의 두 가지 경로

여기에서 분석될 이 두 편의 영화들은 물론이고 <알포인트>(공수창, 2004)나 <남극일기>(임필성, 2005)와 같은 공포영화들까지 포함하여, 최근 한국 영화들 속에서는 과거의 죄로 인해, 자기 존재 내의 특정한 결핍에 의해, 도착적인 욕망과 쾌락에 의해 고통과 파멸을 초래하는 남성상들이 빈번하게 등장한다. 특히 부성 중심의 가족 멜로드라마에다가 스포츠 영화라는 액션 영화의 하위 장르를 결합시킨 <주먹이 운다>와 포스트모던한 액션을 필름 느와르적인 스타일로 담아낸 <달콤한 인생>은 '눈물과 폭력'이라는 양 극단의 도착적인 쾌락을 통해서 문제적인 남성성을 흥미롭고도 자극적인 방식으로 형상화한다.

우선 남성성의 측면에서 보자면, 두 영화의 남성 주인공들은 모두 지배적 남성성의 규범과는 거리가 있는 인물들이다. 일반적으로 남성성을 정의하고 규정하는 시험의 과정은 남성적/여성적이라는 틀 보다는 남성적/과잉남성적(즉 남성적/비남성적)이라는 틀을 동원한다.[7] 이에 따르자면, <주먹이 운다>의 태식(최민식 분)과 상환(류승범 분)은 과잉된 남성성을 구현하는 인물들로서, 자기 통제력을 결여하고 있으며 따라서 사회적으로 열등하고 심리적으로 불완전한 존재로 묘사된다. <달콤한 인생>의 선우(이병헌 분)는 액션 영화의 주인공임에도 불구하고 일반적인 액션 영웅들과는 달리 취약하고 우울한 기질 그리고 내적 본질보다는 외적인 스타일을 통해서 표면화되는 남성 정체성을 통해서 좀 더 여성화된 남성상에 가깝다. 이런 점에서 두 영화의 남성들 모두 일정 정도 '병리학화된 pathologized 남성성'의 모습을 띠게 된다.

두 영화는 공통적으로, 남성 정체성이 사회적으로 구성되고 또 상징적인 승인을 얻는 과정을 바로 '육체'를 통해서 서술하고 시각화한다. 두 영화 모두 의지의 각인체로서든 스타일의 각인체로서든 '남성의 육체'에 집중하면서 그 육체를 지속적이면서도 중심적인 볼거리로 위치지우고 있기 때문이다. 즉 남성 주체는 육체를 통해 정의되고 구성되며 위치 지워지는데, <주먹이 운다>의 초반에 사회적 패배자인 태식과 상환의 육체는 잉여이자 장애물로 의미화되지만 중반 이후의 서사와 이미지는 그들이 어떻게 자기 몸의 통제

---

7. Ginette Vincendeau, "Community, nostalgia and the spectacle of masculinity", *Screen* 26:6, 1985, Nov-Dec., p.32.

와 훈련을 통해 영웅으로 거듭나게 되는가에 초점이 맞추어진다. 〈달콤한 인생〉에서 처음에 완벽한 물신이었던 선우의 육체는 한 번의 실수 이후 거듭되는 무차별한 공격과 침해 속에서 점차 망가지고 취약한 것이 되어가다가 결국 사멸됨으로써 오히려 선우의 자기정체성과 환상을 완벽하게 재탄생시키는 토대 역할을 한다.

또한 두 영화 모두는 성적 타자로서의 여성을 배제한 채 남성만으로 구성되는 남성 동성사회성male homo-sociality을 토대로 하여 서사적 모티브를 구축한다. 제대로 된 남성성을 시험하거나 수립하는 역할 그리고 남성의 힘을 과시할 수 있는 매개체로서 남성들 간의 관계, 그 중에서도 부자 관계가 동원되는데, 〈주먹이 운다〉는 실제 부자 관계를, 〈달콤한 인생〉은 상징적인 부자 관계를 그 서사적 중심에 놓고 있다.

반면에 두 영화는 남성 육체를 재현하는 방식과 과정에서 차이를 드러낸다. 〈주먹이 운다〉에서 남성 육체는 '남근' 또는 '부권'과 같은 남성의 사회적, 상징적 정체성의 담지 또는 상실을 의미화하는 기호이자, 좀 더 원초적인 남성적 힘과 지배력 그리고 궁극적인 차원에서는 여성에 대한 우월성이 각인되고 또 작동하는 표면이다. 반면에 〈달콤한 인생〉에서 남성 육체는 한편으로는 '신 남성'의 이미지와 연관되어 이미지, 외피, 라이프스타일로 물신화되어 남성적인 아름다움과 유혹성을 전달하는 기호라면, 다른 한편으로는 남성의 우울증과 피학증을 폭력적으로 결합시켜냄으로써 훼손되고 관통되고 상처 입는 표면이 된다.

남성성을 영화적으로 탐사하는 데에 있어서도, 〈주먹이

운다>는 남성의 내면적 고통과 같은 감정적 깊이의 묘사에 중심을 두는 반면, <달콤한 인생>은 남성의 스타일리시한 외모나 격렬한 액션과 같은 외양과 스펙터클의 창출에 치중한다는 차이를 지니고 있다. 또한 <주먹이 운다>에서는 시간성이 더 중요하다면 <달콤한 인생>에서는 공간성이 더 중요해지는데, 이는 전자가 리얼리즘이라는 외양을 통해서 남성 주체들을 둘러싼 '비정하고 가혹한 현실적 맥락'을 강조하는 반면 후자가 포스트모던한 스타일을 통해서 남성의 육체와 행위의 '환상적 공간화'에 치중하는 것과 연관된다. 따라서 <주먹이 운다>는 시간의 흐름 속에서 필연화된 비극성을 남성 주체들이 몸을 통해 거스르며 되돌리는 것에 서사의 목적이 놓여진다면, <달콤한 인생>은 역사적, 사회적 진공 상태에서 벌어지는 액션의 미학화 속에서 서사가 상대적으로 허술해지는 경향을 보여준다.

(1) <주먹이 운다>

이 영화에서 남성성을 재현하는 관점과 방식에 내포된 이데올로기를 먼저 지적한다면, 감상주의와 보수주의라고 할 수 있다. 우선 '하레루야 아키라'와 '서철'이라는 두 실존 인물을 모델로 해서, 실패하고 비천한 밑바닥 남성의 삶에서부터 '스포츠'라는 입지전적인 신화를 통해서 자기 극복과 상징적 승인의 획득에 성공한다는 내용 자체는 관객의 누선을 자극하기에 충분한 신파적[8]인 것이다. 또한 이 영화가 애타게 매달리는 두 개의 주제, 즉 부권 그리고 아버지에 대한 아들의 동일시를 정상화시키기 그리고 실패와 좌절을 거치면서 위기에 처하거나 반사회적인 것이 되어버린 남성성을 상징적, 합법적으로 재수립하기는 '외디푸스 시나리오'를 규범화하는 것이자 가족적 가치에 대한 환상을 재구축하는 것이라는 점에서 철저하게 보수적인 것이라고 할 수 있다.

〈주먹이 운다〉는 남성 육체를 남성의 영웅적 정체성과 연결 짓고 전통적 남성성의 확인과 승리를 강화하는 방식으로 위치 짓는다. 처음에는 장애물이자 과잉 그리고 무정부적 폭력의 이미지로 제시되던 남성의 육체는 점차 자기 통제의 의미를 지닌 훈련과 훈육의 과정을 거치면서 새로운 남성 정체성을 탄생시킬 수 있는 토대로 전환된다. 즉 남성들의 단지 고통 받고 감금되고 무가치했던 개별적인 살덩어리는 상징적 가치를 의미화하는 '사회적 육체'가 되고, 바로 이러한 육체적 전환을 통해서 과잉과 무절제로 특징지어지던 실패한 남성성이 통제와 절도라는 면에서 재정의되면서 구원받게 되는 것이다.

이 영화는 남성의 힘과 의지를 상징하는 하드 바디와, 장애물을 극복하고 승리를 거두는 영웅적 서사에다가 가족, 고통, 사랑이라는 남성적 경험과 기억을 정교하게 짜 넣기 위해 공을 들인

---

8. 김소영, 「활극과 비극의 가능성보다 신파를 택한 〈주먹이 운다〉」, 『씨네21』 497호.

다. 그 과정에서 하드 바디는 단지 육체적인 것이기보다는 정서적인 면에서 그 육체를 의미 있게 만들어주는 것으로 재정의됨으로써, 강인하면서도 따뜻하고, 공격적이면서도 포용력 있는 남성 정체성을 매개하고 결국 강화하는 것으로 기능한다. 그런 점에서 이 영화가 그리 매력적이라고 볼 수 없는 외모를 지닌 배우(류승범)나 매혹적으로 보이기에는 좀 나이든 배우(최민식)를 캐스팅함으로써, 관객들이 하드 바디 자체가 지니는 외적 아름다움보다는 하드 바디로 되어가는 과정이 갖는 내적 의미에 더 주목하도록 유도하는 것은 당연한 결과라고 할 수 있다.

그렇다면 〈주먹이 운다〉는 왜 '권투'라는 모티브를 동원하는 것일까? 물론 두 남성이 권투(규칙을 가진 폭력)를 통해 삶을 다시 시작하게 되는 이유는 단 한 가지, '아버지/가부장'으로 다시 태어나기 위해서이다.[9] 그러나 어떤 면에서 더 중요한 것은 바로 '권투'가 남성성 자체나 남성 육체에 대해서 갖는 유비적, 상징적 관계라고 할 수 있다. 우선 권투는 남성의 내면적 고통을 감추고 있는 외적 스펙터클로서, 한 남성을 경멸받는 위치, 비겁한 자라는 오명을 넘어서서 승리자로 다시 세우기 위한 훌륭한 모티브 역할을 한다. 그 과정에서 두들겨 맞고 훼손되고 처벌받던 남성의 육체는 승리의 스펙터클로 변모하면서, 방금 새롭게 태어난 사적 영웅을 대중에게 훌

---

9. 문강형준, 「〈그때 그 사람들〉, 〈주먹이 운다〉, 〈빈 집〉의 가족 서사: 가족의 안과 밖」, 『계간 영화언어』, 2005 여름, 144쪽.

륭한 오락과 감동을 제공하는 공적 영웅으로 전환시킨다.[10]

또한 스펙터클과 투쟁의 공간인 '사각의 링'은 남성적 수행 male performance이 이루어지는 폐쇄된 장이자 남성적 힘에 대한 의례화되고 이상화된 환상을 수립하는 두 경쟁자들 간의 시합장이 된다. 따라서 훈련 과정은 대부분 빠른 몽타주로 표현되는 데 반해, 링 위에서의 싸움은 등장인물들과의 동일시를 불러일으키는 슬로우 모션으로 그리고 긴 시간 동안 보인다. 물론 류승완 감독에게 '권투'가 갖는 의미는 더 특별하고 복합적인데, 우선 류승완은 한국적 조건 속에서 할리우드식의 액션이 불가능하거나 가능하다고 해도 별 승산이 없다고 판단하면서 한국적인 액션 연출의 공간이자 소재로 권투를 선택한다. 권투는 제한된 사각의 링 안에서 벌어지는 리얼리즘적인 사투이다. 그 안에서 인간의 육체는 정직한 살덩어리가 되고 모든 상처는 남김없이 그 살덩어리 위에 새겨진다. 즉 권투가 지닌 이런 절박성과 비극성은 바로 지금의 한국적 현실에서 남성들이 처한 조건과 심리를 기록하고 전달할 가장 적절한 틀이자 공간의 역할을 하는 셈이다. 그런 점에서 류승완이 "액션영웅이 불가능한 누추한 현실을 응시한다. 그러나 동시에 액션영웅을 버릴 수 없다… 그 딜레마가 리얼리즘 드라마와 액션 장르의 기묘한 동거 혹은 부정교합으로 나타난다"[11]는 허문영의 지적은 정확하다. 그 결과 두 가지

10. Valerie Walkerdine, "Video replay: families, films and fantasy", Victor Burgin, et. als., eds., *Formations of Fantasy*, London & NY: Methuen, 1986, p.173.

11. 허문영, 「충무로 액션 키드가 우는 까닭은?: <주먹이 운다>」, <씨네21>499호.

실화에 입각한 영화의 플롯과 캐릭터는 남성의 영웅적 행위를 환상과 모험의 세계가 아닌 '현실과 일상의 세계'로 옮겨서 표현하며, 그들의 소시민적 영웅주의는 좀 더 내면적인 특징을 통해 정의된다.

〈주먹이 운다〉에서 아버지 역할은 새로운 남성성을 보여주는 성격 묘사와 서사 전개의 도구이자, 남성의 감정, 윤리, 의무를 묘사하는 수단이 된다. 남성의 권위와 힘을 뒷받침해주는 공적 영역의 기능이 약화되자, 이에 대한 대안으로 남성성이 새로이 자기 자리를 찾고 이상적 역할을 다시 맡을 수 있도록 해주는 기능을 이제 가정이라는 사적 영역이 맡게 되기 때문이다. 이 과정에서 공적 영역은 주로 개인과 가정에 대하여 위협을 가하는 위험한 영역이 되며, 그럴수록 가정은 어떻게 해서든지 지키고 가꾸어나가야 할 가치를 지닌 것으로 이상화되면서 그 이상화의 핵심에 아버지라는 역할과 권위의 문제가 자리 잡는다.

이런 맥락에서 상환과 태식의 투쟁은 한편으로는 각각 아들과 아버지로 재수립되기 위해 벌이는 인정 투쟁이자 다른 한편으로는 아버지와 아들 간의 연속성을 확인하고 그 의미와 가치를 긍정적인 것으로 만들기 위한 상징 투쟁이다. 따라서 그 과정에서 상환이 코치나 교도관과 유사 부자관계를 맺게 되고, 태식이 못나고 비겁한 원태(임원희 분)를 마치 자식처럼 길들이고 변화시키게 되는 것은 당연한 것이 된다. 또한 상환의 할머니를 위한, 할머니의 인정을 받기 위한 자기 투쟁은 사실 아버지를 위한, 아버지의 인정을 받기 위한 것에 다름 아니다. 지금은 존재하지 않는, 그래서 소통이나 승인이 불가능한 아버지에 대한 회한과 부채감이 할머니에게 전치된 것으로서, 결국 그의 모든 몸부림은 할머니를 매개로 한 '아버지에 대한 말 걸기와 빚 갚기'라고 할 수 있다.

결국 이 모든 과정은 <주먹이 운다>를 부성 멜로드라마라는 장르적 틀 속에서 그리고 외디푸스 콤플렉스를 중심으로 한 '가족 로망스family romance'의 서사를 통해서, 세대 간의 갈등과 계급적 모순이라는 두 가지 문제를 가장 안전하면서도 감동적인 방식으로 풀어가고 절합[12]시키는 영화로 만들어준다.

(2) <달콤한 인생>

이 영화에서 '선우'가 재현해 보이는 남성성을 설명해줄 키워드를 꼽으라면, '신 남성', 나르시시즘 그리고 피학증을 들 수 있다. 스타일과 이미지로서의 남성성을 지시하는 '신 남성'은 강인함과 의지 그리고 지배력과 권위 등과 같은 내적 본질을 통해서 정의되고 표현되던 전통적이고 규범적인 남성성에서 벗어나는 것이다. 이런 '신 남성'의 이미지는 철저하게 나르시시즘적 환상에 의존하는 것으로서, 특히 자기 외모에 대한 강박적인 관심을 통해 강조되며 반복적이고 의례화된 제스처에 의해 두드러지게 표시된다.[13] 그런데 이

---

12. Richard de Cordova, "A case of mistaken legitimacy: class and generational difference in three family melodramas", Christine Gledhill, ed., *Home Is Where the Heart Is: Studies in Melodrama and the Woman's Film*, 257쪽.

13. Steve Neale, "Masculinity as spectacle: reflections on men and mainstream cinema", *Screening the Male*, p.12.

를 통해 이루어지는 이상적 자아의 구성은 근본적인 모순을 안고 있는데, 이상적 자아는 주체가 동일시하는 모델인 반면에 또한 거세의 이미지와 감정의 원천이기도 하기 때문이다. 따라서 그런 남성 주체는 반드시 영화 속에서 여성, 배신, 복수, 폭력을 수반하는 서사와 결합되면서, 그의 전능함과 그의 이미지가 지닌 완벽성은 위협받고 그의 공간은 침해되며 그의 육체는 상처입고 결국 그는 (실제적이든, 상징적이든) 죽음에 이르게 되는데, 사실 이 모든 과정은 그 스스로 자초하는 것이라는 점에서 그의 피학증적 충동을 전면화 시킨다.

우선 〈달콤한 인생〉의 오프닝과 클로징을 장식하는 두 개의 선문답은 이 영화의 서사적 핵심과 주제의식을 함축한다. '움직이는 것은 바람도 나뭇가지도 아니고 바로 마음'이라는 오프닝의 선문답은 바로 더없이 완벽하게 자기폐쇄적 스타일과 체계를 이루고 있던 '선우'의 나르시시즘적 세계가 한 순간 일어난 '마음의 동요'로 인해 붕괴되어 갈 것임을 암시한다면, '이루어질 수 없기 때문에 슬픈, 달콤한 꿈'에 대한 클로징의 선문답은 극단적인 폭력과 파괴 그리고 자기절멸로까지 이어지는 모든 과정에서 남성 주체가 느끼는 피학증적 쾌락을 고백하고 있기 때문이다. 이런 점에서 엄격한 갱스터의 세계에서 시작해 잠깐 낭만적 로맨스의 분위기를 거쳐서 동기가 모호한 처절한 복수극으로 마감되는 이 영화의 모든 과정은 한마디로 자신의 나르시시즘적 환상을 모든 유혹과 위협으로부터 지켜내기 위한 한 남성 주체의 피학증적인 통과의례를 보여주는 것으로 요약할 수 있다.

영화 앞부분에 커피를 마시며 유리창에 비친 자기 이미지를 바라보는 '선우'의 모습에서부터 영화 마지막에 유리창에 비친 자기 이미지를 상대로 섀도우복싱을 하는 '선우'의 모습까지, 영화는 여러 번에 걸쳐서 남성 주체가 자기 이미지와 맺는 '상상적 관계'를 의미심장하게 동원한다. 원래 남성 정체성의 생산에서 '동일시'는 핵심적인 역할을 하며 이 동일시에는 반드시 거리두기와 분리도 내포된다. 그런데 위에 언급된 장면들은 '선우'의 동일시 대상이 바로 자기 자신이며 따라서 거리두기와 분리가 애초부터 불가능한 것이라는 점에서 그의 나르시시즘을 설명해주는 동시에 그가 대상 세계와 맺는 관계가 근본적으로 상징적이기보다는 상상적인 것이라는 점에서 이를 통해 구성되는 그의 남성 정체성을 탈자연화, 탈실체화하는 효과를 낳는다.

또한 같은 맥락에서 그와 보스(김영철 분)의 유사 부자관계 역시 표면적, 현실적인 차원에서는 상징적인 것이지만 본질적, 내적 차원에서는 마치 거울상 단계의 유아처럼 자기 자신의 이미지를 통해서 구성해내는 그의 상상적 정체성의 일부로 흡수되어 있음을 알 수 있다. 그런 점에서 그 아버지의 외설성과 나약함(젊은 여성을 욕망하고 경쟁자인 젊은 남성을 질투하는 모습)이 드러나자, 자신의 상상적 정체성 또는 거울 이미지의 일부였던 아버지와 폭력적으로 대결하고 그의 존재를 자기 이미지 내에서 제거하는 과정이 피학증적인 고통(인 동시에 쾌락)으로 점철되는 것은 당연한 결과이다. 여기에서 '희수(신민아 분)'라는 여성으로 인해 '선우'의 마음이 흔들린다는 암시와 설정은 단지 '선우'의 나르시시즘과 피학증이 결합되어 극단적인 폭력으로 분출하는 것을 정당화시키고 동기화하는 표면적 미끼의 역할을 할 뿐이다. 즉 "선우의 순수 욕망의 실재는 희수와의 로맨스라기보다는 일종의 갱스터 댄디로서의 스타일 제일주의"[14]이기 때문에, '희수'라는 존재는 시종일관 피상적이거나 추상적으로 그리고 파편화된 이미지로만 표현되며, 더구나 영화의 중반 이후에는 거의 사라지게 된다.

또한 그의 정체성 구성에 있어서의 '상상적 특성'은 그의 피학증을 필연화시키기도 하는데, 피학증은 상상계가 갖고 있는 원리들을 자기의 발생 기반으로 삼고 있기 때문이다. 예를 들어 상상계에서의 전성기적pre-genital 섹슈얼리티와 주체-대상 관계의 이가적dyad 특성 그리고 회복과 상실, 서스펜스와 지연이라는 서사의 반복은 동시에 피학증의 핵심 원리이기도 하다. 피학증적 욕망은 타자를 자기 내부로 병합하는 동감적idiopathic 동일화가 아니라, 자기를 타자 속으로 흡수시켜버리는 이감적heteropathic 동일화와 관련된다.[15] 이런 피학증 모델에서 남성 주체는 상실감을 극대화하는 동시에 이를 봉합하거나 메꾸기를 거부함으로써 고통, 부정성, 상실의 서사를 반복한다.[16]

그런데 이런 고통, 부정성, 상실의 서사를 시각화하는 것

---

14. 김소연, 「<달콤한 인생> 속에 있는 <달콤한 인생> 이상의 것: 그 미완성 윤리학의 달콤씁쓰레함에 관하여」, 『계간 영화언어』, 2005 여름, 118쪽.

15. Kaja Silverman, *Male Subjectivity at the Margin*, NY: Routledge, 1992, 364-7쪽.

16. 박진형, 「영화 관람 내의 남성적 주체와 남성 육체 재현의 경험에 대한 연구」, 중앙대학교 첨단영상대학원 영상예술학과 석사논문, 2002, 48쪽.

이 이 영화의 필름 느와르적 스타일이라면, 그 서사를 미학화하는 것은 바로 남성 자신의 육체이다. 이 영화에서 '선우'는 두 차례에 걸쳐서 '희수'에게 전등을 선물하고, 두 사람 모두 전등을 껐다 켰다하는 장면들이 등장한다. 또한 '선우'나 보스의 얼굴 등은 종종 빛과 어두움으로 양분된 채 표현된다. 필름 느와르의 표현주의적인 시각 스타일과 연관된 이런 요소들은 명암의 콘트라스트라는 시각적 모티브를 남성 주인공의 심리와 그를 둘러싼 세계의 양가성이라는 주제로 상승시킨다. 즉 그의 강하고 절도 있어 보이는 스타일리시한 외면은 그 뒤에 유혹에 대한 취약함과 융합에 대한 환상 그리고 과거의 추악한 죄[17]를 숨기고 있다면, 남성적 권위와 폭력이 난무하는 세계는 동시에 상실과 부정, 패배와 치욕이라는 고통과 수치를 안고 있는 세계임이 드러난다. 그리고 이런 '이중성'이라는 주제는 어떤 면에서 보스와 더불어 '선우'의 또 다른 거울이미지라고 할 수 있는 '백사장'(황정민 분)의 극히 폭력적이면서도 남자다움과는 거리가 멀고, 잔인함 이면에 유아성을 내포하고 있는 양면적 모습으로까지 이어진다. 더구나 공격적, 파괴적, 퇴폐적, 분열적이라는 점에서 전반적으로 병리학화되는 백사장의 모습은 부정적인 '게이다움 gayness'을 함축함으로써, 이 영화의 과도하고 동기 없는 폭력성을 동성애적 욕망에 대한 억압과 전치의 결과물로 해석할 수 있게 해주기도 한다.

17. 영화 속의 한 대사는, '선우'가 자신이 지금 당하고 있는 비열하고 잔혹한 처벌을 과거에 다른 사람에게 스스로 저지른 적이 있음을 암시한다.

또한 <달콤한 인생>에서 남성의 육체는 '물신은 도착의 가장 기호학적인 것'[18]이라는 주장을 두드러지게 예증한다. 즉 '이미지, 표면, 라이프스타일로서의 신 남성'의 이미지와 연관되어 이 영화의 스타일은 남성성에 있어서의 표면과 수행을 강조[19]하며, 이 영화에서 시각적인 것은 전반적으로 폭력적으로 촉각화[20]되는데, 그 매개체 역할을 바로 남성의 육체 자체가 수행하기 때문이다. 원래 액션영화들에서 남성 육체는 근육질, 아름다움, 육체적인 테크닉, 터프함 등의 특질과 관련되어 전시의 수단이 되고, 이런 구조 속에서 그가 겪는 육체적 고통과 고문은 극복해야할 서사적 장애물이자, 미학화되는 이미지로 작동한다. 말 그대로 남성의 육체 위에 남성 자신의 피학증적인 환상이 스펙터클하게 투자되고 각인되는 셈이다. 이 과정에서 그의 육체가 보여주는 양식화된 아름다움은 서사를 거부한 채 순수한 스펙터클이 됨으로써 그 육체를 물신화시킨다면, 그가 겪는 고통은 촉각적 이미지들을 통해서 전달되고 이상화된다. 그 결과 스티븐 샤비로가 <블루 스틸 Blue Steel>(캐슬린 비글로우, 1990)이라는 영화를 설명하기 위해 동원했던 특징들, 즉 "포스트모던 비전의 무아경적인 과잉, 이미지의 광란과 덧없음, 폭력의 포르노적

18. Mulvey, *Fetishism and Curiosity*, 'preface', p. xiv.

19. Tasker, p. 112.

20. Steven Shaviro, *The Cinematic Body*, Minneapolis: University of Minnesota Press, 1993, p. 7.

유혹, 지각과 욕망의 물질성에 대한 열정적 탐구"[21]는 동시에 〈달콤한 인생〉의 특징이 된다.

IV.

이제 과연 어떤 영화적 남성성이 가능할 것인가?

"국가의 정체성 자체도 남성적 모델이나 남성적 세대와 힘의 서사와 연관 지어 이해"[22]될 수 있고, 국가적 환상은 "국가적 문화가 개인적/집단적 의식을 통해 유포되는 이미지, 서사, 기념비, 현장을 통해 지역화되는 양상"[23]을 띠게 되듯이, 1990년대 이후 한국 영

---

21. Shaviro, p.8.

22. 수잔 제퍼드, 『하드 바디: 레이건 시대 할리우드 영화에 나타난 남성성』, 이형식 옮김, 동문선, 2002, 24쪽.

23. Lauren Berlant, *The Anatomy of National Fantasy: Hawthorn, Utopia and Everyday Life*, Chicago: University of Chicago Press, 1991, p.68, 수잔 제퍼드, p.24에서 재인용.

화가 '남성성'을 재현해온 과정은 어쩌면 1997년의 IMF를 전후로 시작하여 현재의 불안정하고 실패한 노무현 정권에 이르기까지 한국이라는 국가와 사회에 도래한 경제적, 사회적 위기를 남성 주체를 중심으로 하여 끊임없이 상상적으로 해결하기 위한 사회심리의 결과물일 것이다. 미국이 70년대의 이데올로기적 동요와 경제적 불황 그리고 카터 행정부의 정치적 실패 등에 따른 총체적인 위기를 '레이건 대통령'이라는 강력한 리더십을 통해 극복해나가는 과정이 할리우드 영화에서 '하드 바디'가 지배적인 아이콘이 되어가는 과정을 필연화시켰던 것처럼, 한국 영화 역시 1990년대 이후 지속되는 한국사회의 위기를 또 다른 남성적 스펙터클과 서사를 통해서 일관되게 절합하고 해결해오고 있는 셈이다.

그 결과 최근의 한국 영화들은 두 가지 경로를 통해서 남성 영웅을 창조해왔다. 우선 〈쉬리〉에서 〈태극기 휘날리며〉까지 이어지는 한국형 블록버스터 영화들에서 굳건한 의지와 하드 바디로 무장한 남성들은 민족의 작인이자 주체로 다시 태어나면서 최근의 민족 역사에 대한 남성 중심의 다시쓰기를 시도한다. 두 번째로 〈효자동 이발사〉(임찬상, 2004)에서 〈가족〉(이정철, 2004)을 거쳐 〈주먹이 운다〉에 이르는 소시민 중심의 가족 멜로영화들은 무기력한 패배자로서의 남성이 고통과 시련이라는 시험을 거친 후에 부권으로 재수립되는 과정을 보여준다. 양자 모두에서 남성 또는 아버지 영웅은 우리의 모순적인 역사나 억압적인 사회 구조의 희생자라는 위치를 벗어나기 어려우며, 이에 맞서 투쟁하거나 살아남는 과정에서 외적인 힘보다는 내적인 의지나 도덕성을 통해서 자신을 표현하고 자신의 가치를 입증한다. 역사의 상처를 각인하고 있는 피 흘리는 투쟁적 주체로서의 남성과, 따뜻하고 자기희생적인 아버지라는 두 가지 이미지를 통해서 세기 전환기의 한국 영화는 남성의 하드 바디와 소프트 마인드를, 역사와 개인을, 관객의 상상적 동일시와 상징적 승인을 남성중심적인 시각과 원리를 통해서 통합시켜내고 있다.

그런데 "한국 사회의 남성성은 안온한 것이 결코 아니었다. 그것은 급변하는 이중 잣대의 위협 속에 살아야 하는 것이며 '소영웅주의'로 획일화하기에는 너무나 불완전한 것"[24]이라는 지적이 나타내듯이, 한국 영화 속의 남성상은 양가성과 모순을 강하게 띠게 되는 동시에 할리우드식의 영웅주의나 낙관주의로만은 채색될 수 없는 비극성과 무력함 역시 내포하게 된다. 이는 외세에 의한 침탈과 피식민지 경험, 국제적 대리전의 양상을 띤 민족 내전, 파행적이고 분열적인 근대화 과정 그리고 억압적이고 비민주적인 군사 독재라는 역사적 과정 속에서 고통 받고 마비된 남성성과 분리되어 사고될 수 없으며, 그 결과 한국 영화는 한편으로는 목적 없이 떠돌고 힘없이 거세된 남성상과, 다른 한편으로는 타자에 대해 폭력적이고 필사적으로 재남성화를 추구하는 남성상[25]이라는 공존 불가능해 보이는 양면성을 지속적으로 보여주게 된다.

24. 이상용, 「가족 영화는 어떻게 만들어지는가: 한국영화에 떠도는 아버지의 유령」, 『계간 영화언어』, 2005 봄, 46쪽.

25. Kyung Hyun Kim, *The new korean cinema: framing the shifting boundaries of history, class and gender*, dissertation of University Southwestern California, 1998.

그럼에도 불구하고 지금까지의 분석과 진단에 따른다면, 이제 한국 영화는 최소한 남성성의 형상화에 있어서 더 이상 어떤 반복과 차이의 가능성을 남겨 두고 있는지, 묻지 않을 수 없다. 한국형 블록버스터에서 마음껏 발휘된 '테크노 자본주의'가 남성의 역사적 행위를 더 없이 화려하고 스펙터클하게 창조했고, <친구>에서 <달콤한 인생>에 이르는 액션 영화들이 남성적 멜랑콜리를 더 없이 폭력적으로 묘사했으며, <가족>에서 <주먹이 운다>에 이르는 남성중심적 가족 멜로영화가 이 시대 남성들의 불안과 좌절감을 더 없이 신경증적으로 재구성해낸 마당에, 남성성을 둘러싼 어떤 영화적 재현이 가능하고 또 매력적일 수 있을까가 궁금해지기 때문이다.

수잔 제퍼드, 『하드 바디: 레이건 시대 할리우드 영화에 나타난 남성성』, 이형식 옮김, 동문선, 2002

조지 모스, 『내셔널리즘과 섹슈얼리티』, 서강여성문학연구회 옮김, 소명출판, 2004

권은선, 「'한국형 블록버스터'에서의 민족주의와 젠더」, 『여/성이론』4, 2001

김소연, 「〈달콤한 인생〉 속에 있는 〈달콤한 인생〉 이상의 것: 그 미완성 윤리학의 달콤씁쓰레함에 관하여」, 『계간 영화언어』, 2005 여름

김소영, 「사라지는 남한 여성들: 한국형 블록버스터 영화의 무의식적 광학」, 김소영 기획, 『한국형 블록버스터: 아틀란티스 혹은 아메리카』, 현실문화연구, 2001

문강형준, 「〈그때 그 사람들〉, 〈주먹이 운다〉, 〈빈 집〉의 가족서사: 가족의 안과 밖」, 『계간 영화언어』, 2005 여름

박진형, 「영화 관람 내의 남성적 주체와 남성 육체 재현의 경험에 대한 연구」, 중앙대학교 첨단영상대학원 영상예술학과 석사논문, 2002

이상용, 「가족 영화는 어떻게 만들어지는가: 한국영화에 떠도는 아버지의 유령」, 『계간 영화언어』, 2005 봄

김소영, 「활극과 비극의 가능성보다 신파를 택한 〈주먹이 운다〉」, 〈씨네21〉 497호

허문영, 「충무로 액션 키드가 우는 까닭은?: 〈주먹이 운다〉」, 〈씨네21〉, 499호

Judith Butler, *Gender Trouble: Feminism and the Subversion of Identity*, NY: Routledge, 1990

Steven Cohan and Ina Rae Hark, eds., *Screening the Male: Exploring Masculinities in Hollywood Cinema*, London & NY: Routledge, 1993

Richard de Cordova, "A case of mistaken legitimacy: class and generational difference in three family melodramas", Christine Gledhill, ed., *Home Is Where the Heart Is: Studies in Melodrama and the Woman's Film*, London: BFI, 1987

Kyung Hyun Kim, *The new korean cinema: framing the shifting boundaries of history, class and gender*, dissertation of University Southwestern California, 1998

Laura Mulvey, *Fetishism and Curiosity*, London: Indiana UP, 1996

Steve Neale, "Masculinity as spectacle: reflections on men and mainstream cinema", *Screening the Male:* Exploring Masculinities in Hollywood Cinema, 1993

Steven Shaviro, *The Cinematic Body*, Minneapolis: University of Minnesota Press, 1993

Kaja Silverman, *Male Subjectivity at the Margin*, NY: Routledge, 1992

Yvonne Tasker, *Spectacular Bodies: Gender, Genre and the Action Cinema*, London & NY: Routledge, 1993

Ginette Vincendeau, "Community, nostalgia and the spectacle of masculinity", *Screen* 26:6, 1985

Valerie Walkerdine, "Video replay: families, films and fantasy", Victor Burgin, et. als., eds., *Formations of Fantasy*, London & NY: Methuen, 1986

No. 12

퀴어 정치학과 영화적 재현의 문제

〈지상만가〉 김희철 1997

I.

지금 왜 퀴어 비평이 필요한가?

안소니 기든스Anthony Giddens에 따르자면 현대 사회의 섹슈얼리티 문제는 결국 민주주의의 문제로 귀착된다.[1] 섹슈얼리티는 기본적으로 나와 타자의 관계, 즉 인간관계의 문제이기 때문이다. 또한 성에 대해 가해지는 의미의 과부하, 즉 위험한 열정, 일탈, 윤리학 등의 문제들은 섹슈얼리티를 담론들의 격전장으로 만들기에 충분하다. 특히 20세기 이후 성은 점차 정치화됨으로써, 그 안에서 새로운 접근이나 도전의 가능성들이 생겨나기 시작했다. 성적으로 가장 억압받아왔던 대상들인 여성이나 동성애자들은 성이라는 공간 내에서 투쟁하면서 자기 목소리를 내기 시작했고, '성

1. 안소니 기든스, 『현대사회의 성, 사랑, 에로티시즘: 친밀성의 구조변동』, 배은경, 황정미 옮김, 새물결, 1996, 10장 '민주주의로서의 친밀성' 참조.

정치학', '게이[2] 정치학' 또는 '퀴어[3] 정치학'이라는 이름으로 성에 대한 급진적인 태도와 정치화된 이론들이 성 담론을 구성해왔다.

특히 1970년대부터 본격화되기 시작한 게이 해방운동은 양성적, 다형도착적 성향이 인간 본성에 내재한 것으로 보면서 호모/헤테로, 여성적/남성적 역할 중심의 섹스/젠더 시스템으로부터 개인을 해방시키는 방향으로 추진되었다. 그러나 백인 중산층의 사회규범으로부터 파생한 '개인'을 중심에 놓고 있을 뿐만 아니라 동성애적인 욕망을 존재론적으로 고정된 섹슈얼리티로 본다는 점에서 게이 정치학은 애초부터 내재적 한계를 안고 있었다. 따라서 게이 정치학은 사회적 관습과 정치적 전략은 물론이고 주요한 재현 시스템에서 도전을 받게 되는데, 특히 그 핵심인 '정체성의 정치학'이 지닌 한계는 특정 모드로 범주화시킬 수 없는 또는 범주화와 정체성이라는 개념 자체를 거부하는 퀴어 정치학의 탄생으로 이어진다.

온갖 고정적이고 불변적인 것에 대한 가정을 회의하는 것에서 시작하는 퀴어 정치학은 당연히 자유주의적 정치학으로부터

2. 여기에서의 '게이'는 '남성 동성애자'만을 지칭하는 것이 아니라, 남성과 여성 동성애자를 모두 아우르는 대표적인 성격을 지닌다. 이후에 사용되는 '게이 비평'의 경우에서도 마찬가지이다.

3. 성적 차이에 있어서의 모든 비규범성을 표현하는 용어로서, '이성애를 벗어난' 모든 섹슈얼리티, 즉 남성 동성애와 여성 동성애, 양성애는 물론이고 트랜스젠더나 복장도착과 같은 모든 종류의 성적 소수자를 포괄적으로 지시한다. 따라서 퀴어 영화의 경우에도 젠더와 섹슈얼리티에 대해서 급진적이거나 해체적인 정치적 입장을 취하는 영화, 즉 기존의 성차나 성애의 범주 내에서 제대로 자리잡지 못한 공간과 관계성을 제시하거나 절합하는 영화들로 정의된다.

비롯된 모든 게이 해방운동의 전략과 더불어 게이다움gayness이라는 일반적 정체성에 기반 한 정체성의 정치학을 강하게 거부한다.[4] 그 결과 '차이의 정치학'에 근거한 퀴어 정치학은 이성애적인 것이 아닌 그 모든 개방적인 가능성을 실천하고 사유하면서 자신을 유동적이고 불연속적인 계열체로 열어 놓는다. 퀴어 이론이 보여주는 이러한 잠재적으로 해체주의적인 성향은 포스트주의들의 시험대로서도 중요한 정치적 함의를 지니게 한다. 퀴어를 중심으로 한 섹슈얼리티 담론은 급진적 이념과 현실 운동이 약화되거나 실종된 시대에 '민주주의'라는 의제를 다시금 등장시키면서, 탈현대를 사는 주체들의 감각과 경험, 의식과 무의식을 가장 논쟁적으로 파헤칠 수 있는 영역으로 등장하기 때문이다.

이처럼 이전에는 사적이고 개인적인 문제였던 섹슈얼리티가 현대 사회에서 공적이고 정치적인 문제, 특히 권력과 관련된 의제로 등장하게 되면서, 특히 영화에서 재현의 정치학과 맞물려 섹슈얼리티의 문제는 페미니즘 영화이론, 포르노 논쟁 그리고 게이 영화비평 또는 퀴어 영화 비평의 화두로 부상하고 있다. 페미니즘 영화이론과 비평의 흐름은 섹슈얼리티를 비롯한 정체성의 문제를 의제의 중심에 위치시키는 경향을 보이고 있다면 섹슈얼리티의 재현과 정치학의 관계를 가장 명백하게 엿볼 수 있는 게이 영화 비평과 퀴어 영화 비평의 전개 과정과 쟁점들은 이성애를 벗어난 여타의 성을

4. 서동진, 『누가 성정치학을 두려워하랴』, 문예마당, 1996, 166쪽.

억압하는 동성애혐오증 및 그 밖의 이데올로기에 저항한다.

1970년대 레즈비언, 게이 인권운동과 더불어 등장한 게이 영화 비평은 초기에는 주로 주류 영화를 동성애적 시각에서 재독해하는 것에 초점을 두게 된다. 이 과정에서 동성애자의 이미지가 어떻게 정형화되고 영화의 서사가 동성애자를 어떻게 처리하는지가 비판적으로 분석되고 때로는 게이 감독의 작품에 내재된 암시적인 의미들이 면밀하게 해석된다. 그 결과 기존의 주류 영화 비평에서는 간과되던 하위 텍스트들이 재조명을 받게 되고 주류 영화가 동성애 하위문화와 맺는 관계가 설명되게 된다. 동성애적 시각에서 제작된 영화들이 아직은 극소수라는 현실에서 비롯된 이런 게이 영화 비평의 양상은 점차 '대항영화'에 대한 하나의 담론으로 구성되어 가면서 '성적 소수자들을 위한, 성적 소수자들에 의한' 영화 제작의 발전을 추동하는 역할을 하게 된다.

하지만 한국 사회는 그 가부장제 이데올로기는 물론이고 특히 극도로 보수적인 다양한 성이데올로기들조차 제대로 비판의 도마에 올라본 적이 없는 사회이다. 이러한 현실은 페미니즘 정치학과 퀴어 정치학의 상호 관계를 새롭게 고민하면서, 양자의 문제틀과 논쟁점들을 현재 존재하고 있는 다양한 문화적 재현물들과 그 안의 이데올로기들에 비판적으로 적용하기를 요구하고 있다.

따라서 여기에서는 섹슈얼리티 이론을 중심으로 퀴어 정치학의 제반 쟁점들을 이론적으로 살펴본 후에, '전지구적 주류 영화'라고 할 수 있는 할리우드 영화에서 동성애를 비롯한 이단적 섹슈얼리티가 실제로 어떻게 재현되어 왔으며 특히 1990년대 이후 전개된 '뉴 퀴어 시네마'가 어떤 의미와 한계를 갖고 있는가를 비판적으로 되짚어보고자 한다. 이는 아직까지도 퀴어 영화의 편수가 손꼽힐 정도로 그 생산이 본격화되고 있지 못한 한국에서 한편으로는 참조를 통해 향후의 비교 연구를 위한 준비 작업의 일환이자 본격적인 퀴어 비평을 시도하기에 앞서 서구에서의 게이 비평의 역사를 일별해보기 위한 것이다.

마지막으로는 전혀 다른 사회문화적 맥락에 위치한 한국 영화 한 편에 대한 퀴어 비평의 가능성을 시도해보고자 한다. 여기에서 사용되는 비평 방법은 '하위텍스트 연구'로서, 이는 텍스트에 명시적으로 드러나지는 않지만 그 안에서 암시적으로 작동하는 의미들을 읽어내는 독해 방식이다. 창작자의 의도와는 무관한 '텍스트의 무의식'을 밝혀내고자 하는 이러한 시도, 즉 '텍스트의 결을 거슬러 읽기'는 페미니즘 영화 비평은 물론이고 퀴어 영화 비평의 중요한 연구 방법 중의 하나이다.

그 대상으로 선택된 〈지상만가〉는 "첨단 촬영기재와 화려한 테크닉에만 몰두한 나머지 이런 종류의 감동적인 버디영화가 갖춰야 할 필수 덕목들을 놓치고 말았고, 짜임새 있는 이야기 구조와 정서의 깊이를 만들어내는 데 완벽하게 실패"[5]했다는 평가를 받았다. 여기에서 알 수 있듯이 이 영화는 한 편의 실패한 주류 영화이지만, '남성 간 연대'를 중심에 놓은 버디 무비로서 이 영화가 내포한

5. www.cine21.com/Movies/Mov_Movie/movie_detail.php?id=108

동성애적인 함축과 이에 따른 긴장이 불가불 동성애적인 응시와 쾌락을 발생시킨다는 판단에서 '징후적인 독해'의 대상으로 선택되었다. 이와 동시에 이 영화에서 표면적으로 지배적인 이성애적인 서사와 시각의 경제가 남성 주인공들의 그리고 관객의 잠재적으로 동성애적인 응시와 쾌락을 어떻게 억압 혹은 봉합하는가, 반면에 이에서 비롯되는 텍스트적 과잉의 순간들, 즉 플롯의 논리로는 설명되지 않거나 선형적인 서사와 충돌하는 그 순간들에 동성애적 욕망과 이끌림은 어떻게 가시화되는가에 분석의 초점을 맞추었다.

II.

퀴어 정치학

(1) 섹슈얼리티 이론: 프로이트, 푸코, 안소니 기든스

퀴어 이론은 프로이트의 정신분석학에서 이론적 지원과 영감의 많은 부분을 받아 왔다. 그 중에서도 특히 프로이트가 유아 성욕에서 발견한 '다형적 도착성polymorphous perversion'과 '양성성

bisexuality'이라는 개념은 동성애성애homosexuality를 병리적인 것이나 불구적인 것으로 보지 않는 관점을 가능하게 했다. 또한 섹슈얼리티는 어떤 내재적인 대상도 갖지 않고 남녀의 섹슈얼리티는 등가라는 사고 그리고 동성애에 대한 설명에서 중요한 '조형적 섹슈얼리티plastic sexuality'의 발견은 동성애를 전향적으로 설명할 수 있는 이론적 여지를 마련해주었다.

그러나 19세기 말과 20세기 초를 살았던 지식인으로서 프로이트가 지니는 한계와, 정신분석학 자체가 지니는 섹슈얼리티의 역사성에 대한 이론화의 부재는 정신분석학과 퀴어 이론 간의 긴장관계를 낳게 된다. 우선 프로이트는 도착의 범위를 확대하고 인정가능한 성의 범주로 포괄했던 반면, 그가 견지했던 도착 개념은 개인이 성정체성을 획득하기 위해 거쳐야 하는 정신적 과정인 거세불안과 외디푸스 위기를 그 뿌리로 삼는 "성발달의 저지로 인해 생겨나는 성기능의 변종"[6]이었다. 이것은 원시적인 난교 및 도착에서 일부일처제적 이성애로의 발전, 즉 이성애적이고 생식적인 성을 규범으로 삼는 전일적인 성모델의 반복을 보여준다.

정신분석학이 결여했던 섹슈얼리티에 대한 역사적 접근은 푸코에 의해서 이루어진다. 특히 그의 '도착의 이식perverse implantation' 개념은 성적 도착의 역사적 등장 과정과 함께 권력 및

6. 제프리 윅스, 『섹슈얼리티: 성의 정치』, 서동진, 채규형 역, 현실문화연구, 1994, 104쪽.

지식과 성이 어떻게 연관되는가를 설명해준다.[7] 그에 따르자면 19세기에 다양한 도착적 섹슈얼리티들이 발견되면서, 이것들이 개인의 인격과 정체성을 분류하는 기준이 된다.[8] 그러나 이는 도착자들을 억압하기 위한 것이 아니라 여기에다가 하나의 분석적, 가시적, 영속적 실체를 부여하기 위한 것으로서, 섹슈얼리티가 어떻게 현대성의 근원인 '진리 체제'와 연계되게 되는지를 설명해준다. 따라서 동성애를 포함한 도착의 발견과 이에 대한 의학적, 법률적 분류는 근대 권력이 개인의 '육체'를 그 작용점으로 삼고 '섹슈얼리티'를 매개점으로 삼아서 해부학적 정치를 펼치는 '생체 권력bio-power'이 되는 과정을 가장 뚜렷하게 보여준다는 것이다.

그렇다면 21세기 초인 현재 동성애와 섹슈얼리티라는 문제는 정치적, 역사적 차원에서 어떻게 맥락화될 수 있는가? 이에 대한 해답은 안소니 기든스의의 논의에서 부분적으로 제공된다. 우선 현대 사회의 섹슈얼리티는 전통과 관습 그리고 생식에 의해 명령받던 과거와는 달리, 개인이 선택하고 결정하며 관계 내재적인 속성과 의미가 중요한 '조형적 섹슈얼리티'가 된다. 그는 이런 식으로 유지되고 변화되는 관계를 '순수한 관계pure relationship'로 개념화하면서 이런 관계에서는 '에피소드적 만남episodic encounter'이 중심을 차지한다고 설명한다.

7. 미셸 푸코, 『성의 역사 I: 앎의 의지』, 이규현 역, 나남, 1990, 2장 '억압의 가설' 참조.

8. '동성애자(homosexual)'와 같은 개념의 등장을 대표적인 예로 들 수 있다.

모더니티의 전개과정과 공/사 영역의 분리라는 관점에서 현대 사회의 성을 설명하고자 하는 그의 작업에서, 조형적 섹슈얼리티와 에피소드적 만남이라는 두 가지 개념은 동성애와 그에 입각한 관계를 새로운 자아 탐색과 도덕적 형성이 가능한 장소, 섹슈얼리티가 차별적 권력에서 벗어나 민주주의적 실천의 기본 모델이 될 수 있는 영역으로 이론화하고 자리매김해주게 된다. 동성애 관계에서는 권력이 '성적 실천'에만 국한되고 '성적 취향'이 더 중요한 결정요인이 됨으로써, 그 관계는 기든스가 '친밀성의 구조변동'이라고 이름 붙인 현대화 과정의 본질적인 요인이자 의사소통의 가능성을 보여주는 '평등화'와 '성적 민주주의'의 핵심적인 계기가 될 수 있기 때문이다.

(2) 퀴어 정치학

기존에 동성애는 '그 이름을 감히 입에 올릴 수 없는 사랑'이었고, 동성애자는 '동성인 파트너와 성적 행위를 하는 자'로 단순하게 낙인찍혀 왔다. 그러나 푸코의 설명에서 보았듯이 동성애라는 개념은 역사적, 사회적인 것이고, 동성애자라는 개념 역시 특정한 사회문화적 정체성과 경험을 전제로 하고 있다. 따라서 동성애는 죄악이나 병리학으로서가 아니라 한 인간의 성적 충동을 질서지우는 하나의 방식으로 위치 지워져야 할뿐만 아니라, 성을 둘러싸고 있는 다양한 담론들과의 관계 속에서 논구되어야 한다.

1970년대 이후의 게이 정치학은 게이들의 성적 자율성 및 이성애자와 동등한 시민권의 획득, 성역할에서의 정형화 탈피 등을 주요 목표로 삼았다면, 퀴어 정치학은 이와는 다른 개념화와 정치적 전망을 보여준다. 그 내용을 간단하게 정리하자면 다음과 같다. '필요에서 욕망으로, 젠더에서 섹슈얼리티로, 이데올로기에서 쾌락으로, 개념들에서 감각들로' 그리고 '욕망의 자율성과 차이들의 중요성에 대한 강조'이다.

우선 퀴어 정치학에서 섹슈얼리티에 대한 지식들은 사회, 문화, 정치, 경제적 투쟁들과 다각도로 연결된다. 이런 점에서 퀴어 이론은 모든 변화를 포용하는 네트워크와의 관계에서 자신의 위치를 설정한다.[9] 즉 퀴어라는 것은 젠더와 이에 입각한 성차, 그리고 여성 대 남성, 여성성 대 남성성과 같은 도식을 거부하는 비성별화된**non-gendered** 개념인 것이다.

특히 알렉산더 도티는 퀴어적 입장, 퀴어적 독해, 퀴어적 담론과 같은 용어들의 사용을 통해서, 문화의 모든 측면들을 설명할 수 있는 '유연한' 공간을 열고자 한다. 문화 생산과 수용에 내포되어 있는 환상과 꿈의 요소들을 활성화시키고 퀴어적 입장을 유희적으로 펼침으로써 성애적 욕망의 넓은 범위를 표현하고 젠더와 섹슈얼

---

9. "퀴어는 ~대신(instead)이 아니라 ~을 포함하는(inclusive) 개념이다"(아델 모리슨), "퀴어는 젠더가 아니라 존재론의 측면에 위치한다"(슈엘렌 케이스), "퀴어다움(queerness)이라는 것은 모든 측면의 문화적 생산과 수용을 설명할 수 있는 용어로, 급진적 개방성과 저항의 장소를 뜻한다"(알렉산더 도티)와 같은 입장들에서 이를 단적으로 살펴볼 수 있다.

리티를 탈안정화시킬 수 있다는 것이다.[10]

자기동일성self-identity을 기반으로 하고 있는 게이 정치학과는 달리, 퀴어 정치학에서는 역사적으로 만들어진 모든 종류의 '차이들'을 고려하면서 이러한 차이들을 위계화하는 구조를 분석하고 비판한다. 따라서 퀴어 정치학의 재현 전략 역시 게이 정치학의 그것과는 판이하게 달라진다. 섹슈얼리티의 영역에서는 내부적 차이들과 자율적인 욕망을 강조하는 방향으로 나아가는데, 레즈비어니즘과 관련해서 보더라도 부치/펨이라는 역할 연기, 딜도의 사용 및 S/M의 문제, 포르노의 사용과 같은 것들이 이슈가 된다. 특히 부치/펨이라는 역할 연기나 딜도의 사용은 또 다시 젠더라는 틀에 입각한 이성애적 모델을 되풀이하는 것이 아니라, 남근적 경제 '위에서' 작동하게 됨으로써 이성애적이고 가부장적인 질서를 붕괴시키는 적극적인 의미를 지니게 된다.[11]

동성애적 동일화는 권력과 젠더 상의 차이를 갖고 유희하는 데에서, 즉 성적 정향sexual orientation의 차이에서 나온다. 따라서 이것은 젠더 동일화에 의존하거나 그것을 전복하는 데에만 촛점을 맞추는 것이 아니라, 전혀 다른 유형의 동일화와 욕망의 패러다임을 만들어낸다. 예를 들어 가학증적 게이와 피학증적 게이라는 차이, 동

10. Alexander Doty, "There's Something Queer Here", Corey K. Creekmur & A. Doty, eds., *Out in Culture*, Duke University Press, Durham & London, 1995, p. 73.

11. Karin Quimby, "<She Must Be Seeing Things> Differently: The Limits of Butch/Femme", Karla Jay, ed., *Lesbian Erotics*, NY & London: NY UP, 1995, p. 184.

성애자와 양성애자의 서로 다른 성적 역사 그리고 이런 차이들에서 유래하는 성적 환상의 상이한 작용 등은 훨씬 더 복잡하고 상호적인 성적 동일화와 성적 이끌림sexual attraction을 설명해줄 것이다.

이성애 관계에서도 물론 성적 환상은 중요한 역할을 한다. 그러나 애초부터 근본적인 젠더의 차이에서 출발하는 이성애 관계와는 달리, 동성 간의 섹슈얼리티는 훨씬 더 복잡한 절합 지점을 갖게 된다. 그 중에서도 특히 환상은 그들 간의 내부적이고 더 미묘한 차이들을 활성화시키면서, 이성애와는 다른 관계 모델과 동일화 과정을 만들어낸다.

우선 동성애 섹슈얼리티에서 환상은 투사와 동일화라는, 서로 모순적인 두 가지 과정을 절합시켜내는 '투사적 동일화projective identification'를 가능하게 한다. 동일화는 명백한 주객관계를 전제로 하는 대상관계 내에서 이루어지는 전유를 의미한다면, 투사는 주체가 지닌 욕망이나 불쾌 또는 두려움을 대상에게 전이시키는 것이다. 따라서 이것은 동성을 성적 대상으로 삼는다는 유사성과, 그들 내부에 존재하는 차이들이 적극적으로 상호작용하는 과정을 만들어내고, 이 때 환상은 양자 간에 공유되는 '성적 경험'이자 '서로 다른 성적 욕망의 협상 과정'이라는 이중적 의미로 작용하게 된다.

III.

할리우드 영화와 동성애 섹슈얼리티의 재현

영화는 항상 이성애자들이 동성애자들에 대하여 갖고 있는 이미지와 상상력뿐만 아니라, 동성애자들 스스로의 자기정체성 형성에 대하여 중요하면서도 지속적인 영향을 끼쳐왔다. 영화는 동성애자로 명명되는 상상적 기표를 마주할 수 있는 공적 영역의 하나이자, 동성애자 자신이 상상적으로 연루되어 환상을 펼칠 수 있는 사적 공간이기도 하기 때문이다. 그렇다면 할리우드는 동성애, 동성애자, 동성애 공동체를 어떻게 정의하고 또 이미지와 서사를 통해서 어떤 방식으로 재현해왔는가?

성이나 인종과는 달리 생물학적 표식을 갖고 있지 않는 게이다움은 주로 문화적 형식들을 통해서 드러난다. 비가시적인 것을 가시화시키는 그런 기호들의 레퍼토리는 시각적 인지, 즉 정형성에 대한 인지가능성을 요구하는 '게이의 재현을 위한 토대'이다. 병리학, 사회적 역할, 하위문화와 관련해서 암시하는 바가 전달되기 위해서는 쉽게 인지될 수 있는 기호들이 사용되어야 하고, 이에 대한 해독은 하위문화 스타일에 대한 지식을 필요로 한다. 그 결과 정형화는 인물의 섹슈얼리티를 첫 눈에 알아볼 수 있도록 만든다는 점에서 직접적이고 경제적이다. 그러나 피지배문화의 권력과 영향력이 커질수록 지배문화는 이를 흡수하고 재영토화하고자 한다. 그만큼 정형화는 철저하게 사회적, 역사적 맥락 안에 놓여있고, 그 안에서 동성애자는 '나'라는 주체와 마주하게 되며 대중에게 소비되는 동성애자 이미지 역시 이런 정형화를 거쳐서 형성된다. 따라서 정형화의 위반과 해체는 섹슈얼리티 정치학의 중요한 전략들 중의 하나이다.

영화가 태어난 1895년에 에디슨이 만든 〈게이 남성들 The Gay Brothers〉이라는 영화는, 영화 매체의 역사가 어떤 의미에서는 동성애 재현과 더불어 시작되었음을 말해준다. 무성영화 시기와 유성영화 초기까지만 하더라도 동성애를 드러내고 묘사하는 것이 부도덕하거나 비상식적인 일은 아니었다. 이 시기의 동성애적 이미지와 행동은 세 가지로 나누어진다.

첫째, 웃음 유발 장치이다. 〈농부들 Soilers〉(스탠 로렐, 1923)에서 처음으로 선보인 '씨씨맨sissy man'처럼, 주로 복장도착이나 성역할 바꾸기를 통해서 유머를 자아낸다. 그리고 조연급으로 등장한 동성애자는 이성애 로맨스의 무리 없는 전개를 위한 매개체 역할을 한다. 둘째, 성애적 장치로서의 동성애 이미지이다. 〈모로코 Morocco〉(조셉 폰 스턴버그, 1930)에서 남장을 하고 여자 손님에게 키스를 하는 마를렌느 디트리히의 퍼포먼스는 레즈비언 관객들에게 성애적 즐거움을 준다. 셋째, 일탈, 변태, 퇴폐의 상징이다. 〈십자기호 The Sign of the Cross〉(세실 B. 드밀, 1928)를 비롯한 많은 예들이 이에 해당된다.

1934년 동성애를 도착으로 간주한 검열 규정(일명 헤이즈

코드)이 수립되면서 1960년대 초까지, 영화 속에서 동성애를 명시하거나 동성애적 소재를 선택하는 것은 '공식적으로' 금지된다. 그 결과 동성애와 동성애자는 영화의 텍스트 표면에서 사라지지만, 레즈비언 및 게이 비평가들은 하위텍스트 독해를 통해서 표면 아래에서 움직이는 암시적인 동성애적 욕망과 의미를 밝혀낸다.

또한 이 시기의 영화 스타들은 레즈비언/게이 관객을 위한 도상으로 등장하여, 게이 하위문화의 주체들에게 동일화의 쾌락과 은밀한 가시화의 짜릿함을 안겨주게 된다. 그레타 가르보, 마를렌느 디트리히, 캐서린 헵번과 같은 여성 스타들은 이성애 남성의 지배구조를 벗어나 있는 독립적이고 강인한 이미지, 남장 등의 퍼포먼스를 통해 표출되는 유동적 정체성 등을 통해서 레즈비언 관객들에게 거부할 수 없는 매혹을 선사했다면, 주디 갈란드는 비천함과 과장성, 비자연스러움을 통한 캠프적 이미지로 인해서 게이 남성들의 스타였다.

1950년대 말부터 악명 높던 검열규정이 약간 느슨해지면서 동성애가 부분적이나마 영화 속으로 진입하게 된다. 그러나 동성애와 동성애자는 불행한 자나 환자, 변태나 악마로 정형화되었고, 서사 속에서 항상 비극적인 최후를 맞이하는 식이었다. 반면 〈이유 없는 반항 Rebel without a Cause〉(니콜라스 레이, 1955)에서 제임스 딘과 살 미네오 간의 동성애적 징후를 보여주는 관계와 〈지난 여름 갑자기 Suddenly, Last Summer〉(조셉 맨키위츠, 1960)에서 비록 영화 속에 모습이 등장하지 않고 결국 끔찍한 죽음을 당함에도 불구하고 분명하게 게이성을 담지하는 세바스찬이라는 인물은 동성애를 더 솔직하고 과감하게 다루었다는 평가를 받기도 했다.

1960년대와 1970년대 할리우드 영화에서 게이는 주변화되거나 폭력적인 이미지로 물들게 된다. 1962년에서 1978년까지 게이를 주제로 다룬 28편의 영화 중 22편에서 주요 게이 등장인물은 죽음이나 자살로 끝을 맺는다. 그러나 1970년대 이후 게이 정치학은 게이들의 성적 자율성 및 이성애자와 동등한 시민권의 획득, 정형화 탈피 등을 주요 목표로 삼았고, 이는 영화 속의 동성애 재현에도 영향을 미치게 된다.

특히 1982년은 획기적 전환이 이루어진 해로서, 같은 해에 등장한 〈두 남자 **Making Love**〉**(아서 힐)**, 〈빅터/빅토리아 **Victor/Victoria**〉**(에드워드 블레이크)**, 〈퍼스널 베스트 **Personal Best**〉**(로버트 타운)**, 〈파트너들 **Partners**〉**(제임스 버로우즈)**은 동성애를 다양한 삶의 방식들 중의 하나로 다루는 유연하면서도 인도주의적인 관점을 보여주면서 동성애를 전면적으로 드러내기 시작한다. 여기에서 동성애자들은 동성뿐만 아니라 반대 성의 사람과도 친밀한 관계를 맺을 수 있는 중산층의 매력적이고 지적인 인간으로 묘사되며, 이성애자와 다를 바 없이 사회적 역할을 해나갈 수 있는 존재로 인정되기 때문이다.

주류와 독립영화의 경계선이 이성애와 동성애의 경계와 마찬가지로 흐려지게 되는 1990년대로 넘어오면 퀴어 영화가 하나의 물결을 이룰 만큼 동성애 이미지는 번성하게 된다. 퀴어 영화는 무엇보다도 80년대의 에이즈 위기, 즉 신우익이 지배하는 레이건 시대에 에이즈를 이용하여 동성애운동에 가해졌던 극단적으로 반동적인 탄압에 대한 정치적 대응이라는 맥락 속에서 90년대 이후에 등장한 영화들을 지칭한다. 여기에서 정형은 '혼성'이 되고, 지배문화는 자기인지와 표현 그리고 권력을 지니게 된 동성애 하위문화를 포용 가능한 이미지로 받아들일 수밖에 없는 맥락 속에 놓여진다.

그러나 루비 리치와 같은 영화이론가들이 이들에게 '뉴 퀴어'라는 이름을 붙인 것은 아마도 바바라 해머Barbara Hammer나 데릭 저먼Derek Jarman 등의 작업을 통해서 비록 고립된 형태로나마 그 이전부터 존재했던 퀴어 영화의 전통을 인정하면서 이것과 구별 짓기 위한 의도일 것이다. 어떻든 동성애자라는 정체성을 하나의 통일적인 본질로 바라보는 정체성의 정치학과의 단절을 선언한 퀴어 정치학은 훨씬 더 당당하고 거침없는 태도로 이성애/동성애라는 이분법 자체를 거부했고 열려 있는 성 정체성과 유동적인 성적 지향을 급진적으로 추구한다. 따라서 애초부터 퀴어 영화는 레즈비언과 게이 영화와는 확연하게 다른 미학이나 정치적 태도를 보여주게 된다.

특히 1990년대 들어 〈독약 Poison〉(토드 헤인즈, 1991), 〈젊은 영혼의 반란 Young Soul Rebels〉(아이작 줄리언, 1991), 〈졸도 Swoon〉(탐 칼린, 1992), 〈리빙 엔드 The Living End〉(그렉 아라키, 1992)와 같은, 새로운 주체성을 협상하고 장르들을 병합하며 이미지의 정치학을 통해서 역사를 교정하는 뉴 퀴어 영화들이 거센 기세로 등장한다. 이들은 패스티시pastiche나 아이러니와 같은 포스트모던한 기법들을 사용하고, 미니멀리즘과 과잉 사이를 오간다. 이전의 인간주의적 관점을 낡은 것으로 만들어버리면서 이 영화들은 성적 소수자들의 역사를 다시 쓰고 역동적이면서 분방한 비전들을 제시하며 무엇보다도 쾌락으로 가득 차 있다.

하여튼 퀴어 영화는 그 안에서 섹슈얼리티, 젠더, 인종이 격렬하게 충돌하고 퀴어적인 육체와 욕망, 환상과 로맨스가 출렁이며 번져나가는 정치적 용광로이자 문화적 전위였다. 그 곳에서 협상과 순응은 들어설 자리가 없었고 전복과 일탈, 경계 깨뜨리기와 정전 뒤집기는 친숙한 전술과 수사학이 되었다. 따라서 퀴어 영화는 20세기 말에 단순화와 스펙터클로만 치닫는 할리우드 영화는 물론이고 매너리즘에 빠져 정체되어버린 유럽 영화를 일신시킬 수 있을 만큼 풍부한 상상력과 자극적인 영감을 제공하는 가장 강력하고 매혹적인 영토로 자리 잡게 된다.

그러나 곧 퀴어 영화에 대한 비판이 제기되기 시작하는데, 이것은 퀴어 영화 진영 내에 남성 대 여성, 백인 대 유색인종, 동성애자 대 더 하위의 성적 소수자, 엘리트주의 대 대중주의라는 갈등과 긴장이 존재하고 있음을 보여준다. 특히 퀴어 영화는 성적 욕망이라는 면에서 형상화되는데 그 욕망은 배타적으로 남성의 것이고 따라서 이성애 영화에서보다 퀴어 영화에서 여성은 훨씬 더 주변화되고 있다는 비판이 지배적이었다. 장 콕토Jean Cocteau, 앤디 워홀Andy Warhol, 파스빈더Rainer Werner Fassbinder, 케네스 앵거Kenneth Anger 등을 그 뿌리로 삼고 있는 퀴어 영화는 철저하게 남성 예술가 중심의 계보도를 그려낸다. 더구나 그렉 아라키나 탐 칼린의 영화들은 페미니즘 영화보다는, 폭력을 통해 남성성을 정의하는 마틴 스콜세즈나 쿠엔틴 타란티노의 영화들과 더 많은 공통점을 갖고 있고, 몇몇 퀴어 영화들은 여성혐오증과 레즈비언혐오증을 드러내기까지 한다. 또한 실제로 1990년대 중반까지 게이의 욕망을 다루는 영화에 비해 레즈비언 영화는 극소수에 불과했다. 백인 남성 게이 감독들이 주목받으면서 재정적 지원을 쉽게 얻을 수 있었던 반면 레즈비언 감독들은 성차별주의가 가져다준 다양한 장벽들을 실감할 수밖에 없었던 것이다.

IV.

한국영화에 대한 퀴어 비평의 가능성 : 〈지상만가〉를 중심으로

현재 페미니즘적 비평과 더불어 퀴어적 비평이 갖는 의의는, 이성애적 가부장제 이데올로기로 무장되어 있는 한국영화 텍스트들의 표면적 결을 거슬러 그 안의 균열과 모순들을 드러냄으로써 응집적으로 보이는 텍스트를 해체하고 완강하게 기능하는 이데올로기들을 가시화시키는 데에 있다. 지배적인 영화를 때로는 전복적으로 때로는 대안적으로 독해하는 작업은 지배적인 영화가 조장하는 이성애 중심적, 반동성애적 텍스트에 대해 비판하는 동시에 전복적이고 대안적인 독해를 통해 동성애자들의 수용과 쾌락을 위한 틈새를 열어주고자 하는 시도이다. 주류영화에 대한 이런 식의 독해는 영화 텍스트들이 결코 이성애중심주의와 같은 단일한 의미로 수렴되지 않는다는 것, 즉 서사의 차원에서 부정되거나 암시될 뿐인 것들이 때로는 텍스트 약호들에 대한 면밀한 탐색을 통해 밝혀질 수 있다는 점을 시사한다.

퀴어적 텍스트에는 항상 동성애를 암시하는 힘과 부정하는 힘 간의 긴장이 존재하고, 이것은 그 텍스트를 더 모순적이고 역동적인 것으로 만들어낸다. 예를 들어 동성 간의 관계나 시선에 함축되는 성애를 차단하거나 약화시키기 위해서 그 관계나 시선을 중간에서 매개하는 이성애자(두 여자 사이의 한 남자 또는 두 남자 사이의 한 여자)를 등장시키지만 그 매개자는 결국 두 사람을 떼어놓기 보다는 이어주는 역할을 하게 되고, 오히려 동성애가 지니는 성애적 함축이 안전한 방식으로 긴장감 넘치게 표출되도록 만들어준다. 동성 간의 감정적 이해와 육체적 친밀감에 흐르는 성적 에너지는 표출되자마자 서둘러 봉합되지만, 동성 간의 감정적인 교류와 육체적 접촉에 대한 묘사는 때때로 텍스트에다가 '과잉'의 지표를 새기게 되는데, 이러한 과잉의 순간들은 역설적이게도 선호되는 지배적 독해(즉 이성애적 독해)를 순식간에 전복시키면서 대안적이자 다중적인 독해를 가능하게 만드는 계기가 되기도 한다.

그러나 〈내일로 흐르는 강〉(박재호, 1995)을 시작으로 〈로드무비〉(김인식, 2002)를 거쳐서 〈후회하지 않아〉(이송희일, 2006)에 이르기까지 동성애 섹슈얼리티에 대한 영화적 재현이 드물게 점멸해온 한국 영화는 물론이고 한국 사회 자체에서 지식인 중심의 동성애 담론은 이제 막 싹트기 시작한 반면 실제로 퀴어 영화의 생산과 퀴어 이론 및 비평을 주도할 실제적인 주체 세력은 아직 조직되지 않은 상태이다. 그러나 사회, 정치적 미성숙과 억압성이 모든 문화적 재현물을 전일적으로 규정할 수도 없고, 현실의 부재가 반드시 재현의 부재로 이어진다는 법칙도 없다. 따라서 여기에서는 오히려 침묵 속에서 억압된 목소리를 듣고, 부재 속에서 현존을 읽어내는 방식으로, 한 편의 실패한 주류 텍스트를 퀴어적 시각에서 '징후적으로' 읽어보고자 한다. 두 남성의 사랑을 재현하고자 했으나 강박적인 이성애의 삽입으로 제 갈 길을 잃어버린 영화 〈지상만가〉가 바로 그 대상이다.

(1) 버디 무비: 여성의 부재와 남성들의 동일화

〈지상만가〉는 광수(신현준 분)와 종만(이병헌 분)이라는 두 남성이 만나고 헤어지는 과정이 주된 서사라는 점에서, 다른 버디 무비들처럼 여정의 서사를 띠지는 않지만 전체적으로는 버디 무비의 관습 안에 놓여 있다. 1970년대 할리우드의 남성 버디영화들은 '여성을 스크린에서 내몰았다'는 비난을 받았었고, 로빈 우드Robin Wood와 같은 비평가는 그런 여성의 축출은 지배 이데올로기를 핵심적으로 지탱해주고 정당화하는 결혼, 가족, 가정 등을 비롯한 많은 것들이 함께 사라지는 결과를 낳았다고 설명했다. 〈내일을 향해 쏴라 Butch Cassidy and the Sundance Kid〉(조지 로이힐, 1969)나 〈미드나잇 카우보이 Midnight Cowboy〉(존 슐레진저, 1969) 등을 통해서 세워진 소위 버디 무비의 원칙은 다음과 같다. 우선 영화의 서사는 여정을 통해서 구체화되고 여성의 주변화와 가정의 부재가 두드러지며, 공공연한 동성애자의 등장 외에도 서사는 남성 간의 러브 스토리를 내포하고 대체로는 등장인물의 죽음으로 끝맺게 된다. 이러한 '여성과 가정의 부재'는 이데올로기적 안정이나 국가 등으로 대표되는 '정상성'의 붕괴를 초래하고, '강한 부정은 긍정'이라고 할 수 있듯이 남성의 이성애성을 보장하기 위한 여성의 강박적인 삽입은 두 남성 간의 동성애적 함축을 오히려 역설적으로 가시화시킨다.

〈지상만가〉는 서사상 유일한 여성인 세희(정선경 분)가 아닌 종만이 죽음으로 퇴장하고 세희와 광수의 '완전한' 이성애로 끝맺음으로써 '안전한' 텍스트를 지향하고자 했지만, 이런 결과는 영화 전체의 서사적 인과관계와 균형감을 치명적으로 손상시키게 된다.

광수와 종만의 첫 만남은 술에 취한 광수를 종만이 흉내내며 따라가는 것으로 표현된다. 이것은 두 사람 간의 분명한 동일화 과정의 시작을 암시한다. 할리우드로 가서 세계적인 배우가 되겠다는 꿈을 가진 종만의 세계는 꿈과 현실이 분간되지 않을 만큼 뒤섞여 있다. 그는 자신만의 완벽한 인생의 서사를 가지고 있고 그가 현실에서 하는 일은 꿈을 이루기 위한 준비에 불과하다. 그는 여자와의 섹스조차 '베드신'이라고 표현하고 '할리우드'라는 명패가 붙은 그의 방은 철저한 꿈의 공간이다.

따라서 두 남성은 '좌절된 꿈과 재능' 그리고 '현실 질서와의 부조화'라는 공통점을 갖고 있다. 광수에게 먼저 관심을 가지는 건 종만이다. "날 짜릿하게 만든 건 니콜라스 케이지"이고 "내가 엘리자베스 슈가 되어 밤새워 그와 술을 마시고 싶다" 는 종만의 대사는 〈라스베가스를 떠나며 Leaving Las Vegas〉(마이크 피기스, 1995)라는 특정한 영화의 내용과 등장인물을 빌어서 종만과 광수의 동성애적 동일화를 가속화시키면서도 은폐하는 기능을 한다. 광수에 대해 종만이 쓰는 "근사해, 짜릿해, 신선해, 상큼해"와 같은 표현들은 남성이 다른 남성을 표현하는 말로는 과잉적일 뿐만 아니라 "그가 온종일 자석처럼 나를 끌고 있다"는 말은 동성애적 이끌림을 직접적으로 드러낸다. 또한 광수를 기다리던 종만은 2인분의 식사를 준비하고는 존재하지 않는 광수와 대화한다. 카메라는 종만의 우상인 할리우드 스타 맥 라이언의 브로마이드 사진에서 광수의 가방으로 이동함으로써, 광수가 '비현실적' 욕망의 대상으로 대신 들어서게 되었음을 암시한다.

(2) 외디푸스 드라마의 실패와 잠재적 동성애

이 영화의 세 주인공 모두에게 가족이 부재하다는 것은 의미심장하다. 아버지가 어머니를 죽이고 형이 아버지를 죽인 비극적 가족사를 지닌 광수의 경우에 가족은 부재하기보다 철저히 파괴되어 있으며, 이것은 그의 현실일탈적인 위치와 잠재적 동성애를 뒷받침한다. 원래 정상적인 외디푸스 궤도는, 남자아이가 아버지의 '거세위협'으로 인해서 어머니에 대한 집착과 애정을 포기하고 아버지와의 동일화를 채택함으로써 정상적인 성인 남성으로 사회화되는 과정으로 이루어진다. 그러나 〈지상만가〉에서 찢어진 아버지의 경찰복과 가족사진에서 오려내어진 아버지의 모습은 산산이 부서진 가족 질서와 가부장적 권위를, 형에 의한 '부친 살해'는 외디푸스 시나리오의 비극적이고 실패한 결말을 상징한다. 부친 살해의 대가로 형은 상징계에서 쫓겨나는 형벌, 즉 광기를 얻게 되고, 형의 광기는 광수의 삶 속으로 이전된다. 광수가 세상과 소통하는 유일한 매개체인 음악 자체가 비상징계적인, 즉 상상계적인 언어일 뿐만 아니라 광수에게 남은 어머니에 대한 기억 역시도 피아노 소리이고, 이런 비실제적이고 상상계적인 이미지와 관계는 세희와의 관계에도 투사됨으로써 탈성애화된 이성애로 두 사람을 묶어준다.

이러한 이성애의 탈성애화와 함께 광수의 잠재적 동성애를 뒷받침하는 것은 아버지의 과잉 섹슈얼리티와 이에 대한 광수의 노출이다. 뮤직비디오처럼 편집된 오프닝 시퀀스에서 광수는 아버지와 정부情婦 간의 정사를 목격하게 되는데, 광각렌즈로 잡힌 과장된 이미지들과 화장으로 얼룩진 정부의 그로테스크해 보이는 얼굴 그리고 아버지의 거칠고 폭력적인 이미지는 마치 '원초경'처럼 기능함으로써, 광수에게 근친상간적인 위협과 동시에 섹슈얼리티와 관련된 심리적 외상을 가하는 것처럼 보인다. 프로이트에 따르자면 가족이라는 질서는 이성애의 든든한 기반이기도 하지만 거기에 문제가 생겨나면서 개인이 받게 되는 심리적 외상은 성 심리의 왜곡이나 미발달 또는 도착을 낳게 되기 때문이다.

(3) 젊은 남성들의 성애화되는 육체

광수와 종만의 관계에 내포된 성애성은 첫 만남의 빨간 신

호등이 보여주는 금지 내지는 금기의 상징에도 불구하고 두드러진다. 종만은 광수를 자기 영화의 영화음악가로 삼겠다는 '명분'으로 광수를 붙잡고 결국 자기 집으로 데려온다. 종만은 광수가 살인 혐의로 쫓기고 있음에도 아랑곳하지 않고 그를 자기 삶 속으로 끌어들인다. 종만은 악기를 사주겠다며 광수의 손을 잡고 악기상점으로 가기도 하고 "엘리자베스 슈가 되어 너하고 술을 마시고 싶었다"면서 광수의 품속으로 쓰러지기도 하며 광수는 그런 종만의 손을 잡는다. 경찰의 추격이 임박해오자 떠나려 하는 광수에게 종만은 "그래도 가지 마"라며 멱살을 부여잡는다.

둘은 경찰의 추격을 피해 교외의 외딴 빈 집으로 도주한다. 이 공간은 영화 속에서 그 둘에게만 주어진 도피의 공간이자 해방의 공간이기도 하다. 감옥이나 군대 또는 유폐된 집과 같은 폐쇄적 공간은 동성애 영화들의 관습화된 공간이기도 하다. 둘은 거기에서 서로의 속내를 나누며 눈물을 흘리고 격렬한 포옹을 하며, 광수는 종만의 넥타이를 매주기도 하고 옷을 다려주기도 한다. 종만은 그런 광수에게 "사랑한다"고 말한다. 종만과 광수가 들판을 뛰는 장면은 〈내일을 향해 쏴라〉의 마지막 장면, 즉 부치와 선댄스가 경찰이 포위하고 있는 밝은 바깥 공간으로 뛰쳐나가는 모습의 정지화면을 연상시킨다. 두 장면은 현실과의 부조화, 출구 없는 절망을 벗어나려는 시도를 형상화하는 것이자 앞으로 전개될 두 남성의 새로운 관계의 시작을 예시하는 기능을 한다.

〈지상만가〉의 서사적 결말은 종만의 죽음과 광수의 체포이다. 영화촬영장에서 종만은 스턴트맨을 대신해 옥상에서 투신하면서 (이미 광수의 또 다른 이름이 된) "라이언"이라고 외친다. 이는 현실적으로 죽음을 의미하지만, 마치 〈델마와 루이스 Thelma & Louise〉(리들리 스콧, 1991)의 마지막에 두 여성이 절벽으로 차를 모는 장면처럼 텍스트 상으로는 불가능한 새로운 관계의 시작, 새로운 세계로의 도약으로 해석될 수 있을 것이다. 따라서 카메라는 추락의 모습을 추락이라기보다는 비상의 느낌으로 포착한다. 또한 이 장면은 광수가 미친 듯이 벽에다 악보를 그리는 장면과 교차 편집되면서 광수의 천재적 광기의 표출과 종만의 죽음을 연결하는 동시에 두 사람이 육체적, 심리적 황홀감을 공유하고 있는 것으로 그려내게 된다. 조르주 바타이유를 빈다면, 성적 희열의 극치는 죽음과 통하는 것이다.

이 영화에서는 동성애적 함의를 지니는 남성 육체의 성애화도 시각적으로 분명하게 재현된다. 그 어느 때보다도 활성화된 소비자본주의 하에서 여성들의 육체 못지않게 남성들의 육체도 욕망의 대상으로 물신화된다. 남성들의 자기 육체에 대한 나르시시즘 또는 자신에게 부여된 기존의 이미지를 파괴하면서 새로운 이미지를 창조하고자 하는 욕망 등은 단순히 여성 관객의 쾌락만을 유발시키는 것이 아니라 잠재적인 동성애적 쾌락을 가능하게 만들기도 한다. 그리고 이러한 이미지들은 동성애 성애물erotica에서 나온 형식적 기법들과 약호들에 의존하여 표현됨으로써, 표면상의 이성애 텍스트에다가 동성애적 성애와 긴장감을 각인시키게 된다.

이런 관점에서 볼 때 〈지상만가〉의 종만은 '젊은 남성의 육체'라는 시각적 아이콘에의 몰두와 이것이 빚어내는 동성애적 에너지의 표출과 맥락을 공유하고 있다고 볼 수 있다. 할리우드 스타를 꿈꾸는 종만은 비디오카메라로 끊임없이 자기 육체를 기록해간다. 그러나 이 부분의 다큐적인 재현 양식은 서사와 시각 이미지 상에서 암시되는 동성애 성애를 영화의 몸체로부터 분리시킬 뿐만 아니라 명백한 자기성애주의auto-eroticism를 표출시킴으로써 남성 육체의 성애화가 내포하는 동성애적 쾌락을 관객에게서 빼앗아 등장인물에게로 환원시키는 안전장치의 기능을 한다. 이 영화에서 보이는 또 다른 안전장치는 게이/레즈비언들의 부정적 이미지로서 악기상의 주인과 동료 웨이터가 그 예들이다.

(4) 매개자로서의 여성

사실 한국영화에서도 버디 영화의 전통은 결코 짧다고 볼 수 없다. <삼포 가는 길>(이만희, 1975)에서 <고래사냥>(배창호, 1984)을 거쳐 <세상 밖으로>(여균동, 1994)에 이르는 두 남자와 한 여자로 이루어진 로드 무비들이 그것이다. 여기에서 여성의 역할은, 두 남성 간의 관계라는 '견딜 수 없는 위험'을 약화시키는 것이자 남성들의 관계를 매개하는 것이다. 즉 이는 텍스트의 균열과 모순을 봉합 혹은 억압하는 장치로서, 무의식 차원에서 인정된 것(남성 간의 동성애적 함의)을 의식 차원에서 부인하고자 하는 노력이 텍스트에 남기는 흔적이라고 볼 수 있다.

<지상만가>에서도 세희와 광수의 이성애 드라마는 전체적인 서사 구조에서 주변화되고 약화되는 경향을 띤다. 종만의 옥상

추락 신과 광수가 미친 듯이 악상을 옮기는 신의 교차 편집을 통한 희열에 가까운 정서적 고조는, 관습적인 장면구성으로 일관된 세희와 광수의 사랑에 대한 묘사와는 명백하게 비교된다. 두 남녀의 운명 같은 사랑은 음악이라는 비육체적인 매개물을 통해서 발전하고, 이는 광수와 어머니의 탈육체화되고 비실제적인 관계가 그대로 전이된 모습을 보여준다. 또한 종만은 죽어서 사라진 이후에도 여전히 두 남녀 사이에 실제적으로 자리 잡는다. 세희와 광수의 면회 장면에서 두 남녀가 나누는 재회의 기쁨은 바로 테이프에 녹음된 종만의 목소리를 중심으로 매개되고 공유되기 때문이다. 영화 마지막에 누명에서 풀려난 광수와 세희가 만나는 장면에서도 카메라는 그들의 머리 위로 올라가 그들을 내려다봄으로써 마치 지상을 떠난 종만의 시선을 암시하는 듯하다.

V.

성적 재현에 있어서 한국 영화의 탈영토화를 기대하며

한국 영화의 섹슈얼리티 재현 속에서 동성애자나 동성애 성애는 이성애중심주의에 의해 주변화되거나 희화화된 정형의 수준을 벗어나지 못한 경우가 대부분이지만, 점차 다양한 성적 주체들에 대한 과감한 형상화에 도전해왔다. 1980년대의 <애마부인> 시리즈에서는 레즈비언의 이미지를 더없이 착취적으로 사용한 바 있지만, 1970년대의 <금욕>(김수형, 1976)이나 80년대의 <사방지>(송경식, 1988)처럼 '여성에 대한 여성의 욕망'을 비극적인 톤으로나마 가시화시킨 영화들이 드물게 존재했다. 그런데 1999년에 '여성들 사이에 순환하는 욕망의 경제'를 다루는 세 편의 영화가 우연찮게 동시에 등장하게 된다. <노랑머리>와 <텔 미 썸딩>은 '연쇄 살인'이라는 범죄자의 형상으로 레즈비언을 스크린 위로 소환했다면, <여고괴담 두 번째 이야기: 죽음을 기억하라>(민규동, 김태용, 1999)는 '학교'라는 제도화된 공간을 뒤흔드는 귀신의 모습으로 레즈비언 섹슈얼리티가 지닌 위협성을 가시화시켜낸다.[12]

남성 동성애에 대한 재현은 <내일로 흐르는 강>에서 나름의 진정성을 띠고 등장했지만, 이 영화는 동성애적 성향의 기원을 아버지의 과도한 억압과 부성적 권위의 부재로 환원시킨다는 점에서 동성애자 정체성에 대한 본질론적인 시각을 드러내고, 게이 섹슈얼리티에 대한 전면적인 묘사를 회피하고 있다는 비판을 받았다. 전반적으로 여성 동성애보다는 남성 동성애에 대한 거부감이나 혐오감이 더 크다는 현실을 반영하듯 영화 속에서 게이 섹슈얼리티의 재현은 더더욱 금기시되면서, 남성성의 부족 내지는 여성화된 남성성

12. 김선아, 「레즈비언, 싸이코 킬러, 여괴: <노랑머리>, <텔 미 썸딩>, <여고괴담 두 번째 이야기>」, 『여/성이론』 3, 2000.

을 부정적으로 그려내거나 레즈비어니즘의 경우와 유사하게 범죄나 폭력성과의 밀접한 연관성 속에서 동원되는 경우가 대부분이었다.

그래서 많은 경우 남성 간의 이끌림이나 욕망은 두 남성의 모험과 우정 그리고 삶과 죽음을 넘나드는 깊고 강력한 유대감을 담아내는 '버디 무비'라는 틀 속에서 환유적으로 표출될 뿐이었다. 〈지상만가〉는 그런 의미에서 전형적인 경우라고 할 수 있는데, 실패한 외디푸스 드라마에서 동성애의 잠재적 가능성을 찾고, 서사 내에서는 도저히 설명 불가능한 남성들 간의 동일화 방식을 보여주며, 대부분의 주류 영화들과는 달리 남성의 육체를 끊임없이 성애화하기 때문이다. 반면에 〈로드무비〉는 사회의 지배적 질서에서 밀려난 두 남성의 아웃사이더 정체성을 토대로 해서, 제목이 암시하듯이 길 위를 떠도는 두 남성의 정처 없는 여정의 풍광 속에다 심리적으로 상처받고 사회적으로 거세된 두 남성의 욕망이 서로를 향할 수밖에 없음을 새겨 넣는다.

그런데 두 편의 영화들은 모두 남성 동성애자를 성적인 가족으로부터 배제된 자들, 고통과 상실 속에서 사회적 남성성을 훼손당한 희생자들로 제시함으로써 역시 게이 정체성이 갖는 고유성과 독자성을 좀 더 좁은 틀의 사회적, 문화적 의미 속에다 고정시키고자 하는 경향을 여전히 벗어나지 못하고 있다. 하지만 〈지상만가〉는 동성애적 성 심리의 미묘함을 포착하면서 남성들 간의 거부할 수 없는 이끌림이 실재함을 보여준다면, 〈로드무비〉는 난교로 단죄받거나 무절제하고 공격적인 육체적 욕망으로 환원되던 게이 섹슈얼리티를 어느 정도 '감정적 사실주의'에 입각해 그려냄으로써 남성 간의 욕망이 지닌 성애적인 차원을 덜 착취적인 방식으로 화면 위에다 재현하게 된다는 점에서 차이를 보이고 있다.

국내 한 영화 잡지가 실시한 설문조사를 보면 43% 정도의 관객들이 '동성애를 생각하게 된 계기'로 영화를 꼽았다는 기록이 있다. 여기에는 1990년대 이후 동성애를 다루고 있는 해외의 화제작들이 국내에 다수 소개됨으로써 동성애에 대한 간접적인 경험 혹은 매개적인 인식이 대중화되게 된 것도 영향을 미쳤을 것이다. 실제로 한국 사회에서 동성애자들이 커밍아웃하고 동성애 인권운동이 일어나는 것과 동시에 동성애를 둘러싼 이슈들이 사회적 관심사로 등장하게 되는 배경에도 많은 부분 영화라는 매체가 중요한 역할을 담당해왔다.

그만큼 대표적인 대중 매체로서의 영화는 이성애중심주의 사회가 억압하는 성정치학이 도전하고 해체하고자 하는 인식론적 가치들이 교전을 펼치는 광활한 전장인 동시에 새로운 인식의 지평을 보여줄 수 있는 장이다. 이는 이제 국내에서도 동성애 영화와 퀴어 영화를 가르는 경계가 무엇인지 또 어떻게 양자는 상호 작용을 하는지 그리고 주류 영화를 비롯한 주류 문화 내에서의 동성애 재현이 갖는 문화정치학은 무엇인지에 대한 논의가 필요함을 말해준다. 따라서 퀴어 정치학을 전망으로 삼아서 이루어지는 분석과 비평은 한편으로는 한국 사회를 지배하는 보수적 이데올로기와 실천들이 지닌 불완전성과 허구성에 대한 도전과 폭로의 역할을 하는 동시에 의미화작용의 다양한 실천 양태들과 사회 운동의 방식들이 교차하는 주요한 영역으로서 영화가 갖는 의미를 다시금 인식하는 계기가 될 것이다.

그런 맥락에서 이 글은 퀴어 영화 비평의 시각에서 영화를 독해하고 수용하는 과정이 영화의 이론과 비평 모두를 조금이나마 풍부하게 할 수 있다는 믿음 위에서, 성 정치학을 기반으로 한 비평적 시각을 통해서 보다 전복적인 독해의 가능성을 제공하는 동시에 비평이 실천과 긴밀한 연계를 맺을 수 있는 대안적 가능성의 하나를 모색하기 위해 시도되었다. 그러나 아직까지 본격적인 퀴어 담론의 형성과 그에 입각한 행동주의activism가 활발하게 전개되지 못하는 사회 현실 속에서 그리고 퀴어 영화의 생산이 극히 드물게 이어지는 문화적 환경 속에서 다소간 이론적이고 이데올로기적인 퀴어 비평의 시도는 자칫 선부르거나 관념론적인 한계를 띠게 될 가능성이 높다는 것을 인정하지 않을 수 없다. 따라서 '본격 퀴어 멜로'를 표방하면서, 더글라스 서크와 파스빈더가 멜로 장르에서 이룬 정치적, 미학적 성취를 전유하고자 했던 〈후회하지 않아〉와 같은 성과들이 좀 더 축적됨으로써 퀴어 비평과 퀴어 관객성 연구가 더 적극적으로 요구되고 폭넓게 수행될 수 있기를 기대해본다.

참고 문헌

김선아, 「레즈비언, 싸이코 킬러, 여괴: 〈노랑머리〉, 〈텔 미 썸딩〉, 〈여고괴담 두 번째 이야기〉」, 『여/성이론』 3, 2000

미셸 푸코, 『성의 역사 I: 앎의 의지』, 이규현 역, 나남, 1990

서동진, 『누가 성정치학을 두려워하랴』, 문예마당, 1996

안소니 기든스, 『현대사회의 성, 사랑, 에로티시즘: 친밀성의 구조변동』, 배은경, 황정미 옮김, 새물결, 1996

제프리 윅스, 『섹슈얼리티: 성의 정치』, 서동진, 채규형 역, 현실문화연구, 1994

Doty, Alexander, "There's Something Queer Here", eds., Corey K. Creekmur & A. Doty, *Out in Culture*, Durham & London, Duke University Press, 1995

Quimby, Karin, "〈She Must Be Seeing Things〉 Differently: The Limits of Butch/Femme", ed., Karla Jay, *Lesbian Erotics;* NY & London, New York University Press, 1995

〈참고 웹사이트〉

www.cine21.com/Movies/Mov_Movie/movie_detail.php?id=108

No. 13

페미니스트 포르노 논쟁과 여성의 성적 주체성

〈로망스〉 카트린브레야 1999, 〈에로띠끄〉 리지보든 1994

I.

페미니스트 성 정치학의 역사와 쟁점들

페미니즘과 섹슈얼리티의 관계는 항상 뜨거우면서도 복잡한 것이었으며, 다양한 이슈들(포르노그래피, S/M, 정치적으로 올바른 성, 이성애와 동성애, 레즈비어니즘 등)을 둘러싸고 첨예한 논쟁들이 벌어짐으로써 성 논의는 페미니즘 정치학에 있어서 가장 치열한 이론적, 실천적 각축장이 되었다.

페미니즘은 '여성 관점female standpoint의 정치학'으로서, 우리가 살고 있는 세상이 평등한 곳이 아님을 '발견'하고 또 '비판'해왔다면, 많은 페미니스트들은 그러한 '발견'의 주된 장으로 섹슈얼리티를 활용해왔다. 여성의 사회적, 경제적 불리함은 여성에게 가해지는 손쉬운 성적 착취로 이어져왔고, 여성의 불안정한 주체성은 남성중심적인 성적 담론과 환상의 대상이자 교환의 기표라는 여성의 성적으로 취약한 지위로 이어져왔기 때문이다. 따라서 섹슈얼리티에 대한 논의에서 젠더 문제가 빠질 수 없는데, 섹슈얼리티라는 것이 항상 철저하게 성별화된 형태로 주어지고 또 존재하기 때문이다. 대부분의 사회는 '이중 기준'에 입각해서 여남의 섹슈얼리티를 전혀 다른 것으로 바라본다. 즉 남성의 섹슈얼리티는 원래가 능동적이고 공격적인 것이라면 여성의 경우에는 수동적이고 순응적인 것으로 상정되면서, 여남의 섹슈얼리티는 생물학적으로 다른 것으로 설명되고 그 에로티시즘 역시 이미 불평등한 것으로 구조화된다. 따라서 여성의 입장에서 볼 때, 섹슈얼리티라는 것은 성별과 다른 것이기도 하지만 결코 성별중립적으로 존재할 수 없는 것인 동시에 여성에게 가해지는 다양한 방식의 억압, 차별, 구속을 보이지 않게 매개하는 장이기도 하다.

따라서 1960년대 이후 등장한 '페미니즘의 두 번째 물결'은 여성 해방의 중심적 문제로서 성 정치학을 전경화하게 된다. 그 결과 미인대회 반대, 브래지어 불태우기 운동, 낙태권을 둘러싼 투쟁, 포르노/성매매/성폭력에 대한 반대 운동 등을 포함하여 성과 육체의 문제가 주된 이슈로 떠오르게 된다. 이는 여남 관계에 내포된 불평등한 권력을 가장 압축적으로 가시화시키는 영역이 바로 여성의 성과 육체를 둘러싼 영역이므로, 젠더와 섹슈얼리티를 정치적으로 쟁점화하는 것이 가부장제적 권력관계를 비판하고 해체하는 데에 있어서 가장 유효한 수단임을 페미니스트들이 발견한 결과라고 할 수 있다.

그런데 이처럼 '젠더' 범주를 중심으로 하고, 주로 '육체'를 통한 착취와 대상화를 비판했던 초기의 페미니스트 성 논의는 섹스에 대한 부정적인 태도, 권력에 대한 전체주의적 견해, 성적 관행의 모호성과 다중성의 간과라는 한계를 보여준다. 그들은 여성들의 '희생적' 위치를 과도하게 강조하거나 여성을 남성의 성적 이데올로기의 ‘수동적’ 담지자로만 서술함으로써, 남성 지배 구조에서 벗어날 가능성을 설명하지 못한 채로 ‘여성으로서의 정체성’에만 지나치게 치중했다. 이런 관점은 여성의 성과 관련된 모든 문제들을 이성애에 기반 한 성차별주의 속으로 환원시키면서, 여성들을 성적 희생자와 피억압자로만 규정한다. 그 속에서 이성애중심주의에 대한 성찰이나 비판은 부재하는 반면 남성의 강제적이고 폭력적인 성의 위험만이 강조됨으로써 여성은 무기력한 희생자로 설명되고 동질화되어버리고 만다. 그리고 이는 원래의 의도와는 달리 여성 집단을 가부장제적인 젠더구도 속에 영원히 묶어두고 마는 결과를 초래한다. 이 모든 과정은 한편으로는 페미니스트 내부에 존재하는 섹스 자체에 대한 혐오감이 표출된 결과라면, 다른 한편으로는 페미니스트들이 성차별주의와 섹슈얼리티를 구분하지 못한 결과라고 할 수 있다.

여성을 이처럼 단일한 젠더 범주로 동질화시키던 페미니즘 정치학은 ‘여성의 성이 어떻게 젠더와 섹슈얼리티라는 정치적 과정 속에서 구성되는가’라는 시각을 결여한 채로, 섹슈얼리티를 젠더의 하부 구성물로 간주하거나 젠더와 섹슈얼리티를 문화적으로 융합시킴으로써, 섹슈얼리티 이론을 직접적으로 젠더 이론에서 끌어오고자 했다. 하지만 섹슈얼리티가 젠더의 잔여 범주나 하위 범주가 아니고, 젠더 이론이 섹슈얼리티 이론에 반드시 들어맞는 것도 아니다. 따라서 “장기적인 안목에서 젠더 위계화에 대한 페미니즘의 비판은 급진적 성이론으로 통합되어야 하고, 성억압에 대한 비판은 페미니즘을 풍부화시켜야"[1]함에도 불구하고, 페미니스트들은 여성 섹슈얼리티를 '젠더의 권력 작용'과 '이성애 중심주의hetero-sexism'의 관점에서만 파악함으로써, 여성은 섹슈얼리티의 피해자나 희생자의 위치를 벗어나지 못하게 된다.

따라서 페미니즘은 자신이 젠더 억압에 대한 이론에 불과함을 인정하고, 무지, 비가시성, 두려움으로 인해서 여성 욕망을 억압하는 장으로서 섹슈얼리티를 바라보면서 쾌락의 박탈에 저항하는 '새로운 성 정치학'으로 나아가야 했는데, 그 돌파구 역할을 해주었던 것이 바로 사회구성주의적 성 이론과 성적으로 급진적인 페미니스트들의 등장이었다.

비교적 최근에 이르기까지 성에 대해 말하거나 사고할 때 또는 성에 대해 진지하게 접근할 때 항상 전제되면서 규정력을 가졌던 것은 성에 대한 본질론적이고 생물학적인 이해였다. 이런 '본질론적' 시각은 성적 충동이나 욕망과 같은 문제들은 물론이고 남성과 여성, 이성애와 동성애 간의 차이 등을 호르몬이나 염색체와 같은 생물학적 요인들로 환원시켜서 설명하거나 '애초부터 갖고 태어난 것'이라는 식으로 결정론적으로 파악한다. 그 결과 성은 거부할 수 없는 본능의 힘이자 생식기가 내리는 생물학적 명령으로 설명되고, 양성 간의 성은 절대적으로 다른 것이라고 가정되며, 이성애적, 성기

1. Gayle Rubin, "Thinking sex: notes for a radical theory of the politics of sexuality", Carole S. Vance, ed., *Pleasure and Danger: Exploring Female Sexuality*, p. 309

중심적, 생식적 성을 정점으로 하는 수직적이고 위계화된 구조가 하나의 모델로서 수립된다.

그러나 서구에서 19세기 말 성과학과 정신분석학이 대두되면서 '섹슈얼리티'가 문제시되기 시작하고, 1960년대에 페미니즘 운동, 게이/레즈비언 운동 그리고 여타의 급진적인 성해방 운동 등, 성과 관련한 신사회운동이 출현하게 되면서 오랫동안 지속되어온 성에 대한 가정과 전통적 인습들은 의문시되면서 도전받게 된다. 그 결과 이제 '섹슈얼리티'라는 개념은 단지 생물학적인 차원에 한정되는 것이 아니라 사회문화적으로 구성되며, 여타의 사회 규범이나 제도와 맺는 관계 속에서 작동하는 매우 총체적이면서도 포괄적인 함의를 띠게 된다. 또한 섹슈얼리티는 여성과 남성, 이성애자와 동성애자, 정상과 비정상과 같은 범주들과 긴밀하게 연관됨으로써 현대사회를 살아가는 개인의 정체성과 자아의식에 있어서 핵심적인 요소로 부상한다. 그 결과 성을 틀 지우는 복잡한 권력과 지배 형식에 대한 새로운 통찰과 이론적 접근이 이루어지게 되는데, 이것이 바로 성에 대한 사회구성주의적 관점이다.

페미니스트들은 이러한 사회구성주의적 관점에 힘입어, '이성애적 구축에서 자유로운 섹슈얼리티'라는 유토피아적 관념에 대한 상상력을 키워갈 수 있게 된다. 이제 여성의 섹슈얼리티와 육체는 권력관계의 장소이자 표현으로 사고되면서, 여성, 육체, 섹슈얼리티의 문화적 관계에 대한 기존의 전통적 이해와 분석은 해체되고 재구성된다.

여성 섹슈얼리티에 대한 새로운 설명을 통해서 '성적 주체로서의 여성'을 수립해야 한다는 이러한 과제는 한편으로는 여성 섹슈얼리티 내에 존재하는 다양한 차이들에 대한 인정과 설명으로, 다른 한편으로는 여성의 좀 더 적극적이고 대안적인 성적 쾌락과 환상에 대한 정치적 주장으로 이어지게 되는데, 바로 페미니즘 진영 내에서 등장한 성적 급진주의자sex radical들은 여성에게 고유한 성적 쾌락은 물론이고 여성들 내에 존재하는 성적 지향과 기호들의 차이를 가시화시킴으로써 이 과제를 한층 진전된 방식으로 수행하게 된다. 그들은 자율적이고 자기규정적인 성과, 억압이 아니라 쾌락으로서의 성에 대한 담론들을 통해서 이전과는 달리 성을 여성의 해방과 권력부여의 중요한 계기로서 사고하기 시작한다.

III.

포르노그래피를 둘러싼 페미니스트 논쟁

초기에 페미니즘은 섹슈얼리티를 젠더의 하위 범주 내지는 하부 구성물로 바라보면서, 주로 젠더화된 섹슈얼리티에 대한 논의와 실천에 초점을 맞추게 된다. 이처럼 '젠더화된 섹슈얼리티'에 매몰되어 있던 단계에 섹스에 대한 페미니즘적 사고는 양극화된 모습들을 띠어 왔다. 한쪽은 성 해방이 단순히 남성의 특권을 확장시킨 것에 불과하다고 보는 반 섹스적인 입장으로서, 그들은 포르노, 성매매, 동성애, 성교육, 낙태나 피임 등에 대한 반대 캠페인을 주도했다. 다른 한쪽은 여성의 성행위에 대한 제약과 성적으로 능동적인 여성에게 강요되는 대가를 비판하고 성 해방을 주장하면서, 성교육, 성매매 여성과 동성애자의 조직화, 재생산권리 운동 등을 전개했다.[2] 이러한 대립점들로 가장 분명하게 전선이 형성되었던 것이 바로 '포르노 논쟁'이었는데, 각각 반포르노 그리고 반반포르노 또는 반검열 페미니스트라고 불렸던 양 진영의 입장은 '도덕적 교조주의'와 '자유주의적 다원주의'로 불린다.[3]

1960년대와 1970년대 초에 걸쳐 진행된 성해방은 포르노 장르의 대중적 등장을 불러 왔다. 포르노 전용 상영관이 생겨나고 포르노 잡지들이 앞 다투어 발행되는 상황에서 처음에 페미니즘 진영은 격렬한 반포르노 캠페인으로 결집되었다. 반포르노 페미니스트들은 체계적이고 편재적이며 초역사적으로 실행되는 가부장제의 여성에 대한 억압과 혐오증이 포르노에서도 예외 없이 관철된다고 전제한다. 그들에 따르자면 성이란 것이 이미 불평등한 젠더 체계가 각인된 일련의 실천들이기 때문에 성애적인 것**the erotic** 역시 불평등하게 구조화될 수밖에 없다. 따라서 쾌락 역시 불평등하고 폭력적

---

2. G. Rubin, 301.

3. 자나 소위키, 「정체성 정치와 성적 자유」, 미셸 푸코 외, 『미셸 푸코: 섹슈얼리티의 정치와 페미니즘』, 152.

인 권력 관계 자체를 성애화하는 데에서 나오는 것이 되고, 이것은 또한 반대로 여남 간의 권력 관계를 더 공고화하고 지속시키는 데에 기여하게 된다는 것이다.

"포르노는 이론, 강간은 실천"[4], "포르노는 성적인 것에 대한 것이 아니라 여성에게 가해지는 폭력에 대한 것"[5], "포르노는 지배와 종속을 성애화하는 것으로서, 남성우월적인 섹슈얼리티를 제도화한다"[6]는 반포르노 페미니스트들의 대표적인 슬로건에서 알 수 있듯이, 그들은 남성 섹슈얼리티가 본래적으로 공격적이고 폭력적이며 여성에 대한 적대감과 혐오에 기초하고 있음을 강조하면서, 바로 남성 섹슈얼리티의 이러한 측면들을 가장 노골적으로 표현하는 것이 포르노라고 주장한다. 반면에 그들은 여성 섹슈얼리티를 상호적이고 전체적이며 부드럽고 관능적인 것으로 정의한다. 그런데 이런 입장은 여남의 섹슈얼리티에 대한 '본질론적이고 생물학적인 시각'에 입각하고 있을 뿐만 아니라, 1960년대 말 이후 서구 사회에서 번창했던 반문화 운동의 '자유주의적 상상력에 대한 낡은 방어'에 불과하다는 비판을 받게 된다.

우선 '여성 신체의 상품화'라는 성매매 패러다임과 '성적 위협'이라는 강간 패러다임, 두 층위에 걸쳐서 전개되는 그들의 입장

---

4. Robin Morgan, "Theory and practice: pornography and rape", L. Lederer, ed., *Take Back the Night: Women on Pornography*, NY: William Morrow, 1980.

5. Andrea Dworkin, *Pornography: Men Possessing Women*, 1981

6. 캐서린 맥키논, 「포르노, 민권, 언론」, 이명호 옮김, 『세계의 문학』 83, 1997, 봄.

은 '성은 추하고 부끄럽고 반여성적인 것이기 때문에 억압되고 규제되어야 한다'고 바라보는 보수적인 도덕적 가정들에 기반 함으로써, 기독교나 정치적 우파와 같은 전통적으로 반페미니즘적인 보수적인 세력들과의 연합이나 논리적 동일성에 빠져든다. 또한 포르노에 대한 검열과 금지를 끌어내고자 했던 그들의 노력은 포르노 자체보다는 오히려 페미니스트나 동성애 예술가, 실험적 예술가 등을 포함하여 성적, 정치적으로 급진적인 예술가들의 창작과 표현의 자유를 억압하고 후퇴시키는 결과를 낳게 된다.

또한 반포르노 입장은 성적 민주주의와 대치되는 방향을 띠게 되면서 궁극적으로는 여성과 성적 소수자의 이해에 적대적인 것이 되어버리고 마는 한계를 지닌다.[7] 더구나 반포르노 페미니스트들의 논의 속에서 여성은 주체성을 박탈당한 채 대리인이나 희생자로 설정됨으로써, 여성의 섹슈얼리티는 '쾌락'보다는 '위험'과 강력하게 연계된다. 그 결과 자기 통제와 조심스러움이 여성의 필수적인 덕목이 되고 여성의 욕망은 종종 지나친 대가를 요구받는 것이 되면서, 여성의 성적 쾌락을 간과하는 전략적 오류를 반복하게 만든다.

이들과는 달리 반반포르노 또는 반검열 페미니스트들의 입장에서 중심을 차지하는 것은 '성적 자유'의 문제였고, 이들은 모든 위계화 된 성적 체계에 반대하면서 성적 쾌락과 성애적 공정성을 옹호하는 '찬 섹스**pro-sex**' 입장을 표방한다. 또한 그들은 반포르

---

7. Andrew Ross, "The popularity of pornography", Simon During, ed., The *Cultural Studies Reader*, p.226.

노 입장이 비역사적인 가부장제 논리를 수용하고 있다고 비판하면서, 소비자본주의가 인간의 성애적 자극에 가하는 영향과, 포르노의 소비에서 환상이 하는 역할을 설명하고자 했다. 따라서 반포르노 진영의 포르노에 대한 부정적 평가와는 반대로, 반검열 페미니스트들은 포르노에 존재하는 재현의 다양성은 여성의 환상과 욕망을 더 활성화시키고 더 자유롭게 표현할 수 있는 가능성을 제공할 뿐만 아니라 포르노는 대립적인 섹슈얼리티들을 절합시켜낼 수 있다는 점에서, 섹슈얼리티가 '구성된 것'임을 드러내기 때문에 섹슈얼리티에 대한 본질론적 통념에 도전하는 의미를 지닌다고 평가한다. 실제로 포르노 속에서는 현실에 존재하는 여남 간의 권력관계가 종종 전도된 채로 등장하기도 하고 여성의 성적 능동성 및 다양한 성적 기호들이 그려지고 있다는 사실은 이런 주장들을 뒷받침하고 있다.

결국 반검열 페미니스트들은 반포르노주의자들이 보여주는 섹슈얼리티에 대한 본질론적이고 환원론적인 시각, 도덕주의, 우익의 논리와 동일한 검열 주장 등을 거부하면서, 여성의 섹슈얼리티를 '위험'이 아니라 '쾌락'으로 바라보는 '쾌락의 정치학'을 지향한다. 즉 포르노에서는 현실에서와는 달리 여성의 성적 쾌락과 만족이 관건이 되고, 이것은 포르노를 불안정한 재현 형식으로 만들어낸다는 것이다. 결국 이러한 시각은 포르노가 지니는 텍스트적 특질들과 이것이 수행하는 의미작용에 대한 고찰을 통해서 '재현의 복합적인 구성'과 포르노의 소비 속에서 작용하는 '환상들 간의 상호작용'을 논의할 수 있는 이론적 전제들을 마련하게 됨으로써, 기존의 남성중심적인 포르노와는 다른 페미니즘적이고 대안적인 포르노를 생산하려는 노력뿐만 아니라, 포르노를 즐기는 여성들이나 섹스노동자sex worker의 경우를 적극적으로 설명하려는 노력으로 이어진다.

이러한 포르노 논쟁을 거치면서 초기에 페미니스트들의 성 정치학을 포박하고 있던 '젠더화된 섹슈얼리티' 개념은 여성들의 좀 더 적극적이고 다양한 성애적 실천과 이를 통한 권력부여의 가능성을 이론화시킬 수 없다는 사실이 드러나게 되면서, 여성 고유의 섹슈얼리티와 성적 자율성을 새로운 시각에서 재고하고 정의내리고자 하는 시도가 일어나게 된다. 그렇다면 '여성을 위한 포르노', '대항 쾌락으로서의 포르노'는 어떻게 가능할 것인가?

반검열 페미니스트들은 '재현'으로서의 포르노가 지니는 복합성과, 포르노를 즐기는 여성들에게 작용하는 '환상'의 작용에 대한 설명에서부터 이에 대한 논의를 출발하는데, 이는 주로 세 가지의 맥락에 집중된다.

첫째, 포르노의 기능이 관객을 성적으로 흥분시키는 데에 있다고 볼 때, 포르노가 자위행위적 환상과 맺는 관계이다. 특히 포르노 장르에 특수한 말 걸기 양식 및 동일화라는 이슈와 연관지어볼 때, 포르노가 갖는 효과는 주로 환상과 같은 영역에서의 작용을 통해서 이루어지므로 사실 강간보다는 자위행위를 야기하는 것[8]이 된다.

둘째, 이성애 남성을 겨냥한 생산물로 간주되는 포르노를

8. Claire Pajaczkowska, "Images and pornography", Ron Burnett, ed., *Explorations in Film Theory*, Bloomington: Indiana UP, 1991, p.73.

여성 관객이 소비할 때, 어떤 방식과 과정을 통해서 쾌락이 발생하는가를 설명하기 위한 것이다. '만남-흥분-사정'으로 이어지는 포르노의 일반적인 내러티브는 전형적으로 이성애 남성의 자위행위적 환상을 부추기는 장치로서, 일반적으로 '일시성'과 '반복성'을 특징으로 한다. 그렇다면 이런 포르노를 보면서 여성 관객이 쾌락을 얻을 수 있는 가능성은 어디에서 나오는가?

여성의 쾌락이라는 관점에서 포르노에 접근할 때, "여성의 성적 쾌락이 포르노적 재현에서는 지배적인 물신이 된다"[9]는 존 엘리스의 말은 지나치게 단정적이기는 하지만 틀린 말은 아닌 것 같다. 포르노의 재현(특히 여성의 질 이미지와 자위행위 장면들)은 남성 주체로 하여금 자신의 페니스를 물신화시켜 팰러스(남근)가 되도록 만든다. 따라서 포르노는 거의 강박증적으로 여성의 성적 쾌락의 재현에 몰두할 수 밖에 없게 되고,[10] 포르노의 이런 경향은 말 걸기의 대상으로 내포되는 대상(이성애 남성)과 재현의 내용물(여성의 쾌락) 간의 모순을 빚어내게 된다. 그런데 여성의 성적 욕망 자체나 이것의 공적인 재현이 억압당하는 가부장제 사회에서 여성의 섹슈얼리티나 성적 쾌락에 대한 표현 자체가 유의미하고 급진적이기도 하지만, 더욱 중요한 것은 이렇듯 화면 위에 재현된 것들이 환상

9. John Ellis, "On pornography", *Sexual Subject: A Screen Reader in Sexuality*, London & NY: Routledge, 1992, p.164.

10. C. Pajaczkowska, p.78. 이 점에서도 쾌락을 남성적 권력과 동등하다고 보면서 죄악시하는 반포르노적 입장은 근본적으로 비판될 수 있다.

을 통해서 여성 관객의 쾌락을 생산해낼 수 있는 가능성을 제공한다는 점이다.

여기에서는 포르노적 재현이 갖는 시각적 특수성이 일정한 기능을 하게 된다. 포르노 장르에서는 '절시증적 충동scopophilic drive'의 대상이 팰러스인 것이 아니라 성행위 자체가 된다. 이것은 시각적 쾌락의 중심적 구성요소로서 '행위'가 자리 잡게 됨을 의미하는 동시에, 포르노에서 재현되는 섹슈얼리티와 포르노에서 가능한 쾌락이 젠더를 넘어서는 것임을 설명해준다.[11] 그리고 포르노에 대한 보기행위에서 젠더가 사라지는 순간, 이 장면을 바라보는 여성 관객은 바로 폴 윌먼이 말한 '제4의 보기the fourth look'의 주체가 된다.[12] 그에 따르자면, 포르노의 언술행위 과정은 '직접적 말 걸기direct address'를 그 특징으로 하는데, 관객의 위치와 그 대상이 되는 행위를 뚜렷하게 분리된 요인으로 작동시키는 포르노에서의 이미지와 보기의 절합은 관객의 위치를 탈안정화시키고 위기에 몰아넣게 된다. 그 결과 관객 또한 보기의 대상이 될 위험, 즉 '보여지고 있는 보기overlooking-look'의 가능성이 열리고, 이것이 바로 '제4의 보기'인 것이다.[13]

윌먼이 이 개념을 끌어들이는 이유는 '제4의 보기' 내에 존재하는 수치심과 검열을 근거로 해서 포르노 텍스트에 '사회적인 것

11. C. pajaczkowska, p.78

12. Paul Willemen, "Letter to John", Sexual Subject, pp.180-81.

13. Willemen, p.174.

the social'을 끌어들이기 위한 것이었지만, 이 개념은 포르노 관람에서 일어나는 환상의 작용을 설명해줄 수 있는 부분이기도 하다. 특히 여성의 명백한 성적 욕망이나 쾌락이 금기시되는 사회문화적 현실을 고려할 때, 금기시되는 장면을 엿보는 데에서 나오는 흥분과 쾌락은 여성들에게 더 중요하고 커다란 의미를 지닐 것이기 때문이다. 더구나 거세공포 회피의 일환으로 페니스를 팰러스로 재구성하기 위해서 끊임없이 요구되는 여성의 육체와 섹슈얼리티, 그 과정에서 강박증적으로 반복되는 여성의 성적 욕망과 쾌락은 여성의 성적 환상을 활성화시키기에 더 없이 적절한 시각적, 심리적 조건들을 구성하게 된다.

셋째, 남성과는 다른 여성의 섹슈얼리티를 설명하기 위한 것이다.

분명히 이성애 남성들의 '엿보기 심리'를 겨냥하고 있는 것이기는 하지만, 레즈비언 관계를 다룬 포르노들은 남성과는 다른 형태의 여성적 섹슈얼리티를 드러낸다. 끝없이 이어지는 전희 foreplay, 탐미성과 관능성의 강조, 능동적/수동적 역할의 지속적인 교대 등이 표현되는데, 특히 마지막의 것은 바로 환상의 핵심적인 요소인 주체 위치의 지속적인 변화 내지는 미끄러짐을 내포한다. 오랄 섹스 후에 성기적 섹스로 이어지는 이성애 포르노의 전범적인 질서와는 달리, 레즈비언 포르노에서는 페팅의 주도성 하에서 한 주체의 능동적인 성적 역할과 수동적인 성적 역할이 불규칙하게 교대된다. 특히 딜도의 사용은 이런 식의 위치 전환을 더 극대화시킬 뿐만 아니라, 능동성/수동성의 구분을 넘어선 완전한 성적 상호성으로 주체들을 이끈다. 또한 레즈비언 포르노에서 흥미로운 점은 거울, 안경, 유리 등과 같은 반사성의 기제들이 자주 동원된다는 것인데, 이것은 카메라(넓게는 영화)라는 반사체계에 조응하는 또 하나의 반사성 specularity을 여성들이 소유하고 있음을 보여주는 동시에, 남성들이 여성의 섹슈얼리티를 신비와 수수께끼로 바라보는 현실을 시각적으로 압축해준다. 그러나 더욱 중요한 것은 성행위에서 항상 전제되는 남성의 시각적 우월성 내지는 보기의 권력(눈을 뜨고 있는 남성, 눈을 감고 있는 여성)이 여성이 소유한 반사성에 의해서 위협받게 된다는 점이다.[14]

14. 또한 이 점은 여성 주체의 '보기 look'를 '응시 gaze'로 바꾸어버리는데, 이런 식으로 포착할 수 없고 편재하는 느낌의 응시는 바로 여성의 보기를 '큰 타자 the Other의 보기'로 전환시킴으로써, 여성을 윌먼이 말한 '제4의 보기'의 주체로 위치지워주기도 한다.

IV.

두 편의 텍스트와 여성의 성적 주체성

재현은 주체성의 표현이기 때문에, 재현의 역사는 자신을 자신에게 재현하는 남성의 역사이고 문화는 바로 가부장제의 자기 이미지이다. 즉 문화적, 역사적 시각에서 보자면 주체의 위치를 차지하는 것은 '남성 전체'로서, 남성은 문화의 창조자로서 여성에 관하여 목소리를 내고 영화를 만들고 소설을 써온 것이다.

"남성들은 여성에 대해 그들이 갖고 있는 이미지와 섹스한다"[15]고 캐서린 맥키논은 지적한 바 있다. 주체성은 무엇보다도 의미화 작용을 통해 사회역사적으로 생산되는 것이기 때문에, 성적 주체성 역시 지배적인 섹슈얼리티 담론 속에 존재하는 '젠더 차별적인 권력' 속에서 생산, 재생산된다. 즉 섹슈얼리티 담론 속에서 주체의 위치 짓기는 끊임없이 젠더에 따른 차이를 보여주게 된다.

그렇다면 남성의 욕망에만 봉사하는 획일성에 대항해서

---

15. 맥키논, 411쪽.

대항적 쾌락으로서의 여성적 쾌락을 추구하는 페미니즘 영화의 대항적 실천이 가능할 것인가? 이는 한편으로는 대항적 쾌락으로서의 여성적 쾌락을 탐구하는 것이 페미니스트들에게 정치적으로 시급한 과제가 되었다는 것을 의미한다면, 다른 한편으로는 여성 이미지를 항상 부정성으로 논의하고 여성적 표현이 불가능함을 확인하는 남성 지배 문화 내에서는 여성에게 있어서 정치적으로 올바른 실천과 적절한 환상 역시 가능하지 않음을 말해준다. 따라서 페미니즘의 전략을 전파하고 새로운 욕망의 언어를 창조하기 위해서는 재현의 층위에 있어서 전혀 새로운 대안적 장이 필요할 뿐만 아니라, 그 안에서 남성 쾌락의 파괴가 필수적인 전제 조건이 되어야 할 것이다.

여기에서는 여성의 목소리와 시각으로 여성 자신의 성적 경험과 느낌 그리고 이것이 갖는 정치적, 심리적 의미를 질문하고 말하는 〈로망스〉 그리고 섹슈얼리티와 환상의 관계, 레즈비어니즘, 성적 쾌락과 같은 중요한 이슈들을 철저하게 페미니즘적 시각에서 제기하고 형상화하는 〈에로띠끄〉라는 두 편의 페미니스트 텍스트를 중심으로 해서, 새로운 여성적 욕망의 언어가 어떻게 창조될 수 있고 이것은 여성의 어떠한 성적 주체성을 가능하게 하는지를 살펴보고자 한다. '여성의 성적 주체성이란 무엇인가'라는 문제는 여성의 성적 쾌락과 성적 표현의 욕망을 어떻게 회복하고 또 표현할 수 있는가의 문제와 관련되는 것이기 때문이다. 즉 성적 주체화와 자유는 새로운 욕망을 구성해내는 문제이자, 가부장제적인 권력에 의해 억압된 여성들의 성적 욕망을 새로운 형태로 조직하여 드러내는 문제인 것이다.

그러나 포르노와 에로티시즘이라는 장르 또는 영역 내에

서 여성이 주체적인 욕망을 언술하고 자신의 고유한 쾌락을 얻어나가는 과정은 그리 단순하지 않을 것이다. 다른 어느 것보다 지배 이데올로기의 이름으로 마녀 사냥이 가장 쉽게 자행될 수 있는 공간이 바로 섹슈얼리티의 공간이기 때문이다. 그런 점에서 두 편의 영화들은 우리 앞에 놓인 낯선 텍스트, 멀리서 들려오는 하나의 목소리에 불과하지만, 의미 있는 출발점일 수 있음은 분명하다.

(1) 〈로망스〉 : 여성의 목소리로 성찰되는 젠더 간의 성적 관계성

1999년 세계 영화계는 그 어느 때보다도 성에 대한 재현에 있어서 직접적이고 노골적인 영화들이 많았다. 세기말을 섹스라는 그물망으로 포착하고자 했던 이런 영화들의 공통점 중 하나는 포르노그래피를 대중 영화의 자장으로 끌어들였다는 데에 있다. 〈로망스〉와 더불어 〈포르노그래픽 어페어Pornographic Affair〉(프레데릭 폰테인), 〈거짓말〉등, 세계 영화제에서 주목을 받았던 섹스 영화들은 대부분 포르노와 대중 영화의 경계 위에서 만들어짐으로써, 예술/외설, 포르노그래피/에로티시즘, 표현의 자유/공적 윤리, 쾌락 원칙/현실 원칙이라는 결코 종식될 기미가 보이지 않는 냉전 국면에 분란을 일으키는 도전적인 시도로 여겨진다. 〈파리에서의 마지막 탱고Last Tango in Paris〉(베르나르도 베르톨루치, 1972), 〈감각의 제국In the Realm of the Senses〉(오시마 나기사, 1976) 등을 그 선두주자로 갖고 있는 이러한 흐름들을 통해서 영화가 표현의 영역을 확장해 왔음은 말할 것도 없다.

'표현의 자유'를 외치고 '성해방의 혁명성'을 주창하면서 사회에서 허용되거나 배제되는 성의 경계를 심문한 영화들은 대부분 남성적 욕망의 근원을 탐문하고, 여기에서 여성은 남성이 자신의 욕망과 환상을 펼쳐 보이기 위한 조건과 대상일 뿐이다. 그러나 성과 관련된 이런 질서와 통념을 역전시켜서 여성이 여성의 욕망에 대해 말한다면, 무엇이 달라지고 이는 페미니즘 성정치학이라는 면에서 어떤 의미를 지닐까?

〈로망스〉에서 지속적으로 등장하는 여주인공의 내적 독백은 우선 무엇보다도 남성적 장르인 포르노에서 여성에게 '목소리'를 부여하고, 남성의 시각이 아니라 여성의 시각에서 여성의 육체와 섹슈얼리티가 갖는 의미를 성찰하며, 여성의 성적 실천과 경험에 대한 느낌 그리고 고유한 성적 환상 등을 펼쳐 보인다는 의미를 지닌다. 영화에서 재현되는 것을 바라보는 관객의 주체성과 그것을 해석하는 태도에 있어서 시선과 목소리가 일차적인 중요성을 갖는다고 보았을 때, 이 영화의 이런 특징은 섹슈얼리티의 정치성에 대한 비틀기와 전복을 가능하게 해준다. 또한 이 독백은 영화 전반에 걸쳐서 독특한 아우라를 부여하는데, 이를 통해서 영화는 추상의 문학과 구상의 영상, 여성의 육체라는 존재성과 그에 대한 여성 자신의 인식을 파노라마처럼 전개시키게 되며 그 중심에는 바로 여성의 섹슈얼리티가 놓이기 때문이다.

피에르 부르디Pierre Bourdieu외는 '상징적 폭력'이라는 개념을 통해서 남성 지배를 정의한다.[16] 남성 지배는 예를 들어 '매 맞는 아내'처럼 현실에서 벌어지는 여성에 대한 물리적 폭력뿐만 아니라, 지각, 평가, 행위의 표상을 통해 여성의 자발적인 의지와 동의를 얻어내어 구축된 권력을 말한다. 여기에서 '상징적 힘'이란 것은 모든 육체적 제약 밖에서 직접적으로 신체에 가해지는 권력의 한 형태를 말한다. 여성의 몸짓에서부터 가부장제 사회에 만연된 여성에 대한 은유에 이르기까지 사회 전반에 걸친 이런 권력의 양태 속에서 여성은 항구적인 피지배자의 위치를 강요받을 뿐만 아니라 스스로도 그것을 자연스럽게 받아들인다.

그런데 〈로망스〉는 이런 남성 지배의 상징적 폭력 앞에서 진퇴양난에 놓여 있는 여성의 위치를 성찰한다. 초등학교 교사인 여주인공 마리는 모델 일을 하는 폴을 사랑하고 그와 동거하고 있지만, 그는 그녀와의 섹스를 거부한다. 그 때부터 마리는 남자를 찾아다닌다. 그녀는 바에서 우연히 만난 남자와 섹스를 하고, 교장 선생님과 사도마조히즘적 관계를 나누며, 거리에서 만난 남자에게 성매매 여성 행세를 하려다가 강간을 당하기도 한다. 집으로 돌아온 그녀는 폴과 짧은 섹스를 한 후, 자신이 임신했음을 확인한다. 그 후 그녀는 어떤 장면을 상상한다. 단두대와 비슷한 장치에 의해 수많은 여자들의 몸이 두 부분으로 나누어져 있다. 여자들의 상반신은 아이를 낳는 산부인과 병실에, 허리 아래 하반신은 매음굴에 속해 있다.

---

16. 피에르 부르디외, 『남성 지배』, 김용숙, 주경미 옮김, 동문선, 2000.

벌거벗은 남자들이 줄을 서서 여자들과 섹스한다. 그런 상상 이후 그녀는 폴의 아들을 낳는다. 영화는 마리가 일부러 틀어 놓은 가스가 폭발하면서 죽은 폴의 장례식에 아들을 안고 참석한 그녀의 미소 짓는 얼굴로 끝이 난다 (이 장면은 현실인지 환상인지가 불분명하게 표현된다).

영화는 우선 포르노적 관습을 깨뜨리면서 출발한다. 남성의 성적 지배를 기다리고 즐기는 듯한 포르노 속의 여성의 모습에서부터, 지적이고 비성애적인 여성의 모습으로 도상을 변형시키기 때문이다. 마리는 결코 볼거리로서 위치 지워지지 않는 반면 모델인 폴은 끊임없이 마리의 시선의 대상으로 위치 지워짐으로써 시선에 부여된 젠더 권력 역시 역전된다.

〈로망스〉라는 제목 자체도 역설적인데, 이 영화는 로맨스에 대해서 여성이 품고 있는 환상의 무참한 파괴를 의도하기 때문이다. '남성과의 이성애적 관계에서 여성에게 로맨스는 없다'라고 내는 식이다. 〈로망스〉는 로맨스와 섹스, 무의식의 자동기술과 같은 여성의 '목소리'와 남성의 '시선'에 의해 점유당하는 여성의 육체, 실제적 육체와 이상적 육체, 성욕과 사랑, 얼굴과 성기, 관념과 정신, 성스러움과 타락, 구애와 강간, 사랑과 정복, 처녀와 창녀, 페니스와 팰러스, 미와 추라는 절대적인 이분법 간의 미묘한 차이와 대립을 토대로 최종적으로 남성과 여성의 대립을 말한다. 유사어와 반대어 간의 구불구불한 길들을 통해서 영화는 남성 지배의 상징적 질서에서 여성이 자신의 섹슈얼리티를 말할 수 있는가를 질문하면서, 결국 그 질서가 포함하고 있는 성에 대한 모든 위계적, 차별적, 억압적 관념들을 한데 모아서 대립시키고 해체해버리는 과정 그 자체가 바로 여성의 섹슈얼리티를 규정하고 구성하는 것들이라고 말한다.

그렇다면 이 영화는 왜 마리가 폴의 '아들'을 낳는 것으로 결말을 맺는 것일까? 이것은 부르디외가 말한 상징적 폭력에 의해 유지되는 남성 지배의 항구적인 면모를 상기시킨다. 남성 지배라는 시스템이 변화하는 데에는 당연히 오랜 시간이 요구될 것이기 때문이다. 그래서 감독인 카트린 브레야는 그 변화를 예술적 상상력의 자장 안에서 해결한다. 그녀는 그 오래된 지배의 땅을 벗어나기 위한 대안으로서 여성 육체만의 경험이라고 할 수 있는 '재생산'을 선택한다. 앞서 언급된 마리의 환상 장면은 '아이 낳기'를 통해서 자본주의적 가부장제를 재생산하는 여성의 육체와 성매매 여성의 소비적 성이라는 남성적 이분법을 조롱한다면, 마지막에 역시 환상처럼 표현된 폴의 장례식 장면은 자신이 재생산한 아이의 기원, 즉 가부장제적 아버지를 상징적으로 부정하는 의미를 지닌다.

그리고 마리는 마치 아이의 아버지를 죽인 죄책감을 덜어내려는 듯, 아이에게 아버지의 이름을 부여한다. 섹스를 통한 남녀관계의 지배적 질서는 결국 여성만의 또 다른 육체적 능력인 생명탄생이라는 과정을 거치면서 평등을 되찾게 되고, 남성에 의해 강제되는 온갖 종류의 이분법을 결합하는 육체는 결국 여성 스스로가 창조한 새로운 질서 속에서 비로소 '여성에게 귀속된 어떤 것'이 되는 것이다.

(2) <에로띠끄>

: 여성 고유의 성적 환상과 쾌락에 대한 급진적 질문

각각 '섹스에 대해서 이야기해 봅시다Let's Talk about Sex'(리찌 보르덴), '금지된 방Taboo Parlor'(모니카 트로이트), '완탕면Wonton Soup'(클라라 로)이라는 세 개의 에피소드로 구성된 옴니버스 스타일의 이 영화는 로스엔젤레스, 함부르크, 홍콩이라는 세 공간을 배경으로 해서 '여성의(또는 여성들 간의) 섹슈얼리티'라는 주제를 펼쳐 보인다. 세 명의 유명한 페미니스트 영화감독들은 기존의 포르노적 관습과 약호들을 철저하게 여성의 시각에서 재전유하면서 뒤집는데, 이 때 엄청난 힘으로 방출되는 것은 여성의 성적 에너지와 여성에게 고유한 성적 환상들이다.

우선 세 편의 영화는 큰 틀에서 보자면 흑인과 관련된 '인종'의 문제, 레즈비어니즘이라는 '성적 지향'의 문제, 그리고 중국인 다움이라는 '종족성ethnicity'의 문제에 대한 페미니즘적 개입을 그 전제로 한다. 그리고 이런 문제 설정은 여성의 관점에서 서술된 섹슈얼리티를 매개로 해서 풀려나가는데, 그 과정은 기왕에 페미니즘 내에서 이루어진 많은 논쟁들을 명백하게 참조 또는 언급한다.

'섹스에 대해서 이야기해 봅시다'는 성적 주제에 대해서 여성 입장에서 이루어지는 언술행위enunciation 자체가 갖는 의미를 탐구하고 있을 뿐만 아니라, 그럴 때에 기존의 것과는 다른 섹슈얼리티의 특징들이 어떻게 드러날 수 있는지를 보여주고 있다. 로지는 폰섹스 클럽에서 일하고 있는 배우 지망생 아가씨이다. 여기에서 이미 우리는 이 영화가 중요하게 다루고자 하는 환상의 작용 논리와 효과가 어떻게 자리매김 되고 있는가를 눈치 챌 수 있다. 폰섹스라는 것은 바로 익명성과 간접성을 매개로 해서 성적 환상이 활성화되고 이것이 자본주의적 사업으로 이어지는 현장이다. 배우라는 직업 또한 사적인 환상을 사회적, 공적으로 소통시키는 매개 지점이다. 감독인 리찌 보르덴은 영화 내러티브의 핵심 원리로 '환상'을 채택하고 있을 뿐만 아니라, 이것이 자본주의 및 남성 중심적인 가부장 이데올로기와 맺는 관계 그리고 환상이 갖는 사회적 의미작용을 염두에 두고 있다.

영화 첫 장면에서 로지가 치루는 오디션은 남성 중심적 사회가 강요하는 역할의 연기를 그녀가 분명하게 거부하고 있음을 보여준다. 폰섹스 클럽에서의 작업 또한 남성 주도의 성적 환상에 수동적으로 복무하는 일이고, 이것은 로지를 못 견디게 만든다. 여기에서는 또한 백인, 블론드의 글래머 여성을 정점으로 하고 흑인, 동양인, 라틴계는 배제되는 성적 매력의 서열화도 제시된다.

내러티브의 전환점은 한 남성 고객이 로지의 사적인 성적 환상을 기꺼이 들어주고 즐기게 되는 사건이다. 원래 환상이라는 것은 철저하게 그 주체가 주인공이 되어서 언술되는 것이다. 로지의 환상 속에서 그녀는 먼 옛날 어느 국가의 여왕이고, 많은 남자 하인들을 거느리고 있다. 그녀는 그들의 성적 서비스를 받지만 의무감으로 시행되는 서비스는 참지 못한다. 그녀는 관음증, 가학증, 난교, 구강성교 등을 자유롭게 즐긴다. 그리고 이런 환상 속에서 펼쳐지고 제공되는 쾌락에 남성 고객은 자의적으로 동참한다.

이러한 것들은 환상의 차원에서는, 현실 속의 권력 관계가 전복될 수도 있고 여성의 성적 욕망이 검열 없이 능동적으로 펼쳐질 수도 있음을 보여준다. 그러나 이처럼 환상 속에서 가능했던 원리들이 영화 마지막에 이르면 현실 속에서도 성취된다. 자신과 나눈 대화를 이용해 여성의 섹스에 관한 책을 출판한 그 남성 고객을 찾아간 로지는 그와 환상의 논리에 기반 한 섹스(즉 직접적인 성기적 섹스가 아니라 언어를 통한 섹스verbal sex를 나누게 되고(따라서 이 부분은 마치 이제까지 여성의 환상을 빼앗고 착취해온 남성 일반에 대한 통렬한 복수극이자 경멸적인 조롱으로도 느껴진다), 자신의 사적인 환상을 사회적으로 펼쳐 보일 수 있는 주연 배우로도 발탁되기 때문이다.

'금지된 방'의 감독인 모니타 트로이트Monika Treut는 유명한 레즈비언 감독으로서 '뉴 퀴어 시네마new queer cinema'를 이끌어 왔다. 사실 〈에로띠끄〉 전체 중에서 이 에피소드가 가장 격렬하고 급진적이며, 모니카 트로이트는 이 영화 속에서 기존의 모든 성적 관습과 고정관념들을 조롱하고 뒤집는다.

영화는 부치인 클레어와 펨므인 줄리아가 딜도를 갖고 성교하려는 장면, 달리 말하자면 기존에 은유적이거나 우회적으로만 접근되던 레즈비언 섹슈얼리티에 대한 정면적인 묘사로 시작된다. 그리고 곧 바로 다른 여성이 방 안으로 들어오는데, 두 사람은 그녀의 등장과 시선에 전혀 아랑곳하지 않는다. 여기에서 벌써 그녀가 두 가지 문제를 급진적으로 제기하고 있음을 볼 수 있다. 하나는 레즈비어니즘에 있어서의 딜도 사용이라는 문제이고, 다른 하나는 검열과 억압의 기제로서의 '타자들의 시선'이다.

우선 딜도는 양가성을 가지고 있다. 딜도는 '남근적 경제 phallic economy'를 따르고 섹슈얼리티에 존재하는 젠더 차이를 인정한다는 의미를 지닌다. 한마디로 섹스에서 남성(정확하게는 남성의 성기인 페니스)이 하는 역할을 인정하고, 이에 의존한다는 것이다. 그러나 다른 한편 딜도는 팰러스가 지니는 헤게모니라는 것이 결국 해부학적인 페니스의 존재에 의존하고 있음을 드러내기 때문에, 성차를 인정하는 동시에 탈안정화시키는 역할을 하기도 한다. 첫 장면에서 줄리아는 딜도를 사용하려는 클레어에게 '진짜'를 갖고 해보고 싶다고 말하고, 클레어는 줄리아에게 기회를 주기로 한다. 클럽에서 유혹한 빅터와 줄리아가 섹스를 하는 동안, 클레어는 뒤에서 딜도로 빅터를 공격하고 빅터는 화를 내며 가버린다. 줄리아가 진짜를 갖고 해보고 싶다는 것은 섹스에서 딜도와 페니스가 주는 느낌이 다른가를 확인하고자 하는 기대감이지만 영화가 끝날 때까지 그 차이는 전혀 설명되지 않을 뿐만 아니라, 순간적이나마 두 여성과 한 남성이 이루게 되는 이성애와 동성애, 페니스의 사용과 딜도의 사용이 병렬되는 순간, 그 차이에 대한 구별 자체가 전복되고 조롱된다. 그리고 이것은 성적 정체성과 성적 기호의 차이가 절대적이지 않고 구성된 것에 불과하며, 광범위한 가능성들 중에서 의식적으로 선택된 것이라는 퀴어 정치학의 핵심적인 주장을 다시 한 번 더 제기한다.

또한 앞서 언급한 첫 장면과 함께 버스 안에서 공공연하게 일어나는 페팅은 주로 남성들로 구성되는 가부장적인 '타자들의 시선'을 적극적으로 불러들이고, 그 앞에서의 성적 연기를 즐기는 여성들을 보여준다. 이것은 여성의 섹슈얼리티에 대한 억압과 검열의 기제로 작용하던 것이 순간적으로 전복되면서, 여성들의 자의적인 노출증이 권력의 위치에 설 수도 있음을 나타낸다.

홍콩에서 태어나 현재는 호주에서 활동하고 있는 중국계 여성 감독인 클라라 로의 '완탕면'은 앞의 두 에피소드와 비교할 때 논쟁적인 면모는 덜하다. 이 영화는 중국으로의 반환을 목전에 두고 있는 홍콩이라는 도시 국가의 운명과 그 위에서 펼쳐지는 뿌리 잃은 두 젊은이들의 성과 사랑을 상당히 동양적인 관점에서 다루어나간다. 여기서 동양적이라는 것은 두 가지 의미를 지니는데, 하나는 앞의 두 에피소드처럼 도발적이고 도착적인 섹슈얼리티가 아니라, 이성애적이고 정상적인 섹슈얼리티의 내의 문제를 다루고 있다는 점이고, 다른 하나는 섹슈얼리티에 대한 접근방식이 '비교秘敎의 전승'이라는 동양적인 관점을 취한다는 점이다.

같은 중국 사람이지만 전혀 다른 문화권에서 살아온 앤과 애드리언은 문화적 이질감을 느끼고, 이것은 계속해서 헤어지자고 말하는 앤의 심리적 불편함과 거리감으로 표현된다. 이를 고민하던 애드리언에게 삼촌은 먼저 중국인이 되고 중국 문화를 이해해야 한다고 충고하면서, 오래 전부터 전해 내려오는 중국의 성에 관한 문서에 나오는 서른 가지 체위를 연습시킨다. 드디어 앤과 만난 애드리언은 연습한 것들을 정성껏 실행하지만, 여전히 앤은 이별을 이야기하고 그 이유를 묻는 애드리언에게 "당신이 나에게 완탕면을 사준 적이 없기 때문"이라고 대답한다. 이 때 완탕면은 한편으로는 중국인다움 또는 중국 문화 자체를 표상하는 어떤 것이기도 하고, 다른 한편으로는 애드리언이 아무리 노력해도 앤에게 줄 수 없는 성적 만족을 의미하기도 한다.

홍콩의 풍경들에 대한 몇 몇 롱쇼트의 화면들은 고도로 자본주의화되고 서구화된 홍콩이라는 이질성의 공간 속에서 그 모두가 소외되고 뿌리 잃은 사람일 수밖에 없음을 드러내고, 여성의 섹슈얼리티에 대한 클라라 로의 성찰은 이러한 맥락에서 빛을 발한다. 마치 중국과 그 문화를 전혀 이해하지 못하는 것과 마찬가지로, 여성의 욕망과 섹슈얼리티를 전혀 이해하지 못한 채로 애드리언이 구사하는 갖가지 체위들은 관객들에게 코미디로밖에는 비쳐지지 못하는 것이다.

V.

여성의 성적 주체성과 대안적 쾌락, 과연 가능한가?

이성애 커플 관계는 다양한 성 담론이 성적 실천을 중재하고 성적 지식을 생산하는 지점이다. 남성은 성공적인 위치 짓기를 위해 여성의 동의를 필요로 할 뿐 깊이 빠져드는 것을 두려워한다면, 여성은 남성과 관계 맺고 남성에게 매력적인 존재가 되는 것을 통해 자신의 정체성을 구성한다. 이런 과정을 통해서 섹슈얼리티와 젠더는 재생산되고, 여성은 이성애적 연애관계에서는 열등한 타자가, 이성애적 섹스에서는 수동적인 존재가 된다. 그런데 여기에서 항상 간과되어 온 지점은, 남성들의 방어적 태도이다. 가부장제 사회에서 힘 있고 이성적이고 자립적인 남성적 특성들은 긍정적으로 평가되면서, 남성들이 여성에게 보이는 무력감과 의존성은 무의식적으로 부정된다. 그 결과 남성의 자질들은 전경화되고 그의 약점은 은폐되는 동시에 여성에게 전가된다. 따라서 만일 여성이 어떤 대안적 담론과 실천을 가지고 그녀에게 주워진 보완적 위치를 거부할 수 없거나 그런 위치에 적극적으로 가담한다면, 그 커플은 계속 성차별주의적 담론을 재생산하면서 성적 실천과 주체성에 있어서 젠더 차이를 재생산할 것이다.

따라서 이제 섹슈얼리티에 대한 페미니즘적 연구는 한편으로는 여성이 쾌락을 얻는 방식들 속의 차이들을 중시함으로써 '성적 위계화'를 극복해야 한다면, 다른 한편으로 개별 여성들의 삶 속에서 섹슈얼리티와 관련된 경험들에 이름을 부여해야 한다. 여성들은 무지와 불안을 넘어서서 발견의 쾌락, 복합성의 향유 그리고 서로가 줄 수 있는 즐거움으로 나아가야 하고, 이런 과정은 급진적이고 혁명적인 것이며 여성들의 삶을 실질적으로 변화시킬 수 있다는 믿음을 제공할 것이다. 그 결과 페미니스트들은 이전처럼 섹슈얼리티를 남성의 폭력, 야만성, 위협이 가하는 억압의 장으로만 바라보는 것이 아니라, 여성에게 쾌락과 권력부여를 가능하게 하는 협상과 저항의 영역으로 인식하게 된다.

이를 위해서 전제되어야 할 것이 바로 '여성의 성적 주체성'을 수립하는 일인데, 성적 주체란 욕망하는 인간을 의미하고, 여기에서 중요한 것은 개인이 스스로를 성의 주체로 인식하고 실천하는 양식에 대한 문제이다. 그만큼 이제 페미니스트들은 '섹스는 죄가 없음이 입증될 때까지 유죄'라고 생각하는 대신에 '섹스는 나쁘다는 것이 입증되기 전까지는 근본적으로 좋은 것'이라고 가정[17]하면서, 성적인 쾌락 역시 파괴적이고 인간을 쇠약하고 타락하게 만드는 것이 아니라 삶의 긍정과 권력 부여, 바람직한 인간관계를 가능하게 하는 것으로서 이해해야 할 것이다. 이를 위해서는 한편으로는 섹스 내에 존재하는 권력이 쾌락의 원천일 수 있다는 사실을 인정하면서 성적 쾌락에 대한 페미니즘적 언어를 발전시켜 나가는 일이, 다른 한편으로는 사회적, 도덕적 다원주의가 증대되면서 어떠한 모호함이나 갈등도 마다하지 않고 성적 다원성과 자유로운 선택의 미덕을 감싸 안는 일이 필요하다.

물론 여성의 성적 쾌락을 구성하는 것들은 분명히 남성의 그것과는 다를 것이다. 그리고 이것이 영화 속에서 분명하게 재현된 적은 거의 없었다고 할 수 있다. 사회, 문화적으로 여성의 섹슈얼리티 자체는 '신비'나 '수수께끼'로 접근되거나, 이를 재현할 수단들을 여성들이 소유하지 못했기 때문이다. 이런 점에서 앞에서 다룬 두

---

17. Deirdre English, Amber Hollibaugh and Gayle Rubin, "Talking sex: a conversation on sexuality and feminism", *Feminist Review*, ed., *Sexuality: A Reader*, London: Virago, 1987, p.63

편의 영화들은 획기적이라고 할 수 있는데, 여성의 관점에서 여성의 섹슈얼리티를 정면으로 다루고 있기 때문이다. 또한 그 안에 내포된 여러 모티브들은 페미니즘 내에서 여성의 섹슈얼리티를 둘러싸고 벌어졌던 논쟁의 역사를 의식하면서, 논의들을 풍부하게 하고 생산적으로 계승하는 의미를 지니고 있다.

또한 이러한 '페미니스트 포르노 텍스트들'은 섹스에 대한 더 개방적인 태도와 더 발전된 분석이 필요함을 보여준다. 그럴 때에만 여태까지 여성 섹슈얼리티에 대한 논의에서 반복되어온 과도한 일반화와 도덕주의적인 태도를 피할 수 있을 뿐만 아니라, 여성들을 성적 주체이자 성적 역사의 작인들로 위치지울 수 있기 때문이다. 결국 페미니즘은 젠더와 섹슈얼리티를 통합시킨 관점으로 나아가면서 여성들이 받아온 성적 억압의 차이를 드러내는 동시에 여성들의 성적 쾌락에 대해 발언하면서 여성들의 성적 주체성을 확보해야 한다. 이런 토대 위에서만이 다양한 성적 기호와 정향을 지닌 개인들의 자유와 자율성을 인정하면서, 여성과 남성 모두를 아우르는 '정치적으로 지지받는 성적 실천'을 상상하고 이론화하는 성 정치학이 가능해질 것이다. 그리고 그럴 때에만 여성들이 기존의 정교하고 수많은 성적 억압의 방식들과 싸워나가면서, '성애적 창조성'을 통해서 자유롭고 모험적인 태도로 성적 관계와 실천 속으로 나아갈 수 있기 때문이다.

피에르 부르디외, 『남성 지배』, 김용숙, 주경미 옮김, 동문선, 2000

자나 소위키, 「정체성 정치와 성적 자유」, 미셸 푸코 외, 『미셸 푸코: 섹슈얼리티의 정치와 페미니즘』, 황정미 편역, 새물결, 1995

캐서린 맥키논, 「포르노, 민권, 언론」, 이명호 옮김, 『세계의 문학』 83, 1997, 봄

Dworkin, Andrea, *Pornography: Men Possessing Women*, NY: Women's Press, 1981

Deirdre English, Amber Hollibaugh and Gayle Rubin, "Talking sex: a conversation on sexuality and feminism", Feminist Review, ed., *Sexuality: A Reader*, London: Virago, 1987

Ellis, John, "On Pornography", *Sexual Subject: A Screen Reader in Sexuality*, London & NY: Routledge, 1992

Morgan, Robin, "Theory and practice: pornography and rape", L. Lederer, ed., *Take Back the Night: Women on Pornography*, NY: William Morrow, 1980

Pajaczkowska, Claire, "Images and pornography", Ron Burnett, ed., *Explorations in Film Theory*, Bloomington: Indiana UP, 1991

Ross, Andrew, "The popularity of pornography", Simon During, ed., *The Cultural Studies Reader*, London: Routledge, 1993

Rubin, Gayle, "Thinking sex: notes for a radical theory of the politics of sexuality", Carole S. Vance, ed., *Pleasure and Danger: Exploring Female Sexuality*, 1984

Willemen, Paul, "Letter to John", *Sexual Subject: A Screen Reader in Sexuality*

1장. 시네페미니즘: 여성의 눈으로 영화보기 『새 여성학 강의』, 동녘, 2005

2장. 서구 페미니스트 성 정치학의 쟁점과 지형들
『여성학논집』 제25집 1호, 2008

3장. '천만 관객 시대'를 맞이한 한국영화의 성 정치학
『계간 영화언어』, 2004년 봄호

4장. 초민족 시대의 민족영화 담론 『현대영화연구』 14호, 2012

5장. 1950년대의 근대성과 여성 섹슈얼리티: 〈자유부인〉, 〈지옥화〉
『한국영화와 근대성』, 소도, 2001

6장. 사적 영역/공적 영역 사이의 근대적 여성 주체들: 〈그 여자의 죄가 아니다〉, 〈자매의 화원〉 『영화연구』 20호, 2003

7장. '위안부 영화'와 역사쓰기의 새로운 도전: 〈귀향〉, 〈눈길〉
『동북아문화연구』 51호, 2017

8장. 멜로드라마 장르와 여성 관객성 『영화연구』 15호, 2000

9장. 공상과학영화 속의 새로운 육체와 성차: 사이보그와 사이버 영화
『아시아영화연구』 9권 1호, 2016

10장. 십대영화와 여성주의 영화 미학의 가능성: 〈세 친구〉, 〈고양이를 부탁해〉, 〈나쁜 영화〉, 〈눈물〉 『영상예술연구』 12호, 2008

11장. 남성 멜로와 액션영화에서 남성 정체성과 육체 : 〈주먹이 운다〉, 〈달콤한 인생〉 『영상예술연구』 8호, 2006

12장. 퀴어 정치학과 영화적 재현의 문제: 〈지상만가〉
『영상예술연구』 16호, 2010

13장. 페미니스트 포르노 논쟁과 여성의 성적 주체성: 〈로망스〉, 〈에로띠끄〉
『영화연구』 27호, 2005

시네페미니즘

여성의 시각으로 영화를 읽는 13가지 방법

지은이 주유신

초판 1쇄 발행 2017년 12월 31일

펴낸곳 호밀밭

펴낸이 장현정

디자인 추주희

등록 2008년 11월 12일(제338-2008-6호)

주소 부산 수영구 수영로 668 화목O/T 1209호

전화 070-7701-4675

팩스 0505-510-4675

홈페이지 www.homilbooks.com

전자우편 homilbooks@naver.com

트위터 @homilboy

페이스북 @homilbooks

블로그 http://blog.naver.com/homilbooks

Published in Korea by Homilbat Publishing Co, Busan.

Registration No. 338-2008-6.

First press export edition December, 2017.

Author Joo You Shin

ISBN 978-89-98937-77-5 (93680)

※ 가격은 겉표지에 표시되어 있습니다.

※ 도서출판 호밀밭은 지속가능한 환경과 생태를 위해 재생 가능한 종이를 사용해 책을 만듭니다.

※ 이 책은 2017년도 영산대학교 교내연구비 지원을 받아 출판되었습니다.

호밀밭 홈페이지

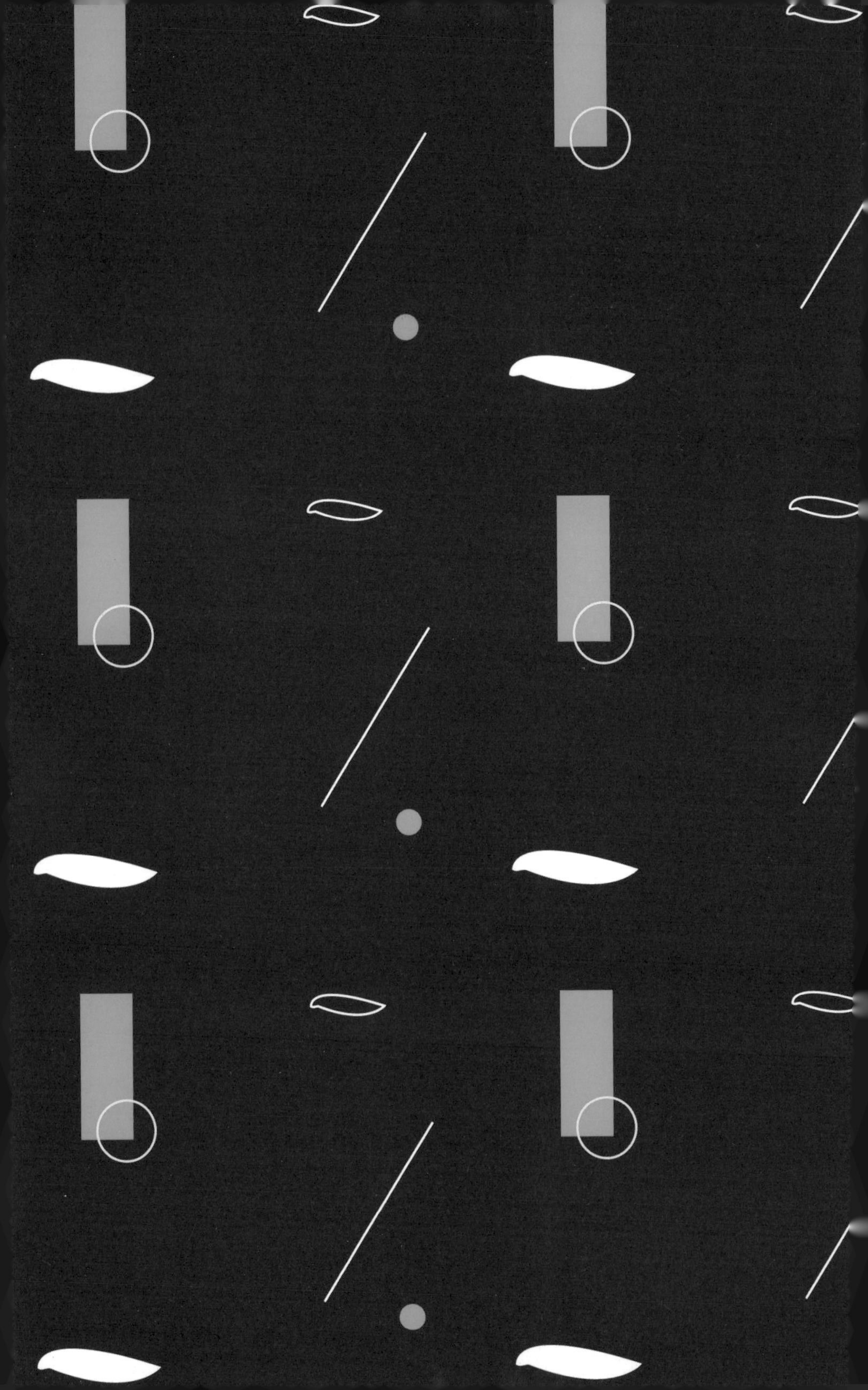